上智大学法学叢書第38巻

包括的担保法の諸問題

佐藤岩昭 著

有斐閣

機・目的に適合する成果を生ぜしめているのか否かについては，私自身が公正な判断を下しうる立場にないことは明らかである。特に本書の第2部に掲載した判例研究はすべて詐害行為取消権に関するものであり，そのため詐害行為取消権に関する論稿が本書に占める割合は極めて大きい状態となってしまった。このような本書の状態は三つの訴権に関する研究を総合的に示すという当初の目的からは遠く隔たったものである。しかし，完全な状態の論稿ができあがることを待っていたのでは，いつまでたっても出版のチャンスは訪れないであろうと考え，せめてこの分野（主題）における橋頭堡を築くような仕事だけでもよいから，それを成し遂げたいと思うに至った。そして，上智大学法学叢書として出版の機会を与えられたことを良い契機として，不完全な状態ではあるが本書の出版に踏み切った次第である。それゆえ，このような好機を与えて頂いた上智大学法学部に，この場を借りて深く感謝の意を表したい。

　また有斐閣学術センターの田顔繁実氏は，原稿の整理，校正，索引の作成など本書の完成に必要なすべての仕事に熱心に尽力してくださった。ここに同氏に対し心から厚く御礼を申し上げたい。

　2017年3月

佐　藤　岩　昭

はしがき

　本書は,『包括的担保法の諸問題』と題する書物であり,債権者代位権・直接訴権・詐害行為取消権に関する種々の問題を扱っている論稿を集めたものである。これらの論稿（判例研究等を含む）は,第1章第1節を除けば,いずれも過去に既に発表されたものに加筆・修正を加えたものであり,その点では新鮮味に欠ける書物であるかもしれない。しかし,第1章第1節で述べたように,「包括的担保権」という概念によって,債権者代位権・直接訴権・詐害行為取消権という三つの訴権を体系的に把握するとどのような問題点が見えてくるのであろうか,という新たな視角が本書を編む際の私の問題意識となっている。

　この「包括的担保権」という概念は,フランス債務法に由来する概念ではあるが,平井宜雄先生が著された『債権総論』・『債権総論（第2版）』において,債権者代位権の体系的位置づけの際に用いられていた概念でもある。その著書（第2版・262頁）では「包括担保権的なもの」という表現が用いられていた。それと比較すると本書で私が用いた訳語は「包括的担保権」というものであり,わずかに「的」の位置が若干変わっているだけである。けれども私は,この概念──「包括的担保権」（le droit de gage générale）──を,2016年のフランス債務法の改正案および改正条文に倣って,債権者代位権だけではなく,それに隣接する訴権であるところの直接訴権・詐害行為取消権をも併せて,債権者に与えられた債権の（第三者に対する）強制的回収手段として説明すべきではないかと考えるに至った。その内容は本文中に述べたのでここで繰り返し述べることはしないが,そのように考えることにより上記の三つの訴権の体系的位置づけと,それらの個々の機能をより明晰に言語化して説明できるのではないかと考えたのである。このような動機から私は本書を編集したのであるが,その発想の端緒は平井宜雄先生の「包括担保権的なもの」に由来し,さらに,その発展的解釈論は2016年のフランス債務法の改正案および改正条文に依拠していることを繰り返しお断りしておかなければならない。

　以上の動機および目的を以て編集された本書ではあるが,果たしてこの動

目　次

はしがき

初出一覧

第1部　研究論文

第1章　包括的担保法の理論……………………………………3

第1節　包括的担保法の理論的・体系的位置づけ……………3

第1款　序　論　3

第2款　包括的担保法の法技術的意義について　3

第3款　「2015年2月25日に公布されたオルドナンスによるフランス債務法改正案」の規定について　8

　1　第Ⅳ部「債務の一般的制度」第Ⅲ章「債権者に開かれた訴権」の規定（8）　2　草案第1331の3条の理論的意義について（15）

第4款　「包括的担保法」（共同担保法）に関する小括　15

　1　日本の民法典および民法学における直接訴権についての分析視角（15）　2　債権法（債務法）の理論的体系に関する分析視角（16）　3　叙述の順序（17）

【後記】　2016年改正フランス債務法の英訳文について　17

第2節　共同担保と責任財産……………………………………19

第1款　一般債権者の法的地位　19

第2款　「責任財産」と「共同担保」　20

　1　ドイツ法学的説明――「責任財産」（20）　2　フランス法学的説明――「共同担保」（21）　3　二つの術語の比較（26）

第3款　他の制度との比較　27

第3節　債権者代位権（間接訴権）……………………………29

第1款　債権者代位権の体系上の位置付け　29

　　　　　1　序（29）　　2　日本法における古典的位置付け（29）
　　　　　3　現在の学説の位置付けのしかた（30）
　　第2款　フランス民法学における債権者代位権　30
　　　　　1　債権者代位権の沿革小史（30）　　2　フランス註釈学派の
　　　　　学説（19世紀）（31）
　　第3款　日本法における債権者代位権──本来的用法を中心として　33
　　　　　1　ボアソナード民法草案（33）　　2　金銭の直接引渡しに関する
　　　　　判例（35）
　　第4款　債権者代位権の「転用」現象　38
　　　　　1　「転用」の具体例（38）　　2　転用事例における無資力要件の
　　　　　要否（39）
　　第5款　その他の問題点について　40
　第4節　詐害行為取消権………………………………………………41
　　第1款　問題の所在　41
　　　　　1　序（41）　　2　詐害行為取消権の沿革（41）　　3　詐害行為取
　　　　　消権に関する問題点の概要（42）
　　第2款　詐害行為取消権の法的性質および効果について　44
　　　　　1　問題が生ずる原因（44）　　2　判例の準則および学説小史（責
　　　　　任説の提唱前まで）（45）　　3　責任説による判例・通説の批判
　　　　　（47）　　4　訴権説の概略について（49）　　5　諸学説の比較検討（51）
　　【補論】　債権者代位権・詐害行為取消権の訴訟法上の諸問題　53
　　　　　1　判決手続上の問題点（53）　　2　代位訴訟・取消訴訟・債権差
　　　　　押（54）

第2章　債権者代位権に関する基礎的考察……………………55
　　　　　──解釈試論のための理論的基礎付けを求めて

　第1節　本章の目的…………………………………………………………55
　　　　　1　債権者代位権の沿革に関する問題点（55）　　2　債権者代位権
　　　　　に関する日本の学説（56）　　3　問題と分析視角（57）

第2節　フランス民法およびボアソナード民法草案における
　　　　　債権者代位権制度の検討……………………………………58
　　　　1　債権者代位権制度の起源に関する学説（58）　2　19世紀フランス民法学の債権者代位権に関する学説とその争点（64）
　　　　3　コルメ・ド・サンテールの学説とその特色（68）

　　第3節　日本民法の債権者代位権制度の特色……………………71
　　　　1　ボアソナード民法草案の代位権制度の構想（71）　2　現行民法典の代位権制度の制定過程（73）

　　第4節　債権者代位権の解釈試論…………………………………79
　　　　1　わが国の債権者代位権に関する解釈試論（79）　2　結語（83）

第3章　詐害行為取消権の成立要件に関する一考察………… 84
　　　　　　　――訴権法的視点から見た弁済の詐害性に関する問題点

　　第1節　本章の目的…………………………………………………84
　　　　1　弁済の詐害性の再検討――訴権＝action概念による分析の試み（84）　2　フランス法における「訴権」概念について（87）
　　　　3　本節の要約――要件論の分析視角の呈示を兼ねて（94）

　　第2節　弁済の詐害性に関する考察………………………………95
　　　　　　――フランス法の議論を参考として――
　　　　1　日本の判例の現状（95）　2　フランスにおける判例及び学説（104）　3　日本の判例理論とフランスの判例理論の比較（108）

　　第3節　判例理論の再検討……………………………………… 109
　　　　　　――最判昭和46年11月19日を素材として――
　　　　1　最判昭和46年とその評価（109）　2　結語に代えて（112）

第4章　詐害行為取消権の沿革及び判例の検討……………… 114
　　　　　　――民法424条～426条

　　第1節　規定の成立史…………………………………………… 114
　　　第1款　民法424条　　114

　　　　　1　ボアソナード民法草案から旧民法へ（114）　2　現行民法の形成（121）　3　外国法の影響（127）

　　第2款　民法 425 条　127

　　　　　1　ボアソナード草案 363 条の特殊性（127）　2　旧民法から現行民法へ（130）

　　第3款　民法 426 条　133

　　　　　1　ボアソナード草案から現行民法へ（133）　2　学説（134）

　第2節　判　　例……………………………………………………… 134

　　はじめに　134

　　第1款　民法 424 条　135

　　　　　1　折衷説＋「相対的取消し」理論（135）　2　「原状回復」の方法及び範囲（138）　3　「一部取消」を巡る判例理論（143）

　　第2款　民法 425 条　147

　　　　　1　別訴での価格賠償金の分配請求（147）　2　受益者の弁済金の支払の拒絶（148）

　　第3款　民法 426 条　149

　第3節　結　　び ……………………………………………………… 149

　　第1款　民法 424 条　149

　　第2款　民法 425 条　150

第5章　詐害行為と法律行為……………………………… 152
　　　　　──法律行為概念と法的行為概念との比較を手がかりとして

　第1節　問題の所在と分析視角 …………………………………… 152

　　　　　1　問題の所在（152）　2　分析視角──詐害行為と法的行為（157）

　第2節　従来の詐害行為概念の批判 ……………………………… 159

　　　　　1　民法 424 条 1 項本文の文言への批判（159）　2　「絶対的取消し」理論への批判（162）　3　債権法改正要綱案（仮案）の批判（166）

　第3節　詐害行為概念（法的行為概念）の比較法的検討………… 173

　　　　1　ドイツ倒産外取消法における法的行為概念の意義（173）
　　　　2　ドイツ倒産外取消法における法的行為概念の法的機能（174）
　　　　3　詐害行為概念の定式化と詐害行為取消しの効果論（175）
　　第4節　結語——日本債権法の一展望……………………………………180
　　　　1　法的行為概念及び債務法説の意義（180）　2　解釈論としての
　　　　執行忍容訴訟の可能性と将来性（181）
　　　【後記】　182

第2部　判例研究

第6章　任意整理・民事再生手続と詐害行為取消権……………187
　　第1節　任意整理と詐害行為取消権……………………………………187
　　第2節　民事再生手続と詐害行為取消権………………………………197

第7章　債権譲渡・契約上の地位の譲渡と詐害行為取消権
　　　　………………………………………………………………………213
　　第1節　債権譲渡と詐害行為取消権……………………………………213
　　第2節　債権譲渡の対抗要件の具備と詐害行為取消権………………230
　　第3節　買主の地位の譲渡と詐害行為取消権…………………………244

第8章　詐害行為取消権における原状回復方法…………………257
　　第1節　詐害行為の目的物に共同抵当が附着している場合…………257
　　第2節　現物返還の可否が問題とされた事例…………………………283

第9章　詐害行為取消権の法的性質および民法425条論………290
　　第1節　詐害行為取消権の法的性質……………………………………290
　　第2節　民法425条の解釈………………………………………………297

第10章　詐害行為取消権のその他の問題…………………………304
　　第1節　詐害行為取消権によって保全される債権の消滅時効の

　　　　　援用権者……………………………………………………304
　　第2節　詐害行為取消権によって保全される債権の範囲…………311

第3部　学会報告・論文紹介

第11章　学会報告（付・後記）……………………………………319
　　詐害行為取消権に関する一試論………………………………319
　　　　1　問題の所在（319）　2　基本的視角および分析枠組の設定（320）
　　　　3　比較法的考察（321）　4　沿革的考察（325）　5　解釈試論
　　　　（326）

第12章　論文紹介──アメリカにおける統一詐害的譲渡防止法……328
　　Frank R. Kennedy. The Uniform Fraudulent Transfer Act,
　　18 U. C. C. L. J. 195-215 (1986)（付・後記）……………………328
　　　　1　論文の概要および筆者について（328）　2　UFCAの概略（330）
　　　　3　UFTAの立法小史（332）　4　UFTAの重要な新規定について
　　　　（333）　5　債権者を救済するための規定（335）
　　　　【後記】　335

事項・人名・条文索引

判例索引

初出一覧

第1部 研究論文

第1章 包括的担保法の理論
第1節 包括的担保法の理論的・体系的位置づけ （書き下ろし）
第2節 共同担保と責任財産
「債務者の責任財産の保全(1)（民法重点講座）」月刊法学教室115号 53〜57頁（1990年）
第3節 債権者代位権
「債務者の責任財産の保全(2)――債権者代位権（民法重点講座）」月刊法学教室116号61〜66頁（1990年）
第4節 詐害行為取消権
「債務者の責任財産の保全(3)――債権者取消権（民法重点講座）」月刊法学教室117号62〜66頁（1990年）

第2章 債権者代位権に関する基礎的考察
「債権者代位権に関する基礎的考察――解釈試論のための理論的基礎付けを求めて」平井宜雄先生古稀記念『民法学における法と政策』所収275〜310頁（有斐閣・2007年）

第3章 詐害行為取消権の成立要件に関する一考察
「詐害行為取消権の成立要件に関する一考察――訴権法的視点から見た弁済の詐害性に関する問題点」星野英一先生古稀祝賀『日本民法学の形成と課題〔上〕』所収429〜465頁（有斐閣・1996年）

第4章 詐害行為取消権の沿革及び判例の検討
「民法424条〜426条（債権者取消権）」広中俊雄・星野英一編『民法典の百年(3)――個別的観察(2) 債権編』所収57〜100頁（有斐閣・1998年）

第 5 章　詐害行為と法律行為

「詐害行為と法律行為——法律行為概念と法的行為概念との比較を手がかりとして」星野英一先生追悼論文集『日本民法学の新たな時代』所収　427〜462 頁（有斐閣・2015 年）

第 2 部　判例研究

第 6 章　任意整理・民事再生手続と詐害行為取消権

第 1 節　任意整理と詐害行為取消権

「債権者から任意整理の委任を受けた弁護士が配当財源を確保する目的で債務者から信託的債権譲渡を受けた場合に，その信託的債権譲渡に対する他の債権者の詐害行為取消権の行使が権利の濫用に該当し許されないとされた事例（平成 10・10・29 東京地判）〈最新判例批評 84〉」判例評論 500 号（判例時報 1718 号）193〜197 頁（2000 年）

第 2 節　民事再生手続と詐害行為取消権

「民事再生手続が開始され当該手続が進行中の状態の下では，再生債権者は再生債権を被保全債権とする詐害行為取消訴訟を提起することは許されない（平成 19・3・26 東京地判）〈最新判例批評 18〉」判例評論 589 号（判例時報 1990 号）191〜198 頁（2008 年）

第 7 章　債権譲渡・契約上の地位の譲渡と詐害行為取消権

第 1 節　債権譲渡と詐害行為取消権

「譲渡禁止特約付の債権の譲渡が詐害行為となる場合の原状回復方法として，受益者から第三債務者への取消通知が命じられた事例（平成元・5・24 東京地判）〈最新判例批評 5〉」判例評論 383 号（判例時報 1364 号）207〜213 頁（1991 年）

第 2 節　債権譲渡の対抗要件の具備と詐害行為取消権

「債権譲渡の対抗要件に対する詐害行為取消権の行使の可否（平成 10・6・12 最高二小判）〈最新判例批評 66〉」判例評論 485 号（判例時報 1673 号）190〜195 頁（1999 年）

第 3 節　買主の地位の譲渡と詐害行為取消権

「【1】仮登記担保権の清算金債権の譲渡および清算義務の履行方法として締結された売買契約の買主の地位の譲渡が詐害行為に該当するとされた事例　【2】右の地位の譲渡について現物返還が不可能であることを理

由に価格賠償が認められた事例（平成元・3・28東京地判）〈最新判例批評56〉」判例評論375号（判例時報1340号）190～195頁（1990年）

第8章　詐害行為取消権における原状回復方法
第1節　詐害行為の目的物に共同抵当が付着している場合
「【1】共同抵当の目的とされた不動産の売買契約が詐害行為に該当する場合に抵当権が消滅したときの取消しの範囲及び原状回復の方法　【2】共同抵当の目的とされた不動産の売買契約が詐害行為に該当する場合に抵当権が消滅したときの価格賠償の額（平成4・2・27最高一小判）〈判例批評〉」民商法雑誌106巻1号52～79頁（1993年）

第2節　現物返還の可否が問題とされた事例
「詐害行為による不動産譲渡担保の取消と現物回復の可否（昭和63・7・19最高三小判）〈判例紹介〉」民商法雑誌100巻2号143～150頁（1989年）

第9章　詐害行為取消権の法的性質および民法425条論
第1節　詐害行為取消権の法的性質
「詐害行為取消権の法的性質（大連判明治44年3月24日民録17輯117頁）判例研究〈1〉」法政理論〔新潟大学〕22巻4号87～93頁（1990年）

第2節　民法425条の解釈
「詐害行為の受益者である債権者の取消債権者に対する分配請求が否定された例（最判昭和46年11月19日民集25巻8号1321頁）判例研究〈2〉」法政理論〔新潟大学〕22巻4号93～100頁（1990年）

第10章　詐害行為取消権のその他の問題
第1節　詐害行為取消権によって保全される債権の消滅時効の援用権者
「詐害行為の受益者による被保全債権の消滅時効の援用（平成10・6・22最高二小判）」『平成10年度重要判例解説〔ジュリスト臨時増刊1157号〕』所収58～60頁（1999年）

第2節　詐害行為取消権によって保全される債権の範囲
「詐害行為取消権によって保全される遅延損害金の範囲（平成8・2・8最高一小判）〈判例紹介〉」民商法雑誌116巻1号129～134頁（1997年）

第 3 部　学会報告・論文紹介

第 11 章　学 会 報 告
「詐害行為取消権に関する一試論」私法 50 号 87〜93 頁（1988 年）

第 12 章　論文紹介――アメリカにおける統一詐害的譲渡防止法
「Frank R. Kennedy, The Uniform Fraudulent Transfer Act, 18 U. C. C. L. J. 195-215（1986）〈論文紹介〉」アメリカ法 1987-I　159〜164 頁（1987 年）

第1部 研究論文

第1章　包括的担保法の理論

第1節　包括的担保法の理論的・体系的位置づけ

第1款　序　　論

　はじめに本書の題名の由来について説明をしなければならない。なぜならば，「包括的担保法」というテクニカル・タームは日本の民法学（ひいては私法学全体）にとってあまりなじみのないタームであると私は考えるからである。このタームについて，日本におけるその沿革を説明するならば，次のような簡単なものとなってしまう。すなわち，わが国における代表的な「共同担保」というタームの使用例は，債権者代位権や詐害行為取消権に関する最高裁判例[1]にそれを見いだすことができ，さらにその比較法的淵源はフランス法の「包括的担保」概念にそれを見いだすことができるからである。しかし，このような使用例が最高裁判例に見いだすことができるという理由だけでは，わざわざ「包括的担保法」というなじみのないタームを一書のタイトルに選ぶ理由として薄弱ではないかと，読者の方は思われるかもしれない。そこで以下では，「包括的担保法」の法技術的意義及び比較法的意義を探り，このタームが一書のタイトルに値する理由を述べることによって，包括的担保法の理論的・体系的位置づけを説明することに努めたい。

第2款　包括的担保法の法技術的意義について

　(1)　第一に，包括的担保法の法技術的意義を比較法的観点から説明することにしよう。この「包括的担保」というテクニカル・タームの由来するところは，

---

　[1]　たとえば最大判昭和36年7月19日民集15巻7号1875頁である。

フランス債務法である。フランス債務法においては物的担保権を有しない債権者——以下では一般債権者という——は，債務者のその他の総財産を債権の引き当てとせざるを得ないと考えられた。それと同時に，これらの財産を一般債権者にとって共通の引き当て財産としなければならないと考えられたところから，債務者の総財産（物的担保の対象となっている財産を除く）を一般債権者の「包括的担保権（le droit de gage générale）」と呼ぶのが通説的見解である[2]。そして，その包括的担保権を，債務者以外の第三者に対して実現するための手段として債権者に以下の三種類の訴権（action）が与えられていると説かれる[3]。それらは，債権者代位権（action oblique），直接訴権（action directe），詐害行為取消権（action paulienne）である。フランス債務法の体系においては，これらの三種類の訴権の機能は明確に分かれており，フランス債務法の体系書の叙述もその機能の違いを明晰に叙述している。例えば，中等レベルの体系書ではあるが Rémy Carblic の債務法の著書[4]によれば，次のように述べられている。

（2）第一に，債権者が債権者代位権を有することは次のことを意味する。例えば債権者が債務者に対して金銭債権を有している場合に，債務者が第三債務者に金銭債権を有しており，債務者がそれを行使しない場合には，債務者の第三債務者に対する金銭債権は，一般債権者の包括的担保（共同担保[5]）となる。つまり，債権者代位権の効果は債務者の資産（包括的担保）を回復するという効果を有する。代位訴権を行使した債権者は，包括的担保を回復した後は，行使した権利または訴権の利益が債務者の資産中に直接回復されるがゆえに，債

---

2) Rémy Cabrillac, Droit des obligations, 11ᵉ éd., 2014, nº 459, p. 358 et seq. Dalloz, Paris ; Fraçois Terré et Philippe Simler et Yves Lequette, Droit civil, Les obligations, 9ᵉ éd., 2005, nº 1094, p. 1051, nº 1137, p. 1087 ; Stephanie Porchy-Simon, Droit civil 2e annee, les obligations, 7ᵉ éd., 2012, nº 418, p. 203, Dalloz, Paris ; Bertrand Fages, Droit des obligations, 5ᵉ éd., 2015, nº 518, p. 413, LGDJ, Paris.

3) Rémy Cabrilac, op. cit., nº 477, p. 367.

4) Ibid.

5) フランス民法学においては，包括的担保というテクニカル・タームはほぼ共同担保と同じ意味で用いられている。「共同担保」は le gage commun の訳語であり，2015 年のフランス民法典では第 2285 条がその旨を定めているが，第 2285 条の文言は 2006 年改正前の旧第 2093 条と同じ文言であることを指摘しておきたい。

務者に対する他の債権者と平等の立場で弁済の満足を得なければならない。これが債権者代位権の特色かつ欠点で有り，「債権者代位権は，その行使において個人的であるが，その効果に関しては集団的である。」[6]と言われる理由である。また，この効果における集団的・平等的性質が，債権者代位権のフランスにおける利用頻度を下げる原因ともなっており，債権者代位権を行使する債権者は「火中の栗を拾う」者であると評される所以ともなっている[7]。以上の理由により，フランスにおいては債権者代位権の役割は低下しつつあると考えられており，次に述べる直接訴権の重要性が増している[8]。

(3) 第二に，債権者代位権の一種の変形物として現れ，現代のフランスにおいては債権者代位権よりも重要性を増しつつある訴権が直接訴権といわれる訴権である。この訴権は，法律の規定によって個別的に定められている訴権ではあるけれども，その効力は債権者代位権よりも強力であり，訴権を行使した債権者だけが，債務者が第三債務者に対して有する債権を排他的に自己の債権の弁済に充てることができる。したがって，債権者代位権について述べたように，訴権を行使する者が「火中の栗を拾う」と比喩されるごとき（労多くして功の少ない）債権回収を行わなくてもよい点に理論的進歩を見いだすことのできる訴権である。

なお直接訴権を行使するためには，それを定めた個別の法律の規定が必要であるが，フランスの学説においてはフランス債務法に直接訴権を定めることができる旨の一般的根拠規定が存在することが望ましいという見解が主張されており，その見解の一部が2015年2月15日に公布されたフランス債務法改正案の規定に反映されている[9]。このような状況を考慮すると，直接訴権という制度の役割は，フランス債務法において今後ますますその重要性を増してくるのではないかと考えられる。この点はわが国においても多いに参考とすべき立法

---

6) Terré, Simler et Lequette, Droit civil, Les obligatiosn, 9e éd., 2005, n° 1142, p. 1091, Dalloz, Paris.

7) Mazeaud et Chabas, Leçons de droit civil, Obligations théorie générale, 9e éd., 1998, n° 975, p. 1049, Montchrestien, Paris.

8) Ibid.

9) 2015年公布の改正草案第1331-3条およびその翻訳をを参照されたい。

上の論点であろう。それと同時に，債務法の体系にしめる地位をどのように位置づけるかについても十分な配慮が必要になってきたと考えられる。

　(4)　第三の訴権は詐害行為取消権である。この訴権は，債権者に損害を与える意図をもって，債務者が自己の財産を第三者（受益者）に譲渡した場合に，その法的行為（詐害行為）の効力を無視して，第三者の手中にある債務者の財産（逸出財産）に対する差押えをすることができることを認める訴権である[10]。もし受益者が逸出財産を他の者（転得者）に譲渡していた場合には，一定の要件の下で転得者の手中において差押えをすることも許されている。また，逸出財産に対する差押えができない場合には，受益者に対する価格賠償（損害賠償）請求をすることを債権者は選択することもできる。このように，この訴権は，逸出財産に対する差押え（現物返還）または受益者に対する価格賠償（金銭による損害賠償）によって，訴権を行使した原告債権者が債務者に対する自己の金銭債権（被保全債権）を回収するために存在する制度である。この訴権——古くは廃罷訴権と呼ばれた——の効果に関してフランスにおいても判例・学説上において大きな論争がなされたが，注釈学派のドゥモロンブの「相対的効力説」が判例・通説となった。その学説の内容は，現在では「対抗不可性訴権」[11]と呼ばれているけれども，繰り返しになるが，その内容はかつての「相対的効力説」と同じであり，近時のフランス破棄院判決もこの立場をとることを明示している。さらには「2015年2月25日公布のオルドナンスによるフランス債務法改正案」[12]も「対抗不可性説」（但し，その内容はフランス破棄院の判例に従う限り，執行忍容訴訟を意味する）をとることを草案の条文で明示してお

---

10)　フランス破棄院判決2006年5月30日（Civ. 1er, 30 mai 2006, JCP 2006. II. 10150）。

11)　これを「対抗不能訴権」とよぶ学説もあるが，本章では「対抗不可性訴権」という訳語をあえて用いることにする。その理由は，このような用語の使い分けによって，民法177条の対抗問題という概念との混同を少しでも避けることができ，詐害行為取消権の本体的効果が執行忍容訴訟から構成されている点を明確に説明できると考えるからである。

12)　このフランス債務法改正案は原文では以下のように表記されている。——Le créancier peut aussi agir en nom personnel paur faire déclarer inopposables à son égard actes faits par son debiteur en fraude de ses droit, à charge d'établir s'il s'agit d'un acte à titre onéreux, que les tiers cocontractant avait connaissance de la fraude.

り，この効果に関する論争については議論の結論が明らかにされたのではないかと私は考える。そしてこのフランスにおける論争の結末は，日本法の詐害行為取消権の効果に関する解釈論および立法論にも大きな影響を与えるであろうと考えられる。

(5) 以上に述べた事柄を要約すると以下の内容となる。すなわち，一般債権者に与えられた第三者に対する包括的担保権は債権者代位権，直接訴権，詐害行為取消権の三つの訴権から成り立っている。これらの訴権は，フランスの伝統的な債務法の体系書においては，契約の第三者に対する効力として論じられていた[13]。しかし，近時の体系書においては上記の三つの訴権を包括的担保権の効力として説明しつつ，これらの訴権は一般債権者が債務者から強制的に債権の弁済を得るために，「一般債権者に与えられた第三者に対する訴権」であると位置づける体系書が現れた[14]。すなわち，債務の強制的弁済を得るための訴権として，債務法の体系上に位置づけられている点において，強制執行手続との関連が強く意識されているのである[15]。このような三訴権の体系上の位置づけは，2015年2月25日に公布されたフランス債務法改正案[16]の第1331条から第1331の3条までの条文に明瞭に現れている。これらの条文は「債権者に開かれた訴権」と題する章にまとめられており，第1331条が債務の性質に関する基本原則を，第1331の1条が債権者代位権を，第1331の2条が詐害行為取消権を，第1331の3条が直接訴権をそれぞれ規定している。これ

---

13) フランス民法・旧第1165条，1166条，1167条の各条文の配列とその内容を参照されたい。なお，フランス民法は，その契約法，債務法の一般制度等に関する規定の改正が2016年2月10日のオルドナンスによって成立し，同年10月1日から施行される。本書ではそれらのフランス債務法の改正された条文（フランス語の条文）を参照することができなかったため，旧条文の文言を基礎として叙述せざるを得なかったことをお断りしておかなければならない（voy. Nicolas Dissaux et Christophe Jamin, Projet de réform du droit des cntrats, du régime générale et du la prueve des obligatison, rendu pubulic le 25 février 2015, Commantaire article par article, Dalloz, 2016)。

14) Rémy Cabrillac, Droit des obligations, 11ᵉ éd., 2014, n° 477, pp. 367-368, Dalloz, Paris.

15) Ibid.

16) Nicolas Dissaux et Christophe Jamin, Projet de réform du droit des cntrats, du régime générale et du la prueve des obligatison, rendu pubulic le 25 février 2015, Commantaire article par article, Dalloz, 2016.

らの条文の体系的配列およびその内容は，わが国の債権法における包括的担保法の理論にとっても大いに参考になると考えられるので，以下の款ではそれらの条文を紹介することにしたい。なお，以下に紹介する規定は本書を執筆している時点ではあくまでも「草案（Projet）」であり，公布された改正条文ではないので，条文の文言に修正が今後加えられることも十分想定されることを念のため記しておきたい（けれども 2016 年 2 月 10 日にフランス債務法の改正は成立し，その改正条文の英訳文がフランス司法省のウェブサイトで公表されたことを注記しておく）[17]。

第 3 款 「2015 年 2 月 25 日に公布されたオルドナンスによるフランス債務法改正案」[18] の規定について

1 第 IV 部「債務の一般的制度」第 III 章「債権者に開かれた訴権」の規定

まず改正草案第 1331 条は，改正草案の体系においては，第四部「債務の一般的制度（規定）（regime）について」第三章「債権者に開かれた訴権」の冒頭におかれる規定である[19]。

(1) 草案第 1331 条――「債権者は債務の履行を〔求める〕権利を有する。債権者は，それによって，法律により予定された条件の範囲で債務者に〔債務の履行を〕強制することができる。」

この冒頭の原則的条文は，改正案で新設された条文である。フランス債務法では債務の消滅事由の項目において，任意の弁済および強制的弁済が説明され

---

17) 本文中で述べたように，フランス司法省のウェブサイトで 2016 年改正債務法の英訳文が公開されているので，本文中の叙述ではこの英文に翻訳された条文を参考にして，2016 年改正のフランス債務法の規定についてコメントを述べることにしたい。

18) 注 15) で述べたことの繰り返しになるが，フランス債務法改正案は，その後 2016 年 2 月 10 日に公布され，さらに 2016 年 10 月 1 日から施行されるに至った。その改正債務法の全文を参照する機会を未だに持つことができなかったため，本書ではその改正草案の条文を資料とするに止まっている。施行された改正債務法の全文（フランス語の原文）を参照する機会があれば，その点については別の機会に詳論することにしたい。

19) 本文中に述べた第 IV 部「債務の一般的制度」第 III 章「債権者に開かれた訴権」は，第 IV 部第 II 章「債務の消滅」（L'extinction de l'obligatuion――弁済に代表される任意的消滅原因が規定されている）の次におかれている章であり，その意味においても債務の強制的消滅原因として位置づけられていると考えることができるであろう。

る。そのような体系から考察すると，この条文は債権者が債務者に対して，債務の履行（弁済）を強制的に求めることができる旨を明示していると考えることができる。さらに債務者に対する債務の強制的弁済を行わしめる方法としては，現行フランス債務法の体系書によれば以下の方法が述べられている。それらは債権者が債務者の財産に対して有する包括的担保権に基づく訴権であり，概ね以下の三種類に分けることができる。すなわち，①債務者財産の保全方法，②アストラント，③債務の強制履行（与える債務と為す債務とに分説される）という方法である。しかし①〜③の内容を詳述することは，債権者が債務者以外の第三者から強制的に債権の回収をはかる訴権について論述するという目的から考えると，本書の目的たり得ないので，これらの説明についてはこれ以上立ち入らない。

　以上に述べた本条に関する体系的位置づけよりも注目すべき事柄は，本条に続く3箇条の条文において債権者は債務者以外の第三者（第三債務者，受益者，法律の規定する者）に対して，債務の弁済を強制的に請求することができる旨が定められていることであろう。そして，それらの強制的手段はいずれも「訴え」によることが明確に述べられている。この特徴こそが，本条に続く三つの制度が「訴権」であることを明示する証拠であると考えることができる。

　なお冒頭で述べたように，現行フランス民法（債務法）では[20]，改正草案1331条に相当する規定は存在せず，強いて類似の規定を挙げるとすれば，フランス民法担保編の冒頭に存在する第2284条（2006年改正前の旧2092条）および第2285条（同旧2093条——共同担保に関する条文）であるけれども，いずれの条文も改正草案1331条のごとき直截的表現を用いていない。そのような観点から考えると，この原則的規定は包括的担保法の理論において重要性を有する規定であると考えることができよう。その理由は，包括的担保法の理論が単なる宣言的規定ではなく，「第三者に対する訴権」という具体的な行使方法の裏付けを有する，フランス民法学上の理論として明示されていると考えるこ

---

[20]　なおフランス民法の体系書においては，フランス民法以外の特別法が定める直接訴権についての説明がかなり詳細に述べられているけれども，本書ではフランス債務法が定める直接訴権に焦点を絞っているので，それらの紹介については他日を期することにしたい。

とができるからである。

　また，蛇足となるかもしれないけれども最後に次の点を付け加えておきたい。それはフランス債務法改正草案においては，現行法の第1165条（契約による合意が契約当事者間においてのみ効力を有する旨を規定する条文）が草案第1200条[21]に移されていることである。この条文の移動は，現行法の第1165条と1166条（債権者代位権）との密接な関係が変化するかもしれないことを意味することになり，フランス債務法においては重要な理論体系の変更を意味するのではないかと考えられる。そうだとすると，フランスの詐害行為取消権に関する「対抗不能性」（「対抗不可性」）理論にも少なからぬ影響を与えるのではないかとも考えられる。この点については詐害行為取消権の箇所で詳述することにしたい。

　(2)　**草案第1331の1条**（債権者代位権）――「債務者の無為（不作為＝ianction）が債権者の利益を危険にさらす場合には，債権者は，債務者の名において，債務者の〔有する〕すべての権利および訴権を行使することができる。ただし，それらの〔権利または訴権が〕〔債務者〕個人にもっぱら属するものであるときにはこの限りではない。」

　債権者代位権（間接訴権）については，現行フランス民法第1166条は以下のように規定している。――「それにもかかわらず，債権者は，その債務者のすべての権利および訴権を行使することができる。ただし，〔債務者〕個人にもっぱら属するものについてはこの限りではない。」――このように，改正草案の規定は現行債務法の規定と比較しても大きな相違は見当たらない。ただし，草案には「債務者の無為（不作為＝ianction）が債権者の利益を危険にさらす場合には」という要件が明示されており，フランスの通説・判例の述べるところを条文化している点が注目に値する。また，繰り返しになるが，債権者代位権は債権者が――債務者に対してではなく――債務者の債務者すなわち第三債務者に対して行使する訴権であることを明示する点が，草案第1331条（前条）と大きく異なる点である。すなわち債権者代位権は，債務者が第三者（第三債

---

　21)　草案第1200条は以下のように規定している。――「契約は，その契約当事者の間においてのみ債務を生ぜしめる。本節の規定の条件の下において，第三者は契約の履行を要求することもできないし，それを履行することを強制されることもあり得ない。」

務者) に対して行使することのできる訴権の第一番目に条文化されているのである。この訴権は，古くから action oblique (斜行訴権) と呼ばれ，フランス民法においては，その商法が採るところの商人破産主義と対置される形で，民事上の簡易かつ不完全な破産手続として位置づけられてきた[22]。したがって，その要件および効果に関しては，債務者の無資力要件をはじめとして，難解であり簡潔に説明することが困難な事項が多い。それゆえ，それらの解説については後述する日本法の債権者代位権との対比で行うことにしたい。

(3) **草案第 1331 の 2 条** (詐害行為取消権) ——「債権者は，その権利を詐害するために，その債務者によって為された行為を，債権者に対して対抗不可であると宣告せしめるために，債権者個人の名において訴えることもできる。〔この場合に債権者は〕，その行為が有償であるならば，契約を行った第三者〔受益者〕が詐害を知っていたことを証明する責任を負う。」

詐害行為取消権 (廃罷訴権) については，現行フランス民法第 1167 条は以下のように規定している。——「債権者は，彼らの個人的な名において，彼らの権利を詐害するために債務者によって為された行為を攻撃することもできる。」

「〔第 2 項〕ただし，債権者は，彼らの権利が相続編および，婚姻契約および婚姻制度に関する編に属する場合には，それらの編に定められている規定に従わなければならない。」

第二の訴権は詐害行為取消権である。これは action paulienne と呼ばれ，古くはローマ法の actio Pauliana にその淵源を有すると言われている有名な訴権である[23]。すなわち，その制度の目的・趣旨は，債務者が債権者の被保全債権の回収を妨害する意図をもって，債務者自身の財産を減少させる行為の効力を廃罷し，受益者の手中にある逸出財産から被保全債権の回収を実現せしめるための制度である[24]。このように，その制度趣旨は古くから明らかであったが，その効力については古くからフランス法においても論争がなされた。その

---

22) 本書第 4 章「債権者代位権に関する基礎的考察」を参照されたい。
23) 佐藤岩昭・詐害行為取消権の理論 (東京大学出版会，2001 年) 59〜67 頁を参照。
24) actio Pauliana の簡単な沿革については，平井宜雄・債権総論 (弘文堂，第二版・平成 6 年) 274 頁)，佐藤・前掲書 (注 23) 59 頁以下参照。

概要は以下の如くである。すなわち，それは action paulienne の法的性質は如何なるものなのかに関する議論であり，古くは対人訴権説と対物訴権説との対立があった。その後，Jean Domat の対人訴権説（損害賠償訴権説）が有力学説となった。さらにフランス註釈学派の間では，無効訴権説，混合説，相対的効力説，絶対的効力説などに分かれていた。そして近時のフランスの通説・判例は，Domat および Demolombe の学説を基礎とした対抗不可性訴権説を採るにいたった[25]。そしてその内容は，近時のフランス破棄院の判決（Civ. 1er, 30 mai 2006）[26]によればつぎのように述べられている。すなわち「民法第1167条に鑑み，廃罷訴権の対抗不可性は訴追者である債権者に以下のことを許可する。それは判決により，かつ，その債権の限度内において，債権者の権利を詐害することにおいて行われた財産移離の効果から逃れるために，第三者（受益者を指す）の手中にある目的物を，その場合には，そこで差押え（saisir）をさせるための許可である。以上の理由から，贈与された金額の，ロベール X 氏の財産中への返還を命ずることにおいて，控訴院は以上に援用した条文に違反した。」[27]という判示事項である。この判示事項は，対抗不可性訴権の中核的効力——原告債権者と被告たる受益者との間の効力——が，いわゆる執行忍容訴訟に等しいことを意味している。したがって，詐害行為の当事者間——債務者と受益者との間——で行われた詐害行為の法的効力には何らの影響を及ぼさないことも意味している。それゆえ，日本の判例やある種の学説のように，詐害行為の当事者間の法的行為の効力を論ずることは，比較法的に見ても支持されない法律論であることを明らかにした判示事項であると評することができる。この論点に関する詳細な検討も日本法の箇所で論ずることにしたい。

(4) 草案第1331の3条（直接訴権）——「法律によって規定された特定の場合において，債権者はその債権の弁済のために，その債務者の債務者に対し

---

25) 以上の詳細については，佐藤・前掲書（注23）第二章59頁以下を参照。

26) https://www.cuordecassation.fr/jurisprudence_2/premier_chambre からの引用である。

27) この破棄院判決は，Deschmps et Bloch et Moracchini-Zeidenberg, Droit des obligations, 2e éd., 2008, p. 99, note 5, Ellipses, Paris に出典が引用されているので，それを参照されたい。

て直接に訴えを提起する（agir）ことができる。」

　この規定も債務法改正草案によって初めて定められたものである。その内容は，いわゆる直接訴権（action directe）を，個別の法律によって定めることについての一般的根拠規定を債務法中に明示するものである。なお直接訴権に関しては，現行債務法においては，三つの場合が個別に規定されていた。それらを以下に紹介する。なお，以下の直接訴権に関する規定は，いずれも 2016 年の改正前の規定である。現時点（2016 年 7 月）では直接訴権の新規定に関する体系書を入手することができないため，旧規定に関する体系書の解説に依拠して，直接訴権に関する諸規定を紹介するにとどめたい。

　(a)　第一は，フランス民法旧第 1753 条が規定するところの，賃貸人が転借人に対して有する賃料の支払いに関する直接訴権である。そして，この規定は次のように定めている。――「〔第 1 文〕転借人は所有者（賃貸人）に対して，その転貸借（sa sous-location）の価格の限度まで義務を負う。その転貸借において，まさに差押えの時において，転借人は債務者であり得るのであり，かつ，転借人は，期限前の支払いによってなされた弁済を（賃貸人に）対抗することができない。

　〔第 2 文〕転借人によってなされた（賃料の）弁済は，その賃貸借契約においてもたらされた約定によるにしろ，その場所の慣習の結果によるにしろ，期限前の支払いによるものとはみなされない。」

　この条文によりフランス民法は，転借人が転貸人に負う賃料の限度で，賃貸人が転借人に対して直接に支払いの請求をすることができる旨を定めている。すなわち，契約関係の存在しない賃貸人と転借人との間において，賃貸人が転借人に対して直接に賃料請求をすることができることを法律の明文をもって規定しているのであり，そのことが本条の直接訴権たる性質をもっとも明確に表しているといってよいであろう。

　さらに，この規定は日本の現行民法第 613 条に承継されているものと考えられ，直接訴権としては，我々にとってもっとも身近な規定であろう。

　(b)　第二は，フランス民法旧第 1798 条が規定するところの，職人（請負人に雇われている者）が注文者（事業者）に対して有する報酬の支払いに関する直接訴権である。この規定は次のように定めている。――「請負（契約）によっ

てつくった建物その他の工作物の建築に用いた石工，大工およびその他の職人は，その仕事がその者のためになされた者（注文者）に対して，（それらの職人の訴権（直接訴権）が）訴えを提起する時に，その者（注文者）が請負人に対して負っている金額の限度において，訴権を有する。」[28]。この条文によりフランス民法は，職人（下請人）が請負人（元請人）に対して有する報酬の限度で，請負契約の注文者に対して直接に報酬を，直接訴権によって請求できる旨を定めている。この場合も，転借人の直接訴権と同様に，契約関係にない職人（下請人）と注文者との間において，職人（下請人）の注文者に対する報酬請求権の存在が法律の規定によって肯定されている[29]。

(c) 第三は，フランス民法旧第1994条第2項が規定するところの委任契約に関する直接訴権であり，委任者は複受任者（受任者に置き代わった者）に対して，任務の完遂をさせるための直接訴権を有する旨を規定している。

「① 受任者は，〔以下の場合には，〕事務処理において自己に置き代わった者について責任を負う。

1. 受任者が何らかの者を自己に置きかえる権限を受領していなかった場合
2. 人の指定なしにこの権限が受任者に付与されたときで，受任者が選択した者が無能力又は支払不能であることが明らかであった場合

② すべての場合において，委任者は，受任者に置き代わった者に対して直接に追及することができる。」[30]

さらに，フランスの判例は，前払い金および費用の返還に関して，複受任者は委任者に対して直接訴権を有することを，双務的に認めているといわれている[31]。このように複委任においては，法律の規定によって定められた直接訴権と，判例によって肯定された直接訴権とが存在することに注意するとともに，両者が区別されるべきことにも注意が向けられなけばならないであろう[32]。

---

28) 法務大臣官房司法法制調査部編・フランス民法典——物権・債権編——195頁（法曹会，1982年）の翻訳を参照した。
29) Rémy Cabrillac, Droit des obligations, op. cit., n° 486, p. 371.
30) 法務大臣官房司法法制調査部編・前掲書（注28) 278頁の翻訳を引用した。
31) Rémy Cabrillac, Droit des obligations, op. cit., n° 486, p. 371.

2 草案第1331の3条の理論的意義について

本条は，本節の冒頭で述べたように債権者のための強力な債権回収手段である直接訴権の債務法上の根拠を定めた規定である。この規定により，これまでは法律の規定によって，かつ，個別にのみ根拠づけられていた直接訴権という制度が，フランス民法の債務法において，債務の効力に関する総論的体系の中において一般的根拠規定を得ることになったと評価してよいであろう。このことは，直接訴権制度の一般性と重要性との二面にわたって画期的な意義を有する。すなわち，直接訴権の一般的根拠規定を民法典中におくことによって，この直接訴権制度が民法上の一般的制度であることを示すとともに，一般債権者にとって債権回収のための手段としてきわめて重要な制度であることを示していると考えることができる。以上が草案第1331の3条の理論的意義である。

第4款 「包括的担保法」（共同担保法）に関する小括

1 日本の民法典および民法学における直接訴権についての分析視角

以上の検討から，次のような分析視角を得ることができる。すなわち，日本の民法典の解釈学においては，直接訴権が債権者代位権や詐害行為取消権とともに，包括的担保権の一種として考えられ，さらには，債権者がその債権を債務者以外の第三者から強制的に回収するための訴権であるという解釈論はなされてこなかった。それどころか，直接訴権の根拠規定を民法の債権総則の中に新たに規定するという発想すらなかったように思われる[33]。そうだとすると，それらを修正すべきであるという分析視角――きわめて単純な視角ではあるが――を得ることができよう。

そして，このような分析視角にしたがって，民法典および民法学の現状をフランス法の債務法改正案を参考にして，考察し直すとするならば次のような結論を得ることができるであろう。すなわち，第一に，債権者代位権，詐害行為取消権，直接訴権の三者の民法典における理論上の位置づけをとらえ直し，それを解釈論において明確な形で言語化する作業が必要となろう。

---

32) Ibid.
33) わが国の債権法改正案の規定の中に，そのような趣旨の規定を見いだすことができないからである。

第二に，現在進行中の債権法改正作業についてであるが，この改正案も債権総論の分野において債権者代位権，詐害行為取消権と同様の法的機能を有する訴権として，直接訴権を体系的に位置づけることはしていない。それどころか，直接訴権の存在に関する一般的根拠規定すらも改正民法草案中に明文化していない状態である。このような改正案の内容では，個別の直接訴権の規定を明文化したとしても，フランス債務法の改正状況に追いつくことは到底不可能であろう。そうであるとしたら，やはり，比較法的にみてより進化していると思われるフランス債務法の改正案を参考にして，それに倣うべきではなかろうか。そのような観点から行うべき作業を怠っていると，これから百年，二百年先を見通すならば，日本の「債権法」（この名称も，フランス法，ドイツ法に倣って「債務法」に替えるチャンスだったのではなかろうか）の理論的な遅れがより一層目立つという弊害が予想されるからである。

2　債権法（債務法）の理論的体系に関する分析視角

　以上の提言は，繰り返しになるが，次のような理論的分析視角を債権法（債務法）の体系的理解のために投入することになろう。すなわち，従来の体系書では，債権者代位権および詐害行為取消権は直接訴権とともに，債権の対外的効力とか，責任財産の維持・保全のための制度であるといわれていた。しかし債権者が被保全債権（債務者に対する債権）を第三者（債権者の債務者以外の者）から回収するための訴権として位置づけられるべきであるという分析視角を投入することにより，債権者の債務者に対する債権を第三者から強制的に回収し，債権を消滅させる機能が，上記の三つの訴権に共通して存在することを明らかにすることができる。このような共通の機能を浮かび上がらせることが，債権法（債務法）の理論的体系における新たな提言となる。

　それと同時に，三つの訴権の有する法技術的効果が従来の日本法の解釈論や判例では酷似したものとなっていた。これらの類似性から脱却し，三つの訴権の有する固有の役割と法技術的効果を明確に論じ分けることも第1章の最終的な目的となる。この最終目的も，これらの訴権が第三者に対して訴権を行使し，債権を強制的に回収する制度であるという分析視角を通して初めて明らかにできる問題であると私は考えている。

3 叙述の順序

以上の分析視角にしたがって，以下の叙述では次のような順序で論述を行うことにしたい。まず第一に，「共同担保」概念と「責任財産」概念との比較を行う（第2節）。前者は明らかにフランス法に由来し，包括的担保概念とその内容が近いものである。これに対して，後者は，ドイツ法に由来する概念であるらしく，その内容もドイツ法にいう「債務と責任」の峻別論につながる概念のようである。これらの二つの概念を日本の判例および民法学（特に債権法の理論）は用いてきたのであるが，それが如何なる意味を有するのかを述べることにしたい。

第二に，債権者代位権について，その沿革および日本法（民法423条）の解釈論上の問題点を分析する（第3節）。ここにおいて，本来は直接訴権について論述する予定であったのであるが，筆者の時間の都合により前述の一般的説明をもって直接訴権についての比較法的・解釈論的検討に替えさせて頂きたい。日本法の直接訴権に関するより具体的な研究は他日を期することにしたい（なお，本書第2章も参照されたい）。

第三に，詐害行為取消権（民法424条・425条）についての沿革，比較法的考察，解釈論的検討を行うことにしたい（第4節）。この制度については多くの学説が存在し，それに加えて，近時の債権法改正案では現在の判例理論とも異なる立法がなされようとしている。すなわち，この制度に関するわが国の問題状況はいよいよ混迷を深めるに至っている。そのような状況の因って来る原因が何であるのかを，できるだけ明晰な言明により説明を行いたいと考えている。

以上が本章第2節以下の叙述の順序である。

【後記】 2016年改正フランス債務法の英訳文について

(1) 本文中で触れた改正後のフランス債務法の英訳文について，改正草案第1331条から第1331-3条に相当する改正後の債務法の条文を，それらの英訳文を参考にして以下にその翻訳を記しておくことにしたい。なお，改正後は条文の序数が1341条から1341-3条に変わっている。しかし章の見出しをはじめとして，条文の内容にはほとんど修正は施されなかったようであり，それゆえ条文の翻訳も――英文を基礎としていることを除けば――改正草案の翻訳とほと

んど同じであることをお断りしておかなければならない。

(2) 2016年改正フランス債務法第IV部「債務の一般的制度」第III章「債権者に利用可能な諸訴権」（仮訳）について

以下に，2016年2月10日に改正が成立したフランス債務法の英文訳の仮訳を示して，改正条文の内容が，上述した改正草案（の翻訳文）の内容とほとんど同じであることを示すことにしたい。

> 第1341条（債務の履行に対する権利）
> 「債権者は債務の履行に対する権利を有する。債権者は，立法により呈示された条件の下で，債務者に債務の履行を強制することができる。」
> 第1341-1条（債権者代位権）
> 「債務者が，彼の資産上の権利および訴権の行使を怠ること（怠慢）が，債権者の権利を危うくする場合には，その債権者は債務者に代わって（を代表して）それらの権利および訴権を行使することができる。但し，それらの権利および訴権が債務者個人に専属する時にはこのかぎりではない。」
> 第1341-2条（詐害行為取消権）
> 「債権者は，債権者自身の名において，債務者によって債権者の権利を詐害するためになされた行為が，債権者に対して対抗する（may not be set up against him）ことができないという宣告を得るための訴えを提起することができる。無償ではない（non-gratuitous）行為（有償行為）の場合には，債務者と契約をした第三者（受益者）が詐害を知っていたことを，債権者が立証する場合においてのみ，債権者は上記の訴えを提起することができる。」
> 第1341-3条（直接訴権）
> 「法律によって定められた場合において，債権者は，彼の債務者の債務者から（弁済の）満足を得るために，（債務者の債務者に対して）直接に訴えを提起できる。」

なお上記の条文見出しは筆者が付したものであり，原資料には付されていないことをお断りしておきたい。

第2節　共同担保と責任財産

第1款　一般債権者の法的地位

　金銭債権を有する一般債権者（無担保債権者）が，債務者から債務の本旨に従った弁済をしてもらえない場合には，裁判所に訴え（給付訴訟）を提起することになる。そして，給付判決が確定しても債務者が債務を履行しない場合には，債権者はこの判決の内容を国家の力によって強制的に実現してもらうことができる。すなわち，民事執行法の規定に従い，債務者の財産に対して強制執行を行うことによって，債権者は金銭債権を回収することができる。このような債権内容の強制的実現の仕組みは，金銭債権に特有のものではない。なぜならば，物の引渡を目的とする債権であれ，一定の作為・不作為を目的とする債権であれ，究極的にはすべて金銭債権に変ずるからである[34]。すなわち，物の引渡債務であっても履行不能となれば損害賠償債務＝金銭債務に変ずるし，行為債務も履行を強制できずかつ損害賠償の要件をみたすかぎり，損害賠償債務に変わる。また，強制履行の方法として代替執行・間接強制が選択されると，債務者に対して費用の支払い（414条2項）や一定の金額の支払い（民執法172条1項）が命ぜられることになり，やはり金銭債務に変ずる[35]。それゆえ，一般債権者の有する債権の効力は，強制執行の対象となる債務者の総財産がその金銭を支払うに足るだけ存在するかどうかにかかることになる[36]。従って，債務者が彼自身の積極財産を増大させるような契約を締結すれば，一般債権者の有する債権の効力は強くなる。これとは逆に，債務者が消極財産を増やすような契約を締結したりすると，債権の効力は弱くなってしまう。このように，一般債権者は，債務者の資産の増減を媒体として，債務者の行う法的行為によ

---

34) この点に関する詳細については，平井宜雄・債権総論（弘文堂，昭和60年）181〜190頁を参照。

35) 星野英一・民法概論III（債権総論）（良書普及会，昭和54年）27〜28頁，平井・前掲書（注34）187〜188頁。

36) 星野・前掲書（注35）28頁，平井・前掲書（注34）192頁。

り——間接的にではあるが——重大な影響を受ける立場にある。そうだとすると，一般債権者は，彼が将来行うかもしれない強制執行に備えて債務者の資産状態に注意を払い，それが不当に減少させられるような場合にはその減少を防止しなければならない。そのための手段として，民法典は①債務者が自らの権利を行使せず資産の減少を放置しておく場合に備えて債権者代位権（423条）を，②債務者が積極的に自らの資産を減少させる場合に備えて詐害行為取消権（424〜426条）を各々規定している。本章ではこの二つの制度を中心に説明することになるが，その前に，本節では二つの制度に共通する基礎的概念および二つの制度と類似の機能を有する他の諸制度について論及することにしたい。

第2款 「責任財産」と「共同担保」

1 ドイツ法学的説明——「責任財産」——

前述したように，強制執行の対象となる債務者の総財産は一般債権者にとって重要な意義を有する。そして，この債務者の総財産は「責任財産」と呼ばれている。この「責任財産」というテクニカル・タームの中で用いられる場合の「責任」という語は，いわゆる「債務と責任（Schuld und Haftung）」という問題で論じられる場合の「責任」と同じ意味を有する[37]。すなわち，この場合の「責任（Haftung）」という語は，債務が履行されない場合にその債権の満足を得させるために財産が強制執行に服させられていることを意味する[38]。このような「責任」という語の用い方は，19世紀末葉以降のドイツにおけるゲルマン法制史研究に端を発していると言われている[39]。つまり，ゲルマン法においては，給付義務を本質とする債務（Schuld）と上記の意味での責任（Haftung）とは区別されており，債務が当然には責任を伴うものではなく，責任を発生させるためには責任契約を結ぶなど別個の原因を必要としたことが指摘さ

---

[37] 星野・前掲書（注35）26〜27頁，奥田昌道・債権総論（上）（悠々社，昭和57年）94頁以下を参照。なお，「責任」という語が多義的であり，種々の意味に用いられていることについては，平井宜雄「責任の沿革的・比較法的考察」，奥田昌道「責任財産」（両者とも，岩波講座・基本法学5・責任（昭和60年）に所収）を参照されたい。

[38] 前注の文献を参照。

[39] 磯村哲「債務と責任」民法演習III（有斐閣，新版・昭和54年）2〜3頁，奥田・前掲書（注37）94〜95頁。

れた。このようなドイツの学説が日本にも導入され，強制執行に服する債務者の財産を「責任財産」と呼ぶようになった。従って，「責任」という語が前述した意味で用いられていることを知らないと，「責任財産」というテクニカル・タームが意味するところは，少し理解しにくいかもしれない[40]。要するに，強制執行に服する債務者の財産を，ドイツ法学流に呼び慣わす語が「責任財産」なのである。

2　フランス法学的説明──「共同担保」──

(1)　これに対し，フランス民法典は強制執行の対象となる債務者の財産を「共同担保（le gage commun）」と呼んでいる。そして，この「共同担保」というテクニカル・タームは仏民法典第2092及び第2093条によって，その内容が明確に定義されている。それゆえ，以下にこの2ヵ条の訳文を掲げることにしよう。

〔第2092条〕「債務者ハ其ノ現在及将来ノ総テノ動産不動産ヲ以テ其ノ債務ヲ履行スル義務ヲ負フ。」
〔第2093条〕「債務者ノ財産ハ其ノ債権者ノ共同担保ヲ成ス，債権者間ニ優先弁済ヲ受ク可キ法律上ノ事由ナキ限リ，其ノ価額ハ債権額ノ割合ニ応ジテ之ヲ債権者ニ分配ス[41]。」

この2ヵ条において，①債務者の総財産──但し，債務者の生活に必要な財産などは差押禁止財産として除外される──が債権者の強制執行の対象とされていること・および②一般債権者の間においては優劣の違いは存せず，債務者の財産を売却した金銭は按分比例により分配されること（いわゆる「債権者平等の原則」）の二点が明確に示されていることが容易に理解され得るであろう。従って，強制執行に服する債務者の総財産を指し示すテクニカル・タームとしては，「共同担保」の方が「責任財産」よりも，その内容を把握しやすいよう

---

40)　星野・前掲書（注35）27頁の指摘。
41)　本文中に掲げた仏民法典第2092条・第2093条の訳文は，現代外国法典叢書(18)・仏蘭西民法［Ⅴ］（有斐閣，復刻版・昭和63年）222～223頁によるものである。

に思われる[42]。ただ，「責任財産」という概念も，「共同担保」と同様の内容を有するものとして講学上理解されているので，フランス民法典に条文上の根拠があるというだけでは「共同担保」という語を「責任財産」に代えて用いる理由としては不十分であろう。しかし，この「共同担保」というテクニカル・タームは，①フランス民法典のテキストによれば，重要な法技術的意義を有するものであり[43]，さらに，②ボアソナード民法草案第1001条[44]を介して，旧民法債権担保編第1条に受け継がれているのである。そして，以上の二点を考慮するならば，強制執行に服する債務者の財産を指し示すテクニカル・タームとしては，「共同担保」の方が——日本民法典にとっても——よりふさわしいものであるように思われる。以下では，上記①・②について少し詳しく説明することにしよう。

(2) まず，「共同担保」概念が包含する法技術的意義から説明しよう。結論から先に言うと，第一点は，フランス民法学においては，この「共同担保」概念が債権者代位権（action oblique——仏民1166条）および詐害行為取消権（action paulienne——同1167条）の存在理由の基礎と考えられている点である。第二点は，強制執行法における平等主義——その意味は前に掲げた仏民第2093条が示すとおりである——を実体法である民法典が根拠づけているという点である。以上の二点について，各々の内容をさらに詳述することにしよう。

債務者の総財産が一般債権者にとっての共同担保であるという観念は，フランス民法典制定前のゲルマン古法の時代に存していたと言われている。その時代においては，土地に対する所有の形態が単独所有ではなく，家族による共同所有という形態をとっていたために，債権者は債務者の専有財産から弁済を受けるという手段を採り得なかった。そこで債権者は，債務者の家族全員の同意を得たうえで，家族の共有財産に対して「包括的担保権（un droit de gage

---

42) 星野・前掲書（注35）26～27頁の指摘。
43) フランス民法典の代表的な債権法のテキストは，第2092条・第2093条に示されている「共同担保」概念を指して「フランス法の根本原則（regle fondamentale）」と呼んでいる。
44) ボアソナード民法草案第1001条の原文については，ボアソナード文献叢書③ 仏文・日本民法草案註解第4巻（信山社，復刻版・昭和58年）1頁を参照。

générale) を取得した。そして債権者は，この「包括的担保権」に基づいて自己の債権に対する弁済を確保することができたと言われている[45]。債務者の現在および将来のすべての動産・不動産を債権者の弁済に充てることができるという仏民第2092条に見られる観念は，このような方法が起源となってできあがったと言われている[46]。そして，現在でもフランスの代表的テキストはこのような考え方にのっとり，「債権者は債務者の総ての動産・不動産上に包括的（一般的）担保権を有する」という説明をしている[47]。さらに，この包括的担保権の性質の一つとして，優先弁済受領権がないことが挙げられている[48]。従って，包括的担保権を有する一般債権者の間に優劣の順は存しないこととなり，債務者の総財産は一般債権者にとっての共通の担保＝共同担保となるわけである（仏民2093条参照）。

ここまでの説明で明らかとなったと思われるが，共同担保は，債権者の包括的担保権の実行すなわち強制執行手続の対象となるわけである。従って，債務者が作為あるいは不作為によって，この共同担保を不当に減少せしめると，債権者の包括的担保権が害されることになる。このような包括的担保権に対する侵害から債権者を保護するために，債権者に与えられた特権的手段が債権者代位権と詐害行為取消権（債権者取消権，廃罷訴権と同義である）である，とフランスの通説的見解は説明する。つまり，共同担保の不当な減少を防止するための手段が債権者代位権・詐害行為取消権だという結論に到達するわけである。以上の文脈において，共同担保というテクニカル・タームは債権者代位権と詐害行為取消権とに共通する存在理由を——ゲルマン古法にまで遡りつつ——説明し得るという重要な意義を有するのである。

次に，「平等主義」について検討しよう。「平等主義」とは，強制執行法の分

---

45) この点についての邦語文献としては，松坂佐一・債権者代位権の研究（有斐閣，昭和25年）15〜16頁，平井・前掲書（注*34*）193頁を参照。なお，本文中の説明は，Theophile Huc, Commetaire théoritique & pratique de Code Civil〔1894〕t 7, n° 183. p. 252によったものである。外国文献の引用は本章には不適当かもしれないが，重要な文献と思われるので，あえて引用した。

46) 前注の文献を参照。

47) たとえば，A. Weil et F. Terré, Les obligations, 3ᵉ ed, n° 842, n° 843などである。

48) Weil et Terré, op. cit., n° 846.

野において用いられるテクニカル・タームであり，個別執行に参加する債権者（優先権をもつ者を除く）を，配当において平等に取り扱う（債権額に応じて配当する）立法主義を意味する[49]テクニカル・タームである。

これに対して，「優先主義」とは，個別執行に参加する債権者間に差異を設け，参加の時間的先後によって優劣の地位を認める立法主義である[50]。この平等主義・優先主義の定義に照らせば，仏民第2093条の後段（其ノ価額ハ債権額ノ割合ニ応ジテ之ヲ債権者ニ分配ス）が平等主義を宣明していることは明らかであろう。それゆえ，フランスの強制執行法は「平等主義の純型に近い」立法例である（但し，その平等主義は種々の変容を遂げている）と言われているのである[51]。このように，フランス法において実体法である民法の規定が，手続法である強制執行法の原則を定めている[52]という点には十分に注意を払う必要があるように思われる。なぜならば，日本の現行民法典が前提としている強制執行手続の構想の背景には，非常に濃厚にフランスの執行制度のイメージ——特にその平等主義的イメージ——が存在することが三ヶ月章博士によって指摘されているが[53]，その平等主義的イメージは，実体法の規定である仏民第2093条の「共同担保」概念に由来するのではないかと考えられるからである。また，三ヶ月博士が提起された問題——現行民法典が前提としている執行制度がフランス流の平等主義であることを論証するという問題——を解くための重要な手がかりも「共同担保」概念に潜んでいるのではないかとも考えられる。このように，仏民第2093条および「共同担保」概念は，フランス強制執

---

49) 三ヶ月章・民事執行法（弘文堂，昭和56年，弘文堂）205頁，中野貞一郎・民事執行法上巻（青林書院，昭和58年）35頁を参照。

50) 同上。

51) 中野・前掲書（注49）39頁注（8）を参照。詳細については，三ヶ月章「差押の効力の相対性」（民事訴訟法研究第3巻（有斐閣，昭和41年）322頁以下に所収）を参照されたい。

52) 但し，本文中でも指摘しておいたように，現在のフランスの強制執行手続において純粋に平等主義が貫かれているのは動産執行だけであることが，三ヶ月教授によって指摘されている。この点については前注の文献を参照されたい。

53)「強制執行法案要綱案」研究会における三ヶ月教授の報告を参照（ジュリスト517号7～8頁）。

行法の原則を定めるという機能を果たすと同時に，日本の民法典と強制執行手続との関係により強い影響を与えている法概念であると言ってよいのではなかろうか。

(3) それでは，この「共同担保」概念はどのような形でわが国の民法学にその痕跡を留めているのであろうか。この点についての沿革的な検討を以下に行うことにしよう。

まず，法案ないし条文の形で「共同担保」概念を継受したものとしては，前述したように，ボアソナード民法草案第1001条，および，旧民法債権担保編第1条の2ヵ条を挙げることができる[54]。そして，ボアソナード草案第1001条1項の末尾には仏民第2093条が，同条2項の末尾には仏民第2093条が，参照条文としてそれぞれ掲げられている。また，草案第1001条1項の冒頭において，"Tous les bien d'un débiteur, tant meubles et immeubles que présents et a venir, sont le gage commun de ses créanciers,..." と述べられており，これらの点に鑑みるとボアソナードが「共同担保」概念を彼の草案に継受したのは明らかな事実であると言ってよいであろう。また草案第1001条2項が平等主義を宣明していることから，ボアソナードが頭の中にえがいていた強制執行制度が，平等主義の色彩の強いものであったであろうことも容易に推測できるのである[55]。

次に，旧民法債権担保編第1条に移るが，本条は——旧民法がボアソナードを主任として明治23年に制定されていることの当然の帰結として——ボアソナード民法草案第1001条をほとんどそのまま翻訳したものと言ってよい。従って，「共同担保」概念も平等主義も本条1項・2項に各々規定されている[56]。

---

54) ボアソナード民法草案第1001条の原文については注44)に掲げた文献を参照。旧民法については，我妻栄編集代表・旧法令集（有斐閣，昭和43年）を参照。

55) ボアソナードの強制執行制度案についての研究としては，三ヶ月章「ボアソナードの財産差押法草案における執行制度の基本構想」（民事訴訟法研究第6巻（有斐閣，昭和47年）に所収）を参照されたい。

56) 参考までに本条1項・2項の法文を以下に引用する。
〔債権担保編〕第1条 ①債務者ノ総財産ハ動産ト不動産ト現在ノモノト将来ノモノトヲ問ハス其債権者ノ共同ノ担保ナリ但シ法律ノ規定又ハ人ノ処分ニテ差押ヲ禁シタル物ハ此限ニ在ラス

以上に見てきたように,「共同担保」概念は旧民法にまでは明確な形で継受されている。しかし,現行民法典にはこの概念を明示する条文は存在しないのである。ところが,現行民法典においても「共同担保」の回復を存在理由とする詐害行為取消権（債権者取消権）の規定の中に,この概念が包含する平等主義の理念を含む規定が存在する。それは民法425条である。この規定は,後に詳述するように,詐害行為取消判決の既判力を総債権者に拡張せしめるというフランスの学説を,ボアソナードが明文化して日本に導入したものである。そして,フランスにおいては,この学説の有力な根拠として仏民第2093条が挙げられていたのである[57]。そうだとすると,フランス法の「共同担保」概念は,間接的にではあるが,現行民法典にその痕跡を留めているのである。それゆえ,現行民法典の解釈論においても,この概念はいまだに重要な意義を有すると言ってよいのではなかろうか[58]。

3 二つの術語の比較

これまでに概観したように,強制執行に服する債務者の財産を指し示す類似のテクニカル・タームではあっても,「責任財産」と「共同担保」との間には,各々の術語がその背後に伏在せしめている比較法的・法技術的意義に大きな隔りが存在する。

そうだとすると,日本民法典——特にその中の債権者代位権・詐害行為取消権——の諸問題を論ずる際にどちらの術語を用いるべきかを,改めて考える必要がありはしないだろうか。近時の代表的なテキストの多く——一々例を挙げることはしないが——は,責任財産（あるいは一般財産）の方を用いているよ

---

②債務者ノ財産カ総テノ義務ヲ弁済スルニ足ラサル場合ニ於テハ其価額ハ債権ノ目的,原因,体様ノ如何ト日附ノ前後トニ拘ラス其債権額ノ割合ニ応シテ之ヲ各債権者ニ分与ス但其債権者間ニ優先ノ正当ナル原因アルトキハ此限ニ在ラス

57) 詳細については,拙稿「詐害行為取消権に関する一試論（二）」法協104巻12号1782頁以下を参照。

58) なお,債権の一般的性質として,平等主義＝「債権ノ平等」を説く古典的テキストとしては,梅謙次郎・民法要義巻之三・債権編（復刻版・昭和59年,有斐閣）3〜4頁がある。この点についての詳細は,拙稿・前掲論文（四・完）法協105巻3号351頁注(140)を参照されたい。

うである。しかし,「責任」という語が第2款1で説明したような意味を有するにすぎず,債権者代位権・詐害行為取消権の存在理由を説明するという機能もなく,また日本の強制執行手続の平等主義とも無関係であるとするならば,むしろ「共同担保」という術語を用いた方が,日本民法典の諸問題を論ずるには,ベターなのではなかろうか。その理由は,これまでに述べたとおりである。このような根拠に基づいて,私は「共同担保」という術語を本章で用いることにしたい。ただ,このような用法は,現在のところ,きわめて少数であることをお断りしておきたい[59]。

第3款　他の制度との比較

冒頭で述べたように,①債権者代位権(423条)・②詐害行為(債権者)取消権(424条)は,将来における強制執行にそなえて共同担保を維持・回復するための制度である。この二つと類似の機能を有する制度としては,③民事訴訟法上の仮差押え(民訴法旧737条以下・なお平成元年12月22日公布の民事保全法20条以下も参照)・④破産法・会社更生法上の否認権(破産法旧72条以下・会社更生法旧78条以下)がある[60]。これらのうち,①③は共同担保の減少を未然に防止して,共同担保の維持をはかるという点で共通の制度趣旨を有する。また,②④は債務者の行為によって共同担保から逸出した財産を共同担保中へと回復せしめる点で共通の目的を有する[61]。

次に,③④について簡単に説明しよう。③仮差押えは,金銭債権または金銭債権に転換しうる請求権についての強制執行を保全するために,共同担保の現状を維持することを目的とする(民訴法旧737条・民事保全法20条)[62]。仮差押えの執行については,民事執行法(旧174〜179条・なお民事保全法47条以下も

---

59) 古い判決例には共同担保という術語を用いるものがあることが,平井・前掲書(注34)192頁に指摘されている。
60) 星野・前掲書(注35)90頁,奥田・前掲論文(注37)280頁以下を参照。
61) 奥田・前掲論文(注37)280頁。
62) 西山俊彦・保全処分概論(一粒社,昭和60年)4頁以下を参照。なお,係争物に関する仮処分(民訴法755条〜759条・民事保全法23条〜25条)も債務者の財産の現状を維持するための制度であるが,特定物の保全を目的とする制度であるので,共同担保保全のための制度からは除外した。

参照）が規定をおき，仮差押えの執行により，債務者はその財産の処分権を奪われる[63]。④否認権は，総債権者への平等な弁済を目的として，債務者（破産者・会社）が破産宣告ないし更生手続開始の前に行った破産債権者・更生債権者等を害する行為の効力を否認して，破産財団ないし会社財産の回復をはかるための制度である[64]。これらのうち，破産法上の否認権について概略を説明すると，主要な否認類型としては，故意否認（破産法旧72条1号）・危機否認（同条2〜4号）・無償否認（同条5号）の三つがある（改正前の破産法による）。これらの類型を通じて，否認権を行使するための要件・否認権行使の効果が破産法において詳細に定められている。但し，故意否認の成立要件は詐害行為（424条）のそれと類似しており，その内容については判例・学説に委ねられている点が多い（詳細については破産法の体系書を参照）。

　このように仮差押え・否認権は，各々，民事訴訟法・民事執行法（新法としては，民事保全法）・破産法に詳細な規定を有する制度であり，その要件・効果がかなりの程度で明確にされている。ところが，債権者代位権・詐害行為取消権は，民法の規定がきわめて簡単なうえに（423〜426条を参照），その沿革および比較法的位置づけについても不明確な点が残っている制度である。それゆえ，各々の要件・効果につき多様な学説が存在するし，判例の見解も複雑を極めるものとなっている。本章は，このような代位権・取消権に関する判例・学説について解説することを主たる目的とするものであるが，以上に述べた二つの制度の特色を考慮して，沿革的・比較法的解説をも織り込むことにしたい。そうすることによって，この二つの制度が有する漠たる不明確さを，いくらかでも取り除くことができるのではないかと考えられるからである。

　第3節は，第2節第2款で説明した「共同担保」概念を手がかりとして，債権者代位権について解説を試みることにしたい。

---

63) 詳細については，西山・前掲書（注62）258頁以下，三ヶ月・前掲書（注49）479頁以下を参照。

64) 奥田・前掲論文（注37）284頁を参照。

第3節　債権者代位権（間接訴権）

第1款　債権者代位権の体系上の位置付け

1　序

　債権者代位権とは，債権者が自己の債権を保全するために，その債務者に属する権利を，債務者に代わって行使する権利を言う（423条1項本文——以下では代位権と略称する）。つまり，債務者が自らの権利の行使を怠っているときに，債権者が将来行うべき強制執行に備えて，債務者の権利を代位行使できるという権利であり，強制執行と密接な関連を有する制度である[65]。しかしながら，日本の古典的な学説は，代位権と強制執行との関連をあまり強く意識してはいなかったように思われる。

2　日本法における古典的位置付け

　古典的な学説においては，代位権を詐害行為取消権（424条——以下では取消権と略称する）とともに，「第三者ニ対スル債権者ノ権利」や「債権ノ対外的効力」として説明していた[66]。すなわち，債権は債務者に対して一定の給付を請求する権利なのだから，債権の効力は債務者以外の第三者（代位権における第三債務者や取消権における受益者・転得者）に及ばないのが原則である。しかし，例外的に，民法423条・424条の2ヵ条の要件を満たす場合には，債権者はその債権を保全するために第三者に対し代位権や取消権を行使できるのだと説かれていた[67]。けれども，①「債権の対外的効力」としては第三者による債権侵害に対する救済手段もその内容として含まれること，②代位権・取消権

---

65)　川島武宜・債権法講義（総則 I）（近代思想社，昭和23年）66頁，星野・前掲書（注 *37*）92頁，平井・前掲書（注 *34*）195頁を参照。

66)　例えば，梅・前掲書（注 *58*）76～77頁，岡松参太郎・註釈民法理由下巻（有斐閣，第4版・明治31年）107頁，横田秀雄・債権総論（清水書店，明治41年）384頁以下，鳩山秀夫・増訂改版日本債権法総論（岩波書店，昭和7年）183～184頁などである。

67)　前注に掲げた文献を参照。

が強制執行手続と密接な関連を有することが——特に民事訴訟法学者を中心として——指摘されるようになったこと，の二点を理由として，代位権・取消権を「債権の対外的効力」として民法典の体系上に位置づけるのは不適当であることが明らかにされた[68]。

3 現在の学説の位置付けのしかた

日本の現在の学説は，前述したような発展を踏まえて，代位権を債務者の共同担保の維持・保全のための制度として位置づけている[69]。このような代位権の体系上の位置付けは，実をいうと，旧民法典の起草者であるボアソナードの著書において既に明らかにされていたのである[70]。そして，ボアソナードの代位権に関する構想——強制執行手続との関連をも含む——は，19世紀のフランス註釈学派の一人であるコルメ・ド・サンテール（Colmet de Santerre）の学説を受け継いだものと推測されるのである。それゆえ，次款ではフランスの学説に，しばらく目を転ずることにしよう。

第2款 フランス民法学における債権者代位権

1 債権者代位権の沿革小史

債権者代位権（action oblique）の起源は，前節でも簡単に説明したように，ゲルマン古法時代に成立した「包括的担保権（un droit de gage générale）」であるようである[71]。

---

[68] 川島・前掲書（注65）66頁，星野・前掲書（注35）90頁，平井・前掲書（注34）177～178頁，注釈民法(10)（有斐閣，昭和62年）731～739頁，785～795頁〔下森定〕，三ヶ月章「わが国の代位訴訟・取立訴訟の特異性とその判決の効力の主観的範囲」（同・前掲書（注55）1頁以下に所収）・同「取立訴訟と代位訴訟の解釈論的・立法論的調整」（民事訴訟法研究第7巻（有斐閣，昭和53年）93頁以下に所収），中野・前掲書（注49）259～262頁を参照。

[69] 前注に掲げた文献を参照。なお，債権の内容が実現される過程という視点から，代位権・取消権という二つの制度を観察すると，両者は共に強制執行と密接に関連しつつ，債権内容を強制的に実現する機能を有する制度であるという注目すべき見解が，平井宜雄教授によって唱えられている（同・前掲書（注34）177頁以下）。

[70] ボアソナード文献叢書② 仏文・日本民法草案註解第2巻（信山社，復刻版・昭和58年）122頁，155～159頁を参照。

そして、この包括的担保権の設定は、(i)民衆集会（mallum）において・(ii)債務者の家族の構成員の面前で・(iii)「草茎（festucatio）」の儀式に則って行われたと言われている[72]。債権者は、この包括的担保権の取得により、債務者の全財産を共同担保となし得ただけでなく、債務者が第三者に対して有する権利や訴権（les droit et actions）をも行使できるようになったと言われている[73]。

2　フランス註釈学派の学説（19 世紀）

(1)　このように、かなり古い時代に、フランス法における伝統的な制度として代位権は誕生した。そして、19 世紀に入ると、フランス註釈学派と呼ばれる著名な民法学者たちが、次のような理論で代位権の存在理由を説明し始めた[74]。それは、一般債権者は債務者の「包括承継人（les ayants cause à titre universal）」であると言う理論である[75]。すなわち、担保権を有しない一般債権者の債権の効力は、あたかも相続人が被相続人の所有財産上に有するところの将来発生すべき相続権と同様に、債務者（被相続人に相当する）の資産が増えればその効力は強まるし、逆に債務者の資産が減少すればその効力は弱まる[76]。そうすると、一般債権者は、債務者の締結した契約の影響を受けるのであるから第三者でないことは明らかであるが、それと同時に契約当事者でもない。そうだとすると、契約当事者以外の者であって、契約の効力の影響を受

---

71)　松坂・前掲書（注 45）15～17 頁、工藤祐厳「フランス法における債権者代位権の機能と構造」（一）民商法雑誌 95 巻 5 号 675 頁を参照。

72)　「草茎（フェストウーカ）」の儀式とは、フランク法において、不動産所有権の移転を実現させるための儀式であって、譲渡人が譲受人に草茎を手渡すことを指し、一種の公示手段としての機能を営んでいた（Fr. オリヴィエ・マルタン著、塙浩訳・フランス法制史概説（創文社、昭和 61 年）414～415 頁）。

73)　前節（注 45）に掲げた文献を参照。

74)　フランス古法からナポレオン民法典第 1166 条（代位権）の制定までの概略については、工藤・前掲論文（注 71）民商 95 巻 5 号 41～46 頁を参照。

75)　平井・前掲書（注 34）193 頁を参照。フランス民法のテキストとしては、De-molombe, Cours de Code Napoleon, v. XXV, n° 46 (1869); Demante et Colmet de santerre, Cours analytique de Code Civil, t. 5 n° 80 bis I (1883) などが代表的なものである。さらに、日本民法典の父たるボアソナードも一般債権者を包括承継人の一例として挙げている。

76)　同上。

ける者と言えば，相続人などの契約当事者の包括承継人がそれらの者に該当する。従って，債務者の締結した契約の影響を受ける一般債権者は，債務者の包括承継人の一種であると，19世紀のフランスの学説は説いたのである[77]。そして，以上の理論から，一般債権者が債務者の権利や訴権を行使する権限を有すること，すなわち債権者代位権を有することを根拠づけていた。

(2) このように，一般債権者を債務者の包括承継人と考える註釈学派の間にあって，日本民法典の代位権の原型を創案したボアソナードに対して，きわめて強い影響を与えたと考えられるコルメ・ド・サンテールの学説の要点を紹介しよう[78]。

コルメ・ド・サンテール（明治21〜25年当時のパリ大学法学部長）は代位権制度を以下に示すように考えていた。すなわち，(i)代位権を行使する一般債権者は債務者の包括承継人であるから，債務者の権利を行使する場合には，債務者を代理して債務者の名において，その権利を行使する・(ii)しかし，行使される権利は債務者自身のものであるから，債務者の権利の行使・不行使の自由を保障するために，代位権を行使する場合には事前に裁判所の許可（l'autorisation judiciaire）を得なければならない・(iii)裁判所の許可が債務者に告知（notification）された後には，債務者は自己の権利を処分できなくなる・(iv)裁判所の許可を得て，債務者の権利を裁判上で行使（これを「裁判上の代位」と呼ぶ[79]）した後の効果は，債務者にもその他の債権者にも及ぶ。即ち，行使された権利から生じた価値は，直接に債務者の資産中に戻って共同担保を構成し，総債権者

---

77) 本文中で紹介した学説を唱えた人々は，フランス註釈学派と呼ばれ，19世紀中葉から後半にかけてフランス法学界の大勢を支配したと言われている。その中の代表的著作が，注71)で掲げたDemolombeやDemante et Colmet de Santerreの著作である。以上の点については，山口俊夫・概説フランス法（上）（東大出版会，昭和53年）106〜108頁を参照されたい。なお，ボアソナードも註釈学派の世代に属する学者である。

78) この点についての詳しい論証は別の機会に行うことにしたい。ただ，一言するならば，コルメ・ド・サンテールの著書とボアソナードの注釈とを比較すれば，両者の代位権制度についての構想が酷似していることに容易に気付くであろう。

79) 「裁判上の代位」を la subrogation judiciair と言う。また，フランスにおいては，代位権を裁判上でのみ行使できる権利，すなわちアクチオの一種と考えていたようである。

の間で按分比例によって分配される（仏民第2093条）・(v)被告たる第三債務者が同様の訴訟に何度もさらされる危険を防ぐために，代位訴訟の判決効は勝訴判決であれ敗訴判決であれ，債務者およびその他の債権者に拡張される，という五点が彼の学説の概要である。そして，以上の五点の中で，「裁判上の代位」を必要とする点および仏民第2093条の平等主義を効果論の中軸にすえる点という二点が，日本の現行民法典の規定する代位権の解釈にとって重要なポイントになるのである[80]。

第3款　日本法における債権者代位権——本来的用法を中心として

1　ボアソナード民法草案

(1)　ボアソナード民法草案においては，第359条が代位権について規定している[81]。そして，同条第2項に明示されているように，間接訴権（action indirecte——債権者代位権の別名である）を行使するためには，債権者は「裁判上の代位」によらなければならないと定められている点は，前に見たコルメ・ド・サンテールの学説と同じである。その理由として，ボアソナードは，①債務者が被告たる第三債務者と和解したり，その権利を消滅させたりして，代位債権者を害するおそれを防止する必要があること・②被告たる第三債務者が，債務者自身の提起する（訴訟物が同じ）訴訟や，他の債権者が提起する同様の代位訴訟に何度もさらされる危険を防止する必要があること，の二点を挙げている[82]。さらに，ボアソナードは，①裁判上代位の手続によって，債務者がその権利行使の催告を受け，かつ，債務者の代位訴訟への訴訟参加が生じた後には，債務者は権利処分の自由を失うこと・②上記の効果が生ずると同時に，原告たる債権者は，他の債権者に対して裁判上代位の通知を適式に行うことによって，他の債権者をも，代位訴訟において，代表することになると述べている[83]。即ち，裁判上の代位を得て，その旨を他の債権者に告知すると，原告

---

[80]　代位権に関する現在のフランスの学説については，山口俊夫・フランス債権法（東大出版会，昭和61年）261〜267頁，工藤・前掲論文（注71）（一）民商95巻5号671頁以下，（二）同96巻1号33頁以下を参照されたい。

[81]　原文については，前掲書（注70）ボアソナード文献叢書②122頁を参照。

[82]　Boissonade, Projet de Code Civil pour l'Empire du Japon, t. 2, nº 153, p. 159 (1883).

債権者は，債務者のみならず他の債権者をも代表して，債務者の名において債務者の権利を行使することになるのである[84]。つまり，債務者およびその他の債権者に対して，代位訴訟における一種の手続保障を与えていることの帰結として，債権者代位訴訟の既判力の拡張――債務者およびその他の債権者に対する双面的拡張――をボアソナードは主張していた[85]。

このように，代位訴訟の判決手続の側面においては，ボアソナードはコルメ・ド・サンテールの学説を忠実に受け継ぎ，その学説をより精緻なものへと発展せしめている観がある。特に，「裁判上の代位」に関しては，裁判上代位法（明治23年10月3日公布）の制定という一応の成果を生ぜしめるに至るのである[86]。

(2) それでは，実体法上の効果について，ボアソナードはどのように考えていたのであろうか。彼は，まず第一に，代位権という制度が，債務者の総財産が債権者にとっての共同担保であるという原則から生ずる一つの帰結である旨を述べている[87]。

次に，彼は，代位権行使の方法として，①差押（Sasiies）・②訴訟参加（Intervention）・③間接訴権（Action indirecte）の3種類があることを示した上で，③間接訴権の箇所において次のような注釈を付している。すなわち，間接訴権という表現は，債権者自身が行使する固有の権利を示す術語ではなく，債務者に属する訴権を指し示す術語である。そして，間接訴権〔の行使から生ずる〕利益は，債務者の資産中に（dans son patrimonie）到達する。さらに，代位訴訟

---

83) Ibid.

84) Boissonade, op. cit., n° 153, pp. 158-159.

85) Ibid.

86) 裁判上代位法は現在では，（改正前の）非訟事件手続法第4章に受け継がれている。裁判上代位法については，三ヶ月・前掲論文（注68）35頁を参照されたい。また，裁判上代位法から非訟事件手続法までの沿革については，(i)池田辰夫「債権者代位訴訟における代位の構造（三）」判例時報996号10頁以下，および(ii)伊東乾＝三井哲夫編・注解非訟事件手続法（青林書院，昭和61年）295～307頁（坂原正夫執筆）の二つの優れた文献がある。なお，ボアソナードは詐害行為取消権に関しても，コルメ・ド・サンテールの学説を現行民法第425条という形で条文化している（拙稿「詐害行為取消権に関する一試論（二）」法協104巻12号1809～1810頁参照）点を指摘しておきたい。

87) Boissonade, op. cit., n° 151, p. 155.

に勝訴した後には，間接訴権を行使した債権者は，この利益を他の総債権者とともに，平等に分配しなければならない，とボアソナードは説いている[88]。この注釈から，ボアソナード草案においては，代位権行使の効果は，行使された権利の帰属主体たる債務者に帰属し，代位した債権者に直接には帰属しないと考えられていたことが推察される。この点は，後述するように，代位債権者が金銭債権に基づいて債務者の金銭債権を行使する場合に，第三債務者に対して金銭を債権者自身に引き渡せと請求できるか否かという，日本の判例の問題点の解答にとって，重要なヒントとなるべき部分である。それでは，現在の判例・学説の解釈論とボアソナードの構想との差異はどの点にあるのだろうか。次は，この点を検討しよう。

2 金銭の直接引渡しに関する判例

(1) 現行法では，債権者代位権については民法423条が規定をおき，裁判上の代位については（改正前の）非訟事件手続法第72～79条が規定をおいている。そして，民法423条2項によれば，債権者の債務者に対する債権（以下では被保全債権と呼ぶ）の期限が未到来の場合に限って，裁判上の代位によらなければ代位権を行使できないとされている。また，日本の現行民法典の代位権は裁判外においても行使できると解されている。そうすると，裁判外であれ，裁判上（代位訴訟）であれ，代位権を行使する債権者は，第三債務者に対し，債務者の権利の目的物を自己に直接引き渡せと請求できるのか否かが問題となる。すなわち，債権者が金銭債権に基づいて，債務者の第三債務者に対する金銭債権を行使するという代位権の本来的（換言すれば共同担保維持のための）用法の場合について，この点が古くから判例で問題となった。まず，①大判明治36年12月11日（民録9輯1388頁）は次のように判示している——「随テ其訴追シタル結果判決確定ノ後本件ノ如キハ第三債務者ヨリ債務ノ弁済ヲ受クルノ権即チ取立ヲ為スノ権アリト雖モ……自己ノ債権ニ対シ直接ノ弁済ヲ請求スヘキモノニ非ス 己レノ債権ニ対スル弁済ハ第三債務者ヨリ取立ヲナシタル後債務者及ヒ各債権者間ノ関係ニヨリ定マルヘキモノタリ」——この判決によれ

---

[88] Boissonade, op. cit., n° 152-3, pp. 157-158.

ば，代位債権者には金銭の取立権能はあるが，その金銭を直ちに弁済に充てることはできないと判示されている。従って，代位権行使の効果は，(i)裁判外の行使の場合には民事執行法の定める差押命令（同法143条以下）に，(ii)裁判上の行使の場合には，同法の定める取立訴訟（同法157条）に，各々類似したものとなる[89]。しかし，この①判決の結論は，次の大審院判決②により，事実上変更されてしまう。②大判明治39年3月23日（民録12輯441頁）――「此規定ハ債権者カ直接ニ第三債務者ヨリ弁済ヲ受クルコトヲ許シタルモノニアラスシテ自己ノ債権ヲ保全スル為メニ債務者ニ代ハリテ其権利ヲ行使シ即チ自己ノ利益ノ為メニ第三債務者ヲシテ債務者ニ弁済セシメ以テ総債権者ノ共同担保タルヘキ債務者ノ財産ノ減少ヲ防クコトヲ許シタルモノト解セサルヲ得ス」――この判決によれば，代位債権者は，裁判外・裁判上の双方において，金銭の直接引渡しを請求できず，単に債務者に支払えと請求できるにすぎないことになる。従って，第3款1で概観したボアソナードの見解と同じ結論になり，沿革的には整合性を有する判決と評することができよう[90]。ところが，この②判決も次に掲げる大審院判決③により，再度変更されてしまう。③大判昭和10年3月12日（民集14巻482頁）――「第三債務者ヲシテ其ノ債務者ニ対スル債務ノ履行トシテ自己ニ給付ヲ為サシメ債務者ノ債権ニ付取立ヲ為スカ如キハ右ノ規定カ認メタル権利ノ行使方法トシテ固ヨリ妨ケナキ所ナリト解セサルヘカラス蓋シ若シ……債務者ニ於テ第三債務者ノ給付ヲ受領セサル限リ債権者ハ到底其ノ債権ヲ保全スルコト能ハサル結果トナ」るからである――この判決により，大審院の見解は，再び①判決に戻り，代位債権者には取立権＝金銭の直接引渡し請求権が与えられることになった。

(2) それでは，これらの判例に対する学説の反応はどのようなものであろうか。まず，②の明治39年判決に対しては，鳩山博士が反対の見解を明示していた。その理由として，金銭を債務者に返還せよと命じても，債務者が受領を拒むと不当な結果が生ずることを挙げている[91]。そして，この鳩山説を採用

---

89) 差押命令および取立訴訟の詳細については民事執行法の体系書を参照されたい。

90) 但し，ボアソナードは，債権者が債権差押という強制執行法上の手段を採った場合に限って，債権回収機能を肯定していたと考えられる。

91) 鳩山・前掲書（注66）193～194頁。

するかのように，前掲③の昭和10年判決が下されている。従って，鳩山説の判例に対する影響力はかなり大きかったのではないかと推測される[92]。その後の主要な学説——例えば，我妻説・柚木説——も，鳩山説と同じ理由で③の判例を支持しており，通説となっている[93]。

(3) 近時の学説は，昭和10年判決の結論を推し進めると，代位債権者が事実上優先弁済を得る結果になることを指摘する。すなわち，代位債権者が債務者に対して有する金銭債権と，債務者が代位債権者に対して有する金銭の返還請求権とを相殺してしまうことによって，代位債権者は第三債務者から得た金銭を債務者に返還しなくともすむからである[94]。従って，代位権は債務名義を必要としない転付命令（民執法159条）に近い機能を持つことになってしまう[95]。

このように，代位権に転付命令類似の機能を与えることについて，学説には，①やむを得ないとして賛成する説・②代位権が包括的担保権の行使という性質を有することを理由に賛成する説・③立法論としては供託所に金銭を保管させるべきだとする説・④代位債権者への金銭の直接引渡しを肯定すること自体に問題があるとする説，など多様な見解が存する[96]。この問題について，どのように考えるべきかは困難な問題である。しかし，あえて筆者の考え方を示すならば以下の如くである。①ボアソナード草案は債務者の資産中への現実の返還を予定していたこと・②債務者が受領を拒んだら，第三債務者は債権者（ここでは債務者が第三債務者の債権者である）の受領拒絶を理由に供託できる（494条）のではないかと考えられること・③共同担保の維持という制度趣旨を貫徹

---

92) なお，近藤英吉＝柚木馨・註釈日本民法（債権編総則）上巻（巌松堂，昭和9年）252～253頁も鳩山説と同様の見解を示している。
93) 我妻栄・新訂債権総論（民法講義Ⅳ）（岩波書店，昭和49年）169頁，柚木馨＝高木多喜男・判例債権法総論（有斐閣，補訂版・昭和46年）179頁を参照。
94) 星野・前掲書（注35）102頁，平井・前掲書（注34）206頁。
95) 平井・前掲箇所を参照。なお，最判昭和44年6月24日民集23巻7号1079頁も金銭の直接引渡しの肯定を前提としている。
96) ①は我妻・前掲書（注93）169頁，②は平井・前掲書（注34）197，206頁，③は奥田・前掲書（注37）268頁，④は平井一雄「債権者代位権」民法講座(4)（有斐閣，昭和60年）105頁以下）137～138頁を各々，参照されたい。

し得ること・④民事執行法上の諸制度との競合を回避でき，各々の機能分担を明確にし得ること，の四点を理由に明治39年判決の見解を支持したい。そして，学説の中では，前掲④説を支持したい。ただし，いずれの見解を採るにしても，この問題は，債権者代位権制度の存在理由をどう考えるべきかという根本的な問題にまで連なるものであることを指摘しておかなければならない[97]。

第4款　債権者代位権の「転用」現象

1　「転用」の具体例

(1)　代位権が共同担保の保全（強制執行の準備）という本来の目的以外に用いられる場合を，代位権の「転用」と呼んでいる。この転用事例の代表的なケースとしては，まず，債権者の被保全債権が非金銭債権の場合を挙げることができる。第一の事例は，不動産が甲から乙，乙から丙へと転売され，所有権の登記がまだ甲名義となっている場合に，丙が乙に対して有する移転登記請求権を被保全債権として，乙が甲に対して有する移転登記請求権を代位行使して，乙名義に登記を移転する場合である（大判明治43年7月6日民録16輯537頁[98]）。

第二の事例は，不動産の賃借人が，賃借権の目的物の使用収益を妨害する第三者に対して，賃貸人が第三者に対して有する所有権に基づく妨害排除請求権を代位行使する場合である。つまり，不動産の賃借権が被保全債権となっているわけである（大判昭和4年12月1日民集8巻944頁，最判昭和29年9月24日民集8巻9号1658頁[99]）。この場合にも，代位債権者たる賃借人は，目的物の自己への直接の明渡しを請求し得ると判示された（前掲最判昭和29・9・24[100]）。

(2)　被保全債権が金銭債権であっても，学説により転用事例と解される場合がある。第一の事例は，被相続人が生前に土地を売却したが，共同相続人のう

---

[97]　この点につき，平井・前掲書（注34）193～200頁に，きわめて示唆に富む考え方が示されているので参照されたい。

[98]　民法判例百選II債権〔第三版〕13事件〔生熊長幸・解説〕を参照。

[99]　同上14事件（天野弘・解説）を参照。

[100]　星野・前掲書（注35）101頁，平井・前掲書（注34）206頁，奥田・前掲書（注37）258頁を参照。

ちの一人が買主に対する移転登記に協力しない場合に，他の相続人が，自己の買主に対する代金債権を被保全債権として，買主の移転登記請求権を代位行使することが認められたケースである（最判昭和50年3月6日民集29巻3号203頁[101]）。

第二の事例は，自動車事故の被害者が損害賠償請求権を被保全債権として，加害者が保険会社に対して有する任意保険の保険金請求権を代位行使したケースである。しかし，最高裁は，債務者（加害者）の無資力要件がみたされないことを理由に，代位行使を認めなかった（最判昭和49年11月29日民集28巻8号1670頁）。この最高裁の結論に対しては，代位行使の要件から無資力要件をはずすべきだという反対論が学説には強い。その理由は，任意保険の保険金請求権が，被害者の損害賠償請求権にとってまさに担保的機能を有するものであるからだ，というものである[102]。

2 転用事例における無資力要件の要否

(1) 代位権の本来的用法においては，代位権を行使するには債務者が債務を弁済するに足る資力を有しないことを要する（判例・通説）。そして，これを無資力要件という。しかし，転用事例であって，かつ，被保全債権が非金銭債権の場合には，共同担保の維持のために代位権が用いられるわけではないから，無資力要件は不要と解されている（前掲・大判明治43・7・6，大判昭和4・12・1，最判昭和29・9・24）。さらに，被保全債権が金銭債権であっても転用事例に分類される場合には，無資力要件の有無が問題にされない場合がある。それが前掲・最判昭和50年3月6日であり，学説も事案の特殊性を理由として判例に賛成している[103]。しかし，同様のカテゴリーに分類されるケースであっても，任意保険金請求権の代位行使については，前述したように最判昭和49年11月

---

[101] 民法判例百選II〔第三版〕12事件（天野弘・解説），星野英一・評釈・法協93巻10号1568頁，奥田・前掲書（注 37）253〜255頁を参照。

[102] 奥田・前掲書（注 37）254頁および同所に掲げられている文献を参照されたい。また，任意保険について，保険会社に対する直接請求が認められるに至った経緯についても，同書255頁注（7）を参照されたい。

[103] 星野・前掲書（注 35）96頁，平井・前掲書（注 34）202頁，奥田・前掲書（注 37）256頁。

29日は無資力要件を要すると判示している。これに対して，学説の反対が強いことも前述した通りである（このような事例こそ，フランス法で発展しつつある直接訴権の事例として，被害者の保険会社に対する任意保険金請求権の直接請求を肯定すべきであったと考えられる）。

(2) 以上の判例・通説に対して，①代位権を，債務名義を必要としない簡易な債権取立制度と考える立場から，条文に明示されていない無資力要件を不要と考える説・②一般的に無資力要件を撤廃して，債権者が自由に債務者の権利を代位行使できるとすると，債務者が多数の第三債務者に対して金銭債権を有する場合には信用取引の安全を害するおそれがあるとの疑問を呈する説・③代位権を一種の包括的担保権[104]と考える立場から，(i)保存行為であれば無資力要件は不要であり・(ii)被保全債権と代位行使される権利との間に，後者が前者の担保となっていると認むべき程度が高ければ高いほど，無資力要件は必要性を失うと解すべきだ，という三つの学説が新たに主張されている[105]。

無資力要件の要否をどう考えるべきかという問題も代位権制度の存在意義にまで連なる難しい問題である。しかし，ここでも敢えて私見を示すならば，①代位権の沿革に整合的であること・②本来的用法から転用事例に至る種々の判例を理論的に説明し得ること，の二点を理由として，前掲③説を支持したい。そして，この考え方をさらに推し進めるならば，直接訴権制度の拡充という要請こそが，日本の債権者代位権制度に課せられた現代的課題であると考えられる。

第5款　その他の問題点について

代位権については，この他にも，①債務者への代位訴訟の判決効の拡張・②代位訴訟と取立訴訟との機能分担といった民事訴訟法および民事執行法上の問題点が残っている。これらの訴訟法上の諸問題については，次節で，詐害行為

---

104) 包括的担保権については，第1節の該当箇所および第2節第1款を参照。
105) ①は天野教授の説であり，「債権者代位権における無資力理論の再検討（上）（下）」判例タイムズ280号，282号を，②は奥田教授の説であり，同・前掲書（注37）252〜258頁を，③は平井教授の説であり，同・前掲書（注34）198〜200頁を各々参照されたい。

取消判決の判決効の拡張という論点とあわせて解説することにしたい。

第4節　詐害行為取消権

第1款　問題の所在

1　序

　詐害行為取消権（民法424〜426条——以下では取消権と略称する）とは，債務を完済するに足る資産を有しない債務者が行った重要な財産の譲渡——例えば不動産の贈与——を取り消して，その目的物を債権者の債権回収に充てるために，一般債権者に与えられた権利である（債権者取消権とも言う。古くは，廃罷訴権と呼ばれた[106]）。債権者代位権と比較すると，代位権は，債務者が自らの権利を行使しない場合——すなわち債務者の不作為が存する場合——に，共同担保を維持する目的で用いられるのに対し，取消権は，債務者が自らの資産を減少せしめた場合——作為が存する場合——に，減少した共同担保を回復するために用いられるという違いがある。そして，取消権は，その沿革が古く，かつ，民法典の規定が簡潔なために，その要件・効果につき種々の問題を抱えている。

2　詐害行為取消権の沿革

　取消権の起源は，ローマ法にまで遡る。そして，その原型は紀元4年に制定されたアエリア・センチア法であったと言われている[107]。その後，この制度は，破産手続の一種として発展し，ユスティニアヌス帝の法学提要において，より整備された単一の訴権として規定され，アクチオ・パウリアナ（actio

---

[106]　廃罷訴権とは，フランス語の action révocatoire の訳語である。一般的には，action paulienne の名称で呼ばれている。

[107]　船田享二・ローマ法第3巻（昭和54年，岩波書店）489〜496頁，原田慶吉・ローマ法（有斐閣，昭和59年）233頁を参照。アエリア・センチア法（Lex Aelia Sentia）は，債権者を詐害する目的で為された奴隷の解放を無効にすると定めていたと言われている。

Pauliana）の名称で呼ばれるようになった[108]。ローマのアクチオ・パウリアナはイタリア都市法に継受され，14世紀中葉にはイタリア都市法の破産制度の発展とともに，新たな発達を遂げた[109]。そして，イタリア都市法におけるアクチオ・パウリアナはフランスに導入され，詐害行為取消権制度として，フランス古慣習法に受け継がれた。その後，19世紀に至り，ナポレオン民法典第1167条にaction paulienneとして明文化されるに至ったのである[110]。このように，ナポレオン民法典に明文化された取消権は，19世紀のフランス註釈学派の一人であるコルメ・ド・サンテールの学説を媒体として，ボアソナードによって日本に導入された。そして，ボアソナード民法草案における取消権制度の全体像は，旧民法財産編第340条ないし第344条にその原形をとどめている[111]。しかし，現行民法典第424条ないし第426条の取消権に関する規定は，ボアソナード草案と比較すると，かなり変容を遂げており，その内容も簡潔である。そのため，古くから，判例・学説において，取消権に関する種々の問題点が論じられてきたのである。

3 詐害行為取消権に関する問題点の概要

(1) 民法424条1項本文の文言の解釈について問題とされてきたのは次の二点である。すなわち，①「法律行為ノ取消ヲ裁判所ニ請求スルコトヲ得」と定められているが，この権利の法的性質は何かという点，および，②「法律行為ノ取消」とあるが，この「取消」の効果は如何なる内容を有するものなのかという点である。これらは，《取消権の法的性質》および《取消しの効果》に関する問題として，判例・学説により活発に議論されてきた。そして，大審院は

---

[108] 松坂佐一・債権者取消権の研究（有斐閣，初版・昭和37年）33頁，前掲（注68）注釈民法(10)780～781頁〔下森〕を参照。

[109] 前掲（注68）注釈民法(10)781頁〔下森〕を参照。

[110] フランスの古慣習法に継受されたaction paulienneについては，17世紀のフランス慣習法学派の代表的学者であるジャン・ドマ（Jean Domat）が，かなり詳細な記述を残している。これらについては，拙稿「詐害行為取消権に関する一試論（二）」法協104巻12号1747～1764頁を参照されたい。

[111] 旧民法財産編の条文については，我妻栄編集代表・旧法令集（昭和43年，有斐閣）を参照。

明治44年3月24日連合部判決で,以上の二点につき,その見解を明示し,これが以後の判例のリーディング・ケースとなった。学説も,この判決をめぐって,種々の見解を展開し,形成権説・請求権説・折衷説・責任説・訴権説(私見)などが提唱されている。

(2) 第二の重要な問題点は詐害行為の成立要件に関する学説である。従来の通説的見解は,(i)共同担保が債務を完済するに足らなくなること(客観的要件)・(ii)債務者の詐害意思の存在(主観的要件)の二つが充足されるか否かを,独立させて判断していた。しかし,近時の有力説は,判例の分析から,判例理論においては(i)(ii)の要件を相関的に判断し,詐害行為の態様中の種々のファクターが総合的に判断されていることを指摘している[112]。これらの学説の対立は,相当の代価による不動産の売却・債権額相当の代物弁済・本旨弁済等の詐害性の有無について顕著となる。また,取消債権者の有する被保全債権が特定物債権でもよいかと言う点も,重要な論点として議論されている[113]。

(3) 取消権は訴えによってのみ行使される特殊な権利であるがゆえに,民事訴訟法との関連も問題となる。特に,民法425条と取消判決の既判力の主観的範囲との関連が重要となる。また,債権者が,回復された共同担保から債権を回収する際の手続に関しては,民事執行法との関連が生ずる。さらに,新しく制定された民事保全法は,その第65条において,取消権を保全するための仮処分における解放金に対する権利の行使方法に関する規定を新設した。従って,この条文をめぐる新たな問題も生ずると思われる[114]。

---

112) 従来の通説については,我妻・前掲書(注93)183〜188頁を,近時の有力説については,下森定「債権者取消権の成立要件に関する研究序説」(川島武宜先生還暦記念・民法学の現代的課題〔有斐閣,昭和47年〕所収)を,各々参照されたい。

113) この問題を扱った判決が,最大判昭和36年7月19日民集15巻7号1875頁である。

114) 民事保全法の概略については,吉野正三郎「民事保全法の成立とその概要」法律時報62巻3号72頁,青山善充「民事保全法の制定」法学教室25号8頁,山崎潮「民事保全法」ジュリスト952号118頁等を参照。また,詳細については,松浦馨「仮差押え及び仮処分法改正私見(一)〜(五・完)」民商法雑誌92巻2号155頁,同3号297頁,同4号437頁,99巻1号1頁,100巻1号32頁を参照されたい(特に,同法65条については,100巻1号68頁以下を参照)。

(4) このように，取消権に関しては，効果論・要件論・訴訟法上の問題，という数多くの問題点が存する。本節では，紙幅の関係上，これらすべての問題点を解説することは諦めざるを得ない。それゆえ，まず効果論を中心として解説し，それに関連する限度で訴訟法上の問題点を——代位権に関係する論点をも含めて——効果論の後に解説することにしたい。

第2款　詐害行為取消権の法的性質および効果について

1　問題が生ずる原因

　取消権の法的性質および効果をめぐる数多くの見解が存在するのはなぜであろうか[115]。思うに，その原因の第一点は，現行民法典の取消権のプロトタイプであるボアソナード民法草案第360条以下の規定——就中361条・363条——についての研究が十分になされなかったことにあろう[116]。第二の原因は，法技術的なものである。すなわち，取消権によって詐害行為を取り消して，逸出した財産を取り戻そうとしても，どこに逸出財産を戻せばよいのかが，民法424・425条の規定には明示されていないのである。

　単純に考えれば，債務者の共同担保中に取り戻せば足りると思われるかもしかない。しかし，①無資力の債務者がその財産を再び費消するおそれがあること・②債務者がその財産を受領しない場合の処置に困ること・③判例・通説の「相対的取消し」理論と矛盾するのではないかと考えられること（この点は後に詳述する），を理由として，判例・学説は，取消しの効果および共同担保の回復方法について苦慮するのである[117]。

---

115)　これらの多くの学説については，前掲・注釈民法(10) 783～795頁〔下森〕，広中俊雄「債権者取消権の性質（法的構成）」（同・民法論集（東大出版会，昭和48年）に所収）を参照。

116)　現行民法典の解釈につき，沿革的研究が重要であることは，星野英一教授が，つとに指摘されている通りである（「民法の解釈の方法について」民法論集第4巻（有斐閣，昭和48年）63頁以下等の一連の論稿を参照）。また，平井宜雄教授は，『債権総論』（注34）において母法たるフランス民法学の考え方を大幅に採り入れて，①債務の分類法・②債務不履行論・③債権内容の強制的実現等に関する叙述の体系を理論的に明晰なものにされている。

117)　取消権と類似の機能を営む制度として，（改正前の）破産法上の故意否認がある。

2 判例の準則および学説小史（責任説の提唱前まで）

(1) 取消権の法的性質および効果に関する判例の準則[118]は，前述したように，大審院民事連合部判決明治44年3月24日（民録17輯117頁）によって形成された[119]。そして，この判決は次の四点を判示している。それらは，①取消権は詐害行為を取り消し，債務者の共同担保を詐害行為以前の状態に回復せしめ，債権者をして弁済を受けることを可能ならしめる権利である・②取消しの効果は，一般の法律行為の取消しと性質を異にする。すなわち，取消しの効力は相対的であって，原告たる取消債権者と被告たる受益者又は転得者との関係においてのみ生じ，訴訟に関与しない債務者には及ばない・③取消訴訟の被告は受益者又は転得者であり，債務者を被告としてはならない。また，要件を充たす限りにおいて，取消債権者は，現物返還を請求してもよいし，価格賠償を請求してもよい・④取消しのみを訴求してもよい，という内容である[120]。そして，上記の①が，学説により，詐害行為取消権の性質は形成権たる取消権と請求権とが合したものである旨を判示していると理解され，折衷説と呼ばれている[121]。また，②が「相対的取消し」理論と呼ばれる部分であり，本判決以前の大審院の判例（大判明治38年2月10日民録11輯150頁は，取消しの効力を絶対的，すなわち債務者にも取消しの効力が及ぶ，と解していた）を変更した判示事項である[122]。以上の折衷説および「相対的取消し」理論の二点を中核とする判例理論が，以後の最上級審判決によって踏襲され，確固とした判例の準則を作り上げていったのである[123]。

　　しかし，この否認権の行使は破産財団を原状に復せしめる（破産法・旧77条1項）と定められており，逸出財産が復帰する場所が明らかにされている。この点が詐害行為取消権と大きく異なる点である。

118) 「判例の準則」というタームについては，平井・前掲書（注34）「はしがき」2～3頁を参照。

119) この判決の事案は，山林の売買が詐害行為にあたるとして山林の登記の抹消が請求されたというものである。

120) 明治44年判決の詳細については，柚木＝高木・前掲書（注92）225～229頁，下森定「詐害行為取消権の効果」法学セミナー1969年8月号28頁以下を参照。

121) 我妻・前掲書（注93）176頁，柚木＝高木・前掲書（注92）189頁，星野・前掲書（注35）118～119頁を参照。

122) 同上。

(2) 前記の明治44年民事連合部判決に対して，批判の口火を切ったのは，石坂音四郎博士の形成権説である[124]。その概略は次の三点である。すなわち，①民法424条の文言に「取消」とあるから，詐害行為取消権は民法121条の意思表示の取消権と同じく形成権である・②424条に請求権が含まれる旨の明文の根拠はない・③それゆえ，取消しの効力は絶対的であり，債務者および受益者を共同被告としなければならない，という内容である。

(3) この形成権説に対して，雉本朗造博士が，大正4年に請求権説を唱えて論争を開始した[125]。すなわち，①取消権は，衡平上の理由に基づき，債権者に与えられた，逸出財産の返還請求権であり，取消訴訟の被告は受益者又は転得者である・②形成権説に従うと，詐害行為を取り消した後に，代位権に基づいて目的物の返還を求める給付訴訟を提起しなければならず，迂遠な方法となる・③折衷説に従うと，単一の権利に二種類の異別の権利が混在するという奇妙な帰結となる，という内容である。

(4) 判例の準則は，形成権説・請求権説の双方から批判されながらも，学説の中の通説たる地位を固めて行く。その理由は，(i)形成権説に対するような批判が当てはまらないこと・(ii)請求権説のように，「取消」という文言を無視するという欠点がないこと・(iii)「この制度の目的を考察し，その効力をこれに必要な範囲に限局しようとするものであること」[126]・(iv)「相当に強固な判例法を形成」していること[127]，の四点である。但し，判例を支持する学説からも，(i)「相対的取消し」概念が不明確であること・(ii)取消しのみの訴求は訴訟経済上妥当なのか，という疑問が呈示されていた[128]。このように，判例の準則が通説化して行く中で，全く新しい発想に基づく責任説が登場してくる。

---

123) 飯原一乗「判例を中心とした詐害行為取消権の研究」司法研究報告書18輯2号225頁。
124) 石坂音四郎「債権者取消権（廃罷訴権）論」（民法研究第2巻（有斐閣，大正6年）82頁以下に所収）を参照。
125) 雉本朗造「債権者取消ノ訴ノ性質」法学志林17巻3号，12号，18巻1号に所収。
126) 我妻・前掲書（注93）176頁，柚木＝高木・前掲書（注92）189頁を参照。
127) 同上。
128) 我妻・前掲書（注93）175～176頁。

3 責任説による判例・通説の批判

(1) 責任説は，昭和34〜35年頃に，下森定教授，中野貞一郎教授によって提唱された[129]。この説は，取消権を「責任法的無効」という効果を生ぜしめる一種の形成権であると解する。この「責任法的無効」とは，詐害行為によって債務者の責任財産（共同担保）から逸出し，そのために債権者による強制執行の対象から免れた目的物をして，再び執行対象としての適格を回復せしめるという内容である，と責任説は主張する[130]。それゆえ，この説によれば，取消訴訟は受益者を被告として責任法的無効という法律状態を創出せしめる形成訴訟となる。また，財産（の所有権）の帰属と責任（執行適格＝Haftung）とを分離させて考えるがゆえに，原状回復の方法については，判例・通説のように目的物の現実の取戻しを考える必要がなくなる。なぜならば，取消債権者は，取消訴訟と併合して，または，上記の取消判決が確定した後に，受益者又は転得者を被告として「債務者に対する債権の満足のために，詐害行為の目的物に対し強制執行をすることができる」旨の判決＝いわゆる執行忍容判決を得て，この判決を債務名義として目的物に強制執行を行い，その売却代金から弁済の満足を得ることができると解するからである（つまり，取消判決と執行忍容判決の二つの判決が必要となる[131]）。そして，責任説は，この執行忍容訴訟を導入することによって，判例の「相対的取消し」理論が有する理論的欠陥を指摘し，それらを克服しようと試みた[132]。

(2) 責任説が指摘した「相対的取消し」理論の欠陥の第一点は，不動産の譲渡を取り消した場合の現物返還の方法である。すなわち，判例理論によれば，この場合には受益者名義の登記を抹消し，登記を債務者名義に回復させて現物返還をはかることになる（大判大正6年3月31日民録23輯596頁）。ところが，

---

[129] 下森定「債権者取消権に関する一考察（一）（二）」法学志林57巻2＝3号，同4号，中野貞一郎「債権者取消訴訟と強制執行」民事訴訟雑誌6巻53頁を参照。

[130] 同上。なお，中野・前掲書（注49) 260頁注（1）も参照されたい。

[131] 執行忍容判決の詳細については，中野・前掲論文（注129)，同・前掲書（注49) 260〜261頁を参照。

[132] ドイツ民事訴訟法学では，執行忍容訴訟は給付訴訟の一種であると解されており，1879年7月21日の破産外取消法第7条・9条の取消訴訟もその中の一つに数えられている。

現行不動産登記法は相対的抹消登記という制度を知らない。それゆえ，上記の方法で現物返還を行うと，債務者＝受益者間の法律行為まで取り消されたことになり，判例の相対的取消し理論との間に矛盾が生ずるのである[133]。しかし，執行忍容訴訟によるときには，受益者に対する執行忍容判決を，受益者に対する債務名義として，受益者名義の不動産に強制執行を行えばよいのだから，このような矛盾は生じない。

(3) 第二に，やはり不動産の詐害的譲渡に関して，取消判決確定後の当該不動産に対する強制執行に内在する理論上の欠陥が指摘されている[134]。すなわち，判例によれば，取消債権者が取消訴訟により受益者の登記を抹消すれば，取消債権者は，債務者に対する債務名義に基づき，当該不動産に対して強制執行を行い得ると説かれている。しかし，「相対的取消し」理論によれば，被告ではない債務者に取消判決の効力は及ばず，その結果として，取消債権者と債務者との関係においては，上記不動産は受益者の所有物のままとなっているはずである。それゆえ，判例の準則には，債務者に対する債務名義を以って，受益者の所有物に対する強制執行を許すという致命的な理論的欠陥が含まれていたのである[135]。

このような重大な欠陥が看過されてきた理由は，執行対象たる不動産が誰の所有に属するかという実体法上の問題を執行機関が職権で審査できないため，民事執行法上の要件（同法23条・同規則23条1号を参照）を具備する以上，執行機関としては強制執行手続を開始せざるを得なかったからだと説かれている[136]。しかし，執行忍容訴訟を導入すれば，このような理論的欠陥を是正できる。なぜならば，取消しの効果は責任法的無効である――すなわち，当該不動産が再び取消債権者による強制執行の対象たる適格を回復したというに過ぎず，その所有権は依然として受益者に帰属している――からである[137]。

---

133) 下森・前掲論文（注 *129*）（二）221頁，230頁を参照。
134) 中野・前掲論文（注 *129*）60〜61頁，同・前掲書（注 *49*）260頁注 (1) (a) を参照。
135) この中野教授の指摘は，その後，民法学者によっても注目されるようになった。例えば，奥田・前掲書（注 *37*）282〜283頁，平井・前掲書（注 *34*）212〜213頁などである。
136) より詳しい説明は，前掲注 *134*)，*135*) に掲げた文献を参照されたい。

(4) このように，責任説は数々の長所を有しながらも，通説とはなり得ていない。その理由は，執行忍容訴訟という制度がドイツ法に特有の制度であると考えられた点にあるように思われる。しかし，近時に至り，責任説の考え方に共鳴し，執行忍容訴訟という制度に正面から取り組むべきだという提言がなされるようになった[138]。以上の学説の展開を受けて，筆者は，取消権の法的性質および効果について，新たな試論（訴権説）を述べた[139]。次は，私見の概略を説明しよう。

4 訴権説の概略について

(1) 訴権説の結論は次の三点に要約できる。すなわち，①詐害行為取消権は，実体法上の権利と訴訟法上の権利とが未分化のまま融合している権利＝訴権（アクチオ）である・②民法424条は，いわゆる執行忍容訴訟そのものを，訴権の形で定めた規定である・③民法425条は，詐害行為取消判決すなわち執行忍容判決の既判力を，原告債権者以外の総債権者にも拡張するという判決手続上の技術的意義を有する規定であり，民訴法201条1項の例外を定めた規定と解されるべきだ，という三点である[140]。そして，訴権説の構想を導いた主な先学の業績は次に示すものである。まず，取消権が実体法上の権利ではなく，訴権（アクチオ）であるという指摘は，川島武宜博士が早くから主張されていた[141]。その内容は，概ね，次の如くである。すなわち，現行民法典の詐害行為取消権の規定は，フランス法および旧民法の伝統に従って，訴権法的な構成をしただけのことである（民法424条の「法律行為ノ取消ヲ裁判所ニ請求スルコトヲ得」という文言が，この伝統を示している），という内容である[142]。そして，

---

137) 前掲注134)に掲げた文献を参照。
138) 林良平＝石田喜久夫＝高木多喜男・債権総論（青林書院，改訂版・昭和57年）167～168頁，奥田・前掲書（注37) 284頁などである。
139) 拙稿「詐害行為取消権に関する一試論（一）～（四・完）」法協104巻10号，同12号，105巻1号，同3号に掲載。
140) 私見の解釈論の詳細については，拙稿・前掲論文（注139)（四・完）法協105巻3号294～362頁を参照。
141) 川島・前掲書（注65) 80～82頁を参照。
142) 川島・前掲書（注65) 78頁，同・ある法学者の軌跡（有斐閣，昭和53年）82頁

筆者は，この川島説を，取消権の法的性質および効果を検討するための基本的視角とすると同時に，沿革的・比較法的研究を通じて論証すべき仮説として捉えることにした[143]。第二に，執行忍容訴訟の理論上および実務上の合理性については，責任説が多大な示唆を与えてくれた。そして，以上に述べた基本的視角から，ドイツ破産外取消法の執行忍容訴訟およびフランス民法典1167条の規定する action paulienne を検討することにしたのである[144]。第三に，民法424条・425条の2ヵ条の意味を理解するために，ボアソナードの「仏文・日本民法草案註解」第2巻および，ボアソナードの学問上の師と目されるコルメ・ド・サンテールの著書を資料として検討した。第四に，ボアソナードの民法草案と財産差押法草案との関連については，三ヶ月章教授の研究から貴重な示唆を得た。三ヶ月教授の研究[145]は，ボアソナードの強制執行制度草案に関するほとんど唯一の研究と言ってよく，その中の財産差押法草案第104条に関する叙述が，私見にとっての支えの一つになったのである。

（2）このようにして，沿革的・比較法的研究から導き出された私見の内容を，もう少し詳しく説明しよう。①原告（取消）債権者と被告たる受益者との法律関係——民法424条の取消判決は執行忍容判決そのものであり（論証は省略するが，母法国たるフランスの通説およびボアソナードの見解も同じであり，ドイツにおける通説でもある），この判決は次の二つの要素から成る。第一点は，被告たる受益者に対する，原告債権者が詐害行為によって受けた「損害」を賠償せよとの給付命令である。この「損害」とは，原告債権者が，債務者の（財産からの）逸出財産を差し押さえることが不可能になった結果，弁済を受け得なくなったことを意味する。第二の要素は，上記の「損害」を回復せしめるために，詐害行為の「取消し」を命ずる点である。但し，この「取消し」とは，受益者（又は転得者）に対して原告債権者が行う強制執行の忍容（受忍）を命ずること

を参照。

143) 拙稿・前掲論文（注 *139*）（一）法協 104 巻 10 号 1385〜1390 頁，拙稿「詐害行為取消権に関する一考察」私法 50 号（昭和 63 年）87 頁以下を参照。

144) 拙稿・前掲私法 50 号 88 頁以下を参照。なお比較法的考察の詳細については，拙稿・前掲論文（注 *139*）（二），（三）〔フランス法・ドイツ法・英米法を扱っている〕を参照。

145) 三ヶ月・前掲論文（注 *55*）159 頁以下を参照。

を意味する[146]。②債務者と受益者との関係——民法424条を執行忍容訴訟と解するときには，この訴えの効果は，受益者（又は転得者）の手中にある詐害行為の目的物に対する原告債権者の強制執行を可能ならしめることで必要にして十分である。従って，取消判決の効力は債務者＝受益者間の法的行為には何ら影響を及ぼさず，実体法上，この法的行為（法律行為も含む概念である）は有効のままである。③債務者の被告適格——執行忍容訴訟の構造上，債務者が被告として登場する余地はない。つまり，債務者の被告適格はないと解される（フランスおよびドイツの通説・判例であり，ボアソナードの見解でもある）。④原告債権者以外の債権者に対する取消判決の効力（民法425条の意味）について——この条文の法技術的意義については，これまで語られることはなかった。その原因は，本条のような「取消ハ総債権者ノ利益ノ為メニ其効力ヲ生ス」という規定が，ドイツ破産外取消法（1994年改正のドイツ倒産外取消法も同様である）にも，フランス民法典にも存在しなかったためと考えられる。しかし，筆者が調べた所によれば，取消判決の効力を総債権者に拡張できると解することによって，取消しの実体法上の効果を総債権者に及ぼそうと考えたコルメ・ド・サンテールの学説が，本条の母体だったのである。この学説は，フランス民法第2093条（平等主義の規定）を根拠として，原告債権者が他の総債権者を——総債権者から取消訴訟の追行につき委任を受けたかの如くに——代表していると解して，判決効の拡張を根拠付けたのである。しかし，フランスでは，彼の学説は少数説に止まった。この少数説をボアソナードが受け継いで，彼の日本民法草案第363条として明文化した。さらに，それが法典調査会の議事を経て，現行民法典第425条として制定されたのである。従って，この条文は，(i)抽象的理念としては，債権者平等の原則をその背後に有しており，(ii)法技術的には詐害行為取消判決の判決効の拡張（ボアソナードの見解によれば勝訴判決のみの片面的拡張）を意味するという規定なのである。

5 諸学説の比較検討

本来ならば，諸先達の学説および判例理論と，私見とを，比較検討しなけれ

---

146) 本文中の叙述の詳細および論証過程については，注139)に掲げた拙稿を参照されたい。

ばならないのであるが，紙幅の関係上，詳しい説明に立ち入ることができない。それゆえ，次に掲げる一覧表によって各学説の相違を示すことにしたい。なお，この点の詳細については，注139）に掲げた拙稿を参照して頂ければ幸いである。

学説の比較・検討一覧表

		①原告債権者と受益者との関係	②受益者と債務者との関係	③債務者の被告適格	④原告債権者以外の債権者に対する判決効について
形成権説	石坂	○無効となる　○受益者は形成訴訟の被告	無効	債務者は必要的共同被告	言及なし
	仁井田	○同上	無効	被告適格なし	言及なし〔法協31-2308頁以下を参照〕
請求権説	雉本	○無効を問題にしない　○受益者は請求の訴の被告	有効	被告適格なし	言及なし
折衷説	判例ないし判例支持説	○無効となる　○受益者は形成の訴＋給付の訴の被告となる	有効	被告適格なし	言及なし
	鳩山新説	○同上	無効	被告適格を肯定する	言及なし〔「増訂・改版日本債権法総論」参照〕
責任説	中野・下森（新説）	○責任法的無効　○形成訴訟＋責任訴訟の被告	有効	被告適格なし	言及なし
	下森（旧説）	○責任法的無効　○確認訴訟の被告	有効	被告適格なし	立法論としては425条に反対（法学志林57-3・4-237頁参照）
私見（訴権説）	ボアソナード　コルメ・ド・サソテール	○無効　○受益者は執行忍容訴訟の被告	有効	被告適格なし	425条は，判決効拡張の理論の明文化

別表・「詐害行為取消権に関する一試論（四・完）」法学協会雑誌105巻3号337頁より転載。

【補論】

債権者代位権・詐害行為取消権の訴訟法上の諸問題

1 判決手続上の問題点

(1) 代位権においては，代位訴訟となった場合に，原告＝代位債権者に対して下された判決の効力が債務者にも及ぶのか（債務者が訴訟参加をしたり訴訟告知を受けた場合を除く）という問題がある。判例・通説は法定訴訟担当（民訴法201条2項）にあたるとして，この判決効が債務者に及ぶことを認めている[147]。しかし，三ヶ月教授は，債務者を当事者として強制的に代位訴訟に参加当させる立法的手当のなされない限り，勝訴判決のみを債務者に及ぼすべきだと主張される[148]。これに対し，新堂幸司教授は，債務者の利益ばかりでなく，被告たる第三債務者の利益をも考えるべきだという立場から，債務者には訴訟の告知（非訟76条1項）を受けて民訴法71条による参加などをする道を設けておき，債務者がこれを利用しないときには，不利な判決効も拡張される（双面的拡張）と解される[149]。平井教授は，代位権を代位債権者のための包括的担保権と捉え，その効果は債務者には帰属しないと考えて，代位訴訟の判決効は原則として債務者には及ばないと解される[150]。この問題については，(i)包括的担保権としての性格の程度が強い場合（例えば任意保険金請求権の代位行使のケース[151]）には平井説を参考とすべきであろう（この場合に限り，金銭の直接引渡しに賛成したい。その理由は直接訴権としての用法だからである）。(ii)その他の場合には，前節で述べたように，ボアソナードが裁判上代位制度の中で，債務者および他の債権者のための手続保障の方途を考えていたことを考慮するならば，新堂説を参考とすべきではなかろうか。本章では，上記の結論のみを呈示

---

147) 大判昭和15年3月15日民集19巻586頁を参照。
148) 三ヶ月・前掲論文（注*68*）48頁以下を参照。三ヶ月教授は，代位訴訟を対立型訴訟担当に分類された上で判決効の片面的拡張を主張されている（前掲論文8頁以下）。
149) 新堂幸司・民事訴訟法（筑摩書房，第二版・昭和62年）193〜195頁を参照。
150) 平井・前掲書（注*34*）208頁を参照。
151) 最判昭和49年11月29日民集28巻8号1670頁を参照。

するに止めておくことにしたい。

　(2)　詐害行為取消権においては，私見の立場からは，425条による取消判決の総債権者への拡張をどのような手続で行うべきかが重要な問題となってくる。その際に，訴訟に登場しない債権者の手続保障と，被告たる受益者が何度も同様の取消訴訟にさらされる危険を防止する方策とを考慮しなければならないであろう。

2　代位訴訟・取消訴訟・債権差押

　判例は，代位訴訟・取消訴訟の双方において，目的物が金銭の場合には，代位債権者・取消債権者への金銭の直接引渡しを肯定している[152]。その結果，代位訴訟・取消訴訟・債権差押という三つの制度が類似の機能を有するという状況が作り出されている。さらに，取消権の場合には，425条との関係で取消債権者が優先することが，特に問題となる[153]。この問題は，すでに三ヶ月教授が代位訴訟と取立訴訟との関係を論じられた[154]際に提起された論点に連なるものである。そして，三者の機能分担をどう考えるかは，各々の制度の機能をどう考えるかによって，その結論は区々に分かれざるを得ないであろう。本章では，この問題点の存在を指摘するに止め，詳しい研究は今後の筆者の課題とすることにしたい。

---

152)　代位権については大判昭和10年3月12日民集14巻482頁，取消権については大判大正10年6月18日民録27輯1168頁を参照。

153)　最判昭和46年11月19日民集25巻8号1321頁を参照。

154)　三ヶ月・前掲論文（注 148）を参照。

第2章　債権者代位権に関する基礎的考察
―― 解釈試論のための理論的基礎付けを求めて

第1節　本章の目的

1　債権者代位権の沿革に関する問題点

　本章は債権者代位権について，ボアソナード草案および民法423条に関する先学の業績を参考としつつ，私自身の分析視角を基礎にして，この「権利」――全容を把握しにくい権利または「訴権」である――の法的性質および効果・行使方法を明らかにすることを目的としている。このテーマに関しては，松坂佐一博士の『債権者代位権の研究』[1]が先駆的業績である。松坂博士は，債権者代位権の沿革について「羅馬法よりも却ってゲルマン法の中に，現代法に於ける債権者代位権のより近き姿を発見し得るのではあるまいか。〔中略〕その遠い起源はともあれ，債権者代位権が仏蘭西古法に於て既に慣習法として存在したことは，疑のない事実である。」[2]と述べている。松坂博士は，この著書で慎重に債権者代位権の起源[3]をフランス古慣習法に求められているが，その結論は正しいものではないかと私は推測する。なぜならば，この債権者代位権という制度が，ラテン法系の商人破産主義と深く関連しており，その起源を中世イタリア都市法に見いだすことができると推測されるからである[4]。そう

---

1)　松坂佐一・債権者代位権の研究（有斐閣，1950年）。
2)　松坂・前出注1) 16～17頁を参照。
3)　松坂・前出注1) 8頁「二　債権者代位権の起源」を参照。
4)　加藤正治・破産法研究第一巻・(二) 破産法ノ沿革（有斐閣，1935年）29頁以下参照（特に60頁以下を参照されたい）。また，イタリア都市国家，特にジェノバ，ヴェネツィアの発展の歴史については，ジャネット・L・アブー＝ルゴド（佐藤次高＝斯波義信＝高山博＝三浦徹訳）・ヨーロッパ覇権以前（上）（岩波書店，2001年）18頁以下，127頁以下を参照。なお，佐藤岩昭・詐害行為取消権の理論（東京大学出版会，2001年）388頁，407頁以下も参照。

だとすると債権者代位権の沿革は，中世イタリア都市法の破産制度と深く関連していると考えなければならない。さらに直接の母法であるフランス法においては，商人破産主義と債権者代位権との関連の検討が必要である。しかし私の能力上の制約から，本章ではフランス民法の代位権の沿革的検討だけを，ボアソナード草案の検討に先だって行うことにしたい。その理由は，現行民法の債権者代位権制度の沿革を概観する際に，フランス民法の検討が不可欠であると考えるからである。

2 債権者代位権に関する日本の学説

戦後の民法学において，債権者代位権を，債権者代位訴訟という訴訟法的観点から考察した書物は，川島武宜博士の教科書[5]が最初であったようである。その後，債権者代位権に関する議論は，民法学におけるよりも民事訴訟法学において活発になされるようになった。その嚆矢となった研究が，三ヶ月章博士の「我が国の代位訴訟・取立訴訟の特異性とその主観的範囲」および「取立訴訟と代位訴訟の解釈論的・立法論的調整」という有名な二つの論文[6]である。この三ヶ月博士の論文において，取立訴訟と対比しつつ，債権者代位権の訴訟法上の効力を検討することの重要性が指摘された。そして上記の点は，はからずもフランス民法において，action oblique が「訴権」（実体法上の権利と訴訟法上の権利との融合体[7]）としての性質を維持し続けており，その結果，実体法上の効果のみならず，その訴訟法上の効果もフランス民法の体系書で論じ続けられていることと符合する。その詳細については，フランスの学説の紹介の箇所で述べるが，ここでは三ヶ月博士による研究が，債権者代位権の「訴権」としての性質をあらためて想起させる契機となったことを指摘するにとどめたい。これに対して，平井宜雄教授の債権者代位権に関する研究[8]は，民法学の観点

---

[5] 川島武宜・債権法講義（総則 I）71〜72頁（近代思想社，1948年）。

[6] 三ヶ月章・民事訴訟法研究第6巻（有斐閣，1972年）1頁（以下では，研究第6巻として引用する），同・民事訴訟法研究第7巻（有斐閣，1978年）93頁（以下では，研究第7巻として引用する）。

[7] 「訴権」についての簡単な紹介については，佐藤岩昭・前出注4) 12頁を参照。

[8] 平井宜雄「債権者代位権の理論的位置——解約返戻金支払請求権の差押および代位請求を手がかりとして」加藤一郎先生古稀記念・現代社会と民法学の動向（下）（有斐閣，

から，債権者代位権制度の存在理由（理論的位置）を探ろうとするものであり，債権者代位権を再び民法学の論点として考察したところに意義がある。その結論は，代位権を「包括担保権」的な権利と解し，債権回収のための債権者に固有の権利と解する説である[9]。

3 問題と分析視角
(1) 問　　題
(a) 第一の問題点は代位権の沿革である。冒頭で述べたように，代位権の沿革については，ローマ法にその起源を求める説と，ゲルマン法またはフランス古慣習法にその起源を求める説とが対立しているが，本章では19世紀のフランスの学説を素材にして，ゲルマン法起源ではないかとの仮説に立ってそれを論証したいと思う。さらに日本民法の直接の淵源となるボアソナードの代位権構想についても検討したい。

(b) 第二の問題点は，代位権と強制執行との関係をどのように考えるかという論点である。しかし，本章では，強制執行制度よりも破産制度──前述したように商人破産主義である──と代位権制度とが密接な関係を有するのではないかという点を指摘したい。

(c) 第三に，平井教授の唱える包括担保権説の検討と，それに続く代位権の解釈に関する私見である。繰り返しになるが，包括担保権説は代位権の解釈論を民法学に取り戻すという画期的なものである。それゆえ代位権の効果の解釈を行う際には，この学説をどのように考えるべきかという点が避けては通れない論点だからである。

(2) 分析視角
(a) 第一に，「訴権」概念を分析視角としたい。その理由は，日本法の債権者代位権制度が，フランス民法の action oblique に由来するからである。フランス民法では，その名称が示すとおり，実体法上の権利と訴訟法上の権利とが融合した権利＝訴権（action）として理解されている[10]。そうだとするとフラ

1992年）223頁。
  9) 平井宜雄・債権総論〔第二版〕（弘文堂，1994年）262頁。
 10) voy. René Demogue, Traité des obligations en général, II, Effets des obligations, t. VII,

ンスでは，実体法上の効果と訴訟法上の効果とが併せて論じられているはずであり，その点の比較法的検討が，わが国では十分ではなかったと考えられるからである。

　(b)　第二に，歴史的資料ではあるが，ボアソナード民法草案における代位権制度の構想を分析視角として取り扱いたい。なぜならばボアソナードの代位権制度の概要[11]が，現行民法423条とかけ離れているからであり，それゆえに現行民法の代位権制度の有する特徴を抽出するためには，格好の比較対象となると思われるからである。換言すれば，ボアソナード草案の代位権制度は，沿革的資料となるだけではなく，比較法的研究の対象となるものであり，その意味において重要な役割を果たすものと考えられる。以下では，以上に述べた問題意識と分析視角に沿って，債権者代位権制度の分析と解釈試論の提示を行うことにしたい。

第2節　フランス民法およびボアソナード民法草案における債権者代位権制度の検討

1　債権者代位権制度の起源に関する学説
(1)　19世紀後半から20世紀前半の学説

　(a)　フランスにおける債権者代位権制度（action oblique）――斜行訴権が直訳であるが日本法との比較のために債権者代位権または代位権の訳語を用いる――の起源ついては，フランスの学説においても争いがあった。すなわち代位権制度がローマ法に由来すると主張する学説と，その起源はゲルマン法にありローマ法とは関係が薄いと主張する学説との間で見解の一致がなかった[12]。しかし，私が19世紀の体系書の代表的なものや，20世紀から現在にいたるフ

　　Paris, 1933, n° 921, p. 300.
　11)　ボアソナード民法草案第395条を参照（voy. G. Boissonade, Projet de code civil pour l'empire du Japon accompagne d'un commentaire, 2ᵉ éd., t. 2é, Tokio, 1883, p. 122)。
　12)　松坂・前出注 1) 8～9頁を参照。フランスの学説の詳細については，Louis Bosc, Étude sur le droit des créanciers d'exercer les actions de leur débiteur (action indirectes et actions directes, Thése pour le doctorat, Paris, 1902, pp. 7-8, 14-18) を参照。

ランスの代表的な民法の体系書を調べたかぎりでは，ローマ法起源であると明確に述べるものはほとんどなく，むしろゲルマン法起源であることを主張するものや，フランス古慣習法として独自に発展した制度であることを述べるものが多いようである。以下では上記の論点について——不十分ではあるが——代位権制度がゲルマン法起源であり，その後フランス古慣習法において発展し，現在のフランス民法第1166条として制定されたのではないかという一応の推測を論証したい。

(b) ゲルマン法起源と主張する代表的な学説は Theophile Huc である。ユックは，その体系書[13]において，概ね次のような理由でゲルマン法起源だと主張する——「ゲルマン初期の人々——『個人的所有権（la propriété individuelle）』が何よりも，少なくとも土地については知られていなかった人々——そのような人々の下においては，債権者をして，正式な担保を取得する必要性の中に置かしめる理由であると気づくことは同様に容易なことである。〔その理由は〕その担保＝土地を望む家族の共同所有権（copropriété）の影響である。その債務者が排他的な所有権を有していないというのに，いかにして債権者は，その債務者の財産に対して〔自己への〕弁済を追求し得たであろうか。債権者は『一般担保権（包括担保権＝le gage général）』を取得したという条件の下でのみ，債務者の財産を取得できた。そして，そのために〔一般担保権を得るためにも〕，債務者の家族の構成員全員の明示または黙示の同意が必要であった。以上の同意が『フェストゥーカ（festucatio）』〔草茎の儀式〕に従って，債権者のために，債務者の同意によって，その債務者の財産のすべての上に所有認定がなされた起源である。この草茎の儀式は家族の構成員の面前における集会で行われた。そして，以上が，債務者がその債権者のために充当するという方法で生じた『包括的債務（一般的債務＝l'obligation général）』の起源である。そして包括的債務（一般的債務）には，債務者の現在かつ将来のすべての動産および不動産が充当され，そして，その中には第三者に対する諸々の訴権（actions）も含まれていた。」[14]——以上の叙述において，ユックは興味深い歴史

---

13) Theophile Huc, Commentaire théorique & pratique du code civil, t. 7 (art 1101 à 1233), 1894 (Reimpression, Schimidt, 2006), n° 183, p. 252.

14) Ibid.

的叙述を行っている。それはゲルマン初期における土地の共有の部分である。なぜならば家族の共有に属する土地上に債権者が共同担保（le gage commun）を取得するためには，草茎（フェストゥーカ）の儀式による一種の公示が必要であることを説き，その結果として，債権者代位権の起源——共同担保概念を媒介として——が古代ゲルマン法に存すると述べているからである[15]。

さらにユックは次にように述べている——「人々は歴史的には民法1166条の原則を，ローマ法と同様に古代ゲルマン法に関係づけることができる。しかしながら，ゲルマン法による"強い痕跡"が認められているように思われる。実際に我々は，ローマ人が共同担保の実現のために，『占有取得命令（la missio in possessionem）』という一般的な手続を整えていたことに気づいている。我々の近代法は，より直接的にはゲルマン法によって影響を受けてい」る。——この叙述において，ユックは慎重にローマ法の「占有取得命令」の存在を認識していることを示しながらも，フランス近代法の代位権制度はゲルマン法の強い影響を受けている旨を述べている。ただし，その主張には，実証的な根拠付けがなされていない。しかし，そうだからといって，ユックの叙述を軽視してよいとは考えられない。なぜならば，ユックのみならず，次にその見解を紹介するRené Demogue（ルネ・ドゥモーグ）もローマ法の影響の強さを否定しているからである。

（c）　ドゥモーグは債務法総論の体系書[16]において，次のように述べて代位権制度がローマ法起源ではない旨を示唆している。——「歴史的にローマ法は，債権者がその債務者の債務者〔第三債務者〕を訴えることができる旨を肯定する傾向にすでにあった。斜行訴権は古典期のローマ法を知らない。その古典期ローマ法において，債務者財産の占有の引渡し（la missio in bona[17]）が，〔債務者の〕財産をひとまとめに売却するものとして，間接的には財産の分離（la bonorum distractio）とともに，出現していた。財産分離は，〔財産の〕細部の

---

15) Huc は自説を支える文献として次のものをあげている。——voy. Gnoulrac, Hist. du droit français, n° 86, n° 114, n° 118 et al. (ただしこの文献は未見である。)

16) René Demogue, Traite des obligations en général, II, Effets des obligations, t. VII, Paris, 1933, n° 921, p. 300.

17) 船田享二・ローマ法・第五巻〔改訂版〕（岩波書店，1972年）204頁を参照。

売却であった。しかしローマにおいては，財団管理人（crateur）が債務者の訴権を行使した。個々の債権者が，その債務者の権利を行使できることを認めたのは，註釈学派の学者であった。そして，この概念はフランス古法において発達した。ドノー（Doneau[18]），ガイ・コキーユ（Guy Coquille）は以上の原則を肯定していた。ポチエ（Pothier）は，何度も繰り返して債権者のこの訴権を〔著書に〕表している。」[19]——この叙述で，ドゥモーグも慎重にローマ法に関する叙述を行いながらも，代位権が古典期ローマ法とは関係がないことを明言している。そしてフランス法において，個々の債権者が，その債務者の権利を（債務者に代位して）行使できることを肯定した者は註釈学派と呼ばれる人々であり，代位権という概念がフランス古法において発達した法概念であることを明言している。

このようにユックおよびドゥモーグという，19世紀末から20世紀前半のフランスの代表的民法学者が——ローマ法と対比しながらも——フランスの代位権の起源がゲルマン法に存し，その後，フランス古慣習法において発達したと述べているからには，代位権という制度はゲルマン法に起源を有し，フランスの古慣習法で発達した法制度であると考えて良いのではなかろうか。

(2) 20世紀から現代までの学説

(a) まず，Terré et Simler et Lequete[20]（以下では筆頭者の名前によりテレと略記する）の叙述から見てみよう。テレは，その体系書中の action oblique の「起源と法的性質」と題する項目で，代位権の歴史について次のように述べている。すなわち，代位権は無資力になった債務者に対する，その財産の集団的清算手続の存在しなかった時代に「一時しのぎの手段」として，フランス古法において出現したという説明である[21]。さらに，この体系書は，その注[22]に

---

[18] 山口俊夫・概説フランス法（上）（東京大学出版会，1978年）37頁によれば，ドノーは「復古学派」の代表的学者としてあげられている。その学風については上の著書を参照されたい。

[19] voy. Demogue, op. cit., p. 300, note 4. (voy. ed. Bugnet, II, p. 238 ; III, p. 156 ; V, p. 204 ; VII, p. 227 ; VIII, p. 133. ただし Bugnet 編の Pothier の著作については未見である。)

[20] François Terré, Phillipe Simler et Yve Lequette, Droit civil, Les obligations, 9ᵉ éd., 2005, Paris.

[21] Terré, Similer et Lequette, op. cit., nᵒ 1142, p. 1090.

おいて，債務者財産の集団的清算手続が，フランス民法とは対照的にローマ法において存在していたことを指摘しており，それは"venditio bonorum"（管財人による財産売却手続[23]）であることも指摘している。そうだとすると代位権は，債務者財産の「不完全な集団的清算手続」であり，これに相当する債務者財産の「完備された清算手続」は，ローマ法で発達した venditio bonorum であったということになる。それゆえに，代位権は破産手続に類似する制度であり，フランス古法で発達した固有の法制度であると，現在では考えられていることになろう。

(b) 第二に取り扱う体系書はマルティ＝レイノー（Marty et Raynaud et Jestaz）の1989年に出版されたフランス債務法の体系書[24]である。この体系書も，代位権が個人的訴権（action individuelle）であると述べて，ローマ法との対比を述べている[25]。すなわち「ローマ法は，債権者によるその債務者の訴権の行使は，集団的〔清算〕手続に結び付けられていた。それは管財人による財産売却手続（venditio bonorum）であり，そこにおいては，財産管理人（curator bonorum）が債権者と共同の名義で債務者の権利を行使した。商法は支払停止の状態において，商人の資産の集団的清算手続を整えており[26]，この終局に対して，複数の債権者を代表する責務を負った，司法上の受任者の任命が用意されている。その受任者が債務者の有する訴権を行使するための資格を有するのであり，その資格はその受任者だけに帰属する。これとは逆に，民法1166条の action oblique は，個々の債権者に個人的に帰属する。代位権は，その効果により集団的である一方で，我々が見てきたように，しかしながら代位権は，その行使においては個人的である。」[27]──この叙述においても，代位権と，

---

22) Terré, Similer et Lequette, op. cit., p. 1090, note 4.

23) venditio bonorum（管財人による財産売却手続）については，船田・前出注17) 204頁を参照。

24) Gabriel Marty, Pierre Raynaud et Philippe Jestaz, Les obligations, 2e éd., t. 2, Le régime, Sirey, 1989, Paris.

25) Marty, Raynaud et Jestaz, op. cit., n° 148-2, p. 130.

26) Ibid. この叙述において，フランス法の体系においては，商人破産主義が破産手続の原則として伝統的に捉えられてきたことが窺えるのである。

27) Ibid.

ローマ法の venditio bonorum との対照的性質が述べられており，フランス法の代位権がローマ法起源ではないことを強く示唆していると考えられる。なお，この体系書は商人破産主義について簡単に触れており，action oblique との対比を行っているのであるが，この点も代位権という制度が，破産手続——フランスにおける商人破産主義——と密接な関係を有する制度であることを示唆していると考えられる。

　(c)　第三に，マゾー＝シャバス（Mazaued et Chabas）の 1998 年に出版された債務法総論の体系書[28]の叙述を紹介したい。この体系書は，代位権の起源という項目において「債権者代位権の起源は曖昧である。」[29]と述べている。しかし同書は，この叙述に続けて次のように述べている。——「ローマにおいては，民事上の破産（faillite civile）の集団的〔清算〕手続，すなわち管財人による財産売却手続（venditio bonorum）が存在した。債権者たちの代表者は〔破産〕財団のために訴えを提起したし，破産者の訴権を行使した。〔中略〕民事上の破産〔手続〕は我々の古法〔フランス古法〕において消滅したが，集団的〔破産〕手続から生ずる保護に替わるためには，債権者の担保としてみなされる，債務者の資産を個人的に守ることを債権者に許可することが必要となった。このような構想において，債権者が，その債務者が行使を怠っている訴権を，債務者の名義において行使することを債権者に許可することが必要となった。」[30]——この体系書は，以上のように述べて，代位権と，ローマ法の破産手続の一つである管財人による財産売却手続とが，歴史的にも，その内容においても異なることを述べている。したがって，マゾーの体系書においても，代位権はフランス法で独自に発達した制度として捉えられていると考えてよいのではなかろうか。

---

28)　Henri, Léon Mazeaud et Jean Mazeaud et François Chabas, Leçons de droit civil, t. II, 1er vol., Obligations théorie générale, 9 éd., 1998, Paris.
29)　Henri, Léon Mazeaud et Jean Mazeaud, op. cit., n° 958, p. 1040.
30)　Ibid.

(3) フランス法の代位権の起源についての要約

(1)および(2)において，フランスの19世紀の体系書から，20世紀および21世紀の体系書までの action oblique の起源に関する叙述を実証的に検討した。そして，いずれの体系書の結論も——留保を付しているが——代位権がローマ法起源ではなく，フランス古慣習法で発達した制度であるという点では一致していると考えて大きな誤りはないようである。したがって，以下の論述において，私は，代位権をフランス古慣習法において独自に——ローマ法の破産手続とは別個に——発達した民事上の破産手続であったという結論に基づいて，この訴権を沿革的に検討していくことにしたい。その沿革的検討の主眼は，ボアソナード民法草案に多大の影響を与えており，かつ，現行民法423条の代位権の解釈にも参考になると考えられる19世紀のフランス註釈学派の学説である。

2　19世紀フランス民法学の債権者代位権に関する学説とその争点

(1)　19世紀のフランスの学説[31]

19世紀のフランス註釈学派の学説を概観するに際しては，本章の冒頭で述べたように債権者代位権の法的性質および効果をめぐる争点を中心にして，代表的な学説を紹介することにしたい。ただし，効果論だけではなく，効果論に密接に関連する代位権の行使方法についても，それらを紹介し検討の対象にする。なぜならば，19世紀のフランスにおいては，代位権の効果と代位権の行使方法とが密接不可分に論じられているからである。

(2)　ドゥモロンブ（Demolombe）の学説

(a)　ドゥモロンブは，フランスにおいて「註釈学派の王」と呼ばれており[32]，その学説の影響力が歴史的に重要と思われる。以下ではドゥモロンブの著作に負いつつ，フランスの代位権に関する主な学説と彼自身の学説の紹介を行いたい。

---

[31]　フランスの19世紀の学説の詳細については，工藤祐厳「フランス法における債権者代位権の機能と構造（一）～（三・完）」民商95巻5号671頁，96巻1号33頁，2号208頁（1987年）参照。特に，第二編第二章第三章第二節（同上（一）所収）を参照されたい。

[32]　Demolombe とその著作については，山口・前出注18) 107頁参照。

(b) 最初に，ドゥモロンブ自身の債権者代位権に関する基礎理論の概略を紹介する。それは以下の内容である。すなわち，契約当事者の承継人 (les ayants cause) は，その契約に関しては第三者としてみなすことはできない。それゆえ，債権者はその債務者の承継人である。このことから，債務者によって締結された契約は，債権者に対する関係において，債権者に利益をもたらしたり，損失を被らせるという結論になる[33]と，ドゥモロンブは述べる。

(c) 次にドゥモロンブは，実定法的な基礎として，フランス民法2092条と2093条[34]とをあげる[35]。そして，この2箇条の理論的な説明として次のように述べている。すなわち，この2箇条が定める"担保 (gage)"の性質は，債務者のすべての財産上に債権者のために存することを，法律が認めたという点に注目すべきであるとドゥモロンブは述べる。そして，この「担保」は，フランス民法の技術的用語においては，真正な担保権ではなく，債権者に与えられた特別の担保であることが重要であると説かれている。さらに，この「集団的かつ不完全な担保」は，漠然と債務者の総財産上に広がっているが，その特定性についての基礎付けは何もない。そして，この担保は，その債務者の単なる承継人である (simples ayants cause) 債権者に付与されている。〔この権利は〕もっぱら債権者に付与されている権利である。なぜならば債権者自身の判断だけで，債権者はその担保権に頼ることができるからである[36]と，彼は述べている。

以上の叙述は，現代の我々の立場から見ると理解しにくい説明ではあるが，

---

33) C. Demolombe, Cours de code Napoléon, XXV, Traité des contrats ou des obligations conventionnelles en général, t. 2ᵉ, Paris, 1869, n° 46, p. 46.

34) フランス民法2092条と2093条は，周知のように，次のような規定である。
　第2092条「個人として債務を負った者は誰であっても，その者の，現在および将来のすべての動産および不動産によって，その役務を履行する義務を負う」。
　第2093条「債務者の財産はその債権者の共同担保である。その代価は債権者の間で案分して分配される。但し，債権者間に正当な優先事由がある場合にはこの限りではない」。
　なお，以上の条文の翻訳に際しては，稲本洋之助訳・フランス民法典――物権・債権関係（法務大臣官房司法法制調査部，1982年）の訳文を参照した。

35) C. Demolombe, op. cit., n° 48, p. 47.

36) Ibid.

次の点だけは注目に値するものではなかろうか。その第一点は，債権者を債務者の承継人であると述べている点である。このフランス法特有の概念により，債権者が債務者の有する訴権を，債務者に代わって行使するという代位権の根拠を示しているのである。第二点は，フランス民法2092条と2093条によって，債権者が債務者に対して取得する「担保」の性質である。ここでドゥモロンブは，この「担保」が真正の担保権ではなく，債権者に与えられた特別の「担保」であると述べている。ここにおいてフランス民法1166条の定める代位権の法的根拠と曖昧な性質が窺えるのではなかろうか。以上から19世紀のフランス民法学において，代位権とは債権者が債務者に対して有する不真正の担保権と考えられていたことが窺える。そして，その「担保（gage）」とは，フランス民法2093条にいう「共同担保（le gage commun）」を根拠とする権利であると考えられていた。

　(3)　代位権の行使方法および効果論に関する学説

　ドゥモロンブは，フランスの学説を大きく二つのグループに分けることができると述べてから[37]，自己の学説の叙述を行っているので，この順序で紹介をする。

　(a)　第一のグループとして分類されている学説によれば，債権者は，その債務者の単なる受任者（mandataire）とおなじ立場にあるとみなされる。その結果，債権者はその債務者の権利を行使するのであり，かつ，債権者は債務者の名においてもっぱら代位権を訴えで行使するのであり，債権者個人の名において訴えるのではないと説かれている[38]。

　①　このグループに属する第一の学説が，ラロンビエル（Larombière）の説である。ラロンビエルは代位権の行使の効果について次のように考える。債権者は債務者の受任者であり，受任者として代位権を裁判上で行使する。〔それゆえ〕債権者が取得した〔勝訴〕判決は，債権者の手中において実行されるのではなくて，債務者の手中において実行されるのである[39]。したがって債

---

37)　C. Demolombe, op. cit., n° 111, n° 112, pp. 110-111.

38)　C. Demolombe, op. cit., n° 112, p. 110.（ただしLarombièreの著書に接することはできなかった。）

39)　Ibid.

権者代位権の判決の効力は債務者のみに及び，それを裁判上で行使した債権者には及ばない結果となる。その理由は，繰り返しになるが，代位権という訴権の行使においては，債権者は債務者の受任者にすぎないからである。

② このグループに属する第二の学説が，コルメ・ド・サンテール（Colmet de Santerre）の学説である。彼の学説はボアソナードに強い影響を及ぼしているので，詳しい検討は後に行うことにする。ゆえに，ここではドゥモロンブに従ってその概略を紹介する。コルメ・ド・サンテールも，債権者はその債務者の単なる受任者と同じ立場にあるとみなす。しかし代位権の行使方法においては，ラロンビエルの説とは著しく異なる。すなわち代位債権者は債務者の代理人（représentants）であり，代位債権者が取得した代位訴訟の判決は，債務者およびその他の債権者にもその効力が及ぶと，コルメ・ド・サンテールは述べる。そのために，代位債権者は，「裁判上の代位（subrogation judiciare）」という特別の手続を経なければならい[40]。この「裁判上の代位」とは，代位権を行使する際に事前に裁判所の許可を得た上で代位権を行使することを意味する[41]。以上のようなコルメ・ド・サンテールの学説は，代位権の行使方法において，委任という概念を肯定する点ではラロンビエルの説と一致するが，裁判上代位という特別の手続を要すると解する点ではまったく異なるのである。

(b) 第二のグループとして分類されている学説は，債権者が債務者の受任者または代理人であるという観念を否定し，代位権の行使において，「委任」という観念の存在を否定する[42]。このグループに属する学説がラベ（Labbé）の説である[43]。この説は以上に述べたように，債権者は債務者の受任者または代理人ではないと説く。したがって代位訴訟において，債権者は，債権者個人の名において，債権者固有の権利を行使すると主張する。そして代位権の行使の効果は，代位債権者のみに帰属すると述べる。換言すれば債権者が代位権を

---

40) C. Demolombe, op. cit., n° 112, p. 111. この「裁判上の代位」という手続の詳細については，工藤・前出注*31*）民商 96 巻 5 号 690 頁以下を参照。

41) Demante et Colmet de Santerre, Cours analitique de code civil, t. 5ᵉ, 1883, Paris, n° 81 bis. V-3, p. 119.

42) C. Demolombe, op. cit., n° 113, pp. 111-112.

43) Labbé, De l'exercise des droits d'un débiteur par son créanciers, Rev. crit. de législat, t. IX, p. 208, 1856.

行使することは，債務者の名義でもなく，債務者の利益のためでもないのである[44]。

(c) 第三の学説がドゥモロンブ自身の説である。この説の内容は若干複雑である。まず債権者の行使する権利が，債務者に固有の権利であるという意味では，債権者は債務者の名において代位訴訟を提起するという。そして債権者が債務者の承継人であることも肯定している。しかし債権者は，債務者自身の固有の利益のために，債務者の権利を行使するという意味においては，債権者自身の名義で代位訴訟を提起していると説く。そして代位訴訟の判決効が債務者に及ぶか否かは，債務者が代位訴訟に参加しているか否かによって決せられるべきであるという。それゆえ債務者に代位訴訟の判決効を及ぼすために，債務者を代位訴訟に訴訟参加（mise en cause）させるべきであると主張する[45]。つまり代位権行使のために，債務者の訴訟参加を要求する学説である。

(4) 19世紀のフランスの学説の小括

19世紀のフランスにおいても，代位権の行使の方法とその効果については，学説が区々に分かれていた。その中でもコルメ・ド・サンテールの学説が，裁判上代位という特別の手続を要件としていた点において注目に値する。さらに，彼の学説はボアソナードに強い影響を及ぼし，明治23年公布の裁判上代位法という形で，わが国において一度は立法化された[46]。このような意味においてコルメ・ド・サンテールの学説を再度検討する価値があると思われるので，以下ではその作業を行うことにしたい。

3 コルメ・ド・サンテールの学説とその特色

(1) コルメ・ド・サンテールの学説[47]

(a) コルメ・ド・サンテールは，ラベの学説を取り上げて，その長所を指摘

---

44) C. Demolombe, op. cit., n° 113, pp. 111-112.
45) C. Demolombe, op. cit., n° 107, p. 106, n° 127, p. 132.
46) 裁判上代位法およびそれを継承した非訟事件手続法第2編第4章の制定過程については，(i)池田辰夫・債権者代位訴訟の構造（信山社出版，1995年）51頁以下，(ii)伊東乾＝三井哲夫編・注解非訟事件手続法（青林書院，1986年）〔第四章・裁判上の代位に関する件〕296頁以下〔坂原正夫執筆〕を参照されたい。
47) Demante et Colmet de Santerre, op. cit., n° 81 bis. V-3, n° 81 bis. VI, pp. 118-120.

している。すなわち，ラベの学説によれば，代位債権者はフランス民法第1166条によって与えられた権利を行使するには，差押えの一般的条件——債務者に対する執行名義を必要とすること——に従わなければならない。この要件によって，債権者が代位権を行使する場合には差押えの場合と同様に，その権利の行使を債務者に告知しなければならない。この点で，ラベの説には，正当ではない債権者の干渉から，債務者が守られるという利点がある。しかし，ラベの説によれば，代位権によって債務者の権利が行使される直接の相手方（第三債務者）の権利が保護されてはいないという欠点がある。

(b) 以上の場合に，第三債務者の保護も考慮するならば，代位権の行使を，事前の裁判所の許可に服させなければならない。このような裁判所の介入——代位権行使に対する事前の裁判所の許可——は，債務者およびその他の債権者を代理して，代位債権者が訴えを提起することを適法ならしめる。そして，このような裁判所の許可によって，債権者の不当な干渉から債務者および第三債務者を保護するのである。

(c) 債権者が裁判上代位〔代位に対する事前の裁判所の許可を得て行う代位権の行使〕を行い，その旨を適法に債務者に告知したときには，債務者は，代位債権者を害するいかなる行為もすることができなくなる。つまり債務者は，代位の対象となった権利を移転できないし，第三債務者との和解もできなくなる。さらに，〔告知の後に〕債務者に対して下された判決の効力は，債権者に対抗できない。このようなコルメ・ド・サンテールの叙述は，代位の告知に差押え的効力を付与する解釈論と考えてよいであろう。

(d) 債権者が，代位訴訟により，債務者の権利（債務者の名義における）の代位行使から利益を得ることに成功した場合——勝訴判決を得た場合——には，この利益は原告である代位債権者に留め置かれるものではない。この利益は，債権者の集団のために，債務者の資産〔共同担保〕を構成する価値を保全するだけである。この保全された共同担保の価値は，総債権者の間で民法2093条に従って，案分して分配されなければならない[48]。そして第三債務者が，債権者による同様の訴訟に何度もさらされる危険を防ぐために，債権者と被告

---

48) Demante et Colmet de Santerre, op. cit., n° 81 bis. VI, p. 120.

〔第三債務者〕との間に下された代位判決の効力は，有利であっても不利であっても，債務者および他の総債権者に常に拡張される[49]。

(2) コルメ・ド・サンテールの学説の特色

(a) 第一に，代位権行使により影響を被る債務者および第三債務者の利益を保護するために，代位権の行使は，「裁判上の代位」という方法によるべきことを債権者に要求している点である。裁判上の代位とは，代位権の行使を，事前の裁判所の許可にかからしめることを意味している。この手続により，債務者の訴訟参加は不要となる。

(b) 事前の裁判所の許可を得た場合には，債権者は，その旨を債務者に適法に告知すべきことも，コルメ・ド・サンテールは代位権の行使方法の一環として主張していた。この告知が適法になされたときには，債務者はその権利を処分できなくなるという差押え的効力を有すると述べる点も，この学説の特色である。

(c) さらに債権者が代位訴訟により判決を得た場合には——裁判上の代位により，債権者は債務者およびその他の債権者を代理しているから——その判決効は，債務者および他の総債権者に双面的に拡張されると述べている[50]。この点はボアソナード民法草案において一層明確にされており，この学説の大きな特徴であるというべきであろう。

コルメ・ド・サンテールの学説の特色をまとめれば，以上の三点に要約できる。そしてこの特色をそのまま受け継いだものが，ボアソナード民法草案における代位権制度であった[51]。以下ではこの点も含めて，現行民法の債権者代位権の制定に至るまでの沿革を概観する。

---

49) Demante et Colmet de Santerre, op. cit., n° 82 bis.
50) voy. C. Demolombe, op. cit., n° 124, pp. 127-128.
51) ボアソナードが，コルメ・ド・サンテールの学説の強い影響を受けており，その一つが詐害行為取消権に関するボアソナード民法草案363条（現行民法425条）である点については，別の機会に論証した（佐藤岩昭・前出注4）254頁参照）。債権者代位権についても同様であることは，きわめて興味深い現象であろう。

第3節　日本民法の債権者代位権制度の特色

1　ボアソナード民法草案の代位権制度の構想
(1)　ボアソナードの代位権制度の紹介
(a)　ボアソナード民法草案第359条1項「債権者は，その債務者に属する権利を行使できるし，かつ，物的であると人的であるとに拘わらず，その訴権を行使できる。」

2項「この点に関して，債権者は，差押えの方法により，または債務者が提起したか若しくは債務者に対して提起された訴訟に参加する方法により，または，民事訴訟法にしたがって得られた裁判上の代位により，第三者に対して〔行使する〕間接訴権により〔前項の権利を〕行使する。」

3項「〔以上の規定〕にも拘わらず，債権者は，その債務者に属する単純かつ適法な権能，もしくは，その債務者の一身に専属する権利を行うことはできないし，法律もしくは合意により差押えができないと宣言された財産を差し押さえることもできない。」[52]

上記の第2項に明示されているように，間接訴権（action indirecte）——債権者代位権の別称である——を行使するには，「裁判上の代位」によらなければならないとボアソナードは規定した。この規定は，既に紹介したコルメ・ド・サンテールの学説とおなじである。この類似性は，ボアソナード草案においても，代位権が「訴権（action）」として規定されていたことを示している。さらに裁判上の代位を必要とする理由について，ボアソナードは次のように述べている。すなわち，①第一の理由は，債務者が被告である第三債務者と和解したり，債務者の権利を消滅させたりして，代位債権者を害するおそれを防止する必要があることである。②第二の理由として，被告である第三債務者が，

---

[52]　原文については，G. Boissonade, Projet de code civil pour l'empire du Japon accompagne d'un commentaire, 2ᵉ éd., t. 2ᵉ, Tokio, 1883, p. 122（1983年・明治16年版復刻）を参照した。

なお，ボアソナード民法草案の訳文については，池田・前出注46) 51頁に掲載されている訳文を一部参照した。

債務者自身の提起する（訴訟物がおなじ）訴訟や，他の債権者が提起する同様の訴訟に何度もさらされる危険を防止する必要があることをあげている[53]。要するに，以上の二つの理由は，コルメ・ド・サンテールが述べていた理由とおなじであり，ボアソナードが，恩師である彼の学説の強い影響を受けて，この草案を起草したことが示されていると言ってよい。

　(b)　次にボアソナードの裁判上代位制度の概略を，その注釈の叙述に依拠して紹介する。

　①　それによれば，債務者がその権利の行使についての催告を受け，かつ，それを拒絶した場合に，債務者に代わって債権者がその権利を行使するために，債権者の事情や債権者が瀕している危険を記載した申請書を裁判所に提出しなければならない。これにより債権者が，債務者に代わって第三債務者に対して，債務者の訴権を行使する地位を得るためである。②　債務者が，この権利行使の催告を受け，かつ，債務者が訴訟に参加させられた後に裁判上代位の効果が生ずる。この効果が生じた後には，債権者のものとなる権利について和解をする権利や，他の方法でそれを危険にさらす権利を，債務者は有しない。③　それと同時に，他の債権者が正式に裁判上代位の通知をなされた後には，原告である債権者は他の債権者の代表として任命される。④　代位訴訟の判決が下された場合に，それが原告債権者に有利の場合には，他の債権者および債務者の利益になるし，第三債務者に有利な判決の場合には，他の債権者および債務者にそれを対抗できる[54]。

　(c)　上記の①では裁判上代位の手続の具体的内容が示されている。②においては裁判上代位の効果が示されており，裁判上代位に差押え的効力が付与されるとボアソナードは考えていたようである。③においては裁判上代位が他の債権者へ通知された後には，代位債権者は他の債権者の代表となることが明示されている。最後の④は興味深い叙述であり，他の債権者への通知により，代位

---

53)　G. Boissonade, op. cit., n° 153, p. 159.
54)　Ibid. 本文中の紹介は，(i)工藤・前出注 *31*（三・完）民商 96 巻 2 号 210 頁，(ii)池田・前出注 *46*）51〜52 頁に負うところが多い。なお私は，以前にこの注釈を別稿（佐藤岩昭「債務者の責任財産の保全 2 ——債権者代位権」法教 116 号（1990 年）63 頁）で紹介したが，不十分な紹介であったので，この機会に本文中に述べたものに修正する。

訴訟の判決効が双面的に他の債権者にも——債務者も含めて——拡張されることを明示している。この判決効の拡張の理論によって，ボアソナードは，代位権に民事上の破産手続——この時点で採用されていた商人破産主義と対置される清算手続として——という役割を与えていたのではないかと考えられる。

(2) コルメ・ド・サンテールの学説とボアソナード民法草案の比較

(a) コルメ・ド・サンテールの学説と，ボアソナード民法草案の代位権構想とが，ほぼおなじであることは，以上の実証的検討で明らかになったと思う。要するに，コルメ・ド・サンテールの学説を，より具体化して条文化したものがボアソナード民法草案の債権者代位権制度である。そして，①ボアソナードが条文化した部分は，代位権制度の実行方法であり(i)差押え，(ii)債務者が提起したか若しくは債務者に対して提起された訴訟に参加する方法，(iii)第三者に対して〔行使する〕間接訴権，の三種類を具体的に明示している。②さらに，その注釈において，裁判上代位の手続の内容，および，その効果，さらには代位訴訟の判決効の拡張について具体的に詳論している。以上は代位権に民事上の破産手続という役割を与える意図を示していたと推測できる。

(b) 以上が19世紀のフランスにおける学説と，ボアソナードの代位権構想との関係である。しかしながら，ボアソナードの代位権構想は現行民法の債権者代位権制度には継受されなかった。この歴史的事実が，現行民法の代位権の解釈論に困難をもたらす原因であると私は考えている。なぜならば，解釈論上の問題点について，その回答を沿革に求めることが困難だからである。しかし歴史的事実の認識自体は，なお研究対象となりうるであろう。それゆえ，以下では現行民法の代位権の制定過程をたどることにしたい。

2 現行民法典の代位権制度の制定過程

(1) 旧民法から現行民法へ

(a) 旧民法財産編第339条1項「債権者ハ其債務者ニ属スル権利ヲ申立テ及ヒ其訴権ヲ行フコトヲ得」

2項「債権者ハ此事ノ為メ或ハ差押ノ方法ニ依リ或ハ債務者ノ原告又ハ被告タル訴ニ参加スルコトニ依リ或ハ民事訴訟法ニ従ヒテ得タル裁判上ノ代位ヲ以テ第三者ニ対スル間接ノ訴ニ依ル」

3項「然レトモ債権者ハ債務者ニ属スル純然タル権能又ハ債務者ノ一身ニ専属スル権利ヲ行フコトヲ得ス又法律又ハ合意ノ明文ヲ以テ差押ヲ禁シタル財産ヲ差押フルコトヲ得ス[55]」

　この旧民法の規定は，条文の体裁およびその内容において，ボアソナード民法草案第359条をそのまま受け継いだものと考えてよい。それゆえ，代位権を訴権法的に捉える余地を残したままの規定である。例えば，第2項後段の文言は，まさに債権者代位権を裁判上で——事前の裁判所の許可を得るという手続を経て——行使しなければならない旨を定めている。つまりボアソナード草案と全く同様の規定を定めていたのである。しかし，現行民法の制定過程において，旧民法の代位権の規定はその内容を大きく変えてしまう。それは，訴権法から実体法上の権利へと，代位権が大きくその法的性質を変える過程であった。この分野では優れた先学の業績が既にあるが[56]，本章において，その立法過程を再びたどることは意味のないことではないであろう。

(2)　現行民法草案第418条の制定過程

(a)　現行民法草案第418条1項「債権者ハ自己ノ債権ヲ保護スル為メ其債務者ニ属スル権利ヲ行フコトヲ得但債務者ノ一身ニ専属スル権利ハ此限ニ在ラス」

　2項「債権者ハ其債権ノ期限カ到来セサル間ハ裁判上ノ代位ニ依ルニ非サレハ前項ノ権利ヲ行フコトヲ得ス但保存行為ハ此限ニ在ラス[57]」

　①　ボアソナード草案および旧民法の規定と比較して，一見して判別できる相違点は，それらにあった第1項の規定が削除された点である。それと同時に規定の文言自体も簡略化された内容に変わっているし，内容を比較すると「訴権」という文言が「権利」という文言に変わっている。

　②　「裁判上ノ代位」に関しては顕著な変更がなされている[58]。すなわち，

---

55)　我妻栄編集代表・旧法令集（有斐閣，1968年）132頁。

56)　本章は先学の業績に負うところが多い。それらは(i)三ヶ月・前出注6)研究第6巻32頁以下，(ii)工藤・前出注31）（三・完）209頁以下，(iii)池田・前出注46）49頁以下である。

57)　原文については，法務大臣官房司法法制調査部監修・法典調査会民法議事速記録三（第五十六回―第八十四回）（商事法務研究会，1984年）100頁を参照。

58)　工藤・前出注31）（三・完）213頁，池田・前出注46）55頁以下を参照。

裁判上の代位は，ボアソナード草案および旧民法においては，すべての場合に必要とされていた。しかし現行民法草案では，債権者の「債権ノ期限カ到来セサル間」に限って，裁判上代位を必要とすると変更された。

③　以上の二点だけを見ても，本章の二つの分析視角から見ると大きな変更なのであるが，起草者はそのようには考えていなかった[59]。

(b)　法典調査会の議事において，穂積陳重起草委員は，旧民法の規定を変更した趣旨について次のように述べている[60]。

①　間接訴権について——「本條ハ所謂間接訴権ニ関シマス規定デ御座イマシテ財産編三百三十九條ヲ修正致シマシタモノデアリマス其大體ニ於キマシテ既成法典トヒドウ違ツテ居ル所ハ御座イマセヌガ先ヅ第一ニ既成法典ニ於キマシテハ『債権者ニ其債務者ニ属スル権利ヲ申立テ及ヒ其訴権ヲ行フコトヲ得』ト余程廣ク書イテアリマスノデ而シテ其第二項以下ニ其方法ヲ指示シテアリマスガ併シ乍ラ権利ヲ申立及ビ訴権ヲ行フト云フノハ如何ナル場合ニ於テモ此方法ニ依リサエスレバ出来サウニ思ハレルノデアリマス是レガ書方ノ缺点デ御座イマシテ其缺点ハ既成法典ニ初マツタノデアリマセヌ」——穂積起草委員は，草案 418 条 1 項が旧民法の規定を大きく変更したものではないと述べている。この趣旨説明の中で，穂積起草員は「間接訴権」という文言を用いているが，この文言にどれだけの法技術的意義を与えていたかは不明である。しかし，旧民法の規定では，間接訴権を行使できる場合が広すぎるという問題意識が起草委員にあったのは明らかである。それゆえに「自己ノ債権ヲ保護スル為メ」という文言を入れて，間接訴権を行使できる場合を制限したと穂積起草委員は述べている。けれども，この修正が思わぬ効果を現行民法 423 条の解釈にもたらす結果となった。それは「間接訴権」から「債権者代位権」へという変化である。繰り返すが，現在の民法の規定では，代位権が訴権であることを示す文言は消滅しており，その結果として，純粋に実体法上の権利としての代位権の

---

59)　これは，既に池田辰夫教授が指摘された点である（池田・前出注 46）55 頁以下参照）。しかし，本章では訴権法的思考と実体法的思考という発想法の対立とでもいうべき視点から現行民法の起草過程を再考したい。

60)　前出注 57）法典調査会民法議事速記録三・100 頁以下を参照。その他の穂積起草委員の発言の出典も同様である。

解釈論が民法学で論じられている。その契機は，現行民法草案 418 条の制定過程にあったのではなかろうかと私は考える。換言すれば，母法国であるフランス民法学および直接の淵源であるボアソナード民法草案には不可分の論点として存在したはずの訴訟法上の問題意識[61]は，民法学においては一旦は忘れ去られて，民事訴訟法学で論じられるようになったのである。むろん近時の民法学では，ボアソナード草案の研究などを手がかりとして，以上の諸論点の研究が再び始められている。しかし，それらの論点が再び民法学固有の論点となり得るかについては，私は疑問を禁じ得ない。

　② 裁判上代位について——「夫レカラ其請求権ガ期限到来致シマセヌ間ト云フモノハ裁判上ノ代位ニ依テ出来ル場合デナケレバイカヌ又裁判上ノ代位法ハ明治二十三年十月法律第九十三号裁判上代位法ニ定メマシタモノデナケレバ之ヲ行フコトガ出来ヌト云フコトヲ定メタノデアリマス夫レハモウ理由ハ誠ニ明カナコトト私ハ存ジマスノデ是レガアリマセヌトキハ即チ他人ニ対シマシテハ債権者債務者ト云フ区別ハ殆ドナクナリマスカラ是非是丈ケノ手続ヲシナケレバナリマセヌ夫レデ請求期以前ハ是丈ケノ権利ヲ行フコトハ出来ヌ夫レカラ保存行為ト云フモノハ期限ガ来ナクモ出来ルト云フ斯ウ云フコトヲ規定シタノデアリマス」——この趣旨説明においては，裁判上代位の手続は，未だ「明治二十三年十月法律第九十三号ノ裁判上代位法」によることが予定されていた。穂積起草委員が言及している上記の旧裁判上代位法は，ボアソナード草案の注釈を，ほぼそのまま立法化したものであり[62]，この時点で既に実体法である民法と手続法である旧裁判上代位法との間に，代位権の位置付けに関する不整合が生じている。なぜならば，ボアソナードの注釈を条文化した旧裁判上代位法は，期限未到来の被保全債権に基づく代位権の行使を全く想定していなかったからである。さらにこの点について述べると，旧民法の母体であるボアソナード草案でも，期限未到来の被保全債権に基づく代位権の行使については全く論及されていなかった。それゆえに旧民法と旧裁判上代位法との接合が

---

61) 既に見てきたように，債務者の訴訟参加の要否・債務者への判決効拡張の有無・裁判上代位の手続・他の債権者への判決効拡張の有無，といった論点である。

62) 裁判上代位法から非訟事件手続法の制定に至る沿革については，伊東＝三井編・前出注 46) 299 頁以下〔坂原執筆〕を参照されたい。

可能であった。しかし現行民法との接合が可能か否かについて，穂積起草委員は疑問を全く抱いていないのである。

なお，被保全債権について，現代のフランス民法学の体系書も，(i)その金額の確定，(ii)条件の成就，(iii)期限の到来，という三要件を要求しており，期限未到来の被保全債権に基づく代位権の行使は認められないと解している[63]。このように概観すると，現行民法草案第418条2項の規定は，旧法の裁判上代位という手続法を変容させる原因となっただけではなく，期限未到来の被保全債権に基づく代位権の行使を肯定するという結果を作り出した点において，きわめて稀な立法例であったといえよう[64]。

(3) 非訟事件手続法の制定過程

(a) 非訟事件手続法の前身である旧裁判上代位法（明治23年10月3日公布――全部で四箇条から成っていた）[65]は，ボアソナードの注釈の内容をほぼそのまま条文化したものであったことが，民事訴訟法学における研究によって既に明らかにされている[66]。したがって，本章では，旧裁判上代位法から非訟事件手続法第2編第4章「裁判上ノ代位ニ関スル件」の規定（同法第72条～79条）への「変容」を，坂原正夫教授の同法第2編第4章の注釈に依拠して，紹介するにとどめたい。

(b) 裁判上代位法第1条1項「民法財産編第三三九条ノ規定ニ従ヒテ債務者ニ属スル訴権ヲ行ハントスル債権者ハ先ツ債務者ニ其行使ヲ合式ニ催告スルコトヲ要ス」

2項「債務者右催告ヲ受ケタ後ハ権利ヲ譲渡スルコトヲ得ス[67]」

---

63) Terré, Simler et Lequette, Droit civil, Les obligations, 9ᵉ éd., 2005, nº 1147-a), p. 1097 ; Mazeaud et Chabas, Leçons de Droit civil, Obligations théorie générale, 9ᵉ éd., 1998, nº 969, p. 1046 ; Marty et Raynaud et Jestaz, Droit cvil, Les obligations, 2ᵉ éd., t. 2 Le régime, 1989, nº 152, p. 136.

64) 三ヶ月・前出注6) 研究第7巻127頁がこの点を既に指摘している。

65) 裁判上代位法の条文については，伊東＝三井編・前出注46) 299頁〔坂原執筆〕を参照した。

66) 三ヶ月・前出注6) 研究第6巻34頁，池田・前出注46) 53頁以下，伊東＝三井編・前出注46) 296頁以下〔坂原執筆〕の研究論文を参照されたい。

67) 旧裁判上代位法第2条以下の紹介は紙数の関係で省略した。それらについては伊東

坂原教授によれば，注意すべきはこの第1条2項であるという。なぜならば「債権者の合式の催告により債務者に譲渡禁止という制約が生じることであり，このことは本法（非訟事件手続法を指す——筆者）76条2項の原型ということができ」るからである。そして坂原教授は，さらに三ヶ月博士の「これこそ，まごう方なき差押の効果の一部である」という見解を引用されている[68]。要するに，旧裁判上代位法は，旧民法の代位権の唯一の行使方法を定めていたのであり，その「合式の催告」には債務者に対する差押えの効果があったと推測されているのである。ただし，ここで注意しておきたい点は，債権者代位訴訟の判決効の，債務者および他の債権者に対する拡張については，旧裁判上代位法の規定においても明文の規定がなかったことである。そうだとすると，ボアソナードの代位権構想はこの点において，旧裁判上代位法においても不完全な形でしか実現されていなかったといえよう。

(c) 現行民法制定後に新たに定められた非訟事件手続法は，明治31年6月21日に公布された。そして，その第72条において「債権者ハ自己ノ債権ノ期限前ニ債務者ノ権利ヲ行ハサレハ其債権ヲ保全スルコト能ハス又ハ之ヲ保全スルニ困難ヲ生スル虞アルトキハ裁判上ノ代位ヲ申請スルコトヲ得」と規定した。この72条こそ，旧裁判上代位法を根底から覆す条文であったと私は考える。なぜならば，期限未到来の被保全債権に基づく代位権行使を，裁判上代位という例外的方法で認めたからである。つまり実体法では民法423条2項が定められ，手続法では非訟事件手続法72条が明治31年に公布されたことにより，ボアソナードの債権者代位権構想は完全に葬り去られたといってよい[69]。そして，19世紀のフランスにおいては一つの学説であり，代位権の行使方法に関して，制度としての可能性を有していたボアソナードの代位権構想は，その趣旨を理解されることなく，完全にその内容を変えてしまったのである。ここに，わが国特有の債権者代位権制度が誕生したと評価できるであろう。ただし，そ

　　　＝三井編・前出注46) 299頁〔坂原執筆〕を参照されたい。
　68) 伊東＝三井編・前出注46) 299頁〔坂原執筆〕，三ヶ月・前出注6) 研究第6巻36頁。
　69) なお，非訟76条2項の債務者に対する告知およびその効力（権利処分禁止の効力）については，伊東＝三井編・前出注46) 341頁以下〔坂原執筆〕を参照。

の内容はあまりにも特殊だと評価せざるを得ない。換言すれば，三ヶ月博士がかつて述べられた説——旧裁判上代位法によって実現された代位権制度を珍奇であると評された[70]——とは異なり，本章では，現在のわが国の代位権制度こそが，沿革的かつ比較法的にみて珍しい制度であるという結論を採りたい。

第4節　債権者代位権の解釈試論

1　わが国の債権者代位権に関する解釈試論
(1)　「包括担保権」説からの示唆

(a)　平井宜雄教授の提唱された「包括担保権」説は，債権者の共同担保に対する権利に債権者代位権の根拠を求め，代位権はそれを根拠とする包括担保権的権利であると解する[71]。この考え方は，現代のフランスの民法学説と同じであり，債権者は債務者の一般財産上に包括担保権または一般担保権を有するという学説と同様である。つまり比較法的に見ても正当であり示唆に富む学説である。この学説を基礎にして，上記に指摘したわが国の代位権の特殊性を考慮した解釈論を提示したい。

(b)　包括担保権説が説くように，代位債権者が第三債務者から直接に弁済を得るという解釈は，現代のフランスの民法学説が action oblique の効果に関して採らないところである。そこで，フランスの「直接訴権（action directe）」概念に示唆を得つつ，代位権の解釈試論を提示したい。このように代位権の効果論と直接訴権概念とを関連づける試みは，平井教授自身も既に述べられている[72]。そこで本章では，より端的に債権者代位権のある用法を，個々の法律に基づく直接訴権ではなく，民法423条に基づく直接訴権——裁判外行使が原則なので，本章ではフランスの学説にならい「直接請求権」と呼ぶ[73]——と

---

70)　三ヶ月・前出注6)　研究第6巻36頁の有名な指摘である。
71)　平井・前出注9) 261頁以下を参照。
72)　平井・前出注9) 261頁以下。
73)　Boris Starck, Rep, Droit civil, Action directe, n° 9, p. 2, 1970 は明確に，直接訴権ではなく「直接の権利（droit directe）」と呼ぶべきだと主張する。M. Cozian et C. Lopard, Juris-Classuer, <Contrats et Obligations> Action directe, art. 1166, Fasc. 38 bis. n° 14, 1988 も同様の指摘をしており，action directe が「訴権」ではなく裁判外で行使できる

して考察したい。また，この民法423条に基づく「直接請求権」を，個々の債権者に付与された権利として考察したい。このような考え方は，ラベが示した19世紀の学説と類似しており，代位権から代理や委任という観念を排除するものである。この点から見ても，代位権を間接訴権として解釈する必然性はなく，直接訴権的に解釈する余地があると考えられる。

(c) 日本の代位権の効果を解釈する際に注意すべき点は，詐害行為取消権における425条に相当する規定がないことである。それではボアソナードはどのようにして，債権者の共同担保を維持し，そこから総債権者への平等弁済を実行しようとしていたのであろうか。それは，他の債権者に裁判上代位が行われことを通知することによって，代位訴訟の判決効を他の債権者に拡張するという構想であった。しかし，判決効の拡張については旧裁判上代位法においても明文の規定はなく，さらには非訟事件手続法第2編第4章の規定が旧裁判上代位法を完全に変容させたことは既に見たとおりである。したがって，現在の債権者代位権および非訟事件手続法第2編第4章の下では，総債権者の利益のために代位権の効果を拡張するという解釈は，放棄せざるを得ないと私は考える。そうだとすると，平井教授が述べられるように，代位権行使の本来の用法——被保全債権が金銭債権であり被代位債権も金銭債権の場合——において，代位債権者への金銭の直接引渡しを認める判例理論[74]を積極的に肯定するような解釈論を提示すべきであろう。

(d) そのために，個々の法律に依拠するのではなく，民法423条を根拠条文として，代位債権者に直接訴権の行使と同じ効果を一般的に与えることができる権利を考えるべきである。そして，以上のごとき効果を有する権利概念を構築するとすれば，そのような権利は，もはや直接訴権——根拠条文が民法という一般法であるがゆえに——ではなく，また債権者固有の権利として行使する

権利であること，および，その用語法において，権利と訴権との混同がなされていた時代に遡る術語であると述べている。

74) 大判昭和10年3月12日民集14巻482頁。この判例は「債務者ニ於テ第三債務者ノ給付ヲ受領セサル限リ債権者ハ到底其ノ債権ヲ保全スルコト能ハサル結果トナ」ることを，代位債権者への金銭の直接引渡しを肯定する理由としてあげている。本文中で述べた積極的理由とは，上記のような消極的な肯定ではなく，金銭の直接引渡しの肯定が代位権制度に適っていることを論証できるような理由を意味する。

という意味で[75]，純粋な間接訴権（代位権）でもない権利となろう。そのような効果を有する実体法上の権利は「一般的直接請求権」と呼ばれるべきであろうと私は考える。以下では，この「一般的直接請求権」をもとにした解釈試論を提示したい。

(2) 「一般的直接請求権」概念と解釈試論

(a) 第一に，繰り返すが，解釈論の理論的な基礎は，債権者代位権という権利を実体法上の権利として捉えることに置かれるべきである。そのためにフランス法の「直接訴権」を参考としつつ，個々の法律を根拠条文とはせずに，民法423条を根拠とする広汎な「一般的直接請求権」という概念ないしは名称を，代位権の替わりに用いることにしたい。

(b) 第二に，この権利は実体法上の権利であるから，一般的直接請求権の行使方法は裁判外の行使が原則であり，通常の意思表示によれば足りると考えるべきである。この一般的直接請求権は，直接訴権と同様に，個々の債権者に固有の権利として与えられたものと解する。したがって，たとえ行使される権利が債務者に帰属する権利であったとしても，代位行使された以上は，その行使による実体法上の効果は，代位債権者に直接に帰属すると解すべきであろう。この点がフランスの代位権の通説と異なる点である。フランス法では債権者代位権の効果が，実体法上は債務者に帰属し，その結果として，代位債権者以外の債権者も利益を得るという解釈論になっている。そのため，代位債権者は「火中の栗を拾う者」と評され[76]，それゆえに代位権の利用頻度が低下していると言われている。フランスにおけるような問題を避けるためにも，代位権の替わりに一般的直接請求権が債権者に付与されていると解すべきである。また，一般的直接請求権という名称は，包括担保権という名称よりも，この権利が債権法上の権利であることを明確に示すことができ，代位権の別称として適合的であるように思う。

---

75) このように債権者固有の権利として，債権者が代位権を行使するという考え方は，19世紀におけるラベの考え方と同様である。すなわち代位権から，委任または代理という概念を排除する考え方と類似する。しかし代位債権者は債務名義を必要としないと解する点で，ラベの説とは異なる。

76) Mazeaud et Chabas, op. cit., n° 975, p. 1049.

(c) 第三に，期限未到来の債権を被保全債権とする場合には，保存行為に該当するか否かを考慮した上で，民法 423 条 2 項但書きが適用可能であれば，2 項但書きを優先して適用すべきである。その理由は，第 3 節 2(2)で述べたとおり，2 項本文が比較法的・沿革的に見て，きわめて稀な立法例だからである。

(3) **一般的直接請求権の行使の要件論**

(a) 被保全債権について，期限の到来という要件が必要なことはいうまでもない（民 423 条）。そのほかに，金額の確定・条件の成就の要否について意識的に議論されてはいないようである。しかし，これらを一般的直接請求権の行使の要件に加えるべきである。これらの要件はフランス法からの示唆であるとともに，一般的直接請求権に，債務名義不要の転付命令と同じ効力を付与する結果となるのであるから，このような要件を加えるべきである。それゆえ，被保全債権の要件について以上の私見を付け加えたい。

(b) 一般的直接請求権の行使のために必要と解される無資力要件は，金銭債権に基づいて金銭債権を行使する場合には，原則として必要と解すべきであろう。なぜならば，代位債権者が自己の金銭債権を回収するために，例外的に債務者の有する権利の行使が認められているからである。このように無資力要件を要求するという解釈は，フランス法の「直接訴権」の行使の要件とは異なる[77]。しかし一般的直接請求権は，純粋な「直接訴権」ではなく，代位権としての性格を残しているので，債務者の権利に対する債権者の不要な介入を排除するため，無資力要件による制限を撤廃することは未だできないと私は考える。けれども包括担保権説が述べるように，被保全債権が被代位債権によって担保されている場合[78]——被保全債権が被代位債権によってのみ弁済されうる関係にある場合——には，無資力要件を不要と解するべきであろう。

---

[77] 加賀山茂「民法 613 条の直接訴権〈action directe〉について（一）」阪大法学 102 号（1977 年）65 頁以下，特に 89 頁に負う。

[78] 最判昭和 49 年 11 月 29 日民集 28 巻 8 号 1670 頁の事案である（損害賠償債権を被保全債権として，債務者の保険会社に対する任意保険金請求権を，債権者が代位行使するためには無資力要件が必要であると最高裁は判示したが，学説からの批判が強かった。この問題の詳細については，奥田昌道・債権総論〔増補版〕（悠々社・1992 年）254 頁以下を参照）。

2 結　語

　本章では，訴権法的思考およびボアソナード民法草案を分析視角として，わが国の債権者代位権に関する基礎的考察を行った。その過程で，現行民法の代位権制度の特殊性や非訟事件手続法第2編第4章の意義など，比較法的・沿革的な研究から代位権の効果の解釈論を導き出すための手がかりを得た。しかし，それらの研究から導き出した諸帰結を，解釈論として一つの方向へと導いてくれた学説は，平井宜雄先生の包括担保権説であった。この学説を基礎にして，ようやく本章の解釈試論——不十分であり残された課題は多い[79]——を提示することができた。それゆえ，本章第4節の結論の大部分が包括担保権説と重なっている。その理由は，私見がこの学説に多くを負っているからである。ここに平井宜雄先生に謝意を表するとともに，心から古稀のお祝いを述べて本章の結びとしたい。

---

79)　紙幅の制約上，民事訴訟法上の問題点について論ずることができなかった。この問題については別の機会で私見を述べたい。

第3章　詐害行為取消権の成立要件に関する一考察
―― 訴権法的視点から見た弁済の詐害性に関する問題点――

第1節　本章の目的

1　弁済の詐害性の再検討――訴権＝action 概念による分析の試み――

(1)　複数の債権者のうちの一人に対する弁済が詐害行為となるか否かという問題については，大判大正5年11月22日民録22輯2281頁が「……何等債権者ヲ害スルノ意思ヲ有セス単ニ自己ノ負担スル既存ノ義務ヲ履行スルカ為メニ誠意ヲ以テ為シタル」弁済は詐害行為とはならない旨を判示している。その際に，上記の大判大正5年11月22日は「多数ノ債権者ヲ有シ債務者ノ全財産ヲ以テスルモ之カ弁済ヲ為スコト能ハサル場合ニ他債権者ヨリ債務履行ノ請求ヲ受ケ居ルニ拘ハラス債務者カ一債権者ト共謀シテ全財産ヲ換価シ之ヲ挙ケテ一債権者ニ弁済スルカ如キハ特ニ他債権者ノ利益ヲ害センカ為メ故意ニ為シタルモノナルヲ以テ其詐害行為ヲ組成スルモノタルヤ疑ヲ容レサル所」であるという一般論を述べている。

最高裁判例も上記の大審院判例の一般論を踏襲するかのように，最判昭和46年11月19日民集25巻8号1321頁が，弁済の詐害性を肯定した原審の判断[1]を肯定しているのである。この最判昭和46年11月19日は，周知のよう

---

1)　原審判決は広島高判昭和45年3月2日高裁民集23巻1号53頁（金融商事判例220号18頁などにも掲載されている）である。なお，上の広島高判については，福永有利教授が詳細な判例研究を行っている（民商66巻6号233頁〔高裁民訴判例研究〕）。但し，福永教授の論述の焦点は，この事件の中心的争点であるところの，金銭の支払を求める詐害行為取消訴訟において債権者の一人である受益者は配当要求をすることができるかという点に絞られており，本旨弁済の詐害性を肯定した広島高裁の判断については，ほとんど触れられていない。最高裁でも上記の論点が争われていることから，福永教授の判例研究の方向は正しいものと考えられるが，筆者の問題関心からは原審たる広島高裁がなぜ本旨弁済の詐害性を肯定し，しかも，その点が学説で盛んに論じられなかった

に，債権者の一人である受益者が——自らが弁済として金銭を受領しその弁済が取り消された場合に——取消債権者に対し自己の債権額に対応する案分額の支払を拒否できるか否かについて判示しているのであるが，その前提として，前述の大審院大正5年判決及び最高裁昭和33年9月26日民集12巻13号3022頁などが判示してきた「本旨弁済の詐害性の基準」とは何かという重要な論点をも内包しているのである[2]。

(2) 学説においては，弁済——特に本旨弁済——が詐害行為となり得るか否かについては，我妻説に代表されるように，債権者が平等に（案分比例によって）弁済を受けることを強制されるのは破産において清算手続が行われる場合に限られるべきであることを理由に，弁済の詐害性を常に否定する説がかつての多数説であった[3]。

しかし，近時の研究によれば，学説の中にも最高裁判例と同様に本旨弁済の詐害性を肯定するものが増えつつあることが指摘されている[4]。このように，

のかという疑問が残るのである。この点については，弁済の詐害性に関する学説の所で詳しく検討することにしたい。

2) この論点について，最判昭和46年11月19日の研究として，川井健教授が，(i)多数説が弁済の詐害性を常に否定していること，(ii)債権回収に熱心な債権者を保護すべきであること，(iii)判決例が弁済の詐害性を肯定している事件では，受益者に不法行為法における「故意」に近い要件の存在が肯定されていること（その例として，本章で最初に掲げた大判大正5年11月22日などを挙げている）を理由に，弁済の詐害性を否定すべき旨を主張されている（川井・判例研究・金融商事判例313号2頁以下，特に6頁以下を参照）。上記のような考え方——即ち，原則として弁済の詐害性を否定すべきであるという理論——の当否こそが，本判決（最判昭和46年11月19日）の結論の当否を論ずるための必要不可欠な前提問題として解決されなければならないのではないかと筆者は考えている。

3) 我妻説については，我妻栄・新訂債権総論（民法講義Ⅳ）185頁（1964年）を参照。於保教授も同じ結論を支持されているが，債務の弁済は積極財産の減少と同時に消極財産の減少となり，全体として債務者の資力に増減を生ぜしめないこともその理由として挙げている（於保不二雄・債権総論（新版）186頁〔1972年〕）。なお，柚木教授は「債務者の意思にかかわりなく，履行期にある債権を履行することは詐害行為とならずと解すべきものであろう」（柚木馨＝高木多喜男補訂・判例債権法総論205頁〔1976年〕）と述べられており，弁済が法的義務であることを強調されているようである。

4) 奥田昌道編・注釈民法(10) 債権(1) 823～824頁〔下森定〕（1987年）を参照。この下森教授の指摘によれば，詐害行為の本質を不法行為と考える立場や，信義則と公序良俗違

かつての通説が揺らぎ始めたことを考慮すれば，本旨弁済の詐害性の基準——特に原則としてそれを肯定すべきか否か，肯定するとしたならばどのような基準によって判断すべきか——という問題点を改めて検討すべき時期なのではなかろうか。もし，そうだとするならば，筆者は民法424条の詐害行為取消権が，フランス私法における訴権＝action概念を継受したままの制度で[5]あることを手掛かりとして，この問題を考察すべきではないかと考える。

その理由は，言うまでもなく，民法425条という比較法的にも類を見ない規定を，わが国の詐害行為取消権が有している点である。即ち，同条は総債権者に詐害行為取消権の効果が及ぶことを，詐害行為取消判決の主観的効力の拡張という民事訴訟法上の技術を用いて実現しようとし，且つ，同条の目指す帰結が破産法における平等弁済に極めて類似したものだからである[6]。換言すれば，425条の存在は，(i)判決効の拡張という点で訴訟法上の効果と実体法上の効果との交錯を生ぜしめるだけではなく，(ii)破産法に近い「平等弁済」を目指している点で，効果論と要件論との交錯——つまり「平等弁済」を強調すれば，わが国においては本旨弁済の詐害性が肯定されやすくなる——という現象をも生ぜしめていると考えられるのである。

(3) 以上に述べた点を理由として，弁済の詐害性の有無ないしはその基準というデリケートな問題を，「訴権＝action」概念を手掛かりとして検討することが本章の目的ないしは試みである。このような試みが有益なものか否かについて判断を下す資格及び能力は筆者には存在しない。ただ，一つの試論として検討を行うことだけを筆者はなし得るのみであるが，この作業の前提としてフ

反との相関的判断（債務者につき前者を，受益者・転得者につき後者を判断する）を行うべきだとの立場から，本旨弁済であっても悪質な場合には詐害行為になることを支持する学説が増えつつあるという（それらの学説の詳細については，奥田編・前掲書824頁〔下森〕を参照）。

5) この点についての学説史的論述——特にボアソナード民法草案を媒介としての訴権法的思考の継受——については，拙稿「詐害行為取消権法に関する一試論㈠～㈣完」法協104巻10号・12号，105巻1号・3号を参照されたい（特に上掲㈡1765頁以下，㈣完262頁以下を参照）。

6) この点についても，佐藤・前出注5) ㈣完法協105巻3号320頁以下を参照されたい。

ランス私法——より正確にはフランス民法及び民事訴訟法と言うべきであろう——における「訴権＝action」概念の検討を行わなければならない。

2 フランス法における「訴権」概念について

(1) ローマ法において,「訴権」という概念は,実体法上の(主観的)権利と訴訟法上の権利とが,混然一体として融合した概念として捉えられていたと言われている[7]。フランスの民法学者も,上記のローマ法における実体法上の権利と訴訟法上の権利とが未分化の状態を,ローマ法における「訴権＝actio」の特徴として指摘し,次のように述べている。——「……ローマ人はこの二つの観念〔droit＝主観的権利と action en justice＝訴訟上の権利とを指す——筆者〕を混同していただけでなく,彼らにとっては,訴権(action)という観念は完全に権利(droit)の観念を包含していた。〔それゆえ〕彼らは『私は訴権を有する』と言い,『私は権利を有する』とはめったに言わなかった。」——この部分はマゾーの体系書からの引用であるが[8],フランスの古い時代の学説もローマ法における「訴権＝actio」の概念とほぼ同様に,訴権と実体法上の権利とを混同し,それをフランス法の「訴権＝action」概念を用いて説明していたことを同書は指摘している[9]。

即ち,フランスの古い学説によれば,「訴権＝action」とは権利の動的な状

---

7) この点はよく指摘されるところであるが,その代表的な叙述として次の船田享二博士の論述を引用することにする。——即ち,「したがって,各種の債権の内容は,かかる方式書によっていかなるものが訴訟の内容とされるかによって決定され,各種の債権はかかる方式書によって区別され,方式書をもって請求し得る権利すなわち訴権と実体的請求権とは殆ど全く同一の意義を有する」という叙述である(船田享二・ローマ法第三巻〔債権〕32頁〔1994年〕)。同様の指摘は,① マックス・カーザー＝柴田光蔵訳・ローマ私法概説58〜59頁(1979年),② 奥田昌道・請求権概念の生成と展開3頁(1979年)などにも述べられており,日本における共通した見解と理解してよいように思われる。

8) Henri, Jean et Léon Mazeaud par François Chabas, Leçon de droit civil, Introduction a l'étude du droit, 10e éd., n° 332, p. 438 [1991], Paris；同様の指摘は, Gabriel Marty et Pierre Raynaud, Droit Civil, t. 1, Introduction générale a l'étude du droit, 2e éd., n° 188, p. 329 [1972] にも見受けられる。

9) Ibid.

態であり，権利を裁判という側面から捉えたものにすぎず，両者の間に法的性質の違いは全くないと考えられていたのである。この点は，民法学者であるマゾーの体系書のみならず，民事訴訟法学者のヴァンサンの体系書も等しく指摘する所であり[10]，フランス民事法学における共通した学説史上の認識であると考えられる。

 (2) しかし，このような「権利＝droit」と「訴権＝action」とを全く同一視する考え方は，現代のフランスの学説には全く見受けられないと言ってよい。例えば，フランソワ・テレの民法の体系書は，訴権（action en justice）と，訴権によって保護される主観的権利（droit subjectif）とを混同してはならないことを明確に述べている[11]。

 テレが述べるように，フランス法における「訴権」——action en justice 又は action と表記される——と「権利」——droit subjectif 又は droit と表記される——とは，概念的には峻別されなければならないという見解がフランスにおける現代の通説的見解と言ってよいと考えられる。なぜならば，前述したマゾーやヴァンサンの体系書も，上記の論点については全く同じ見解を述べているからである[12]。

 このように，フランスの「訴権＝action」概念に関する学説が，ローマ法時代のアクチオ概念とほぼ同様の考え方から，訴権と権利とを峻別する考え方へと変化を遂げた理由は，筆者の能力の制約から，それらを明らかにすることはできなかった。しかし，マゾーやテレ及びヴァンサンの体系書の叙述を読む限りでは，1972年7月20日のデクレ第684号により制定されたフランス新民事訴訟法30条ないし32条に規定された「訴権（L'action）」の定義規定をめぐる議論により，前述した学説上の劇的な変化が加速されたのではないかと推測されるのである[13]。

---

10) Jean Vincent et Serge Guinchard, Procédure Civile, 21e éd., n° 18, p. 39 [1987] ; Mazeaud et Chabas, supra note 8, ibid.

11) François Terré, Introduction générale au droit, n° 624, p. 480 [1991].

12) Mazeaud et Chabas, supra note 8, n° 332, p. 438 ; Vincent et Guinchard, supra note 10, n° 18, pp. 39-40.

13) もっとも，1972年の同法の制定以前にも，訴権と権利との関係を論じた著作は存在している（voy. supra note 8, Marty et Raynaud, t. 1 ; Motulsky, Le droit subjectif et

それゆえ，「訴権」の定義規定であるフランス新民事訴訟法 30 条と，同条に関する学説を紹介し，フランス法の「訴権」概念の概要――あくまでも現代の学説の理解に基づくものである――を紹介することにしたい。

(3) フランス新民事訴訟法 30 条は次のように規定する。――「訴権とは，申立者が，裁判官によるその当否の判断を求めて，申立の理由につき審問を受ける権利である。相手方にとって，訴権とは，この申立の理由付け（bien fondé）を争う権利である[14]。」――この規定が，そもそも「訴権」の定義規定なのか否かについても論争のあることが紹介されているが[15]，先に紹介した三人の学者の体系書に従い，本条がフランス法の「訴権」概念を初めて定義した規定である[16]ことを前提として，以下の論述を進めることにする。

まず第一に，「訴権」が実体法上の主観的権利か否かにつき――換言すればその法的性質について――フランスでは，かなり複雑な議論が存在する[17]。即ち，(i)「訴権」は権利とは区別された「法的な権能（pouvoir légal）」であり，

---

l'action en justice, Archives philosophie du droit, 1964, 215 et Écrits, t. l, p. 85）。しかし，「訴権」概念をめぐるフランスにおける議論の活性化は，同法 30 条以下の「訴権」の定義規定の制定後に顕著に見受けられるようである（cf. Juris-Classeur Procédure civile, Fasc. 125, par F. Terré, refondu par Y. Desdevises）。従って，フランスにおける「訴権」をめぐる学説史の研究は後日の課題とし，本章では本文中に述べた推測に基づいて論述を進めていくことにしたい。

14) 同条の訳文は，法務大臣官房司法法制調査部編・注釈フランス新民事訴訟法典 72 頁（1978 年）からの引用であることをお断りしておきたい。なお，同条の原文については，Code de Procédure Civile 1990-1991, 4e éd., par S. Guinchard, Litec を参照されたい。

15) 法務大臣官房司法法制調査部・前出注 14) 72 頁〔注〕(一)を参照。

16) Mazeaud et Chabas, supra note 8, n° 332, p. 439 ; F. Terré, supra note 11, n° 624, p. 480 ; Vincent et Guinchard, supra note 10, n° 17, p. 38. なお，上記の Terré の体系書によれば，同条は訴権についての定義規定であり，優れた内容を含むものではあるが，なお多くの確認されるべき事項が残されていることをも指摘している。

17) 本条が制定される前からの「訴権」の法的性質論争の詳細については，法務大臣官房司法法制調査部・前出注 14) 67～72 頁を参照。なお，議論の中心は「訴権」が主観的（実体的）権利の一種なのか否かという点――これを肯定する者はマゾーやテレといった民法学者であり（但しモテュルスキもこのグループに含まれる），これを否定する者はヴァンサンなどの民事訴訟法学者に多い（前掲書 70 頁参照）――に存すると言ってよいと思われる。

権利と異なる点はその性質が——「訴権」を行使する個々人の視点から見ると——没個性的・客観的・且つ恒久的であり，それゆえ権利とは異なり放棄 (renonciation) の対象となることはないと考える立場が一方の極に存する（民事訴訟法学者のヴァンサンの見解である[18]）。言うまでもなく，この見解は，「訴権」の権利性を否定してはいるが，その内容として個々人が裁判に訴えて，彼らの権利や法的利益を尊重してもらうことを目的として個々人に与えられた権能であることは，これを肯定する[19]。従って，「訴権」が権利の存在を承認したり，「権利」の侵害に対しては制裁を与えるという機能を有すると解する点では，次に紹介する他方の極の学説と大きく異なることはない[20]。

(ii) 他方の極の学説は，「訴権」が主観的権利 (droit subjectif) としての性質を有することを肯定する。この説を唱える者は，民法学者のテレである[21]。テレが，なぜ「訴権」を主観的権利として捉えているかについては，必ずしも独自の見解が述べられているわけではない[22]。即ち，理由らしき叙述としては，新民事訴訟法30条の立法者が「訴権」に権利としての性格を与えて同条を制定したことが述べられているにすぎない[23]。従って，「訴権」の権利性を否定するヴァンサンの見解と比較すると，テレの見解はその理由付けにおいて必ずしも明確ではないが，「訴権」と「訴権」によって保護される主観的権利との区別を主張する点においては，ヴァンサンの見解と一致している[24]と評することができるであろう。

このように，「訴権」の法的性質を如何なるものと捉えるかについては，二

---

18) Vincent et Guinchard, supra note 10, n° 19, p. 41.
19) Vincent et Guinchard, supra note 10, n° 18, p. 38.
20) Vincent et Guinchard, supra note 10, n° 18, p. 39.
21) Terréの他に，Motulskyも「訴権」の主観的権利性を肯定していると言われている（法務大臣官房司法法制調査部・前出注 14) 70〜72頁）。その理由として，裁判官が裁判の拒否をした場合に，当事者が裁判官を被告とする損害賠償請求訴訟を提起できることを挙げている。即ち，裁判官の裁判をなすべき義務には，個々の訴訟当事者を含めた一般の利益に対応する義務が包含されている旨が示されていることを，その主張の理由としていると言われている（同上）。
22) voy. F. Terré, supra note 11, n° 624, 625, pp. 480-483.
23) Terré, supra note 11, n° 624, p. 480.
24) Ibid.

つの立場がフランスにおいて対立しているのであるが,「訴権」と権利との関係については,両者の主張は一致していると考えられる。そうだとすると,フランス法における「訴権」概念が,ローマ法の「訴権＝actio」概念とは全く異なるものとなったのかと言うと必ずしもそうではないことが,今までに紹介してきた研究者の叙述によって示されている。その点を次に概観することにしよう。

　(4)　例えば,ヴァンサンの見解を要約すれば次の三点になるであろう——(i)「訴権」は個人が有することを承認された権能であり,その内容は裁判に訴えて,自らの権利や法的利益を守るための法的権限である,(ii)そして,「訴権」の存在によって,権利と手続法との接合が生ずるのである,(iii)また,「訴権」は,それが（裁判によって）保護を与えたり,侵害に対する制裁を加えたりする対象たる権利とは異なるものの,両者は混同されやすい性質を有する,という内容である[25]。

　ここで注目すべき点は,「訴権」と権利とが混同されやすい性質を有する点が指摘されていることである。この性質は,マゾーやテレの体系書も等しく肯定する特質であり,マゾーに至っては「大部分の場合においては,訴権は権利それ自体と不可分の関係にある[26]」とまで言い切っているのである[27]。

　そうだとするならば,フランス法における「訴権＝action」概念というものは,完全に実体的権利から分離した独立の訴訟法上の権利ないしは権能としての性質を未だ有するに至っていない,と評価できるのではないかと筆者は考える。それゆえ,ドイツ民事訴訟法学で大論争の的となったKlagrecht——この術語も「訴権」と訳されているのは周知の事実である——と,フランス法の「訴権＝action」とは実体法との関係の密度が異なるがゆえに,同列に論ずることはできないと考えられるのである[28]。

---

[25]　Vincent et Guinchard, supra note 10, n° 18, 19, pp. 39-41.
[26]　Mazeaud et Chabas, supra note 8, n° 332, p. 438.
[27]　なお,テレの叙述においては,両者が混同されやすいのでそれを避けるべきであるとの,いささか消極的な言及がなされている（Terré, supra note 11, n° 624, p. 480）。
[28]　本文中に述べたようにフランス法の「訴権＝action」概念は,「訴権」と権利とを全く同一視するのを止めた点で,ローマ法のアクチオ概念よりも実体法との関係が薄れていると言ってよいであろう。従って,筆者がかつてフランス法の「訴権」概念をローマ

なぜならば、サヴィニーやヴィントシャイトらによって19世紀前半に始められた「訴権（Klagrecht）論争」においては、訴権＝Klagrechtと私権＝Privatrechtとの完全な分離を前提とした公法的訴権説が主流となったからである[29]。それゆえ、ドイツの「訴権＝Klagrecht」概念というものは——権利保護請求権説・本案判決請求権説・司法行為請求権説[30]のいずれにおいても——国民と国家（の機関としての裁判所）との関係という側面に焦点があてられているのである[31]。

従って、ドイツの「訴権論争」ないしは「訴権＝Klagrecht」概念は、次の二点において、フランスにおける「訴権＝action」概念と異なる様相を呈していると言わなければならない。即ち、(i)その第一は、実体法上の私権と訴訟法上の訴権との峻別を前提としている点である[32]。この点において、現代のフランスの学説は、「訴権＝action」と「権利＝droit」とが異なる概念であることは肯定するが、それと同時に両者が密接不可分の関係にあることも肯定することは前述した通りである。従って、Klagrecht概念は実体法上の要素を完全に払拭した訴訟法上の権利（公権）として構築されているのに対し、action概念には未だ実体法的要素と訴訟法的要素とが混在している点が大きな相違であると評することができるであろう。

法のアクチオと全く同じであるかのように論じた点（佐藤・前出注5）㈡法協104巻12号1765頁以下を参照）を修正する必要があることを、ここに明示しなければならない。しかし、これも本文中で述べたように、未だにフランスの「訴権＝action」概念においては、実体法的要素と訴訟法的要素とが密接に結合していること（例えば、Mazeaud et Chabasの体系書を参照）も事実なのであり、その限りでは筆者が以前に示した「訴権＝action」概念に関する理論が完全な誤りであったと言うこともできないと思われる。それゆえ、本章では、筆者の「訴権＝action」に関する理解が以上に述べたように変化したことを明記するとともに、以前の見解を修正することも明らかにしておきたい。

29) 三ヶ月章・民事訴訟法〔第三版〕11頁（1992年），新堂幸司・民事訴訟法169頁（1976年）などを参照。
30) これらの三つの学説がドイツの訴権論争における主たる理論である（前注を参照）。
31) 注29)に掲げた文献を参照。
32) もっとも、ドイツにおいても、サヴィニーやヴィントシャイトの初期の訴権論（私法的訴権説）においては、両者の峻別は未だ十分ではなかったらしい（新堂・前出注29) 169頁参照）。

(ii)第二に，ドイツの Klagrecht 概念は，国民と国家の裁判制度とが如何なる関係に立つのかという視点から構築された概念であるのに対し，フランスの action 概念は，実体法上の主観的権利（droit subjectif）と如何なる関係に立つのかという視点から論じられている概念である。それゆえ，フランスの action 概念をめぐる議論には，ドイツの訴権論争や，それを継受した日本の学説に見られるような「民事訴訟制度の目的論」といった民事訴訟法学における基本的論点との関連性はないのである[33]。

(5) このように，フランスの action 概念とドイツの Klagrecht 概念とを対比すれば，action 概念がフランス民法学においてドイツの権利保護請求権と同義で用いられているとの指摘[34]は，決定的な誤謬を含むものと言わざるを得ない。なぜならば，上記のように解するときには，本章の主題である詐害行為取消権（action paulienne）の要件論の特殊性のみならず，フランス民法が規定するその他の訴権――例えば債権者代位権（action oblique），取消訴権（action en nullité），仮装行為宣告訴権（action en déclaration de simulation）など[35]――の要件・効果を正確に捉えることが不可能になるであろうと考えられるからである[36]。

換言すれば，フランス法の「訴権＝action」をドイツ法的思考枠組によって

---

33) このように，国民（私人）と国家の設営する民事訴訟制度との関係を「訴権＝Klagrecht」という観念で捉えようとする思考枠組がドイツ民事訴訟法学に特有のものであったことは，既に，三ヶ月博士が指摘されている（三ヶ月「裁判を受ける権利」民事訴訟法研究第 7 巻（1978 年）17～18 頁，同・前出注 29) 13 頁を参照）。また上記の箇所において，フランスやアメリカではドイツにおけるような訴権論争の隆盛が見られなかったことも指摘されており，この指摘も Klagrecht 概念と action 概念とが異なるものであることを物語っているものと考えられる。

34) 大久保邦彦「自然債務否定論」奥田昌道先生還暦記念・民事法理論の諸問題上巻 295 頁（1993 年）を参照。

35) 各々の訴権の詳細について，ここで立ち入る余裕はないが，債権者代位権（action ofique）については，拙稿「債権者代位権の効果に関する再検討」比較法研究 55 号 115 頁を参照されたい。

36) 例えば，フランス民法典の体系書では，action paulienne や action oblique の判決効が誰に及ぶのかという訴訟法上の効果論と共に，実体法上において被告に何を請求できるのかという効果論が論じられるのが通常である。これなどは，action 概念が未だに両者の要素を持ち続けている証左であろう。

分析することは，ドイツ法とは異なる法体系的構造を有する概念を無理に分割してしまうという無惨な結論を導き出すのみである。その典型例が，注34)で指摘した大久保邦彦氏の試みである。その論稿で，大久保氏は，筆者が「訴権(action)である詐害行為取消訴権と実体権である詐害行為取消権とを混同している点」(傍点は原文に付されているものである——筆者[37])において「致命的な」誤りを犯していると指摘されている[38]。

しかし，フランスの民法の体系書で，action paulienne に「訴権＝action」たる性質を有するものと，実体法上の私権たるものとの二種類が存在すると唱えている著書は全く存在しない[39]。思うに，大久保氏は，(i)フランスの action 概念における「訴権」と権利との区別の肯定，及び，(ii)フランスの学説と権利保護請求権説の内容の類似性，という二点から上に示したような誤解を犯したのではないかと思われる。筆者が考えるには，現在のフランスの action 理論によって区別されるべき概念とは，(i)詐害行為取消権＝action paulienne——言うまでもなく「訴権」の典型例である——と，(ii) action paulienne によって保護を受ける被保全債権——フランスでも créance と呼ばれ私法上の実体権である——との二つなのである。このような理解こそが，ヴァンサン，マゾー及びテレなどが唱える action 理論に適合するものと筆者は考えている。従って，大久保氏の理論のように，action 概念の理解にドイツ法の訴権論争上の概念を用いることは，上に示したような無用の混乱を招くだけだと断ぜざるを得ない。

3　本節の要約——要件論の分析視角の呈示を兼ねて——

(1)　今までに述べてきたことを要約すれば次の如くに言い得るであろう。即ち，フランス法の「訴権＝action」概念においては，古くはローマ法のアクチオ概念と同様に，実体法上の権利と訴訟法上の権利とを同一視していた。しかし，最近では両者の区別をなすべきだとの理論が有力となっているが，それでも両者の峻別が徹底して行われているわけではない。

---

37)　大久保・前出注34) 296頁注(17)を参照。
38)　同上。
39)　佐藤・前出注5) (二)法協104巻12号1765頁以下を参照。

従って，actionの一種である詐害行為取消権の要件論を考察する際にも，その実体法的要素と訴訟法的要素とが峻別されずに論じられていることに，注意を払うべきだと考えられる。さらに，訴訟法上の効果が実体法上の要件論に影響を及ぼし，両者が交錯する可能性をも念頭に置くべきであろう。

　(2)　それゆえ，本章では弁済を詐害行為として取り消した場合について，以下に示す三つの論点を検討することにしたい。

　(a)　第一点として，そもそも弁済に詐害性があるのか否かという点の検討を試みることにしたい。

　(b)　そして，上記の(a)の作業を行う際に，フランスのaction paulienneに関する要件論を参考にして，日本の詐害行為取消権の要件論にとって有益と思われる理論の抽出を試みることにする。

　(c)　さらに，フランスの要件論と日本の要件論との相違を抽出することをも試みることにし，その相違に関して，日本民法425条の存在が大きな影響を与えていることを論証することにしたい。そして，この論点が実は(a)の論点と密接に関連しているのではないかという筆者の試論を——「訴権」概念における要件論と効果論との交錯という視点から——展開することにしたい。

第2節　弁済の詐害性に関する考察
——フランス法の議論を参考として——

1　日本の判例の現状

(1)　大審院の判例理論

　本旨弁済が詐害行為となり得るか否かについては，既に，前掲大審院大正5年11月22日民録22輯2281頁が，その一般論において，履行期の到来した債務を弁済することは義務の履行に該当するので詐害行為とはならない旨を判示している。但し，例外として詐害性を有する弁済が存在し得ることも上の判例は指摘している。そこで，以下では，最上級審判決に限定して「弁済の詐害性」に関する判例理論を概観し，その内容を整序してみよう。

　(a)　弁済の詐害性に関する先例は，本章の冒頭でその判決要旨を紹介し，且つ，(1)で引用した①大判大正5年11月22日民録22輯2281頁である[40]。

本判決の事案は概ね以下の如きものである——寺の再建資金を確保する目的をもって頼母子講が組織され，Ａが講の事務担当者たる会主に任命された。そして，Ａは講の構成員の委任により講の財産を信託的に保管していたが，商業上の失敗により無資力となった。そこで構成員はＡに対する前記委任契約を解除し，新たに被上告人（受益者）を会主に任命した。さらに構成員らは，Ａが信託的に保管していた講の財産を被上告人に交付した。ところが，Ａの債権者である上告人（取消債権者）が，Ａ（債務者）から被上告人（受益者）への信託財産の移転が詐害行為に該当するという理由で，その取消しを求めた。大審院は，原審において敗訴した取消債権者の上告に対して次のように述べる。——「……債務者カ他債権者ヲ害スル意思ヲ有セス単ニ既存ノ義務ヲ其時期ニ於テ履行スルカ為ニ適法ニ為シタル行為ノ取消ヲモ請求スルコトヲ得ルモノト解スヘキモノニ非ス抑モ債務者カ既ニ履行期限ノ到達シタル債務ヲ有スル場合ニ於テハ債務者ハ必然之カ弁済ヲ為ス可キ義務ヲ有シ他ニ債権者アルノ故ヲ以テ之カ弁済ヲ拒絶スルコト能ハサルト等シク其債権者ニ於テモ債務者ニ対シ弁済ヲ請求スルノ権利ヲ有シ他ニ債権者アルノ故ヲ以テ其権利ノ行使ヲ阻害セラルルコトナキモノト謂ハサル可カラス〔中略〕……若シ夫レ上告人所論ノ如ク多数ノ債権者ヲ有シ債務者ノ全財産ヲ以テスルモ之カ弁済ヲ為スコト能ハサル場合ニ他債権者ヨリ債務履行ノ請求ヲ受ケ居ルニ拘ハラス債務者カ一債権者ト共謀シテ全財産ヲ換価シ之ヲ挙ケテ一債権者ニ弁済スルカ如キハ特ニ他債権者ノ利益ヲ害センカ為メ故意ニ為シタルモノナルヲ以テ其詐害行為ヲ組成スルモノタルヤ疑ヲ容レサル所ナレトモ此ヲ以テ何等債権者ヲ害スルノ意思ヲ有セス単ニ自己ノ負担スル既存ノ義務ヲ履行スルカ為ニ誠意ヲ以テ為シタル行為ト同視スヘキモノニ非サルヤ明ナリ」——以上の理由により，Ａから被上告人たる新会主への講の財産の譲渡は，詐害行為に該当しないと大審院は判示した[41]。

---

40) 柚木＝高木・前出注 3) 205～206 頁，於保・前出注 3) 186～187 頁，松坂佐一「債権者取消権」総合判例研究叢書民法(7) 182 頁（1957 年），奥田編・前出注 4) 823 頁〔下森〕，飯原一乗「判例を中心とした詐害行為取消権の研究」司法研究報告書 18 輯 2 号 67 頁などが本判決を弁済の詐害性に関する先例的判決として位置付けている。

41) 本判決は，本文中の判示事項に加えて，民法の詐害行為取消権と破産法の否認権と

第3章　詐害行為取消権の成立要件に関する一考察　97

　この①大判大正5年11月22日の判決理由を要約すれば，次の二点に集約し得るであろう。——即ち(i)期限の到来した債務を弁済することは債務者が必然的に果たさなければならない義務であるから，他に複数の債権者が存在していたとしても，一人の債権者に対する弁済は詐害行為とはならない。(ii)しかし，債務者が自らの全債務につき完済不能に陥った場合に，債務者と特定の一債権者とが共謀して債務者の全財産を換価し，その金銭を一債権者に弁済することは，他の債権者の利益を害する目的で故意になされたものであるから，詐害行為となる。

　本判決は上記の二点のうちの(i)を本件事案に適用し，旧会主たるAから新会主たる被上告人への講の財産の譲渡を，Aの債務の履行である[42]がゆえに詐害行為に該当しないとの結論を導き出している[43]。従って，(ii)の部分は本判決の事案の解決とは直接関係のない一般論を述べた部分であるように見える。しかし，その後の大審院判決においても(ii)の部分は(i)と不即不離の形で判示さ

の相違について次のように述べている。——「蓋シ破産ノ場合ニ在リテハ特ニ法律ノ明文ヲ以テ一部ノ債権者ニ対スル弁済ヲ無効トシ強制的分配主義ヲ採用スルヲ以テ叙上ノ場合ニ縦令債権者ノ請求アルモ債務者ハ之ヲ理由トシテ其弁済ヲ拒絶スルコトヲ得ルモ這ハ固ヨリ破産ノ場合ニ限リ其適用ヲ見ルヘキ法則ニシテ何等特別ノ規定ヲ設ケサル民法ノ支配ヲ受クヘキ事案ニ適用スヘキモノニ非サルヤ明カナリ」——即ち，本判決の説く所によれば，複数の債権者間において強制的に平等弁済の実現が保証されている場合は，破産法(の否認権)の適用がなされる場合に限られるのであり，平等弁済について何ら規定を置かない民法の下では，それは実現される必要のない理念なのであると言う帰結になるようである。しかし，筆者は，民法の全体系についてこのように言い切ってよいものであろうかという疑問を抱く。特に詐害行為取消権の分野においては，民法425条という規定が存在しており，この規定が「債権者平等の原則」を明示したものなのか否かにつき学説上で議論がある以上，上に掲げた判旨のように断定することは，425条の存在を無視することに等しいと考えられるからである。なお，同条と「債権者平等の原則」との関係については後に詳しく検討する。

42)　債務の弁済と履行とが同義である点については，梅謙次郎・民法要義巻之三・債権編〔復刻版〕231頁（1984年），平井宜雄・債権総論〔第二版〕163～164頁（1994年）を参照。

43)　本判決は「唯信託行為ヨリ生スル義務ヲ履行シタルモノニ過キサルカ故ニ上来説明シタル理由ニ依リ詐害行為ヲ以テ論スヘキモノニ非サルヤ明ラカナリ」とその結論を述べている（民録22輯2290頁）。

(b) 例えば，②大判大正13年4月25日民集3巻157頁は次のように判示する[44]。──「……債務者カ法律上履行セサルヘカラサル債務ヲ履行スルニ必要ナル資金ニ充テンカ為メニ相当価格ヲ以テ自己ノ不動産ヲ売却シタルトキノ如キハ自己ノ財産ニ対シテ有スル処分権ヲ正当ニ行使シタルモノト認ムルヲ当然トシ如上ノ場合ニ於テ数多ノ債権者アルトキハ債務者カ其売得金ヲ挙ケテ或債権者ノミニ対シ弁済スレハ之カ為ニ他債権者カ害セラルルニ至ルコトナキニ非スト雖支配的権能ヲ有セサリシ債権ノ性質上已ムコトヲ得サル所ニシテ其ノ弁済行為ノ当否如何ニ拘ラス其売却行為ハ当初ヨリ他ノ債権者ヲ害スルノ意思ニ出テタルコトヲ認ムヘキ特別ノ事情ナキ限リハ詐害行為ヲ以テ目スヘキモノニ非スシテ之カ取消ノ請求ヲ許スヘキニ非ス」──このように述べて，本判決は，弁済のための資金を得る目的でなされた相当価格による不動産の売却の詐害性を否定した[45]。

このように本判決は，①大判大正5年とは異なり，直接に弁済の詐害性について判示してはいない。しかし，上に紹介した結論を導く前提として，上記の売却が，債務者が法律上履行しなければならない債務を履行するために必要な不動産の売却であったことが判旨の中で指摘されている点において，①大判大正5年の判旨(i)部分を踏襲するものと評価してよいであろう。

さらに本判決は，「債務者カ特ニ或債権者ト共謀シ他ノ債権者ヲ害シテ或債権者ノミニ対スル弁済ノ資金ニ供スルノ目的ヲ以テ自己ノ不動産ヲ売却シタルカ如キ場合ハ詐害ノ意思ニ出テタルコト明白」であると述べて，前掲①判決の判旨(ii)に相当する──詐害性が肯定される可能性のある──例外的な場合を判示している。そして，自らの先例として前掲①判決を引用しているのであ

---

[44] 大判大正13年4月25日の事案は概ね以下の如きものである。即ち，取消債権者Xは債務者Aに対し約5800円の債権を有しており，Bが連帯保証人となっていた。Aが弁済しなかったため，Bは保証債務を履行するための資金を得る目的で，自己所有の土地十数筆を受益者Yに売却した。そのためBはほとんど資力を失ったため，Xが上の土地の売却が詐害行為に該当することを理由にその取消しを求めたというものである。従って，本判決は弁済の詐害性という問題を直接扱った判決ではないが，その一般論でこの問題について触れているので，本章で取り上げた次第である。

[45] 事実の概要については，前注を参照。

る[46]。

　従って，以上の①判決及び②判決の一般論において(i)期限の到来した債務の弁済は法的義務の履行なのだから原則として詐害行為とはならず，(ii)債務者がある特定の一債権者と共謀し，他の債権者を害する意図をもって，その特定の債権者のみに弁済する場合には詐害行為に該当する，という準則が形成されたと考えてよいであろう。そして上記の準則は――その一般論としての性質を保ったままで――最高裁判決にも受け継がれることになる。しかし，問題は〈債務者と特定の債権者が共謀し，他の債権者を害する意図〉というスタンダードが具体的にどのような場合を想定していたのかという点である。しかし，大審院判決及び最高裁判決のいずれも，この論点に対し明確に答えてはいないと言われている[47]。

　けれども，最高裁判決の中には黙示的に弁済の詐害を認めたもの――そのように理解してよいのかにつき議論は存するが――があり，それゆえそれらの最高裁判決をより詳しく検討する必要があるように思われる。そこで上記の作業を次に行うことにする。

(2) **最高裁の判例理論**

(a) 最高裁が弁済の詐害性について初めて判断を下した判決は，③最判昭和33年9月26日民集12巻13号3022頁であり，事実の概要は以下の如くである。――債務者A会社が債務超過に陥ったため，債権者の一人であるY（受益者）は手形金の支払を強く要求した。その結果として，A会社の社員が上記手形の満期日の前日から売掛代金債権の回収に従事し，満期日に集金した約42万円を債権者Bに弁済し，その後に集金した33万円をYに対する前記手形金の一部弁済に充当した。X会社（取消債権者）もA会社に対し約870万円の債権を有していたため，前記債権を被保全債権として，AからY（受益者）への弁済が詐害行為に該当することを理由にその取消しを要求した。

---

46) 大判大正5年11月22日の他に，同旨の先例として，大判大正6年11月17日民録23輯1987頁を挙げている。

47) 下森教授はこのスタンダードを「通謀的害意」と呼び，最上級審判決において「通謀的害意」の存在を明確に肯定したものは見当たらないことを指摘されている（奥田編・前出注4) 823頁）。同旨・飯原・前出注40) 68頁。

原審（名古屋高判昭和 31 年 2 月 7 日）は「受益者に於て他の債権者を害する意思を以て弁済期日の前日より弁済を要求し，債務者に於ても他の債権者を害することを知りながら之に応じ，以て両者通謀し弁済行為をなしたときは仮令その弁済行為が弁済期日後になされたときと雖も，右弁済行為は詐害行為を構成する」と判示して，X の請求を認容した。この判決に対し Y は上告した[48]。

最高裁は次のように述べて Y の上告を容れ，原判決を破棄し原審に差戻した――（イ）「債権者が，弁済期の到来した債務の弁済を求めることは，債権者の当然の権利行使であって，他に債権者あるの故でその権利行使を阻害されるいわれはない。また債務者も債務の本旨に従い履行を為すべき義務を負うものであるから，他に債権者あるの故で，弁済を拒絶することのできないのも，いうをまたないところである。そして債権者平等分配の原則は，破産宣告をまって始めて生ずるものであるから，債務超過の状況にあって一債権者に弁済することが他の債権者の共同担保を減少する場合においても，右弁済は，原則として詐害行為とならず，唯，債務者が一債権者と通謀し，他の債権者を害する意思をもって弁済したような場合にのみ詐害行為となるにすぎないと解するを相当とする（大正六年六月七日大審院判決，民録九三二頁参照）」と判示して，弁済の詐害性の基準について一般論を述べた。

（ロ）そして本件の事案に鑑みると「訴外会社（A を指す――筆者）は，法律上当然支払うべき自己の債務につき，債権者たる上告人（Y を指す――筆者）から強く弁済を要求された結果，やむなく義務を履行した関係にあるものと認むべきことは当然である。而して本件弁済が，このような関係でなされたとすれば，単に原審認定の如き経緯だけでは，未だ債務者が他の債権者を害する意思をもって，債権者と通謀の上なしたものであるとは解し難く，又他面原審認定の如く，訴外会社の社員が弁済のため二四日から売掛金の集金を行い，その

---

[48] Y の上告理由の主たるものは，(i) Y が A 会社から受領した一部弁済は債務の本旨に従った適法なものであり，特に債務者の積極財産につき不利益を及ぼすような行為を伴っていないこと・(ii) 本件の弁済受領時には Y 会社自身の資力が窮迫しており，A 会社から受領した手形の弁済を受けられなかった場合には Y 会社も破産の危機に直面したであろうことは明らかであり，Y 会社が A 会社に弁済を強く迫ったとしても両者には他の債権者を害するための通謀は何ら存しない，という二点である。

初日の集金は挙げて他の債権者の弁済に充て，その後の集金を以て上告人の債務の一部弁済に充てたという事実から見ると，上告人と訴外会社との間に他の債権者を回避して上告人に優先的に弁済しようとする通謀があったとは断じ難い」と判示して，原判決を破棄し原審に差戻した。

この③最判昭和 33 年 9 月 26 日が，①判決・②判決が示した一般論をそのまま踏襲していることは，③判決の判旨（イ）に明瞭に表現されている[49]。従って，最高裁判例も，弁済の詐害性については(i)本旨弁済は原則として詐害行為とはならないが，(ii)債務者が一債権者と通謀し他の債権者を害する意思をもって弁済を行った場合には例外として詐害行為に該当する，と解する立場——折衷説と呼ばれる説であり本章では「弁済の取消しにおける折衷説」と記す——を採用することが明らかにされたのである[50]。

しかし，本判決の判旨（ロ）においても，「債務者が一債権者と通謀し，他の債権者を害する意思をもって弁済した[51]」場合とは，具体的に如何なる場合なのかは示されなかった。ただ，受益者たる一債権者に弁済を強く要求され，弁済期日に一部弁済をしただけでは，上記の例外的場合——いわゆる通謀的害意[52]が存在するケース——には該当しないことを示すに止まっている。

(b)　その後，③最判昭和 33 年 9 月 26 日の事案よりも，債権者による弁済の要求の態様が著しく暴力的な事案が現れ，その弁済の詐害性が争われた判決が登場した。それが，④最判昭和 52 年 7 月 12 日判時 867 号 58 頁である[53]。

---

49)　本判決の調査官解説も，本判決が大審院大正 5 年 11 月 22 日判決以来の立場を踏襲していることを指摘している（最高裁判所判例解説・民事篇・昭和 33 年度 104 事件〔土井王明調査官執筆〕を参照）。

50)　前出注 49) 調査官解説のほか，飯原・前出注 40) 67 頁が判例の立場を「折衷説」と呼んでいるので，本章もそれらの呼び方に倣い，判例理論を「弁済の取消しにおける折衷説」と呼ぶことにする。「弁済の取消しにおける」を付加する理由は，言うまでもなく，詐害行為取消権の効果に関する折衷説と区別するためである。

51)　民集 12 巻 13 号 3023 頁を参照。

52)　注 47) でも指摘したように下森教授が，例外となるスタンダードをこのように呼んでいる。その他に，前出注 49) 調査官解説も「害意通謀」とか「通謀害意」と呼んでいるので，本章もこれらに倣い，判旨（イ）の基準を「通謀的害意」と呼ぶことにする。

53)　④最判昭和 52 年 7 月 12 日は公式判例集に登載されてはいないが，事案が③判決の延長線上にあることを主たる理由として，本章での検討対象とすることにした。

本判決の事案の概要は以下の如くである。A会社（債務者）は不渡手形を出して倒産し，債務超過に陥ったため，多数の債権者から債務の弁済を迫られていた。Y（受益者）はA会社に対し335万円の約束手形金債権を有していたため，その弁済を受けるために，夜間にY及びその他数名がA会社のB支店長を取り囲み前記債務の支払方を迫り，それが功を奏さないことを知るや，再び同支店を訪れB支店長を殴打し，遂にA会社がN市に対して有する工事代金債権のうち335万円の受領方の委任を取り付けた。そして，YはN市から受領した小切手を現金化し，前述の債務の弁済として335万円を受領した。

X（取消債権者[54]）は上記のA会社からYへの弁済が詐害行為に該当するとしてその取消しを求めた。原判決は「上告人（Yを指す——筆者）の強請によるとはいえ，消極的ながら他の債権者を害する意思をもって上告人と通謀のうえした[55]」ことを理由に詐害行為に該当すると判示した。しかし，最高裁は次のように述べて原判決を破棄自判した。——即ち，「……債権者が弁済期の到来した債務の弁済を求めることは，債権者の当然の権利行使であって，他の債権者の存在を理由にこれを阻害されるべきいわれはなく，また，債務者も，債務の本旨に従い履行をすべき義務を負うものであるから，他の債権者があるからといって弁済を拒絶することはできない。そして，債権者に対する平等分配の原則は破産宣告によって始めてその適用をみるに至るものであるから，債務超過の状況にあって特定の債権者に対する弁済が他の債権者の共同担保を減少させることとなる場合においても，かような弁済は，債務者が特定の債権者と通謀し他の債権者を害する意思をもってしたような場合を除いては，原則として詐害行為とならないものと解するのが，相当である（最高裁昭和三一年（オ）第四〇二号同三三年九月二六日第二小法廷判決・民集一二巻一三号三〇二二頁参照）。本件についてみるのに，原審の前記認定事実によると，〔中略〕Aの上告人（Yを指す——筆者）に対する本件手形債務の弁済をAがYと通謀し他の債権者を害する意思をもってした詐害行為であると断定したのは，民法

---

54) Xがどのような債権者なのかは，判時867号58頁以下の記載では明らかにされていない。

55) 判時867号59頁に掲載されている本判決の判決理由中に引用されている原判決の要旨である。

四二四条の解釈適用を誤った違法がある」と判示した。

(c) 以上に紹介した最高裁の③判決及び④判決の判決理由を概観する限りでは，弁済の詐害性に関する基準——即ち，「通謀的害意」の存在を必要とするという基準——は，大審院判決以来，変化しておらず，むしろ③及び④判決でより強固な基準になったように見える。

それに加えて，③及び④判決の出現により，債務者が，ある特定の債権者から弁済の強要を受けたり，あるいは，暴力によって弁済を強いられたとしても，そのような強要ないしは暴力的債権取立という状況下でなされた弁済には「通謀的害意」の存在は認められないという点も明らかになった[56]。

第三点として，より重要な判示事項は，③判決及び④判決が共に，債権者に対する平等弁済の原則は破産宣告後の清算手続中においてのみ実現される原則である旨を明示している点である。この問題は，①大判大正5年11月22日に関連して注41)で述べたように，民法425条の文言の意義をどう解釈すべきかという論点である。より直截的表現をするならば，「債権者平等の原則」というものが日本の民法典には存在するのか否か・仮に存在するとすれば民法425条と上記の原則とは如何なる関係にあるのかという論点である[57]。

そうだとすると，次に検討されるべき最高裁判決は前掲⑤最判昭和46年11月19日民集25巻8号1321頁である。なぜかというと，この⑤判決は特定の

---

56) なお，③最判昭和33年9月26日の事案につき，土井調査官は債務者に通謀的害意があるといえるか否かについては相当微妙な事案であることを指摘している（前出注49) 261頁)。そうだとすると，③判決のように，暴力的取立ではなく，単に弁済を言辞により強要したにすぎない場合には，通謀的害意の存在が認定される可能性も残されていると考えてよいのではなかろうか。しかし，暴力により弁済を強いられた④判決の事案においては，判旨の述べるように債権者＝債務者間に通謀があったとは言えないであろう。このような事案は，むしろ民法96条1項の強迫又は同709条の不法行為の適用が問題とされるべきであったのではないか。そして取消権者としては，受益者の暴行等により，自らの債権回収が妨げられたことを理由に，第三者による債権侵害に基づく損害賠償を請求し得た事案ではなかったかと思われる。

57) 「債権者平等の原則」に関する研究としては，鈴木禄弥教授の「『債権者平等の原則』論序説」法曹時報30巻8号1181頁（1978年）がパイオニア・ワークであると思われる。上記の論稿の結論において，鈴木教授は「債権者平等の原則」が個々の債権者間に適用されるのは例外的事例であることを指摘されている。

一債権者への弁済[58]が詐害行為に該当することを肯定した——換言すれば，債務者＝受益者間に通謀的害意が存することを肯定した——原審判決[59]の判断を肯定しているからである。つまり，黙示的にではあるが，通謀的害意の存在を肯定した数少ない最高裁判決の一つであるからである。けれども，本章では直ちに⑤判決の検討に入ることはせずに，その準備作業として，大審院から最高裁にかけて形成されてきた弁済の詐害性に関する基準を，日本の詐害行為取消権の母法たるフランス法における理論と比較する作業を行うことにしたい。そして，両者の比較から得られた分析視角をもって，改めて，⑤最判昭和46年11月19日の意義——おそらく要件論と効果論の双方に関わることになるであろう——を検討することにしたい。

2 フランスにおける判例及び学説
(1) 破棄院の判例理論

フランスの破棄院が弁済（paiement）の詐害性の基準について判断を示した時期はかなり早く，既に1869年に先例としてよく引用される判決を下していた。それが破棄院民事部1869年3月3日判決である[60]。

事案の概要は以下の如くである。即ち，破産状態に陥った債務者Cが，それ以前に16人の債権者との間で約定抵当権を設定し，且つ，第三債務者（Cの息子）に対する債権1万4020フランを彼らに譲渡した。ところが別の債権者Gが，上の抵当権設定の合意及び債権譲渡が詐害行為に該当することを理由に，その取消しを求めたというものである，破棄院は次の如き理由で，Gの請求を認容した原判決を破棄した。——「この行為に関して〔上記の抵当権設定行為及び債権譲渡を指す〕，もしGに対して損害を生ぜしめる結果となるとしても，それらの行為がGの権利を詐害することにおいてなされたと言うこと

---

[58] 最判昭和46年11月19日の事案について，弁済の取消しと捉えるか，代物弁済の取消しと捉えるかにつき学説に見解の相違が見られるが，その詳細については後述する。なお，代物弁済の取消しであることを指摘する代表的な判例評釈として，星野英一・本件評釈・法協91巻1号179頁〔判民昭和46年度57事件〕を参照。

[59] 本章の冒頭の注1）で紹介したように，広島高判昭和45年3月2日高裁民集23巻1号53頁である。

[60] Civ. 3 mars 1869, D. 69. 1. 200 ; S. 69. 1. 149.

はできない。〔なぜならば〕Cの確約を見守っていた諸債権者に弁済することによりCは，また，彼らに支払われるべきものを受領することにより諸債権者は，彼らが合法的に行う権利を有していた事柄を行ったにすぎないからである[61]。」——このように，破棄院は，(i)弁済が債務者にとっては確約＝義務の履行にすぎず，(ii)弁済の受領は債権者にとっては権利の行使にすぎないことを理由に，その詐害性を否定した[62]。

そして，この1869年判決は，フランスの学説により，期限の到来した（exigible）債務の弁済は詐害行為とはならないという原則を確立した判例である，と評価されている[63]。従って，この判決が示した理論の反対解釈として，期限前の弁済は詐害行為となり得ることも指摘されている[64]。

要するに，フランスの破棄院が示した理論は，〈期限の到来した債務の弁済は詐害行為とはならないが，期限前の弁済は詐害行為となり得る〉という内容であった。ところが，この判例理論は1945年の破棄院判決の出現により，例外として詐害行為となり得る場合に関する基準が拡大され，それをめぐって学説からの批判を受けることになる。それゆえ，次は1945年判決を紹介することにしよう。

(2) **1945年判決とフランスの学説**

(a) 破棄院民事部1945年7月17日判決の事案の概要は，以下の如くである[65]。即ち，債務者Sが，債務者自身に支払われるべき金銭の一部を，その

---

61) Ibid.
62) 但し，この破棄院民事部1869年3月3日判決の事案は，本文中で紹介したように債権譲渡による代物弁済である。それにもかかわらずフランスの学説は本判決を弁済の詐害性を否定した先例として引用する。——voy. Planiol et Ripert avec Esmein, Traité Pratique de Droit Civil Française, t. 7, n° 948, p. 277 [1954]; Jacques MESTRE, Jurisprudence Française B-1 (Obligation en général), Rev. trim. dr. civ., 1988, n° 16, p. 139; G. Marty et P. Raynaud et P. Jestaz, Les Obligations, 2ᵉ éd., t. 2, n° 174, p. 158 [1989].
63) Claude COLOMBET, De la règle que l'action paulienne n'est pas reçue contre les paiements, Rev. trim. dr. civ., 1965, p. 5, esp. p. 10.
64) C. COLOMBET, supra note 63, p. 10——期限前の弁済が詐害性を有する理由は非常に単純であって，このColombetの論文によれば，債権者は期限前の弁済を債務者に要求する権利を有しないからだという理由である。
65) voy. Gaz. Pal. 2. 143; S. 1946, 1. 14.

支払を担保していた抵当権と共に，債権譲渡により3人の債権者C，L，Fに譲渡した。その時には既に債務の弁済期は到来していたが，この債権譲渡がC，L，Fを除く他の債権者を害するか否かが争われた。ボルドー控訴院は詐害性を肯定したが，破棄院は原判決を破棄し，その理由として次のように述べた。——「非商人間において，一債務者による一債権者への弁済が〔フランス〕民法第1167条により取り消され得るためには，その二当事者間に，その他の債権者に不法な損害を生ぜしめる目的でなされた詐害的通謀（un concert frauduleux）が存在したことが必要である。しかし，〔中略〕債務者Sは，自己の選択した債権者に弁済し，そして，債権者は債務者から受領したのであるが，債権者は債務者が無資力になったことについての認識を欠いていた。〔それゆえ〕彼らに支払われるべきであった弁済は，たとえ抵当権を伴った債権譲渡という方法によったとしても，彼らの権利の行使をなさしめたにすぎない。」——このような理由で，債務者Sの債権譲渡は詐害行為とはならないと判示した。

この判決の判示事項の中で重要な部分は，「その二当事者間に，その他の債権者に不法な損害を生ぜしめる目的でなされた詐害的通謀が存在したことが必要である[66]」という箇所である。なぜならば，最近の主たるフランス民法の体系書のほとんどすべてが，この判示事項を例外的に弁済が詐害行為となる場合の要件として挙げているからである[67]。

しかし，それらの体系書も，上記の要件を客観的に叙述しているものよりも，批判的に取り扱っているものの方が多い。そこで次は，この要件に対する学説の対応を概観しよう。

(b) 主な体系書の中で，最も早い時期に，破棄院1945年判決の要件を批判したものは，プラニオル＝リペールの体系書である。そして，その概要は以下

---

66) 原文は以下の如くである——"il est necessaire qu'il ait éxisté entre les deux parties un concert frauduleux dans le but de causer un prèjudice illégitime aux autres créanciers," (voy. Civ. 17. juill. 1945, Gaz. Pal. 2. 143).

67) 例えば，Henri, Jean et Léon Mazeaud et F. Chabas, Leçons de Droit Civil, Obligations théorie générale, 8ᵉ éd., n° 985, p. 1072 [1991]；Marty et Raynaud et Jestaz, supra note 62, n° 174, p. 158；Weil et Terré, Droit Civil, Les obligations, 4ᵉ éd., n° 869-3, p. 876 [1986]；Planiol et Ripert avec Esmein, supra note 62, n° 948, p. 278 などである。

第3章　詐害行為取消権の成立要件に関する一考察　107

の如くである。即ち，(i) 債務者＝受益者間の通謀が，真実ではない弁済の外形を作出しようとする意図ならば，それは仮装行為宣告訴権（l'action en déclaration de simulation[68]）の領域の問題であり，廃罷は問題とはならない，(ii) もし弁済が真実に行われたのであれば，たとえ両当事者の通謀が存在したとしても，債権者は期限の到来した債務の弁済を受領する正当な権利を有する，(iii) 従って，両当事者の意図に関するあらゆる探索——上記の如き詐害的通謀を含めて——は，弁済については排斥されるべきである，という内容である[69]。

この学説は，Claude Colombet の論文によって支持され，さらに詳細な根拠付けを獲得することになる。即ち，Colombet によれば，破棄院 1945 年判決の先例と考えられる判決は，破棄院民事部 1896 年 7 月 7 日判決[70]であり，その文言がそのまま 1945 年判決においても繰り返し用いられている。しかし，債務者の弁済という行為の原因 (cause) は債務者の意思ではなく，法的義務関係が存在することである。従って，弁済が詐害行為に該当するか否かについては，債務者の意思 (volonté) ——特に詐害的通謀 (consilium fraudis) の存否——は全く影響を与えないのである。ゆえに，両当事者の意図に関するあらゆる探索は，弁済に関しては排斥されるべきであるというプラニオル＝リペールの見解は支持されるべきである，と Colombet は主張する[71]。

(c)　今までに紹介してきた，プラニオル＝リペール及び Colombet の見解に影響されて，フランスでは，破棄院 1945 年判決が示した要件の必要性を否定する見解が多い。それらは——上記の 2 者の他に——Mazeaud et Chabas 及び Weill et Terré の体系書である。この Mazeaud et Chabas 及び Weill et Terré の見解は，いずれも，「弁済は競争の報酬である (le paiement est «le prix de la course.»)」という法格言を掲げている[72]。そして，Weil et Terré の見解によ

68)　訴訟において，訴訟当事者が「反対証書 (contre-lettre)」を提示して，仮装行為が虚偽であることを暴くための訴権である。従って，その効果は仮装行為の無効を宣告することにあると言われている（cf. c. c. § 1321 ; Mazeaud et Chabas, supra note 67, n° 826, n° 827, pp. 944-945）。

69)　Planiol et Ripert avec Esmein, supra note 62, n° 948, p. 278.

70)　Cass. civ. 7 juill. 1896, D. 1896. 1. 519.

71)　C. COLOMBET, supra note 63, p. 5, esp. p. 15.

72)　Mazeaud et Chabas, supra note 67, n° 985, p. 1072 ; Weil et Terré, supra note 67, n°

れば，このような準則がフランスの伝統的な通説である理由は，フランス法において非商人たる一般債務者の破産（déconfiture）事件に適用される集団的清算手続が存在しないことが原因であると指摘されている[73]。

以上に紹介した理由により，フランスでは，本旨弁済は——それが仮装行為である場合を除いて——<u>常に詐害行為とはならない</u>という学説が主流を占めている。また，破棄院判例の中にも，自らの判示事項とは対照的に，詐害的通謀（un cocert frauduleux）の存在を肯定した判決は存在しないのである[74]。

3 日本の判例理論とフランスの判例理論の比較

(1) これまでの検討により，弁済の詐害性の基準に関しては，日本の大審院及び最高裁の判例理論は，あたかもフランスの破棄院が判示した理論を踏襲したかの如くに，その内容が破棄院のそれと酷似していることが明らかになったと思われる。即ち，(i)履行期の到来した弁済は法的義務の履行として詐害行為とはならないが，(ii)例外として，債務者＝受益者間に詐害的通謀が存在する場合には詐害行為となる，という命題が一致しているからである。そして，Colombetの研究によれば破棄院が上記の命題を初めて明示した判決が1896年7月7日[75]であるから，日本の先例たる大判大正5年11月22日民録22輯2281頁よりも，時間的に先行している。従って，大審院がフランス破棄院の判例を参考としつつ同旨の判決を下し，それを最高裁が踏襲しているのではないかという一つの推論が成り立つのである。

(2) 仮に，上記の如き推論が正しいとするならば，大審院及び最高裁が破棄院の理論を継受したことが，日本の民法及び破産法の体系と整合性を有してい

869-3, p. 876.

73) 商人破産主義が未だに払拭されていないフランスでは，その不都合を埋めるために，"Loi n° 85-98, relative au redressement et à la liquidation judiciaires des entreprises (25 janvier 1985)"（企業の更生及び裁判上の清算手続に関する1985年の法律第98号）が制定され，一定の場合に本旨弁済を無効とする規定を置いている（cf. art. 33, art. 107, art. 108）が，本章では立ち入らないことにする。

74) 本章第2節2(2)で引用したいずれの仏語文献にも，本文中で述べたような破棄院判決の存在は指摘されていなかった。

75) 注70)を参照。

たか否かが検討されなければならない。なぜならば，(i)フランスの詐害行為取消権の効果は取消債権者のみに帰属する——換言すれば日本民法 425 条の文言とは対照的な効果を生ずる——し，(ii)日本の破産法は一般破産主義を採り，大改正がなされたとはいえ商人破産主義から出発したフランス破産法[76]とは破産能力の点で大きく異なっているからである。次節では，上記の 2 点を視野に入れて，最判昭和 46 年 11 月 19 日民集 25 巻 8 号 1321 頁を再検討することにしたい。

第 3 節　判例理論の再検討
——最判昭和 46 年 11 月 19 日を素材として——

1　最判昭和 46 年とその評価

(1)　(a)　最判昭和 46 年 11 月 19 日（以下では 46 年判決と略記する——筆者）の中心的争点は，弁済の詐害性の基準ではなく，弁済を受領した受益者が詐害行為取消訴訟において，受益者が有していた債権額に対応する案分額の支払を拒めるか否かという点にあった[77]。

しかし，以下では弁済の詐害性の基準に重点を置いて 46 年判決を検討することにしよう。本件の事案の概要は以下の如くである。スーパーを経営する A 会社（債務者）が倒産を免れ得ない状態となったため，A の最大の取引先であり，且つ，A に対して約 2000 万円の債権を有する Y 会社（受益者）との間で次に示す合意が成立した。即ち，A 会社の在庫商品を 400 万円と見積もった上で（原審の認定によれば帳簿等を調べることなく「好い加減に定められた」金額である），Y の代表取締役 B が経営するスーパー C 会社に売却し，A はその

---

[76]　1967 年 7 月 13 日の法律第 563 号により破産法が全面的に改正され，非商人たる法人にも破産能力が認められたが，前述したように一般私人には未だ破産能力は拡大されていない（Weill et Terré, supra note 67, n° 869-3)。なお 1967 年の仏破産法改正については，霜島甲一「1967 年のフランス倒産立法改革について」判タ 308 号 2 頁を参照。

[77]　民集 25 巻 8 号 1321 頁を参照。判例研究として，星野・前出注 58) 179 頁，川井・前出注 2) 2 頁，杉田洋一・調査官解説・最高裁判所判例解説・民事篇・昭和 46 年度 262 頁〔28 事件〕，中井美雄・本件研究・法時 44 巻 13 号 145 頁，飯原一乗・本件研究・判タ 280 号 74 頁などがある。

売却代金400万円をYに対する債務の弁済に充当する旨の合意である。その際に，CからA，AからYへの現金の授受を省略し，A＝C間の売買契約の成立により，直ちにAのYに対する債務が400万円の限度で消滅する旨の合意も成立した。さらに，上記のA＝Y＝C三者間の契約は深夜に行われ，AからCへの在庫商品の引渡しも，真夜中に自動車で搬出するという方法が採られた。その後，Aが倒産したので，一般債権者の一人であるXが，AからYへの弁済の取消しを請求したというものである[78]。

原審判決は，Xの請求を認容し，A＝Y＝C三者間の合意がAからYへの弁済となり，それらは詐害行為に該当すると判示した[79]。そして，46年判決も詐害性の判断について原審を支持したのであるが，学説はこの点について，あまり明確な評価を下していないように思われる。筆者の知る限りでは，川井教授が「弁済は正当行為である」ことを理由にその詐害性を否定すべき旨を主張されている[80]。また，下森教授は，本件の事案が弁済と言うよりは代物弁済に近いことを指摘され，弁済に関する判例と考えるべきではない旨を示唆される[81]。

しかし，46年判決自身は本件事案を弁済として捉えていたようであるから[82]，弁済に関して通謀的害意——フランス破棄院の用語で言えば詐害的通謀——を肯定した唯一の最高裁判決と考えてよいであろう。そうだとすると，通謀的害意の中心的要素は一体何であるのかという点が次の問題となろう。

(b) 唯一件の最高裁判決から，弁済の詐害性の基準を抽出することが，危険な試みであることは筆者も承知している。しかし，本章の第1節及び第2節で検討してきたように，日本とフランスの詐害行為取消権制度の相違点を基礎にして，46年判決を分析できるのではないであろうか。即ち，フランスの制度は，あくまでも取消債権者だけが債権回収の利益を享受できる制度である。そ

---

78) 事実関係については，広島高判昭和45年3月2日高裁民集23巻1号53頁以下を参照。
79) 同上。
80) 川井・前出注2) 6頁を参照。
81) 下森定「債権の取立と詐害行為」金商612号8頁以下を参照。
82) 民集25巻8号1323頁を参照。

れに加えて，倒産法制度においても一般私人の破産能力が認められておらず，集団的清算手続という観念が入り込む余地がない。従って，債務者の行った弁済が，故意に債権者間の平等を害するような態様でなされたとしても，それはフランス民法典の体系の下では法的義務の履行にすぎないことになる。

これに対して，日本の法制度は民法 425 条を有している。その具体的な法技術的意義は詐害行為取消判決の効力の総債権者への拡張であるが，同条の背後にフランス民法 2093 条が明示する「債権者平等の原則」が存在することについては，拙稿で指摘した通りである[83]。そうだとすると，債務者＝受益者（債権者の 1 人である）間で，故意に「債権者平等の原則」を侵害するような態様で弁済がなされた場合が，最高裁判例の言う「通謀的害意」に該当すると言うことができるのではなかろうか。具体的には，(i)破産法が適用されたならば破産宣告がなされるような資力状態の下で，(ii)債務者が不当な経済的利益を得る目的——例えば，低利の融資を受ける目的——をもって，(iii)特定の債権者と密かに通謀——例えば，その債権者が低利の融資をする替わりに優先的に弁済を受ける旨の通謀——をして，弁済を行った場合などが「債権者平等の原則」を侵害する通謀に該当するのではないだろうか。

(2) このように，(i)において破産宣告類似の資力状態を要件とした理由は，ボアソナードが，その草案において，363 条（現行民法 425 条）を基礎として，民事破産制度の創設を意図していたことが窺えるからである[84]。さらに，下森教授が指摘されるように，実務において，詐害行為取消権に簡易破産的機能が期待されていることを肯定するならば[85]，少なくとも弁済の取消しには，このようにやや厳格な要件による絞りをかける必要があるように思われる。な

---

83) 佐藤・前出注 5) ㈡及び（四完）を参照。なお，日本の詐害行為取消権の解釈論としても，フランスの action paulienne と同様に，民法 425 条の意義を「極小化」して，取消債権者のみにその効果を帰属させるべきであるとの注目すべき主張が，平井宜雄教授によって提唱されていることを指摘しておかなければならない（平井「不動産の二重譲渡と詐害行為」鈴木禄弥先生古稀記念・民事法学の新展開 169 頁以下，特に 191 頁以下〔1993 年〕を参照）。

84) G. Boissanade, Projet de Code Civil pour l'Empire du Japon accompagné d'un commentaire, n° 165, 166, pp. 172-173 [1883].

85) 下森・前出注 81) 62〜63 頁を参照。

ぜならば，弁済は法的義務の履行という側面を有しているからである。

(ⅱ)において，債務者が「不当な経済的利益を得る目的」を有すること，という要件を課した理由は，最高裁が生計費・教育費・その他有用の資を得るための担保設定行為の詐害性を否定しているからである[86]。さらに，弁済は法的義務の履行であるから，何等の見返りもなく債務者が特定の債権者に弁済をしただけでは，その詐害性を肯定できないであろう。従って，詐害性を肯定するためには，46年判決の事案のように，最大の取引先に事実上の優先弁済を行い500万円の債務免除という利益を得ようとした事実[87]に類似するような，債務者の不当な目的の存在が必要であろう。要するに，大口債権者だけを優遇し，その見返りとして何らかの対価を得るために行われる弁済は，もはや単純な義務の履行であると評価することはできない，という結論になるであろう。

(ⅲ)の要件は，特定の債権者が債務者の「不当な経済的利益を得る目的」を認識していただけでは足りず，その目的について積極的に債務者と通謀していたことが必要であることを示すものである。弁済の受領が，債権者にとっては権利の行使であることを考慮すれば，このような通謀の存在を要求すべきであろう。但し，他の債権者の債権回収を不能に陥れるような通謀までは必要ではない。そのような強度の害意は不法行為における債権侵害として論じられるのが適切だと考えられるからである[88]。

2　結語に代えて

(1)　これまでの検討で，弁済の詐害性の判断基準についての私見を述べてきた。それらを要約すれば，判例の言う「通謀的害意」とは「債権者平等の原則」を侵害しようとする通謀的害意である，という一文に尽きる。そして，このような要件論を提唱する根拠としては，詐害行為取消権の効果に関する民法425条の存在が詐害性の基準に大きな影響を与えているのではなかろうかと筆

---

[86]　これらの最高裁判例の詳細については，下森定「債権者取消権の成立要件に関する研究序説」川島武宜教授還暦記念・民法学の現代的課題225頁以下（1972年）を参照。
[87]　46年判決の事案では，YがAに対して，Aの在庫商品を引き渡せば500万円の債務を免除する旨の申出をしていた。
[88]　川井・前出注2) 7頁を参照。

者は考えるからである。これが冒頭で述べた「訴権における効果論と要件論との交錯」の内容である。このような自説の正当性の有無については，読者の方々の批判を待つしかないと考えている。

(2) 最後になったが，詐害行為取消権の研究に取り組む契機となった先学の業績は，言うまでもなく，星野英一先生の最判昭和46年評釈——筆者は，その「勤勉な債権者」論により啓発された——である[89]。本章は星野先生が提唱された「勤勉な債権者」論にも言及する予定であったが，筆者の能力上の制約からそれを果たすことができなかった。それゆえ，不完全な本章を献呈することには内心忸怩たるものがあるが，本章をもって星野先生の古稀の御祝いに替えさせて頂くことにしたい。

---

89) 注58) 及び77) を参照。

第4章　詐害行為取消権の沿革及び判例の検討
―― 民法 424 条〜426 条 ――

民法 424 条［詐害行為取消権］
① 　債権者ハ債務者カ其債権者ヲ害スルコトヲ知リテ為シタル法律行為ノ取消ヲ裁判所ニ請求スルコトヲ得但其行為ニ因リテ利益ヲ受ケタル者又ハ転得者カ其行為又ハ転得ノ当時債権者ヲ害スヘキ事実ヲ知ラサリシトキハ此限ニ在ラス
② 　前項ノ規定ハ財産権ヲ目的トセサル法律行為ニハ之ヲ適用セス

民法 425 条［詐害行為取消しの効果］
　　前条ノ規定ニ依リテ為シタル取消ハ総債権者ノ利益ノ為メニ其効力ヲ生ス

民法 426 条［詐害行為取消権の消滅時効］
　　第四百二十四条ノ取消権ハ債権者カ取消ノ原因ヲ覚知シタル時ヨリ二年間之ヲ行ハサルトキハ時効ニ因リテ消滅ス行為ノ時ヨリ二十年ヲ経過シタルトキ亦同シ

第1節　規定の成立史

第1款　民法 424 条

1　ボアソナード草案から旧民法へ

(1) ボアソナード草案の規定及び註釈

　詐害行為取消権に関する旧民法の規定は，ボアソナード民法草案の規定をそのまま翻訳したものと言ってよい内容である．従って，ボアソナード草案の規定及びその註釈を紹介することは，旧民法の規定の内容及び趣旨を理解するために不可欠であると言ってよいように思われる．そこで，以下ではボアソナード草案の条文の翻訳及び各項に付された註釈を紹介し，それらの内容を検討することにしたい．

(a) ボアソナード草案360条

① 〔条文の翻訳〕1項「債務者の行為の債権者による尊重」

（前条に）反し，債権者はその債務者によって合意された債務，放棄，及び譲渡の効果を被る。但し，債権者の権利を詐害して為された行為はこの限りではない[1]。

「もし債務者が，贈与又はほとんど利益のない有償行為による譲渡で，その積極財産を減少させれば，債権者は彼らの担保が減少することを理解する。同様に，もし債務者がその消極財産を増加させれば，（既存の）債権者は新しい債権者の競争を被らなければならない。そして，また同様に，債権者の担保は減少する。しかし，前条〔債権者代位権を指す——筆者〕が例外を認めていたことと同様に，本条も等しく例外を認めている。即ち，債権者の権利を詐害している関係を有しているので，債権者が尊重しなくてもよい（財産の）譲渡や約務（の締結）がある。この場合には，債権者はもはや（債務者の）承継人ではなく第三者である。というのは，債務者はもはや債権者たちを代表してはいないのである。なぜならば，債務者は債権者にとって（自ら）敵対者となったからである。」

このように，ボアソナードは，廃罷訴権の定義的註釈を述べている。これに続けて，ボアソナードは本条がフランス民法1167条に相当する規定であり，次条以下の規定は，フランスにおいてなお議論されている問題を解決するためのものであることも述べている。従って，彼が草案を起稿するに当たり，フランス民法典及びそれをめぐる解釈論を参考にしたことは明らかであると言ってよいであろう。

② 〔条文の翻訳〕2項「詐害の場合の例外（フランス民法1167条）」

「その行為がその債権者を害することを知りつつ，債務者が積極財産を減少させ，又は，消極財産を増加させた場合には，詐害（行為）が存在する。[2]」

「しかし，ローマ法においては取り消すことができなかったが，今日では「獲得した権利を放棄するもの」として取り消すことができる場合がある。そ

---

1) Boissonade, Projet de Code civil pour l'Empire du Japon, t. 2, 2 éd., 1883, n° 155, pp. 162-163.

2) Boissonade, op. cit., n° 158, p. 166.

れは債務者が自己の利益のために開始された相続を放棄する場合である。……従って，もし債権者が，後に相続を放棄した場合には，債務者は獲得することを止めたのではなく，（獲得した財産を）放棄したのである。そして，債権者はこの放棄を攻撃し，取り消させることができる。」

ボアソナードは，本項の適用の結果として，相続放棄が詐害行為に該当することを上記のように説明している。この註釈は，現代の判例を評価する際に一つの指標となるかもしれない。

(b) ボアソナード草案361条
① 〔条文の翻訳〕1項「廃罷訴権」

債権者を詐害して為された行為の取消し（廃罷）は，債務者と契約した者（受益者）に対して，債権者の名に於いて廃罷訴権により裁判上で請求される。もし必要があれば，次条に掲げる区別に従い，転得者に対しても請求される。

本項の註釈において，ボアソナードは廃罷訴権の行使方法や詐害行為の成立要件について述べている[3]。

「本条は，債務者の詐害行為によって債権者に引き起こされた損害の賠償を債権者が得るための手段と方法を規定している。

第一の方法は，一般的に考察することができるもので，債権者を詐害して為された行為の取消しを目指すものである。この訴権を他の取消訴権（action en nullité）と区別するために，慣習上，この訴権を廃罷訴権（action révocatoire）と呼んでおり，この名称がここでは採用される。……本条の第1項は，この訴権が債務者と契約した者に対して発動され，また，必要かつ可能な限りにおいて転得者に対しても発動されることを述べている。この訴権が債務者に対して行使され得ないこと，少なくとも，債務者のみに対して行使され得ないことは明らかである。それは，以下の二つの理由による。即ち，第一の理由は，債務者が第三者と行った行為を消滅させることは債務者に依拠しないからである。第二の理由は，債務者は無資力であり，故に，債務者に対する訴権は債権者にとってなんら有益ではないからである。従って，この訴権は債務者と取り引きした者に対して向けられなければならない。ただし，本条第3項が要求するよ

---

[3] Boissonade, op. cit., n° 159, p. 167.

うに，債務者がその行為の有効性を維持できるようにするために，また，判決が債務者に対して対抗できるようにするために，債務者を訴訟に参加させることは格別である。」

この部分の註釈は非常に重要な事柄を含んでいる。そして，その要点は，次の四点である。即ち，（ア）債権者は，詐害行為の無効を，廃罷訴権によって裁判上において請求すると規定されていることである。この規定の文言から，ボアソナードが詐害行為取消権を訴権＝actioとして捉えていたことが窺える。（イ）次に，本項の註釈において，ボアソナードが債務者の被告適格を否定している点である。これは後に紹介するわが国の判例理論と一致している点である。（ウ）第三に，註釈は債務者の訴訟参加を定めた3項について触れているが，この点は後に紹介するように，第三者の訴訟引き込みと呼ばれる訴訟法上の手続に関する註釈ではないかと推測される点である。（エ）最後に，翻訳は掲げなかったが，ボアソナードは詐害行為を一種の不法行為として捉えていたことが述べられている[4]。この点は，受益者または転得者の負うべき原状回復義務の法的性質の基礎付けに参考となる見解であると思われる。

② 〔条文の翻訳〕2項「第三者異議」

債務者が詐害的に，被告として判決の言い渡しを受け，或いは，（原告として）請求を却下せしめた場合には，債権者は民事訴訟法に従い，第三者異議（tierce-opposition）によって訴える[5]。

「本条第2項は，契約ではないが，廃罷をより一層免れてはならない債務者の詐害行為を予想している。債務者が，その債権者に対する詐害意図を以て，債務者が被告である訴訟において敗訴判決の言い渡しを受けさせ，あるいは，ただ（訴訟という）形式のためだけに，しかし，その形式において債務者がその権利を維持できないと言う債務者の行為によって，その請求を棄却させることがある（これを「棄却させる」という）。……以上の二つの場合には，裁判所は必然的にだまされており，その判決に対する尊重は，その判決が攻撃されたからといって，少しも侵害されてはいないのである。この点については，「第三者異議」と呼ばれる特別にして非常時の手段が存在する。なぜならば，この

---

4) Boissonade, op. cit., n° 159, p. 168.
5) Boissonade, op. cit., n° 160.

手続きは，手続きに登場しなかった者，即ち第三者によって行使されるからである（フランス民事訴訟法474条以下を参照）。」

本項において，ボアソナードは，「第三者異議」と呼ばれる詐害的判決を取り消す方法に関する説明を行っている。この制度は現在の日本法には見られない制度であり，その意味できわめて興味深い註釈である。

③〔条文の翻訳〕3項「債務者の訴訟参加」

総ての場合に於いて，債務者は訴訟に参加させられなければならない。

ボアソナードが記した註釈は存在しない。しかし，次の点は注意しなければならない。すなわち，ボアソナードが本条1項の註釈で「ただし，本条第3項が要求するように，債務者がその行為の有効性を維持できるようにするために，また，判決が債務者に対して対抗できるようにするために，債務者を訴訟に参加させることは格別である」と述べている点である。この註釈が何を意味するかは一つの論点なのであるが，筆者の見解——不十分なものであるかと思うが——によれば，ボアソナードは「強制参加（intervention forcée[6]）」と呼ばれる制度を意図していたのではないかと推測される。すなわち，それは，訴訟当事者ではない債務者（ボアソナードが述べているように，詐害行為取消訴訟においては債務者は当事者ではない）を強制的に呼び出すことによって，（ア）彼が行った詐害行為の有効性を主張させる機会を与え，かつ，（イ）詐害行為取消判決の効力を対抗せしめ，別訴において債務者が，彼の行った行為が詐害行為ではないという主張を為すことを可及的に防止しようとしたのではなかろうか，という推測である。ボアソナードによる註釈が存在しないため，これ以上の推測は困難であると言わざるを得ない。

④〔条文の翻訳〕4項「価格賠償」

（詐害）行為の廃罷が被告から直接的に得られない場合には，被告は，債権者に対して損害賠償を宣告される[7]。

「最後の項は，いわゆる詐害行為の取消しによっては，廃罷（révocation）が

---

[6] voy. J. Vincent et S. Guinchard, Procédure civile, 20ᵉ éd., nº 1263, p. 1079. 強制参加の簡単な紹介としては，佐藤岩昭「詐害行為取消権に関する一試論（四・完）」法協105巻3号286頁（1988年）がある。

[7] Boissonade, op. cit., nº 161, p. 169.

直接には得られない場合に備えている。この場合には，損害賠償の請求による債権者の損害の賠償を必要とする。ここに，この場合の主要なものが存在する。(即ち) 詐害的譲渡が，受益者がその物を流用して取り戻すことができなかった動産について為された (場合である)。同様に，受益者が，後述する条文によれば，廃罷訴権によって攻撃され得ない善意の第三者に転売した動産または不動産である。その物が，転得者の手中に譲渡された場合で，かつ，債権者が転得者に対してより困難となった訴訟に入り込まないことを選択するならば，詐害された債権者は，常に損害賠償訴訟に限定され得ることが認められなければならない。」

　本項において，ボアソナードは，逸出財産の取り戻しができず，いわゆる価格賠償によって債権者を救済する場合について述べている。特に，ボアソナードが価格賠償によらなければならない場合を，上記の註釈において列挙していることが注目に値する。

　(c)　ボアソナード草案362条
　①　〔条文の翻訳〕1項「提出すべき証拠」
　攻撃された行為がどのようなものであろうと，債権者はその債務者の詐害の証拠を提出しなければならない。そのうえ，有償行為が問題となっている場合には，債務者と契約し又は債務者と共に訴訟を提起した者の側に，詐害について共謀又は加担があったことを債権者は証明しなければならない[8]。

　「法律は，ここでフランス民法が不確定のまま残しており，かつ，それに関して法学者が完全な調和に達していない三つの問題を解決している。……第二の解決は，無償行為と有償行為との間で，草案において認められた唯一つの相違を提示している。もし行為が無償の場合には，(受益者の) 善意にも拘らず，契約当事者は廃罷を免れない。これに対して，有償で契約をした者は，共謀した場合にだけ，即ち，債権者に対して犯された詐害に参加した場合にだけ，その行為の利益を失う。この共謀は，契約者が詐害を知っていたことのみによって十分に立証されるだろう。この無償行為と有償行為との区別は，ローマ以来法学者によって常に認められてきた。この区別は，それ自体はきわめて正当で

---

[8]　Boissonade, op. cit., n° 162, p. 169.

あるが，時として人々が度を越して推し進めてきた思想に基づいている。その思想は，〔その利益を保全しようとする受贈者は，損害を避けようとする詐害された債権者よりも，これを不利益に扱う（n）〕というものである[9]。」

本項において，ボアソナードは原告債権者が立証すべき詐害行為の成立要件について述べている。その中でも，有償行為の成立要件と無償行為のそれとが違っている点が興味深い。しかし，本項の註釈の中で述べられている区別は，現行民法では採用されていない。

② 〔条文の翻訳〕2項「転得者の場合」

（財産の）譲渡に対する廃罷訴権は，（転得者が）債権者に対する関係において犯された詐害を知っている場合には，第一の受益者と契約をした有償又は無償の転得者に対して行使できる[10]。

「第三の解決は，通常フランスの判決に於いて与えられているものと，一点に於いて異なっている。……さらに，すべての者は，悪意の転得者，即ち，債権者の権利に対して為された最初の詐害を知っていた転得者に対して廃罷訴権が与えられることに同意している。そこには，既に述べたように，民事上の不法行為が存するからである。

……草案は，ここでは一般的な意見と袂を分かつ。即ち，草案は，転得者の取得の名義如何に拘らず，総ての善意の転得者を等しく保護する。」

本項においてボアソナードは，転得者に対して廃罷訴権を行使するための要件について述べている。そして，ボアソナードは，転得者の取得が有償か無償かによって要件を区別すべきではなく，転得者の善意か悪意かだけを基準として，その者に対する廃罷訴権の行使の可否を決定すべきだと主張している。

(2) 旧民法財産編の規定

旧民法の規定は，ボアソナード草案の体裁及び内容をほぼそのまま受け継いでいる。すなわち，旧民法財産編340条1項・2項はボアソナード草案360条

---

9) ここに，ボアソナード自身の註が付されており，それは，以下の内容である。――「註（n）この基準は有名であり，ローマから由来したものである。即ち "Potior est qui certat de damno vitando quam qui certat de lucro captando."〔損失を避けようと努力する者は，利得を得ようとする者よりも好ましい。〕」

10) Boissonade, op. cit., n° 164, p. 171.

1項・2項の内容を受け継いでいる。以下の条文も同様であり，旧民法財産編341条はボアソナード草案361条を，旧民法財産編342条はボアソナード草案362条をほぼそのまま受け継いでいる。これは，現行民法財産編425条の形成過程においても同様であり，ボアソナード草案363条が旧民法財産編343条に受け継がれている。以上の点を証明する資料としては，「法律取調委員会民法草案財産編人権ノ部議事筆記（一）[11]」及び「法律取調委員会民法草案再調査案議事筆記[12]」がある。

2 現行民法の形成

(1) はじめに

現行民法典の424条に関する法典調査会の議事録は『法典調査会 民法議事速記録三第五十六回〜第八十四回』101頁以下（1895〔明治28〕年1月22日[13]）に掲載されている。以下では，議事の内容及びそれらの要点を概観していくことにしよう。

(2) 現行民法草案419条

1項 「債権者ハ債務者カ其債権者ヲ害スルコトヲ知リテ為シタル法律行為ノ取消ヲ裁判所ニ請求スルコトヲ得」

2項 「前項ノ請求ハ債務者ノ行為ニ因リテ利益ヲ受ケタル者又ハ其転得者ニ対シテ之ヲ為ス但債務者及ヒ転譲者ヲ其訴訟ニ参加セシムルコトヲ要ス」

(a) 1項「……法律行為ノ取消ヲ裁判所ニ請求スルコトヲ得」の意義について

① 穂積陳重起草委員の見解――「本案ハ固ヨリ当然ノ権利ハナイノデアリマス夫レヲ特ニ法律ノ明文ヲ以テ或ル人ニ対シテ訴ヲ許シタ而シテ其訴ヲ許シタノハ法律行為ニ依テ利益ガ他ノ所ニ移ツタ其利益ヲ元ニ取返スト云フ規定ナノデアリマスカラ即チ利益ヲ受ケタ者丈ケニ対スル訴デアル」と述べて，「取

---

11) 法務大臣官房司法法制調査部監修・法律取調委員会民法草案財産編人権ノ部議事筆記（一）99頁以下（1888〔明治21〕年2月15日付第二六回議事録）を参照。

12) 法務大臣官房司法法制調査部監修・法律取調委員会民法草案再調査案議事筆記60頁（1888〔明治21〕年10月1日付第二六〜二八回議事録）を参照。

13) 法典調査会民法議事速記録・商事法務版三巻（1984年）101頁以下を参照。

「消」の効果は詐害行為によって逸出した利益＝財産を取り戻し，債務者の財産を原状に復することであると理解している。これは，請求権説的な考え方であると言って良いであろう[14]。

② 田部芳委員の見解――「此詐害行為廃罷ノ訴抔ト云フモノハ或ル物ヲ取戻ストカ或ル人ノ受ケタ利益ヲ取戻スト云フノデハアリマセヌ債権者ニ対シテ害ヲ為シタ所ノ行為ヲ取消スノデアルカラドウシテモ其行為ニ関係シタ者ヲ皆訴ヘナケレバ其目的ヲ達セラレヌ」――このように述べて，取消しの効果は，「法律行為の取消」である旨を強調している。これは，形成権説的な考え方であると言って良いであろう[15]。

③ 富井政章起草委員の見解――「併シ私ノ考ヘデハ此財産ハ債務者ノ資産中ニ返ヘルト云フモノデハナイト思ヒマス即チ其取消ノ請求ヲシタ債権者ノ為メニ差押ベキ物ト為ルト云フコト丈ケデ債務者ノ財産ト為ルト云フモノデハナイ[16]」と述べている。この考え方は，現在のフランスの通説でもあり，いわゆる「執行受忍説」的考え方をいち早く表明していると評価できるのである。その点において，極めて注目すべき見解であると言えよう。

(b) 2項本文「前項ノ請求ハ債務者ノ行為ニ因リテ利益ヲ受ケタル者又ハ其転得者ニ対シテ之ヲ為ス」の意義について

穂積起草委員の趣旨説明――穂積委員は「夫レカラ第二項ハ如何ナル人ニ対シテ廃罷訴権ヲ起スコトガ出来ルカト云フコトヲ規定シタノデ但書以上ハ是レモ既成法典ト異ナリマセヌノデ只文字ガ『債務者ト約束シタル者』トアルノヲ『債務者ノ行為ニ因リテ利益ヲ受ケタル者』ト改メマシタガ約束シタル者ト云フヨリハ利益ヲ受ケタル者トシタ方ガ当ルダラウト思ヒマス[17]」と述べて本項の趣旨を説明しているが，法典調査会の議論は次の「本項但書」の趣旨説明を巡って，長く且つ複雑な民事訴訟法に関する議論へと発展していき，収拾がつかない様相を呈するに至る。

従って，以下では紙幅の関係もあり「本項但書」に関する議論の経過の詳細

---

14) 佐藤・前掲注6) 277頁を参照。
15) 佐藤・前掲注6) 277頁。
16) 民法議事・商事法務版三巻130頁。
17) 民法議事・商事法務版三巻102頁。

を紹介できないことをお断りしておきたい。

(c) 2項但書「但債務者及ヒ転譲者ヲ其訴訟ニ参加セシムルコトヲ要ス」の意義について

穂積起草委員の趣旨説明——穂積委員は「但書丈ケガ既成法典ノ少シ欠点ト考ヘマス所ヲ補ヒマシタノデ既成法典ニ於テハ此廃罷訴権ニハ債務者ノ訴訟参加丈ケヲ規定シテ御座イマス併シ此廃罷訴権ト云フモノハ債務者ト取引ヲ致シタ者又ハ其利益ヲ転得シタ者ニ対シテモ為スコトガ出来ルノデアリマシテ其債務者丈ケヲ訴訟ニ参加サセルノハ転得ノナイ場合ニ於テハ夫レデ沢山デアリマス併シ債務者ガ他ノ人ニ譲リ又其他ノ人カラ第三ノ者ニ譲ルト云フ場合ニ於テハ判決ノ効力ヲ及ボス又場合ニ依テハ求償権ヲ求メラレルコトモアリマセウガ夫レハ債務者ヲ訴訟ニ参加セシムルト同一ニ其転得者ト云フ者ヲ訴訟ニ参加サセナケレバイカヌコトデアラウト考ヘマス夫故ニ参加セシメマス人ヲ『債務者及ヒ転譲者』トシタノガ既成法典ト異ナツテ居ルノデアリマス[18]」と説明している（なお，「既成法典第三百四十一条ノ第二項ノ所ニ再審ニ関スル規則」は民事訴訟法に規定すれば十分である旨を，さらに「第四項ノ所ニ損害賠償ノ請求ヲ妨ケズ」という規定は「固ヨリ言フヲ待タヌコトト思ヒマスカラ」以上の二項は削除したと，穂積委員は述べている）。

その後，長い議論が行われたが，本項削除案やそれに対する修正案の決議に入り，先ず「二項全部削除案」が否決された。さらに，「二項但書以下の削除案」も否決された。ところが，最後になって，梅起草委員から，高木委員が提出した修正案の文言を「前項ノ請求ニ付テハ債務者ノ行為ニ因リテ利益ヲ受クル者又ハ其転得者及ヒ債務者並ニ転譲者ヲ共同訴訟人トシテ訴フルコトヲ要ス」と変更しては如何かとの修正案が出され，これについて決議がなされ，賛成多数で可決された。しかし，さらに穂積起草委員から動議が出され，「此文章ヲ直シマスルノハ整理ノ範囲内ニ置カレタイト思ヒマスガ」との発言がなされ，議長である西園寺侯がこれを了承し，結局，本草案2項の修正は整理会における作業に回されることになって，本議事での結論は見送られることになった。従って，ボアソナード草案の註釈の箇所でも述べたように，「債務者及び

---

18) 民法議事・商事法務版三巻102頁。

受益者（草案の表現では転譲者である――筆者）の訴訟参加」がいかなる手続によるのか，そして，それが手続法上いかなる意味を有するのかという問題は，法典調査会での議論によっても解決されなかったと言わざるを得ないのである。

(3) 現行民法草案420条

「前条ノ規定ニ依リ取消スコトヲ得ヘキ行為ハ其受益者又ハ転得者カ行為又ハ転得ノ当時債権者ヲ害スヘキ事実ヲ知リタルニ非サレハ其取得ヲ請求スルコトヲ得ス」

本条は，旧民法財産編342条が定めていた詐害行為の成立要件の区別の廃止を意図している。そして，穂積起草委員が本条の立法趣旨を次のように説明している。――「本条ハ財産編三百四十二条ヲ修正シマシタモノデ御座イマス……第一ニ此有償受益者ト無償受益者ト区別スル理由ガアルカト尋ネテ見マスト其利益ヲ受ケマシタ価ニ対シテハ違ヒガアリマスガ併シ乍ラ如何ナル原因ニ拘ハラズ一旦已ノ権利トナッタモノガ夫レガ法律ノ働キニ依テ又離レマスト云フコトハ随分重大ナコトデアリマシテ一旦或物ヲ譲受ケマスレバ其自分ノ権利トナッタモノハ権利ノ行使ノ結果トシテ夫レヲ又他ニ譲リマストカ又ハ夫レニ付テ或ル物権ヲ設定スルトカ種々ニ之ヲ使用スルコトガアルカモ知レマセヌ故ニ有償デアリマセウトモ無償デアリマセウトモ一旦自分ノ権利ニナリマシタ以上ハ元ノナイモノデアルト思ヒマス……其詐害ノ事実ヲ知ルト云フコトガナケレバ……仮令ヒ無償デモ之ヲ取消スコトガ出来ヌ即チ無償デ得タ権利デモ権利ダト云フ斯ウ云フ主義ヲ取ッタノデアリマス[19]」

要するに，詐害行為を理由として，一旦自分の権利となった物を受益者又は転得者が手放さなければならないとすると，それは極めて重要な効果となる。従って，受益者又は転得者が，その権利を債務者又は転譲者（受益者）から譲り受けた態様が有償であろうと，無償であろうと，詐害行為を理由として取り消されるべき要件は同じにしなければならない，というのが穂積起草委員の見解である。その結果として，善意の転得者はその取得の名義如何に拘らず保護されることとなった。

---

19) 民法議事・商事法務版三巻114頁。

(4) 第五九回法典調査会議事速記録（1895〔明治28〕年2月1日）

ここでは，引き続き現行民法草案420条の議事が行われ，詐害行為取消訴訟の被告適格について活発な議論が交わされている。そして，穂積起草委員は420条の存置を意図して，その理由を次のように述べている。──「私共ハ此四百二十条ヲ維持シテ居ル然ウシテ整理ノトキニ前条二項ノ方ヲ夫レニ合セタイト云フ意見デアリマスガ……実際上カラ見テモ廃罷訴権ノトキニ本統ニ相手取ツテ利益ガアル本統ニ其判決ノ効力ノ及ブ利益ハ現ニ法律行為ノ利益ヲ握ツテ居リマス者大概斯ウ云フ場合ニ於テハ債務者転譲者殊ニ債務者抔ハ無資力ノ場合デアリマスカラ実用上カラ言ツテモ相手取ル者ハ直接ノ受益者カ間接ノ受益者ノ方ガ実際上モ宜シイト思ヒマス夫故ニ之ハ訴訟法ニ規定ガアレバ夫レト調和シテ通常ノ廃罷訴権ノ訴ノ方ニ何ウカ訴訟法ヲ直ホスコトガ出来ルヤウニ私共シタイト云フ考ヘデアリマス[20]」

この発言は，債務者の被告適格を否定する趣旨の発言である。そして，ボアソナードの註釈及びフランスの通説ときわめて類似しており注目すべき見解である。特に，無資力となった債務者を被告と為しても実益がないと論じている所などは，「註釈」そのままである。従って，穂積起草委員は，早くから，債務者の被告適格を否定していたと考えて良いであろう。

(5) 現行民法424条の成立
(a) 「民法修正案理由書[21]」

まず，「民法修正案理由書」の註釈から紹介することにしよう。

第423条（現行民法424条の原案である）は，「既成法典財産編第三百四十条及ヒ三百四十一条ヲ合シテ之ニ修正ヲ加ヘタ」ものである。そして，「既成法典同条第一項但書ノ趣旨ニ本ツキテ本条第一項ノ規定ヲ設ケ債権者カ債務者ノ法律行為ヲ取消シ得ルコト及ヒ其場合ヲ明示セリ[22]」と述べている。また，「同条第三項ハ債務者ヲシテ訴訟ニ参加セシムルコトヲ要スル規定ヲ置キタリト雖モ是レ皆手続ニ属スルモノナレハ本条ニ於テハ之ヲ掲ケサルコトトセリ」と述べ，債務者の訴訟参加が民法典から削除された旨を明示している。

---

20) 民法議事・商事法務版三巻119頁。
21) 広中俊雄・民法修正案（前三編）の理由書（1987年）413頁を参照。
22) 広中・理由書413頁。

(b) 学説その一

梅謙次郎博士は，本条について以下のように述べている。

① 第424条の取消しが訴えによって請求されなければならない理由について——「裁判所ニ請求スルコト蓋シ私ニ之ヲ取消スコトヲ得ルモノトセハ往往ニシテ弊害ナキコト能ハス例ヘハ債権者,債務者及ヒ法律行為ノ相手方皆通謀シテ本条ノ条件ヲ欠ケルニ猶ホ之ヲ具備セルモノトシ以テ法律行為ヲ取消スナキヲ保セス此場合ニ於テ第三者ハ往往ニシテ損害ヲ被ムルコトアルヘケレハナリ[23]」

この理由付けは,「債権者,債務者及ヒ法律行為ノ相手方皆通謀シ」て詐害行為を取り消すことを防ぐことにあるというものであり,梅博士の独自の見解と言ってよいであろう。

② 取消権の性質及び取消しの効力について——「本条ノ権利モ亦一ノ取消権ナリ故ニ此ニ規定スルモノノ外取消ノ通則ニ従キ〔ママ——筆者〕モノトス即チ第百二十一条ノ規定ハ本条ノ取消権ニモ適用スヘキモノナリ[24]」

ここにおいても,梅博士は詐害行為取消権を,形成権である意思表示の取消権と同視しており,訴権法的視点を採用していないことが注目に値する。

(c) 学説その二

岡松参太郎博士は次のように述べている。

424条の取消しを裁判所に請求しなければならない理由について——「蓋シ法律行為ノ取消ハ債務者ニモ重大ナル効果ヲ及ホスヘキナルヲ以テ必ス訴訟ニ依ルヘキモノトシ債務者ヲシテ之ニ参加セシムルノ機会ヲ与ヘタ〔一字不明——筆者〕ルノナリ[25]」

すなわち,債務者に訴訟参加の機会を与えるためだというのが理由であるが,既に述べたように債務者の訴訟参加という手続きについては,法典調査会では一致した見解が得られなかった。

---

[23] 梅謙次郎・民法要義巻之三（1897年）83頁。
[24] 梅・要義（三）87頁。
[25] 岡松参太郎・註釈民法理由下巻（1897年）115頁。

3 外国法の影響

ボアソナード草案から現行民法 424 条までの制定過程を概観する限り，フランス民法 1167 条が 424 条に影響を及ぼしていることは疑いない。しかし，ボアソナード草案の註釈に述べられているように，ボアソナード独自の見解が彼の草案には多く存在する。さらに，それを修正した現行民法 424 条は，起草者の見解を含んでおり，必ずしもフランス民法 1167 条を忠実に継受した内容ではないかもしれない。しかし，受益者又は転得者を被告として訴えを提起するという基本的構造においては，まぎれもなくフランス民法 1167 条（action paulienne）を継受していると言ってよいであろう。

第 2 款　民法 425 条

1　ボアソナード草案 363 条の特殊性

(1) コルメ・ド・サンテールの学説の影響

ここでの問題は，ボアソナードが本条を制定するに当たり，何を参考としたのかという点である。なぜならば，フランス民法には本条に相当する規定が存在しないからである。そして，この問題に対する結論を述べると，本条は，詐害行為取消判決の効果に関するフランスの絶対的効力説を条文化したものである。そして，註釈の内容は，絶対的効力説の提唱者のうち，コルメ・ド・サンテールの学説と全く同じである。上記の論証については既に拙稿で論述したので[26]，ここではその要点だけを紹介することにしたい。絶対的効力説は，コルメ・ド・サンテールやローランが唱える学説であり，フランス民法 2093 条を根拠として，詐害行為取消判決の効力は総債権者に拡張されると考える学説である[27]。すなわち，フランス民法 2093 条によれば，債務者の資産は債権者の共同担保である。従って，詐害行為取消判決の効果は総債権者の利益になら

---

[26] フランスの註釈学派の間では，原告債権者（取消債権者）以外の債権者に対する action paulienne の判決の効力について，以下の三つに学説が分かれていた。それらは（ア）絶対的効力説，（イ）混合説，（ウ）相対的効力説，の三説である。それぞれの学説の内容については，佐藤岩昭「詐害行為取消権に関する一試論（二）」法協 104 巻 12 号 1782 頁以下（1987 年）を参照されたい。

[27] Demante et Colmet de Santerre, Cours analytique de droit civil, t. 5, 1883, n° 82, bis XIII, p. 133 ; F. Laurent, Principes de droit civil français, t. 16, 4 éd., 1887, n° 487, p. 565.

なければならない。それゆえ，詐害行為取消訴訟の勝訴判決の効力だけが，原告債権者に対してはもちろん，詐害行為前の債権者のみならず詐害行為後の債権者にも及ぶと，この説は主張する。しかし，この絶対的効力説は，フランスの破棄院が，ドゥモロンブ等の主張する相対的効力説（この説は判決効の拡張を否定し，詐害行為取消判決の効力は，原告債権者と被告たる受益者又は転得者の間にだけ生ずると主張する[28]）を採用したため，フランスでは少数説に止まっていた。それにも拘わらず，ボアソナードは，彼が学問上の師と仰ぐコルメ・ド・サンテール[29]の学説を，草案363条として条文化したのである。そして，コルメ・ド・サンテールとボアソナード草案との類似性は，以下の二点において顕著である。すなわち，（ア）判決効の拡張を片面的（勝訴判決）にのみ認める点・及び（イ）原告債権者を事務管理人と見なしている点，の二点である。そして，この部分についてのボアソナードの註釈の概略は以下の如くである。——原告たる債権者が勝訴した場合には総債権者に勝訴判決の効力が及ぶことから，直ちに敗訴判決の効力も総債権者に及ぶという結論にはならない。この点は，勝訴判決から利益を得る者は敗訴判決による不利益を被ることはないという一つの場合である。このような例は，既に事務管理の箇所で見てきた（Projet, art. 101 参照[30][31]）。——このように述べて，ボアソナードは，判決効

---

28) この相対的効力説は，既判力（l'autorité de la chose jugée）が訴訟当事者間においてのみ生ずる旨を定めるフランス民法1351条を根拠条文としている。その紹介及び文献等については，佐藤・前掲注26) 1783頁以下を参照。

29) 1888（明治21）年から1892（明治25）年にかけて，ボアソナードとコルメ・ド・サンテールとの間に書簡による交流があったことが，大久保泰甫・ボアソナアド—日本近代法の父（1977年）153頁以下に記されている。なお，コルメ・ド・サンテールは当時のパリ大学法学部長である。

30) ボアソナード草案101条は，次のように規定している。——「用益権を有しない所有権者又は用益権者が訴訟に参加しなかった場合には，たとえ彼らが訴訟に参加しなければならなかったとしても，その判決は訴訟に参加しなかった彼らを害することはできない。しかし，その判決は，事務管理の規定に従い，彼らを利することはできる。」（voy. Boissonade, Projet, t. 2, nouv. éd., 1891, p. 173）

31) Boissonade, Projet de code civil pour l'Empire du Japon, t. 2, nouv. éd., 1891, n° 166, p. 200；なお，この部分の註釈は，復刻版である1883年版の註釈（n° 166）には記述されていない。従って，本文中の論述は，1891年版に依拠して行ったことを明記しておきたい。

の片面的拡張を支持している。以上に紹介したような特徴を有するボアソナード草案363条の条文と註釈とを次に紹介することにしたい。

(2) **ボアソナードによる条文化**

(a) ボアソナード草案363条

〔条文の翻訳〕「詐害行為前及び詐害行為後の債権者」

廃罷は，その権利が詐害行為よりも前に（その債権が取得された）債権者のみによって請求され得る。しかし，廃罷（判決）が得られた場合には，区別なく総ての債権者の利益となる。但し，優先の正当な事由が存する場合はこの限りではない[32]。

「本条の第一の解決は議論の余地のないものである。第二の解決に関しては，より困難が存する。確かに，詐害行為の後にのみ債務者と取引をした債権者は，彼が詐害されたと言うことはできない。彼らは，債務者の地位，即ち債務者の積極財産および消極財産の現実の状況を知っているべきだったのであり，彼らは騙されてはいないのである。従って，廃罷訴権は，詐害行為前の債権者に限って行使することができる。しかし，ある者が述べるように，廃罷の利益は詐害行為前の債権者にのみ帰属すべきである旨を支持することは，その有利さを誇張することになろう。（また，）そのように考えることは，債権者を二つの範疇に分け，かつ，分配すべき財産を二つに分けることになる。そのようなことは，破産の基本的原則に反する。」

「廃罷の効果は，その目的物を，詐害行為が無かったならばその物があったであろう状態に戻すことでなければならない。そういうわけで，一人の債権者に対する詐害的約務があった場合に，この債権者が唯一人で債務者の財産の分配にあずかることは避けられるだろう。その独占の排除は，他の総債権者を利することになろう。債務者が自己の債権を詐害的に放棄した場合には，その放棄が合意されたことによって利益を受ける者が，その債務を弁済すべきであり，そして，総債権者がそこから利益を受けるだろう。廃罷された物の譲渡の場合についても異なってはならず，債務者の財産中に戻された物は売却せられ，その代価は総債権者の間で分配されるであろう[33]。」

---

[32] Boissonade, op. cit., 1883, n° 165, p. 172.

[33] Boissonade, op. cit., 1883, n° 166.

(b) (1)及び(2)(a)に掲げた註釈から，ボアソナードの起草意図を以下のように要約できるであろう。(ア) 詐害行為取消訴訟においては，詐害行為前の債権者のみが原告（取消債権者）となりうる。なぜならば，詐害行為後の債権者は詐害行為時の債務者の資産状態を知っていたはずであるから，詐害行為によって害されてはいないからである。(イ) しかし，詐害行為前の債権者のみに詐害行為取消判決の効力が及ぶと解することは，債権者を二つの等級に分けることになり破産の基本原則に反する。(ウ) 従って，詐害的契約が一人の債権者に対して成立する場合であっても，この債権者だけが債務者の財産の分配を受けることはできない。債務者の資産中に戻された詐害行為の目的物は売却され，その売得金は総債権者の間で分配されなければならないのである。(エ) そして，詐害行為取消判決の効力は，総債権者に対して勝訴判決の効力だけが拡張される。——以上のような内容を持つボアソナード草案 363 条が，次に示す旧民法財産編 343 条となった。

(3) 旧民法財産編 343 条

現行民法 424 条の箇所でも述べたように，旧民法財産編 343 条の規定は，ボアソナード草案 363 条をほとんどそのまま継受している。上記のことは，旧民法財産編の制定過程に関する次の二つの資料から明らかである。それらは，「法律取調委員会民法草案財産編人権ノ部議事筆記（一）[34]」及び「法律取調委員会民法草案再調査案議事筆記[35]」の二つである。この二つの議事録において裁決された原案は，旧民法財産編 343 条と，その内容及び体裁においてほとんど同じである。従って，以下では旧民法から現行民法への制定過程に検討の中心を移すことにしたい。

2 旧民法から現行民法へ

(1) 法典調査会の議論

現行民法 425 条は，旧民法財産編 343 条の規定を修正する形で成立している。そして，その草案は次に示す 421 条である。

草案 421 条「前条ノ規定ニ依リテ為シタル取消ハ総債権者ノ利益ノ為メニ其

---

[34] 法務大臣官房司法法制調査部監修・前掲注 11) 107 頁を参照。
[35] 法務大臣官房司法法制調査部監修・前掲注 12) 60 頁を参照。

効力ヲ生ス」

　(a)　穂積陳重起草委員の趣旨説明──この草案について，穂積陳重起草委員が趣旨説明を述べているので，その部分から紹介を行うことにしよう。「本条ハ財産編三百四十三条ノ一部ヲ此処ニ存シテ置イタノデアリマス……取消ノ結果ハ固ヨリ債務者ガ原地位ニ復スルノデアリマスカラ夫故ニ其取消請求者ノ利益ノ為メノミデナイト云フコトハ何ウモ之ハ断ツテ置カナイト疑ヒガ生ズルモノデアラウト思ヒマス自分ノ利益ノ為メニ之ヲ請求シタノデアルカラ其判決ハ自分ノミニ及ブト云フ疑ヒハ随分生ジ得ルコトト思ヒマス……夫レデ始メハ之ヲ加ヘテ置カナカツタノデスガ段々考ヘタ末遂ニ入レルコトニ致シタノデアリマス[36]」

　(b)　富井政章起草委員の補足説明──続いて，富井政章起草委員が補足説明を述べているので，その部分の紹介を行うことにする。この補足説明は，富井委員がどのように現行民法 425 条の意義を理解していたかを知るうえで非常に重要である。

　「此取消ノ利益ガ何人ニ及ブヤト云フ問題ニ付テハ仏蘭西抔ニ於テモ大キニ議論ガアリマシテ此点ニ付テハ三説アリマス第一ノ説ハ詐害行為ノアツタ以前ヨリ債権者デアツタ者ト其以後ニ債権者ト為ツタ者トヲ区別ヲスル此説ハ今日ニ於テハ殆ンド勢力ヲ失ツテ仕舞ツタ第二ノ説ハ此総債権者ノ利益ト為ルト云フ説其訳ハ之ハ詰リ其取消ノ結果ト云フモノハ其財産ガ債務者ノ資産ノ中ニ返ヘルノデアル而シテ債務者ノ総財産ト云フモノハ総債権者ノ共同担保デアル左モナケレバ其取消ヲ為シタ債権者ガ先取特権ヲ有スルト云フコトニ為ルト云フノガ理由デアル第三ノ説ハ即チ取消ヲ請求シタ債権者丈ケノ利益ニ為ル此三説アリマスガ私ハ何ウモ第三説ノ方ガ至当デアルト是迄思フテ居ツタノデアリマス只今モ其方ノ考ヘデアリマス……私ノ理由トスル所ハ判決ノ効力ト云フモノハ原被ノ両造〔ママ──筆者〕間ニ於テデナケレバナイモノデアル然ニ他ノ者ニ対シテ判決ノ効力ガ及ブト云フコトデアレバ何ニカ別段ノコトガナクテハナラヌ第二説ヲ主張スル学者ハ其別段ノコトデアルト言フ即チ債権者間ニ於テハ恰モ代理関係ノヤウナモノガアル債務者ノ財産ハ其総債権者ノ共同担保デアル

---

　36)　民法議事・商事法務版三巻 129 頁。

先取特権トカ質トカ抵当トカ云フヤウナモノノナイ限リハ其間ニ優劣ヲ付ケルコトハ出来ヌ従テ一種代理ト云フヤウナモノガアル……併シ私ノ考ヘデハ此財産ハ債務者ノ資産中ニ返ヘルト云フモノデハナイト思ヒマス即チ其取消ノ請求ヲシタ債権者ノ為メニ差押ベキ物ト為ルト云フコト丈ケデ債務者ノ財産ト為ルト云フモノデハナイ現ニ取消ノ結果トシテ其財産ハ債務者ノ利益ノ為メニ債務者ノ財産ト為ルノ『ピクション〔ママ——筆者〕』ニ依テ債務者ノ財産ト為ルト云フコトヲ云フノデアリマスケレドモ何ウモ夫レハ無理ナ説デハナカラウカ仏蘭西ノ学者ノ間ニ於テモ第二説ノ方ガ私ハ少数デアルト信ジテ居リマス[37]」と述べ，フランスの「相対的効力説」に賛成することを理由として，本条の削除案を提示した。しかし，富井委員の削除案に対して穂積委員が反対意見を述べた後で，富井委員の提示した削除案につき採決され，賛成少数で本条の削除案は否決された。そして，本条は原案の通り可決された。

(2)「民法修正案理由書」

まず，「民法修正案理由書」中の註釈を概観することにしよう。草案 424 条（現行民法 425 条に該当する）は「既成法典財産編第三百四十三条ノ規定ニ依ルモノニシテ……独リ同条後段ハ詐害行為廃罷ノ結果ヲ規定スルモノニシテ若シ此明文ナキトキハ判決ノ効力ハ当事者間ニ止マルト云フ原則ニ従ヒ詐害行為ノ取消ヲ請求シタル者ノミ利益ヲ受クヘシトノ疑ヒヲ生セシムルニ因リ本条ハ特ニ本条ノ明文ヲ存シテ廃罷訴権ノ結果ハ総債権者ノ利益ニ帰スルコトヲ明ニセリ[38]」と述べている。この説明の内容は，現行 425 条が判決効の拡張を定めた規定である旨を示唆している，と思われる。

(3) 学　説

次に，学説が，本条をどのように理解していたのかを概観することにしよう。岡松参太郎博士は次のように述べている。——「(二) ……果シテ然ラハ其原告トナリテ実行スル権利モ亦己一人ノ権利ニ非スシテ共同ノ権利タルコトヲ知ルヘシ従テ其取消ハ総債権者ノ利益ノ為メニ其効力ヲ生セサルヲ得スト〔ローラン，コルメドサンテール〕本法ハ第二説ヲ採用シ本条ノ規定ヲ設ケタリ蓋シ裁判ノ効力ハ原則トシテ当事者間ニ止ルモノナリト雖トモ詐害行為取消ノ場合

---

37) 民法議事・商事法務版三巻 130 頁。

38) 広中・理由書 414 頁。

ニ於テハ其取消権ノ性質上此原則ニ例外ヲ設ケ総債権者ノ利益ノ為メニ其効力ヲ生スルト為スヲ以テ適当ト認メタレハナリ[39]｡」

また,「本条ノ規定ノ総債権者」についても次のように述べている。──「特別ノ担保ヲ有スル者ト否トヲ問ハス又債務者ノ法律行為ノ前ニ於テ債権者トナリタル者ト否トヲ問ハス故ニ取消権ヲ有セサル債権者モ亦取消ノ利益ヲ受ク[40]」｡岡松博士のこの叙述は, ボアソナード草案の註釈と同じであるが, 現在の判例・通説とは異なる点に注意すべきである。

(4) ボアソナード草案の認識について

現行民法425条の制定過程を概観すると, 法典調査会の議事において, 本条が判決効の拡張という法技術的意義を有することを認識していた委員は富井起草委員一人であり, 他の委員は本条の意義についての認識が薄かったのではないかと思われる。しかし,「民法修正案理由書」及び岡松博士によって本条の意義はよく理解されていたと言うことができる。けれども, 判決効の片面的拡張に触れている者は皆無であり, ボアソナード草案の趣旨の完全な理解が困難であったことが推測される。

第3款　民法426条

1　ボアソナード草案から現行民法へ

(1)　ボアソナード草案の条文

ボアソナード草案364条〔条文の翻訳〕「訴権の消滅時効」

（廃罷）訴権は, 詐害行為の後30年が経過すると時効消滅する。但し, 債権者が詐害に気づいた後, 10年で消滅する。

本条の規定は, 第三者異議にも適用される。

(2)　旧民法典財産編の条文

344条1項の規定では,「債権者カ詐害ヲ覚知シタルトキハ其覚知ノ時ヨリ二个年ニシテ消滅ス」と規定され, 短期消滅時効期間がボアソナード草案より短縮されていることが, 大きな変更点である。

---

39)　岡松・民法理由下118頁。
40)　岡松・民法理由下118頁。

(3) 法典調査会における修正

草案422条「第四百十九条ノ取消権ハ債権者カ取消ノ原因ヲ覚知シタル時ヨリ二年ヲ経過シタルトキハ時効ニ因リテ消滅ス

行為ノ時ヨリ二十年ヲ経過シタルトキハ右ノ取消権ハ前項ノ規定ニ係ラス消滅ス」

穂積起草委員の趣旨説明[41]によれば，修正は以下の二点についてである。すなわち，旧民法財産編344条1項の30年の長期時効期間を20年に短縮したことと，同条2項を削除したことである。削除した理由は，第三者異議については民事訴訟法の規定に委ねた方がよいと考えたからだというものである[42]。

2 学 説

(1) 現行民法426条前段の2年の消滅時効期間について，梅博士は，債務者，受益者の悪意の立証が十数年後では困難なことが多いから，2年の短期消滅時効を定めたと説明している[43]。

(2) 現行民法426条後段が定める20年の期間について，岡松博士は，現行民法167条2項の規定の適用にすぎないと述べている[44]。この点は，この期間を除斥期間と考える現在の学説[45]と異なる見解である。

第2節 判　例

はじめに

詐害行為取消権に関する判例はその数が多い。対象を最上級審判決に限定しても，与えられた紙幅の制約の中でそれらを総て紹介することは，筆者の能力を超える作業である。そこで本稿では，債務者の責任財産（共同担保）の回復

---

41) 民法議事・商事法務版三巻133頁。
42) 民法議事・商事法務版三巻133頁。
43) 梅・要義（三）89頁を参照。
44) 岡松・民法理由下119頁を参照。
45) 星野英一・民法概論III〈初版〉122頁（1978年），平井宜雄・債権総論〈第二版〉288頁（1994年），奥田昌道・債権総論〈増補版〉328頁（1992年）等を参照。

方法，すなわち原状回復方法に関する判例に限定して紹介することにし，要件論に関する判例の紹介は他日を期することにしたい。

第1款　民法424条

1　折衷説＋「相対的取消し」理論
(1)　「取消権」の法的性質について

　大審院は，詐害行為取消権の法的性質について，古くから折衷説と言われる立場を採用してきた。それを明示する代表的判決は，(2)で詳しく紹介する大連判1911〔明治44〕年3月24日（民録17輯117頁）である。この判決は「詐害行為廃罷訴権ハ債権者ヲ害スルコトヲ知リテ為シタル債務者ノ法律行為ヲ取消シ債務者ノ財産上ノ地位ヲ其法律行為ヲ為シタル以前ノ原状ニ復シ以テ債権者ヲシテ其債権ノ正当ナル弁済ヲ受クルコトヲ得セシメテ其担保権ヲ確保スルヲ目的トスル」訴権であると判示した。この判示事項は，その後の学説によって，取消権の本体は詐害行為の取消しを目的とする権利（形成権に該当する）と逸出財産の取り戻しを目的とする権利（請求権に該当する）とが合した権利である旨を判示していると理解され，折衷説と名付けられるに至った[46]。

　しかし，本判決が下される以前から大審院は折衷説を採っており，本判決は従前の大審院の立場[47]を踏襲しているにすぎない。むしろ，本判決の重要性は(2)以下で紹介する「相対的取消し」理論を明示しているところにある。

(2)　「取消」の効力——絶対的効力から相対的効力へ

　(a)　大判1905〔明治38〕年2月10日（民録11輯150頁）は，詐害行為取消訴訟が必要的共同訴訟である旨を判示した[48]。この判決は，債務者を被告と

---

[46]　我妻・新訂債総〈新訂第12刷〉172頁（1974年），於保不二雄・債権総論〈新版〉180頁（1972年），柚木馨＝高木多喜男・判例債権法総論〈補訂版〉185頁（1971年）を参照。

[47]　大連判1911〔明治44〕年3月24日以前に折衷説を採用していた判決は，大判1906〔明治39〕年9月28日民録12輯1154頁，大判1908〔明治41〕年11月14日民録14輯1171頁である。

[48]　この事案においては，原審が，控訴をしなかった一審被告の一人を呼び出さないまま審理及び判決をしたことが，必要的共同訴訟に関する手続きに違反していることを理由として，大審院は原審判決を破棄している。

しなければならない旨を述べるとともに，その結果として，取消しの効力が債務者＝受益者間の法律行為に及ぶことを認めている。上記のような説を，学説は「取消しの絶対的効力」（または「絶対的取消し」理論）と呼んでいる。しかし，大審院は1911〔明治44〕年に判例を変更するに至る。それが次に紹介する大連判1911〔明治44〕年3月24日である。

(b) 大連判1911〔明治44〕年3月24日（民録17輯117頁）——事案の概要は以下のとおりである。Xは，債務者Y_1から受益者Y_2への山林の売買が詐害行為に当たることを理由に，Y_1＝Y_2間の上記売買契約の取消しと，Y_1からY_2への山林の所有権移転登記の抹消とを求めて訴えを提起した。ところが，Y_2は上記山林を転得者Aに転売していたため，Y_2に対する抹消登記請求は不可能となっていたことが判明した。原審判決（大阪控判1910〔明治43〕年3月19日）は，転得者Aを被告とせず，債務者＝受益者間の法律行為の取消しだけを訴求するXの訴えは法律上許されないと述べて，Xの訴えを却下した。これに対してXが上告し，詐害行為取消権の効果及び被告適格について大審院は次のように判示した。

「詐害行為ノ廃罷ハ……一般法律行為ノ取消ト其性質ヲ異ニシ其効力ハ相対的ニシテ……其法律行為ハ訴訟ノ相手方ニ対シテハ全然無効ニ帰スヘシト雖モ其訴訟ニ干与セサル債務者受益者又ハ転得者ニ対シテハ依然トシテ存立スルコトヲ妨ケサル」ものであり「債権者カ……受益者又ハ転得者ニ対シテ訴ヲ提起シ之ニ対スル関係ニ於テ法律行為ヲ取消シタル以上ハ其財産ノ回復又ハ之ニ代ルヘキ賠償ヲ得ルコトニ因リテ其担保権ヲ確保スルニ足ルヲ以テ特ニ債務者ニ対シテ訴ヲ提起シ其法律行為ノ取消ヲ求ムルノ必要ナシ」と述べて，大判1905〔明治38〕年2月10日を変更する旨を明示した。

この判決は，詐害行為取消権の効果に関するリーデイング・ケースであり，「取消しの相対的効力（または「相対的取消し」理論）」を判示したものである。すなわち，取消しの効力は，債務者＝受益者間の法律行為には及ばず，原告である取消債権者と被告である受益者または転得者との間にだけ及ぶという説である。この考え方は，ボアソナード草案の註釈中にみられたもの（第1節第1款1(1)(b)を参照[49]）である。その意味で，本判決は，ボアソナードの考え方に忠実な判決であると評してよいであろう。また，本判決は，後の判例・学説を

リードしたので，きわめて重要な判決である。さらに，以上に掲げた判旨に見られるように，本判決は，取消しの効力の相対性という実体法上の効果を，判決の効力の相対性という訴訟法上の原則から導いており，実体法上の効果と訴訟法上の効果とを密接不可分に論ずるという特色のある思考様式を示しているのである。

(3) **被告適格について——債務者の被告適格の否定**

取消しの効力とともに，詐害行為取消訴訟の被告適格についても，本判決（大連判1911〔明治44〕年3月24日）は重要な判例変更をしている。それは債務者の被告適格についてである。すなわち，(a)で紹介した大判1905〔明治38〕年2月10日が債務者及び受益者（転得者がいればそれをも含む）を被告としなければならず，この両者は必要的共同被告であると判示していた。これに対し，本判決は「相対的取消し」理論のコロラリーとして，債務者の被告適格を否定するという，もう一つの重要な判例変更を行っている。この考え方も，債務者を被告として廃罷訴権が行使され得ないとするボアソナードの考え[50]に忠実であると言ってよいであろう。

(4) **被告の選択**

さらに本判決は「債務者ノ財産カ転得者ノ有ニ帰シタル場合ニ債権者カ受益者ニ対シテ廃罷訴権ヲ行使シ法律行為ヲ取消シテ賠償ヲ求ムルト転得者ニ対シテ同一訴権ヲ行使シ直接ニ其財産ヲ回復スルトハ全ク其自由ノ権内ニ在リ」と判示した。この判示事項は，転得者が現れた場合に取消債権者は，受益者を被告として価格賠償を請求してもよいし，転得者を被告として現物の返還を請求してもよいと述べており，被告の選択は取消債権者の自由であると判示している。これは，受益者及び転得者がともに悪意である場合を想定した判示事項であり，その意味で，前述したボアソナード草案361条4項及び旧民法財産編341条4項が想定した場合（受益者が悪意，転得者が善意の場合）とは異なる場合について判示していると評することができよう。

---

49) Boissonade, Projet de Code civil pour l'Empire du Japon, t. 2, 2 éd., 1883, n° 159, pp. 167-168.

50) Boissonade, op. cit., n° 159, pp. 167-168.

(5) 「取消」のみの訴求

本判決は，最後に，「取消」のみの訴求については「民法ハ……訴権ノ目的トシテ単ニ法律行為ノ取消ノミヲ規定シ取消ノ結果直チニ原状回復ノ請求ヲ為スト否トヲ原告債権者適宜ノ処置ニ委ネタルヲ以テ此二者ハ相共ニ訴権ノ成立要件ヲ形成スルモノニアラス」と述べて，「取消」のみの請求も適法であると判示した。

(6) リーディング・ケースとしての重要性

以上に概観したように，本判決は，取消しの効果について「相対的取消し」理論[51]を採用することを明らかにしたものであり，この後に登場する判例をリードしていくことになる。それと同時に，被告適格など，条文の文言には明示されていない事項を判示し，詐害行為取消訴訟の枠組みを明らかにした点で大きな役割を果たした判決である。

2 「原状回復」の方法及び範囲

(1) 「取消」の範囲に関する準則

(a) 「相対的取消し」に依拠する判例理論において，取消しの範囲がどのように考えられてきたのかを概観することにしよう。まず，大判1920〔大正9〕年12月24日（民録26輯2024頁）は「金銭債権ヲ有スル者ハ原則トシテ自己ノ債権額ヲ超越シテ取消権ヲ行使スルコトヲ得ス唯其損害ヲ救済スル為メ必要存スル場合ニ於テノミ其債権額ヲ超ヘテ取消権ヲ行使スルコトヲ得ルニ過キサルモノトス」と述べて，取消債権者の有する被保全債権の金額を基準として取消しの範囲が定まることを判示した。続いて，大判1933〔昭和8〕年2月3日（民集12巻175頁）も，取消しの範囲は――他の債権者が存在しその債権額が明らかな場合であっても――取消債権者の有する被保全債権額の全額を基準として決定されるべきことを判示した。

---

[51] この「相対的取消し」概念をめぐって，学説は議論を重ねていくことになる。しかし，学説の理解を困難ならしめた最大の要因は，この概念を実体法的概念としてのみ捉えた点にあると言えるだろう。例えば，鳩山秀夫・増訂改版日本債権法総論（1932年）226頁は，判決の相対的効力と（実体法上の）取消しの効果とは区別して考えるべきことを主張して，「相対的取消し」理論を批判している。

(b) 取消債権者の有する被保全債権額を基準として，取消しの範囲を決定するという理論は例外のないものであろうか。すなわち，いかなる場合においても，被保全債権額を超えて取消しをすることはできないのであろうか。この点について判例がどのように考えているかを概観しよう。大判 1916〔大正 5〕年 12 月 6 日（民録 22 輯 2370 頁）は，500 余円の債権を保全するため時価 700 円の土地・建物上の抵当権（被担保債権額は 300 円）の全部の取消し及び抹消登記請求を肯定している。そして，その理由として「若シ夫レ其債権ヲ保全スルノ必要存スル場合ニ於テハ其債権ノ数額ヲ超ヘテ取消権ヲ行使スルモ毫モ妨クル所ニ非ス」と述べている。このように上記の理論には例外が存する訳であるが，どのような場合に被保全債権額を超えて取消しが許されるのかという問題は，後述する「一部取消」を巡る複数の判決の紹介においてまとめて扱うことにする。

(2) 「原状回復」の方法——現物返還の場合

(a) 登記・登録を伴う目的物——不動産などの登記または登録を伴う目的物の譲渡を取り消し，その目的物を債務者の資産中へ返還する方法（以下では，この方法を現物返還と呼ぶことにする）として，判例は早くから受益者名義の登記を抹消し債務者名義に戻すという方法を用いてきた。例えば，大判 1917〔大正 6〕年 3 月 31 日（民録 23 輯 596 頁）は鉱業権の譲渡が詐害行為とされた事案において「債務者ヨリ直接移転登録ヲ受ケタル上告人ニ於テ其登録ノ抹消手続ヲ為スヘキハ当然ナリ斯ノ如キ請求ハ詐害行為ノ取消トシテ為スコト能ハサルモノニ非サル」ものであると述べている。同じ趣旨を，抵当権の設定が詐害行為に当たるとされた事案において，大判 1932〔昭和 7〕年 8 月 9 日（民集 11 巻 1707 頁）が「右抵当権設定行為カ詐害行為トシテ取消サルル場合ニハ取消権者ハ取消権ノ効果トシテ直接其ノ仮登記名義人ニ対シ取消ニ因ル抹消登記手続ヲ請求シ得ルモノニシテ債務者タル抵当権設定者ニ代位シテ之カ請求ヲ為スヘキモノニ非ス」と判示している。このように，登記・登録を伴う物が詐害行為の目的物である場合において，その現物返還の方法について，判例理論は抹消登記により登記名義を債務者名義に戻すという方法で一致している。また，通説といわれる学説もこの方法を肯定しているようである。しかし，抹消登記という現物返還の方法が「相対的取消し」理論と矛盾しないのかという疑問が責任

説から提起されており[52]，理論的には問題の残る方法であるように思われる。さらに，旧民法及び現行民法の規定との関係で考察するならば，両者の条文が明らかにはしていなかった現物返還の方法を上記の判例が明らかにしたという意味で，判例が条文の不備を補っていると評価できるであろう。

　(b) 金銭・動産の場合——詐害行為の目的物が金銭である場合については，判例は取消債権者への直接引渡を肯定している。すなわち，大判1921〔大正10〕年6月18日（民録27輯1168頁）は，金銭債権の相殺が詐害行為に該当するとされた事例において「他ノ債権者ト共ニ弁済ヲ受クルカ為メニ受益者又ハ転得者ニ対シ其受ケタル利益又ハ財産ヲ自己ニ直接支払又ハ引渡ヲ為スコトヲ請求シ得ルモノト謂ハサルヘカラス」と述べて，目的物たる金銭を取消債権者に直接引き渡すことを肯定した。

　次に目的物が動産の場合[53]に関しては，最判1964〔昭和39〕年1月23日（民集18巻1号76頁）が「詐害行為取消訴訟の場合において，取消債権者は，他の債権者とともに弁済を受けるため，受益者，転得者……に対し，直接にその受けた財産の引渡をなすべきことを請求し得るものと解するのが正当である（大審院判決，大正一〇年（オ）第二二五号，同年六月一八日，民録二七輯一一六八頁参照）」と判示して，取消債権者への動産の直接引渡を肯定するとともに，金銭に関する前掲・大判1921〔大正10〕年6月18日に従う旨を明示した。これらの判例も，旧民法及び現行民法の規定では明らかにされていなかった動産及び金銭（ひいては登記・登録を伴わない物）の現物返還の方法を明らかにしたものであり，規定の不備を補う判例である。ただし，登記・登録を伴う物の場合とは異なり，取消債権者への直接引渡を肯定しているところが注目に値する。それと同時に，このような方法が425条の文言に抵触しないのかという問題も生じてくる。この問題は価格賠償においても問題になるので，次は価格賠償の判例を概観することにしよう。

---

52) 下森教授は，現行不動産登記法の下では，抹消登記は絶対的抹消，すなわち全ての人に対する関係での抹消と考えるほかないことをその理由として挙げている（下森定「債権者取消権に関する一考察（二）」志林57巻3＝4合併号213頁〔1960年〕を参照）。

53) 調査官解説によれば，この動産とは，石炭777俵，上付焜炉1107個，練炭1293包，木炭1271俵である（中島恒「判批」最高裁判所判例解説民事篇昭和39年度16事件）。

(3) 「原状回復」の方法——価格賠償の場合

(a) 取消債権者への直接引渡——価格賠償の場合の原状回復方法については，前掲・大判 1933〔昭和 8〕年 2 月 3 日（民集 12 巻 175 頁）（2(1)(a)を参照）が取消債権者への直接引渡を肯定している。すなわち，債務者が抵当権付不動産を抵当債権者に時価よりも廉価で売却し抵当権が抹消された後，取消債権者がこの廉価売買を取り消すと同時に価格賠償を請求した事案において，大審院は被保全債権額全額の価格賠償を取消債権者自身に支払うべき旨を判示している。従って，価格賠償の場合においても目的物が金銭であるがゆえに，2(2)(b)と同様の原状回復方法となることを明らかにした判決であると言うことができよう。ただし，価格賠償は旧民法財産編 341 条 4 項が明文をもって規定しており，法典調査会の議論[54]においてもその存在が予定されていた方法であるので，判例はそれらに従っていると評することができよう。しかし，判例のように取消債権者への直接引渡を強調すると，取消債権者の金銭請求が前面に出てくるがゆえに，大連判 1911〔明治 44〕年 3 月 24 日が示した「折衷説」の部分の「取消」の意味がうすれ，「請求」の部分のみが強調されてくるのではないかと考えられる。

(b) 425 条との関係——価格賠償と本条との関係を扱った判決が最判 1962〔昭和 37〕年 10 月 9 日（民集 16 巻 10 号 2070 頁）である。事案の概要は以下のごとくである。すなわち，債務者が受益者のために設定した譲渡担保が詐害行為とされ，取消債権者の被保全債権額に相当する目的物の譲渡の取消し，及び価格賠償として，目的物が他に転売されていたため受益者が取得した売得金の支払を命ずる判決が別訴で確定した。受益者はこの金員を供託し，取消債権者はこの供託金の還付を受け債務者に対する債権とこの供託金とを対当額において相殺する旨の意思表示をした。受益者は取消債権者に訴えを提起し，次のように主張した。すなわち，詐害行為の取消しは 425 条により総債権者の利益のためにその効力を生ずるものであるから，この供託金も総債権者の間で分配されるべきものである。従って，（債務者が負担する）総債権額に対する受益者の債権額の割合で計算した供託金の分配を受ける権利があるというものである。

---

54) 民法議事・商事法務版三巻 102 頁（穂積委員の趣旨説明を参照されたい）。

この受益者の主張に対し，最高裁は「しかしながら，債権者が債務者の一般財産から平等の割合で弁済を受け得るというのは，そのための法律上の手続がとられた場合においてであるというにすぎない。従って上告人〔受益者を指す——筆者〕の本訴請求にあるように取消債権者が自己に価格賠償の引渡を受けた場合，他の債権者は取消債権者の手中に入った右取戻物の上に当然に総債権者と平等の割合による現実の権利を取得するものではない。また，取消債権者は自己に引渡を受けた右取戻物を債務者の一般財産に回復されたものとして取扱うべきであることは当然であるが，それ以上に，自己が分配者となって他の債権者の請求に応じ平等の割合による分配を為すべき義務を負うものと解することはできない。そのような義務あるものと解することは，分配の時期，手続等を解釈上明確ならしめる規定を全く欠く法のもとでは，否定するのほかない」と判示し受益者の上告を棄却した。この判決によれば，価格賠償金を取得した取消債権者はその金員を他の債権者に分配する義務を負わない。それゆえ取消債権者は債務者に対する被保全債権と債務者に対して負っている価格賠償金の返還義務とを相殺することによって，価格賠償金を自己の被保全債権の弁済に充てることができる。ところで，上記と同趣旨の結論は，前掲・大判1933〔昭和8〕年2月3日によって既に述べられていた。それは「一般債権者カ詐害行為ノ取消ノ結果ニ付平等ノ割合ヲ以テ弁済ヲ受クヘキ法律上ノ手続ヲ執ルコトヲ得ヘク斯ル手続ニ出テタル場合ニハ平等ノ割合ヲ以テ弁済ヲ受クルコトヲ得ルコトヲ意味スルモノ」であるという判示事項である[55]。問題は，「法律上ノ手続」とはどのような手続を意味するのかという点にあり，本判決ではまさにその点が問題とされたわけである。そして本判決は，詐害行為取消訴訟とは別の訴えでなされた受益者の分配請求を，現行法が「分配の時期，手続等を解釈上明確ならしめる規定を全く欠」いているという理由で否定した。そのため，前述したように取消債権者による価格賠償金の独占を肯定する結論となり，425条との抵触を解決できないままになった。また，この問題と関連して，そもそも424条の「取消」とはどういう意味なのかという詐害行為取消権に関する「もっとも端初的問題」が意識されるようになった[56]。すなわち，

---

55) 大判民集12巻180頁（我妻栄・判例民事法昭和8年度16事件）を参照。
56) 川島武宜「本件評釈」法協81巻3号87頁（1964年）を参照。

判例理論のように取消しの効果として取戻物を取消債権者に直接引き渡す必要があるのかという問題提起である。この問題は，最判1971〔昭和46〕年11月19日（民集25巻8号1321頁）とともに，取消債権者と受益者との利害の調整をどのように図ったらよいかという問題に関連するので，425条のところで再度取り扱うことにしたい。

3　「一部取消」を巡る判例理論
(1)　目的物が不可分の場合

「一部取消」が問題となる第一のケースは不可分の逸出財産を取り戻す場合である。そして，最判1955〔昭和30〕年10月11日（民集9巻11号1626頁）がこの問題を扱った最初の最高裁判決である（債務者が時価54万円の一棟の家屋を受益者に贈与し，取消債権者が45万円の被保全債権に基づいて，その贈与の全部の取消しを請求したという事案である）。最高裁は「債務者のなした行為の目的物が不可分のものであるときは，たとえその価額が債権額を超過する場合であっても行為の全部について取消し得べきことは，すでに大審院判決の示したとおりである（明治三六年一二月七日大審院判決，民録九巻一三四五頁，大正七年五月一八日同判決，民録二四巻九九五頁，大正五年一二月六日同判決，民録二二巻二三七三頁，大正九年一二月二四日同判決，民録二六巻二〇二四頁各参照[57]）」と述べて，贈与の全部の取消し，及び，家屋の登記名義を債務者名義に戻すこと（現物返還）を認めた。この判決により，目的物が不可分の場合には取消しの範囲の基準となる被保全債権額を超えて，詐害行為の全部を取り消すことができることが明らかとなった[58]。しかし，「一部取消」を巡る判例理論は，以上に紹介した不可分物の譲渡の事案に関するよりも，次に概観する抵当権付不動産の譲渡に関して詳細に展開されることになる。

(2)　不動産に抵当権が付着している場合

「一部取消」が問題になる第二の類型は，抵当権の付着した不動産の譲渡が

---

[57]　星野英一「本件評釈」法協95巻11号1844頁（1978年）のように，本判決の射程はあまり広くないのではないかと指摘する学説もある。

[58]　板木郁郎「本件判批」民商34巻3号392頁（1956年）が指摘するように，本件において初めて不可分物の取消しの可否及びその方法が主要な争点とされた。

詐害行為に該当する場合である。そして，この問題を扱った公式判例集登載の最高裁判決は次に示す3件である[59]。すなわち，最大判1961〔昭和36〕年7月19日（民集15巻7号1875頁）・最判1979〔昭和54〕年1月25日（民集33巻1号12頁）・最判1992〔平成4〕年2月27日（民集46巻2号112頁）である。このうち，「全部取消」を認め原状回復方法として抹消登記（現物返還）を命じた判決が最判1979〔昭和54〕年である。

これに対し，「一部取消」だけを認め原状回復方法として価格賠償を命じた判決が最判1961〔昭和36〕年・最判1992〔平成4〕年の2件である。以下では，「全部取消」を認めた判決から順に紹介していくことにする。

(a) 最判1979〔昭和54〕年について

まず，事案の概要から紹介しよう。債務者Aが自己所有の土地に債権者Bのために根抵当権を設定しその登記手続も完了した。その後，Aは他の債権者Y（受益者）に，上記の土地を根抵当権が付着したまま譲渡担保として譲渡し，Y名義の所有権移転登記も経由した。そこで，もう一人の債権者Xが，A＝Y間の譲渡担保設定契約が詐害行為に当たると主張して，Y名義の登記の抹消（現物返還）を求めた。このXの請求について，最高裁は次のように判示した。――「詐害行為取消権の制度は，詐害行為により逸出した財産を取り戻して債務者の一般財産を原状に回復させようとするものであるから，逸出した財産自体の回復が可能である場合には，できるだけこれを認めるべきである（大審院昭和九年（オ）第一一七六号同年一一月三〇日判決・民集一三巻二三号二一九一頁参照）。それ故，原審の確定した右事実関係のもとにおいて，……右土地自体の回復を肯認した原審の判断は，正当として是認することができる」――このように，最高裁が現物返還を肯定するに至った理由は，原審がその判決理由中で指摘した次の二点である。すなわち，（ア）譲渡担保契約全体を詐害行為として取り消したとしても，抵当権は依然として存続しており，

---

59) 本文中に紹介した判決以外に，最判1987〔昭和62〕年4月7日金融法務1185号27頁・最判1988〔昭和63〕年7月19日裁判集民154号363頁の2件がある。そして，最判1987年は抹消登記（「一部取消」としての現物返還）を命じ，最判1988年は「一部取消」及び価格賠償を命じている。これらの判決については，佐藤岩昭「最判1992〔平成4〕年2月27日・判批」民商108巻1号52頁（1993年）を参照されたい。

代物弁済等により一旦消滅した（受益者の）抵当権の復活を認めなければならないというような複雑な事態を考慮する必要がないこと・（イ）目的物たる土地の時価から抵当権の被担保債権額を控除した金額[60]が，取消債権者の被保全債権額を上回っていなかったことの二点である。このうち，（ア）抵当権が詐害行為後においても存続しているという要素が，次に紹介する最判1961〔昭和36〕年・最判1992〔平成4〕年の事案と異なっている点である。

(b) 最判1961〔昭和36〕年及び最判1992〔平成4〕年について

最判1961〔昭和36〕年の事案の概要から紹介しよう。Xは債務者A所有の時価10万円の家屋を買い受ける契約を締結した。ところがAは抵当債権者B（受益者）に対して負っていた8万円の債務の代物弁済として上記家屋の所有権をBに譲渡し，その結果Bの抵当権も消滅した。Bはさらに上記家屋をY（転得者）に譲渡し，登記もY名義に移転された。XはA＝B間の代物弁済が詐害行為に該当し，Xが悪意の転得者であることを理由に，Yに対し家屋の登記をA名義に移転すべき旨を請求した。この請求について最高裁は次のように判示した。──「債権者取消権は債権者の共同担保を保全するため，債務者の一般財産減少行為を取り消し，これを返還させることを目的とするものであるから，右の取消は債務者の詐害行為により減少された財産の範囲にとどまるべきものと解すべきである。したがって，前記事実関係によれば本件においてもその取消は，前記家屋の価格から前記抵当債権額を控除した残額の部分に限って許されるものと解するを相当とする。そして，詐害行為の一部取消の場合において，その目的物が本件の如く一棟の家屋の代物弁済であって不可分のものと認められる場合にあっては，債権者は一部取消の限度において，その価格の賠償を請求する外はないものといわなければならない。」──この判示事項において，最判1961〔昭和36〕年は「一部取消」について次の二つの準則を示している。それらは，（ア）抵当権の付着した不動産の譲渡が詐害行為に該当する場合には，一般債権者にとっての共同担保の範囲は当該不動産の価格から抵当権の被担保債権額を控除した価格である・（イ）本判決の事案のように，詐害行為後に不可分物たる目的不動産に付着していた抵当権が代物弁済に

---

[60] この部分に相当する金額が一般債権者にとっての共同担保となる。この点については，最判1961〔昭和36〕年の紹介を参照されたい。

より消滅した場合には，現物返還を認めるべきではなく，「一部取消」のみを認め，且つ，価格賠償のみを認めるべきである，という内容である。このうち，(ア) の準則については，最判1979〔昭和54〕年によっても踏襲されており，「全部取消」＝現物返還のケース及び「一部取消」＝価格賠償のケースの双方に共通して適用される準則となっている。これに対し，本判決の示した（イ）の準則は最判1979〔昭和54〕年の事案の解決と本判決の事案の解決とを分け隔てる要件となっている。その証左とも言うべき判決が，次に紹介する最判1992〔平成4〕年2月27日である。

　最判1992〔平成4〕年の事案の概要を紹介しよう[61]。X（取消債権者）は債務者Aに対し約2000万円の債権を有していた。AはB信用金庫に対しても約3800万円の債務を負っており，それを担保するため，BはA所有の宅地・居住用家屋・農地に極度額3000万円の共同根抵当を設定していた。しかし，Aが弁済をしなかったためBが任意競売を申し立てた。任意競売が実行されると居住用家屋等を失うことになるため，AはY1及びY2会社にA所有の宅地・居住用家屋・農地を売却し，その売却代金をBへの弁済に充て，Bの抵当権は消滅した。そこで，XはAからY1・Y2会社へのA所有の土地及び建物の売却が詐害行為に該当することを理由にその取消しを求め，一審・二審共にこの売却が詐害行為に該当することを認めた。そして，上告審では共同抵当の目的物とされた不動産の譲渡が取り消された場合の原状回復方法及びその範囲が争われ，最高裁は次のように判示した。——「共同抵当の目的とされた数個の不動産の全部又は一部の売買契約が詐害行為に該当する場合において，当該詐害行為の後に弁済によって右抵当権が消滅したときは，売買の目的とされた不動産の価額から右不動産が負担すべき右抵当権の被担保債権の額を控除した残額の限度で右売買契約を取り消し，その価格による賠償を命ずるべきであり，一部の不動産自体の回復を認めるべきものではない（最高裁昭和三〇年（オ）第二六〇号同三六年七月一九日大法廷判決・民集一五巻七号一八七五頁，同六一年（オ）第四九五号同六三年七月一九日第三小法廷判決・裁判集民事一五四号三六三頁参照）。

---

　61) 最判1992〔平成4〕年の詳細については，佐藤・前掲注59) 52頁を参照されたい。

そして，この場合において，詐害行為の目的不動産の価額から控除すべき右不動産が負担すべき右抵当権の被担保債権の額は，民法三九二条の趣旨に照らし，共同抵当の目的とされた各不動産の価額に応じて抵当権の被担保債権額を案分した額（以下「割り付け額」という。）によると解するのが相当である。」
——この判示事項に最判 1961〔昭和 35〕年が先例として引用されていることからも，前述した準則（イ）が「全部取消」＝現物返還か「一部取消」＝価格賠償かを決める要素であることを，本判決が論証したと言ってよいであろう。これに加えて，本判決は新しい判示事項を含んでいる。それは，各不動産が負担すべき被担保債権額は，共同抵当の同時配当に関する民法 392 条 1 項を類推適用して決定されるべきだという部分である。この部分は，今後の判決例に影響を及ぼすものと考えられる。

第 2 款　民法 425 条

1　別訴での価格賠償金の分配請求

最判 1962〔昭和 37〕年 10 月 9 日民集 16 巻 10 号 2070 頁の事案の概要は（詳しい紹介については第 1 款 2(3)(b)を参照），詐害行為取消判決が確定した後，受益者が取消債権者に対して別訴を提起し，弁済金の分配請求を行ったというものである。取消債権者が分配義務を負うか否かにつき，最高裁は「そのような義務あるものと解することは，分配の時期，手続等を解釈上明確ならしめる規定を全く欠く法のもとでは，否定するのほかない」と述べて，受益者の上告を棄却した。その結果，判例理論によれば，目的物が金銭の場合には取消債権者が優先して，独占的にこれを取得できることになる。この結論は，425 条と抵触することになり，この問題を解決するために 424 条の「取消」の意味を考え直そうとする試みが学説から示された[62]。また，他の債権者が平等弁済を受けるための「法律上の手続」とは何かという問題が，本判決でも明示されなかった。そして次に紹介する事案では，詐害行為（債権者）取消訴訟のなかで，

---

62) 川島武宜博士が，「取消」の効力は執行法上の平面の問題として処理すれば十分であり，目的物が不動産の場合には受益者の名義となっているままで当該不動産に対し強制執行をなし得ると解すべきだと主張し，いわゆる「執行忍容訴訟」の導入を解釈論として唱えた（川島・前掲注 56) 92 頁を参照）。

取消債権者と受益者とが弁済金を巡って争うこととなった。

2 受益者の弁済金の支払の拒絶

最判1971〔昭和46〕年11月19日（民集25巻8号1321頁）の事案は，債権者の一人が受益者を被告として債務者の受益者に対する弁済を取り消し，この取消しにかかる弁済額の支払を求める詐害行為取消訴訟手続において，被告たる受益者が，この弁済額を原告の債権額と自己の債権額とで案分し，後者に対する案分額について支払を拒絶したというものである。最高裁は，上記受益者の主張（受益者は，これを「受益の意思表示」と呼ぶ）について次のように判示した。──「もし，本件のような弁済行為についての詐害行為取消訴訟において，受益者である被告が，自己の債務者に対する債権をもって，上告人のいわゆる配当要求をなし，取消にかかる弁済額のうち，右債権に対する按分額の支払を拒むことができるとするときは，いちはやく自己の債権につき弁済を受けた受益者を保護し，総債権者の利益を無視するに帰するわけであるから，右制度の趣旨に反することになるものといわなければならない。

ところで，取消債権者が受益者または転得者に対し，取消にかかる弁済額を自己に引き渡すべきことを請求することを許すのは，債務者から逸出した財産の取戻しを実効あらしめるためにやむをえないことなのである。その場合，ひとたび取消債権者に引き渡された金員が，取消債権者のみならず他の債権者の債権の弁済にも充てられるための手続をいかに定めるか等について，立法上考慮の余地はあるとしても，そのことからただちに，上告人のいわゆる配当要求の意思表示に，所論のような効力を認めなければならない理由はないというべきである。」──このように述べて，最高裁は受益者の上告を棄却した。この判旨が述べるところは次の三点に要約できるように思われる。すなわち，（ア）受益者の配当要求を肯定することは総債権者の利益を無視する結果になる・（イ）取消債権者への金員の直接引渡を肯定することは，逸出財産の取り戻しを実効あらしめるために，やむをえないことである・（ウ）取消債権者に引き渡された金員を他の債権者にも分配するための手続については立法上考慮の余地がある，という三点である。このうち（イ）の金銭の直接引渡については，前述したように（第1款2(3)を参照），大審院判決以来，判例理論が肯定してき

たことである。

　これに対し，（ア）と（ウ）については，取消債権者と受益者との利害の調節という問題が，前掲・最判 1962〔昭和 37〕年におけるとともに，本判決においても争われたわけである。そして，ここでも，最高裁は受益者の請求を棄却した。この結論に対しては学説からの批判もあるが[63]，債権者同志の争いにおいて，取消債権者が優先して目的物である金銭を取得できることを本判決が明示したわけである。従って 425 条にいう「総債権者」には受益者は含まれないことになり，その意味で本判決は，起草当時には意識されていなかった問題について，新たな判例理論を創出したと言ってよいであろう。

第 3 款　民法 426 条

消滅時効の起算点

　大判 1915〔大正 4〕年 12 月 10 日（民録 21 輯 2039 頁）が，「取消ノ原因ヲ覚知シタル時」とは，債務者が債権者を害することを知って法律行為をなした事実を債権者が知った時をいい，受益者に対すると転得者に対するとで起算点を異にすべきではない，と判示している。

第 3 節　結　び

第 1 款　民法 424 条

判例の総括と展望

　判例理論が示す原状回復方法は，前掲・大連判 1911〔明治 44〕年 3 月 24 日が示した折衷説＋「相対的取消し」理論という枠組みによって説明しきれるものではない。なぜならば，以上に紹介したように，登記・登録を伴う物の場合には「絶対的取消し」と同様の効果を生じさせているし，動産・金銭の場合には請求権説に類似する結果を生じさせているからである。このような判例の傾向は，起草過程における「取消」の意義を理論的に明らかにするというよりも，

---

[63]　星野教授が，債権の回収に一番勤勉であった受益者と，敢えて訴訟まで提起した取消債権者との間で債権額に応じた配分を為すべきことを主張されている（星野英一「本件評釈」法協 91 巻 1 号 183 頁以下（1974 年）を参照）。

むしろ詐害行為によって逸出した財産をどのようにしたら現実に債務者の資産中に取り戻せるのか（あるいは，それが不可能な場合にはどうしたらよいのか），という点に重点をおいた思考様式であるように思われる。このような傾向は，「一部取消」に関する一連の最高裁判例において，より顕著に見出すことができる。そして，「一部取消」を巡る判例理論においては，現物返還が可能か否かの判断基準が極めて複雑になっている。その判断基準は，（ア）目的物たる不動産が不可分か否か・（イ）不動産の価格・（ウ）取消債権者の被保全債権額・（エ）抵当権が設定されているか否か・（オ）抵当権が詐害行為後に消滅しているか否か，という五つである。これらを考慮した上で，はじめて現物返還が肯定されるのであるから，判例は独自の精緻な理論を完成させたと言うことができるであろう。以上のような判例の傾向は，判例による新たな規範の創造という側面を我々に強く意識させるとともに，今後も強固に維持されていくように思われる[64]。

第2款　民法425条

本条の総括と展望

判例は，既に概観したように，解釈論による425条の効果の実現を放棄している。そして，それは立法論によって解決されるべき問題であると，判例は述べている。さらに，本条の制定過程の検討で明らかにした詐害行為取消権の「判決効の拡張」という法技術的意義についても，最高裁は何も触れていない。もっとも，上記の問題は比較的最近において意識されるようになったものであり[65]，未だ機の熟していない論点であるのかもしれない。また，判決効の拡張を実現するためには，詐害行為取消訴訟を一種の代表訴訟として構成しなけ

---

64)　本文中に述べた判例理論に対しては，責任説や訴権説が，「相対的取消し」理論の理論的欠陥を指摘しつつ，執行忍容訴訟の導入を主張している。それらの内容については，紙幅の関係上紹介することができないので，以下の文献を参照されたい。(1)責任説に関する文献——下森定「債権者取消権に関する一考察（一）（二）」志林57巻2号，3＝4合併号（1959年，1960年），中野貞一郎「債権者取消訴訟と強制執行」（同・訴訟関係と訴訟行為所収，1961年），同・民事執行法〈第2版〉259頁以下（1991年）。(2)訴権説に関する文献——平井・前掲注45) 279頁以下，佐藤・前掲注6) 260頁以下。

65)　佐藤・前掲注6) 320頁以下を参照。

ればならないことも指摘されている[66]。従って，本条の法意の実現のためには，判例の展開よりも学説による理論の深化が待たれると言ってよいであろう。

---

66) 代表訴訟性を巡る判決手続及び強制執行法上の問題点については，佐藤・前掲注6) 364頁を参照。なおこの問題の詳細については，佐藤岩昭・詐害行為取消権の理論第六章（東京大学出版会，2001年）を参照されたい。

第5章　詐害行為と法律行為
——法律行為概念と法的行為概念との比較を手がかりとして——

第1節　問題の所在と分析視角

1　問題の所在

(1)　「法律行為 (Rechtsgeschäft)」の取消しと「法的行為 (Rechtshandlung)」の取消し

(i)　現行民法424条1項本文の「法律行為の取消し」という文言は，詐害行為取消権の要件論及び効果論の双方に関して，明治民法施行後に多大の解釈論上の問題を生じさせ，さらには平成の債権法改正にも好ましくないと考えられる影響を及ぼしている。その問題を本章において，沿革的視点，比較法的視点，立法論という3点から検討する。

(ii)　沿革的には，明治民法の制定時に「法律行為」という概念が正確に理解されていなかったため，Rechtsgeschäft と Rechtshandlung——Rechtshandlung を「法的行為」と翻訳した研究者は，管見の限りでは，松坂佐一博士が最初であり本章もそれに倣う[1]——との概念的区別がなされず，その結果，取消しの効果が債務者にも及ぶと解する「絶対的取消し」理論（意思表示の取消しと同じ効果を有するという理論）を唱える大審院判例が出現するに至った。それは大判明治38年2月10日民録11輯150頁であり，この大審院判例の有する意義は次の点にあったと考えられる。それは詐害行為取消権の対象を法律行

---

[1]　松坂佐一・債権者取消権の研究 (1962年，有斐閣) 139頁以下参照。なお松坂博士は，同書において，すでに法律行為と法的行為が異なり，法的行為概念には（内心の）効果意思は本質的要件ではないこと，不作為も法的行為に含まれることを指摘している。さらに，それに続けて「わが民法第424条は法律行為といっているが，〔ドイツの〕学説はこれを広く解している」とも指摘している（松坂・前掲書140頁）。この指摘は，法律行為と法的行為との峻別が重要な意義を含むことを示唆しているのではなかろうか。

為と解し，その効力は意思表示の取消しと同様に詐害行為の当事者間にも及ぶと解する「絶対的取消し」理論を明示した点であり，そこに判例理論としての意義があった。ところが，やがて大連判明治44年3月24日民録17輯117頁が効果の点について次のような理論を述べて，上記判例を変更するに至った。すなわち，取消しの効果は，法律行為（意思表示）の取消しのそれとは異なり，詐害行為の当事者間には及ばないが，取消債権者に対する関係ではその効力を生ずるとする「相対的取消し」理論を判示し，これがその後の判例・通説となるとともに，強固な判例の準則を形成するに至った。ここまでは沿革的事実として，周知の事実であろう。

(iii) 次に，このような判例変更はどのような意味を有しているのかを評価しなければならない。この点について私は次のような仮説を提唱したい。それは法律行為概念と法的行為概念との峻別を知らなかったことが，「絶対的取消し」理論を誕生させ，さらには両者の区別を意識せずに，ドイツ法のある学説を効果論においてのみ取り入れたことが「相対的取消し」理論を誕生させたという仮説である。ここにいう「ある学説」とはいうまでもなくドイツのHellwigの物権的相対的無効説である。その結果として，詐害行為取消権の効果が，Hellwigの学説においては実体法的効果として捉えられていることに何らの疑問を向けることなく，ドイツにおける単独説であったHellwigの物権的相対的無効説に類似する形成権説が，わが国においても石坂音四郎博士によって唱えられたのである[2]。

(iv) 判例においては，形成権説よりも早くから「絶対的取消し」理論が唱えられていた。それは前述した大判明治38年2月10日である。この判例は，詐害行為取消権の対象を「法律行為」であると述べるとともに，取消しの効力は，債務者＝受益者間の「法律行為」にも及び，意思表示の取消しに関する民法121条と同様の効力を有すると述べた。また，それがゆえに債務者をも必要的共同被告としなければならないとも述べた。それゆえ，この判例には法律行為と法的行為との混同が明瞭に見受けられるし，それと同時に詐害行為取消権の効力が民法121条の効力と混同されていると言ってよいであろう。

---

[2] 石坂音四郎「債権者取消権（廃罷訴権）論」同・民法研究第2巻82〜173頁（1913年，有斐閣）。

この判例を覆した判例が前述の大連判明治44年3月24日である。この判例は，詐害行為取消しの効果は，法律行為の取消しとは異なることを明示しつつ「相対的取消し」理論を判示した。したがって，法律行為の取消しとは異なる点を意識したことは明治38年判決と比較すると大きな進歩を遂げたのではあるけれども，その「相対的取消し」という効果論が後世の学説の批判を浴びることとなった。また，「法律行為の取消し」なのか「法的行為の取消し」なのかを峻別できなかった点からも，この判例が理論的に洗練されていないと評価せざるを得ない。

(2)　「法律行為」概念と詐害行為との関連性

そうだとすると，詐害行為取消しの効果を論ずるためには，詐害行為取消権の対象が「法律行為」なのかそれ以外の行為なのかを明確に論じなければならないであろう。そのためには，法律行為概念と詐害行為概念との関連性の有無がきわめて重要となろう。それゆえ，本章においては法律行為概念と詐害行為概念とを比較するために，主としてドイツ破産外取消法（1994年の改正後は倒産外取消法という名称に変わったが，旧法に関する部分については破産外取消法の名称を用いることにしたい）における「法的行為」概念を利用することにしたい。なぜならば，この概念こそがドイツ破産外取消法の対象を定める中核的概念であるにもかかわらず，明治民法の起草者も，平成の債権法改正委員も深い注意を払わず，詐害行為取消権を「債権者を害する法律行為を取り消す」権利であるとか（明治民法），「債権者を害する行為を取り消す」権利であると規定しており（債権法改正要綱案〔仮案[3]〕），この問題の重要性を認識していないと思われるからである。そして，このような認識の不十分さが，「取消し」の効果に関する議論の錯綜を生み，「絶対的取消し」理論への回帰という，理論的にはおよそ受け入れることのできない結論に結びついていると考えられるからである。以下では「法的行為」概念の紹介から本章の作業を始めることにしよう。

(3)　「法的行為」概念に関する諸規定

(i)　「法的行為」概念は，ドイツ法において，倒産法（Insolvenzordnung）及び倒産外取消法（Gesetz über die Anfechtung von Rechtshandlungen eines Schuld-

---

[3]　要綱仮案第16-1。要綱仮案の文言は「総特集　民法（債権関係）の改正に関する要綱仮案」NBL臨時増刊1034号（2014年）19頁による。

ners außerhalb des Insolvenzverfahrens, vom 5. Oktober 1994[4])において，それぞれ否認権及び債権者取消権（詐害行為取消権のドイツ法における名称である）の対象となる行為として明文により規定されている。すなわち，倒産法においては，その第129条（原則〔Grundsatz〕）が次のように定めている。

第129条（原則）第1項　倒産手続の開始前にもくろまれたものであり，かつ，倒産債権者に不利益を与える法的行為（Rechtshandlungen）を，倒産管財人は第130条から第146条までの規定に従い取り消すことができる。

第2項　不作為（Unterlassen）は法的行為と同様に扱われる[5]。

この第129条において，倒産法の否認権の対象が「法的行為」であって，決

---

4) ドイツの倒産外取消法は1994年に改正され2001年に施行された。そして1994年の大きな改正の第一点が同法第1条（原則〔Grundsatz〕）の規定の改正である。同法第1条は，本文中に述べたように，次のように改正された。——第1条第1項「債務者の法的行為であり，その債権者に不利益を与えるものは，倒産手続外においては，以下に定める規定に従って取り消すことができる。」

この条文は，改正前の1879年法では，次のような文言であった。すなわち，——第1条（取消しの許可）「債務者の法的行為は，債権者の（弁済の）満足のために，これらの債権者に対しては無効として（als diesem gegenüber unwirksam），破産手続外において以下の諸規定に従い取り消すことができる。」

そして，改正において大きな比重を占めていると評価されている部分が，旧法第1条において「これらの債権者に対しては無効として」という文言が削除されたことであるとドイツのコンメンタールは指摘している。そして，この削除によって，立法者は以下の事柄を「原則」条項において表現したかったと解されている。すなわち，この「これらの債権者に対しては無効として」という文言が存在したがゆえに，そこからHellwigの物権的相対的無効説，それを修正した強制執行拡張説，さらには責任法説（責任法的無効という効果を主張する）などが旧法の解釈として生まれた。新法は，旧法の起草者の意図，及び，判例・通説が採るところの債務法説（Schuldrechtliche Theorie）に立脚することを強調し，その他の学説が解釈論として存在する余地がないことを示す意図をもって，このような「原則」条項の改正を行ったと解されている。したがって，債権者取消権の効果は，詐害行為の当事者である債務者＝受益者間の法的行為の効力には何らの影響を及ぼすことはないと解されている（Michael Huber, Anfechtungsgesetz, Beck'sche Kurz=kommentare Bd. 29, 10, neu bearbeitete Aufl., 2006, Einführung, S. 18, Rn. 25. C. H. Beck München）。

5) 条文については，以下を参照されたい。——Kübler/Prütting/Borg (Hrsg.), InsO-Texte Textsammlung zum Insolvenzrecht, 6. neu bearbeitete Aufl., September 2013, Stand : 3, S. 53, RWS Verlag, Köln.

して「法律行為」ではないことが明らかにされている。

(ii) 次に倒産外取消法の規定を紹介しよう。倒産外取消法（Anfechtungsgesetz）においても，その第1条（原則）において法的行為を規定している。

第1条（原則）第1項　債務者の法的行為であり，その債権者に不利益を与えるものは，倒産手続外においては，以下に定める規定に従って取り消すことができる。

第2項　不作為は法的行為と同様に扱われる[6]。

(iii) 以上の二つの条文から以下の基本原則を導き出すことができよう。すなわち，ドイツ倒産法及び倒産外取消法においては，否認権及び取消権の対象は「法的行為」であることは共通の「原則」なのであり，それを出発点として否認権及び取消権の要件及び効果論が説き起こされているという基本原則である。これは非常に重要な意味を有する。なぜならば，要件論においては，否認及び取消しの対象が法律行為ではなく，より広い意味を有する法的行為であるがゆえに意思表示の取消権（形成権）の対象とはならないという結論を意味するし，効果論においては否認及び取消しの効果が形成権の効果とは全く異なる効果を有するという結論に帰着するからである。

この二つの結論は，ドイツ法においては否認権及び債権者取消権が，意思表示の取消権とは全く異なるという命題に結びつく。たとえば，ドイツ倒産法の初歩的な教科書では，倒産法の否認（Die insolvenzrechtliche Anfechtung）は，BGB（ドイツ民法典）の意思表示の取消権とは異なり，否認の対象となった法的行為の無効に向けられたものではなく，BGBの取消しの規定と並んで独立に存在する制度として説明されている[7]。

次に債権者取消権については以下のように述べられている。すなわち債権者取消権という権利には，「取消し（Anfechtung）」というテクニカル・タームが用いられてはいるが，BGBの総則編の意思表示の取消権とは全く異なる性質を有する権利であるという指摘が，BGBの総則編の体系書によってなされて

---

[6] 条文については，以下を参照されたい。1) Kübler/Prütting/Borg (Hrsg.), a. a. O., S. 173. 2) Michael Huber, a. a. O., S. 1.

[7] Fahlbusch, Insolvenzrecht und Anfechtungsrecht, 7. Aufl., 2009, S. 101, Alpmann und Schmidt, Münster.

いる[8]。したがって，この権利も債権者を害する法的行為の効力を，その法的行為の当事者間（債務者＝受益者間）において無効とする形成的効力を有してはいないと指摘されている。このような指摘は倒産外取消法のコンメンタールにも述べられている。たとえば，M. Huber のコンメンタールによれば[9]，ドイツの通説・判例である債務法説（Schuldrechtliche Theorie）は，この取消権は債務者＝受益者間の法的行為の効力を奪わず，ただ被告である受益者に対して返還義務を課すだけである。さらに，この受益者の取消債権者に対する返還義務は，第一次的には受益者に対する執行忍容請求権（Der Anspruch auf Duldung der Zwangsvollstreckung[10]）によって，第二次的には価格賠償請求権（Wertersatzanspruch）によって実現されると述べられている[11]。

2 分析視角——詐害行為と法的行為

(1) 分析枠組みについて

以上の指摘が正しいとすると，詐害行為概念の意味の析出及びその取消しの効果の分析のために，次のような枠組みを得ることができる。すなわち詐害行為という概念は法的行為という概念と密接な関係を有するのであり，法的行為概念を検討し，それにより明らかにされた概念を通じて前述の二つの作業を行うための分析枠組みである。これを一言で表すならば，詐害行為概念は法的行為概念に依存する概念であるという命題となろう。

(2) 詐害行為と法律行為概念の関連性

次に詐害行為と法律行為概念との関連性について一言する。これを簡潔に言うならば，両者の間には関連性はほとんどないと言わざるを得ない。なぜならば，法律行為は民法総則において形成権（形成力ある私法上の意思表示）によっ

---

[8] Wolf/Neuner, Allgemeiner Teil des Bürgerlichen Rechts, 10. Aufl., 2012, S. 458, Rn. 41-10, C. H. Beck, München.

[9] Michael Huber, a. a. O., S. 16-18.

[10] 執行忍容請求権が訴え（Klage）または抗弁（Einrede）によって行使されなければならないことについては，倒産外取消法第13条（訴えによる行使），第9条（抗弁による行使）を参照されたい。

[11] Michael Huber, a. a. O., S. 16-18, 191, 201；Fahlbusch, a. a. O., S. 162-163. 価格賠償請求権も訴えまたは抗弁によって行使されなければならない（同法13条，9条参照）。

て取り消すことができるのが原則だからである。そして，形成権による取消しのみが当事者間の法律行為の効果を無効にできるという効力を有する。したがって，債権者取消権による「取消し」と，法律行為の取消しとは，その要件及び効果を全く異にする制度となる。そうだとすると法律行為概念は，詐害行為を規定する法的行為とは全く異なる概念であることに注意しなければならない。

(3) 詐害行為と法的行為概念の関連性

　以上の検討から，詐害行為概念及び詐害行為取消しの効果については，法的行為概念を基準にすべきであるというきわめて重要な結論を得ることができる。なぜならば，債権者取消権の対象は法的行為であるがゆえに，その法的行為概念の内容を正確に理解しなければ，債権者取消権の要件及び効果に関する解釈論を導き出すことができないからである。このような問題意識は，わが国の詐害行為取消権の従来の解釈論及び立法論において，欠落していたと思われる重要な分析視角である。なぜならば，わが国の解釈論においては，明治民法の起草当時から法律行為と法的行為の概念的峻別がなされていなかったからである。その典型的な例が民法第424条1項本文の「債権者は，債務者が債権者を害することを知ってした『法律行為』の取消しを裁判所に請求することができる」という条文の文言に現れている（『　』は筆者の付したものである）。判例・学説も同様の誤りを犯しており，詐害行為取消権の性質及び効果に関して，形成権的な理解を述べるものが多く存在し，この問題の重要性を無視してきたと考えられる。また，近時の債権法改正要綱案においても，詐害行為取消権の効果が債務者にも及ぶという改正案が示されており，この改正案も絶対的取消しを示唆する点において，法律行為と法的行為との混同を内包する立法論であると評価できよう。これらの百数十年にわたるドイツ法に関する誤解から訣別するためには，法律行為と法的行為とを峻別し，法的行為（詐害行為）の「取消し」は特殊な要件及び効果を有するという問題意識をもって，この解釈論に取り組まなければならないと私は考える。

第2節　従来の詐害行為概念の批判

1　民法424条1項本文の文言への批判
(1)　沿革的検討

　前述したように，法的行為概念に対する誤解ないしは無理解は，明治民法の起草時に既に始まっていた。たとえば起草委員の一人の梅謙次郎博士は，その著書の中で法律行為と法的行為とを混同していたことが指摘されている[12]。このような起草委員の見解から，明治民法起草時に，起草者において詐害行為取消権の対象及び効果に関して，法律行為と法的行為との区別の重要性が認識されておらず，その帰結として取消しの意味の特殊性にも配慮されなかったことが窺えるのである。その結果として，梅博士一人の認識だけではなく法典調査会全体の認識がこの問題——法律行為と法的行為との峻別という問題——について欠けてしまい，明治民法424条1項本文の文言が「……法律行為ノ取消ヲ裁判所ニ請求スルコトヲ得」という文言になってしまったのではないかという推測が成り立つ。要するに，条文を起草するにあたり——ボアソナード民法草案を土台としフランス民法の議論の影響を受けつつ[13]——ドイツ破産外取消法を参考にしたのではあるけれども，取消しの対象となる「法的行為」という概念の意味と，それが有する法技術的重要性に気づかぬまま明治民法の424条1項本文が起草されたと言ってよいであろう[14]。したがって，この項の最

---

12)　梅謙次郎・民法要義巻之三債権編（復刻版・1984年，有斐閣）87頁に「……即チ第百二十一条ノ規定ハ本条（424条を指す——筆者）ノ取消権ニモ適用スヘキモノナリ」との叙述がある。さらに，平井宜雄教授の法律行為に関する研究において，フランス法の権威である梅謙次郎博士が，Rechtsgeschäft と Rechtshandlung とを混同していたことが明らかにされている（川島武宜＝平井宜雄編・新版注釈民法(3)（2003年，有斐閣）4頁（法典調査会の議事において Rechtsgeschäft と Rechtshandlung とを区別する必要がないとの指摘がなされていることが述べられている），28頁〔平井〕を参照。

13)　現行民法424条の原型である民法草案419条が，ボアソナード民法草案第361条1項にその淵源を有することについては，佐藤岩昭・詐害行為取消権の理論（2001年，東京大学出版会）242頁以下を参照されたい。

14)　現行民法については，425条がボアソナードの学説を条文化したものであることは，別の機会に詳論したのでそれを参照されたい（佐藤・前出注13) 266頁以下を参照）。

後に一言付け加えるならば，現行民法424条1項本文は「債権者は，債務者が債権者を害することを知ってした『法的行為』の取消しを裁判所に請求することができる」(『　』は筆者が強調のために付したものである）という文言にするべきであったと考えることができる。

(2) 判例・通説の検討[15]

(i) 詐害行為取消権の対象を規定する概念として，その後の判例・学説においても「法的行為」という概念について明確に意識されることはなかったと言ってよい。たとえば，詐害行為取消権の対象が「債務者ノ法律行為」であることを判決理由で明示する判例は，前掲・大連判明治44年3月24日以来多く存在する[16]。これらの判例が，どのような意図で「債務者の法律行為」が取消権の対象となると述べているのかは必ずしも明らかにされてはいない。おそらく424条1項本文の文言に従ってこのような判決理由を述べているに過ぎないと考えられるが，そうだとすると判例の積み重ねてきた法律行為と法的行為との峻別に対する無意識の無理解は，民法解釈学にとって大きな負の遺産を残したと評価すべきであろう。

(ii) 以上のような判例理論に対する厳しい批判は，そのまま多くの学説に対しても向けられなければならない。なぜならば学説も判例理論と同じ過ちを無

したがって，現行民法の詐害行為取消権の規定は，ドイツ法及びフランス法の双方からの影響を受けて制定されたと考えてよいであろう。

15) 本章では，私の問題意識に基づいて構築された分析視角に沿って，日本の学説を検討することになる。したがって，すべての学説を網羅的に紹介し検討することはできない。日本の学説の網羅的な検討に関しては，瀬川信久「詐害行為取消権——日本法の比較法的位置と改正案の現実的意義」同編著『債権法改正の論点とこれからの検討課題』別冊NBL147号（2014年）91頁を参照されたい。なお，この論稿は債権法改正要綱案に肯定的立場を採っており，ドイツ法の債務法説と執行忍容訴訟の意義については否定的立場のようである。

16) たとえば，大判明治38・2・10民録11輯150頁（原告である取消債権者が，債務者と被告である受益者との間で行った「法律行為」を取り消すためには，原告は財産上害された権利を有することを要すると判示する），最判平成11・6・11民集53巻5号898頁（遺産分割協議について財産権を目的とする法律行為であると判示する），最判平成24・10・12民集66巻10号3311頁（会社の分割について財産権を目的とする法律行為であると判示する）などである。

意識のうちに犯してきたと考えられるからである。たとえば，通説の代表と思われる我妻栄博士の体系書によれば「債権者取消権が生ずるためには，まず，債務者が債権者を害する法律行為（詐害行為）をしたことが必要であり，つぎに，債務者，受益者（詐害行為によって利益を受けた者），転得者（受益者から詐害行為の目的物を譲り受けた者）の悪意が要件である」と述べられている[17]。さらに，我妻説によれば「詐害行為は債権者を害する債務者の法律行為である」とか「法律行為に限るが（贈与を承諾しないというような不作為は含まれない），その種類を問わない」と述べられており[18]，不作為は詐害行為である「法律行為」には含まれないという興味深い指摘がなされている[19]。これらが我妻説のすべてを意味するものではないけれども，以上の叙述を見ても，詐害行為が法律行為であることに我妻博士は疑問を抱いておられないようである。そして詐害行為が法律行為に限られることから，不作為は詐害行為に含まれないという興味深い結論を導き出しておられるのである。なぜ興味深いかと言うと，後述するように，ドイツ倒産外取消法第1条2項は「不作為は法的行為と同様に扱う」と明文を以て定めているからである。このように不作為に焦点を当てただけでも，詐害行為を法律行為と規定する学説の問題点が浮かび上がるが，問題はそれだけではない。たとえば，①事実行為は詐害行為に含まれるのか，②訴訟行為は含まれるのか，③それらが詐害行為に含まれるとしたら，それらを詐害行為として「取り消す」とはいかなる効果を有するのか，という問題点が浮かび上がってくるのである。これらは，既に述べたように明治民法の起草者が詐害行為取消権に関する424条1項の規定を，ドイツ破産外取消法第1条

---

17) 我妻栄・新訂債権総論（1964年，岩波書店）176頁。

18) 我妻・前出注17) 177頁参照。

19) 本文中で述べたように，我妻博士は贈与の不承諾を不作為の問題として論じておられるが，松坂博士は「贈与の拒絶」として論じられ，かつ，「単なる取得の拒絶は，債務者の財産からの逸出とはならないからである」（松坂・前出注1) 141頁）と述べられている。したがって，贈与の不承諾またはその拒絶を不作為全般の問題として扱うか，あるいは，財産からの逸出の有無の問題として扱うかは論者によってその結論が異なる。なお，柚木馨著＝高木多喜男補訂・判例債権法総論〈補訂版〉（1971年，有斐閣）190頁も，詐害行為は債務者の「法律行為」だけであり，単なる不作為・事実行為・純然たる訴訟行為はそれに含まれないと述べている。

の文言に倣って起草したがゆえに生じたものである。しかし既述のように，同条が詐害行為概念を規定する条文でありながら，その中心をなす「法的行為」概念の内容について，比較法的研究及び解釈論的研究が十分に行われることはなかったようである。その原因は──これも既述の事項ではあるけれども繰り返しを厭わずにそれを述べるならば──詐害行為概念を債務者の「法律行為」と理解し続けてきた点にある。このような「誤解」は，さらに詐害行為取消権の性質は形成権かとか，詐害行為取消権の効果は意思表示の取消権（121条）と同じなのかといった問題の定式化を推し進める原因となり，これらの諸問題は，ドイツ破産外取消法の解釈を基準にするならば一種の「仮象問題[20]」を形成するに至ったと考えられる。

(3) 小　括

以上の検討とそこから得られる結論とが正しいとするならば，本章が扱う次の問題は，このような仮象問題に引きずられて論じ続けられてきたわが国の解釈論上の学説の検討である。特に近時，債権法改正作業とともに再浮上してきた取消しの絶対的効力説や，同じく再登場した形成権説の検討及び批判を行うことが論述の中心となろう。

2　「絶対的取消し」理論への批判

(1) 「絶対的取消し」理論の検討

（i）この理論は大判明治38年2月10日民録11輯150頁が示した判例がその原型となっている理論である。その内容は民法424条1項の詐害行為取消権による取消しの効果は，詐害行為の当事者である債務者＝受益者間の「法律行為」の効力にも及び，その効力は意思表示の取消し（121条）と同様に，はじめから無効となると解する理論である。このような理論は，次に述べる点から特殊日本法的な解釈論であると考えられる。第一に詐害行為取消しの対象が「法律行為」であるという法文──これが立法過程における過誤によって定められた文言であることについては既述した──を理由として，121条の取消し

---

[20]　「仮象問題」という哲学上の概念を用いて，損害賠償法の理論的構築を行った先駆的業績は，平井宜雄・損害賠償法の理論（1971年，東京大学出版会）9頁以下（特に，13頁注（五）参照）である。

と同じ効果を有すると説いているが，取消しの対象は比較法的・沿革的検討によれば「法的行為」でなければならない。そうだとすると，取消しの効果が同条と同じであるという結論は，誤った結論であると私は考える。

(ⅱ) 第二に，この「絶対的取消し」理論に近い立場と考えられる，ドイツの著名な学者である Hellwig の物権的相対的無効説は，債権者取消権の行使方法は BGB の定める意思表示の取消しに関する形成権の行使によるべきであると主張していた。しかしドイツの債権者取消権の行使方法が訴えまたは抗弁によると明文で定められていたため，単独説に終わった。さらに，その主張する物権的相対的無効とは，Hellwig によれば，BGB 第 135 条に基づく「相対的無効」であると主張されていた。これは明らかに意思表示に瑕疵のある場合の取消権を定めた規定であり，法律行為の取消しという効果をもたらす。それが BGB 上では「相対的無効」なのであって，あくまで形成権の行使——換言すれば形成力ある私法上の意思表示——によって生ずる効果であるという主張であった。

(ⅲ) 第三に，BGB の総則編の解釈論として，それ自身が，総則編の意思表示の取消権と，倒産外取消法の取消権及び倒産法の否認権とは区別されるべきものであることを明示している。その理由は概ね以下の三点である。①第一に，総則編の取消権は，形成権または形成の意思表示（Gestaltungserklärung）と呼ばれており，取消権の対象はあくまでも「意思表示」（Erklälung）である。これに対して債権者取消権または否認権の対象は，倒産外取消法または倒産法によって特に規定された債務者の法的行為である[21]。したがって，取消権という名称は同じでも，その対象が全く異なる。②第二にその効果が全く異なることも，両者が異なる性質の権利である理由に挙げられている。すなわち意思表示の取消権は，対象となった意思表示の効力を無効にするという効果を有する。これに対し債権者取消権の効力は，債権者を害する法的行為により逸出した目的物から，債権者が再び弁済のための金銭を得るために，目的物を債権者の自由な処分にゆだねることにあると説かれている[22]。これは現物返還の方法と

---

21) Helmut Köhler, BGB Allgemeiner Teil, 32. Aufl., 2008, S. 208, C. H. Beck, München; Wolf/Neuner, a. a. O., S. 458, Rn. 41-10; Reinhard Bork, Allgemeiner Teil des Bürgerlichen Gesetzbuchs, 3. Aufl., 2011, S. 519, Rn. 1320, Mohr Siebeck, Tübingen.

しては，受益者を直接の被告とする執行忍容訴訟によることを示している。③第三に，ドイツ法において注目すべき点は，この倒産外取消法の定める執行忍容訴訟が，ZPO（ドイツ民事訴訟法）には何らの根拠規定がないにもかかわらず，解釈論によって肯定されていることである[23]。その根拠は，改正前の破産外取消法第7条の文言，及び，改正後の倒産外取消法第11条の文言である。

（ア）　改正前の破産外取消法第7条1項は，以下のように規定されていた。

第7条（返還請求権〔Rückgewäranspruch〕）1項　債権者は，その（債権）者がその弁済の満足に必要である限り，取り消しうる法的行為によって債務者の財産から逸出し，譲渡され，移離された物が，あたかも未だ受益者に属するものとして，受益者から返還されることを請求できる。

この第7条1項の定める返還請求権が執行忍容訴訟を基礎づけていると解釈されており，このような解釈がドイツの判例・通説である債務法説と呼ばれる学説である[24]。

（イ）　ドイツの判例・通説（債務法説）は，1994年の法改正においても継承され，新法（倒産外取消法）においては以下のような条文に変わった。

第11条（法律効果〔Rechtsfolgen〕）1項　（第1文）債務者の財産から取り消しうる法的行為によって譲渡され，手放され，放棄された物は，その債権者の弁済の満足に必要な限りにおいて，その債権者のために自由に処分されなければならない。

（第2文）不当利得の法律効果に関する規定は，受益者において法的基礎の欠缺を知っている場合に準用される[25]。

---

22)　Wolf/Neuner, a. a. O., S. 458.
23)　この点については，中野貞一郎「債権者取消訴訟の強制執行」同・過失の推認〈増補版〉（1987年，弘文堂）309頁参照，同・民事執行法〈増補新訂六版〉（2010年，青林書院）295頁注（1）詐害行為取消権の法的構成を参照。vgl. Michael Huber, a. a. O., S. 191ff.; Jörg Nerlich, Christoph Niehus, Anfechtungsgesetz, 2000, S. 16, S. 112, C. H. Beck, München.
24)　債務法説（債権説）については，佐藤・前出注13) 150頁参照。
25)　Michael Huber, a. a. O., S. 183；なお，本文中の倒産外取消法の翻訳に関しては，奥田昌道編・新版注釈民法(10)-II（2011年，有斐閣）783頁〔下森定〕を参照されたい。また，下森定・詐害行為取消権の研究（下森定著作集I）（2014年，信山社）152頁以下も参照

この第11条1項第1文が，新法も債務法説（取消債権者は被告である受益者に対して，原状回復のために債務法上の請求権のみを有すると考える説[26]）を採用することを明示していると解されている。特に「譲渡され，手放され，放棄された物は，……その債権者のために自由に処分されなければならない」という規定は，現物返還の方法としては執行忍容訴訟を意味すると解されており，旧法第7条1項の規定と同じ内容を定めたものと解されている。したがって，新法に変わっても，取消債権者にとっての第一次請求権は執行忍容訴訟（Klage auf Duldung der Zwangsvollstreckung）であり[27]，第一次請求権の行使が不可能な場合に，第二次請求権として，取消債権者は価格賠償請求権（Wertersatzanspuruch）を受益者に対して行使できると解されている。この点も旧法下における判例・通説の解釈論と何ら変わることはないと説かれている[28]。このように，解釈論として執行忍容訴訟を可能とする債務法説は，法改正によって，より強固な通説となり，かつ，明晰な法理論となったといってよいであろう。

そうだとすると，わが国においても，民事執行法上の新たな立法をせずに，この執行忍容訴訟を解釈論として導入することは，比較法的に検討するならば十分に可能であると私は考える。この点については日本法の解釈論の箇所で再び詳述することにしたい。

(iv) 以上の検討を前提にすると，日本法の取消しの効果に関する絶対的効力説は次の理由により比較法的支持を得られないと私は考える。それらは，第一に，詐害行為取消権は意思表示の取消権とは全く異なる性質の権利であるというきわめて基礎的な理由である。これはドイツ法の解釈論において顕著に見受けられる理由づけであるけれども，同様の理由づけはフランス法の解釈論においても見られる（無効訴権ではないという理由である）。第二に，これも第一の理由に基づくものではあるが，詐害行為取消権は，意思表示の取消しによって

されたい。

26) Fahlbusch, a. a. O., S. 162, Rn. 297.
27) Michael Huber, a. a. O., S. 191, Rn. 17, S. 217, Rn. 3.
28) Michael Huber, a. a. O., S. 185-186, Rn. 4-5, S. 190ff., Rn. 14-17, S. 201ff., Rn. 37-40 ; Hans-Peter Kirchhof, Anfechtungsgesetz, 2012, S. 6, Rn. 19-20, S. 9-11, C. H. Beck, München.（なお，この注釈書は債務法説が連邦通常裁判所の変わらぬ判例であることを認めつつも，自説の責任法説への転換が始まっていると主張する。）

生ずる無効の如き形成権的効力を有するものでは決してないという理由である。それはドイツの判例・通説である債務法説の内容において明確に述べられており，その点については既述したので繰り返さない。要するに形成権的効力を有しないがゆえに意思表示の取消しとは全く無縁なのである。それゆえ詐害行為取消権は「絶対的取消し」という効力も，「相対的取消し」という効力も，「責任法的無効（haftungsrechtlicher Unwirksamkeit）」という効力も一切有しないのである。以上が取消しの絶対的効力理論及びその他の無効説に私が反対する理由である。

(2) 再登場した形成権説（新形成権説）への批判

(i) 近時，詐害行為取消権を裁判上で行使する形成権であると解する学説が現れ，取消しの絶対的効力説を唱えている（新形成権説などと呼ばれている）。しかし，この学説に対しても私見の立場からは賛成し得ない。その理由は，既に述べたところと重複するので詳述はしないが，その要点だけを記すことにしたい。

(ii) 第一の理由は，比較法的検討から，詐害行為取消権（ドイツ法の債権者取消権）は形成権ではないからである。この点については，前述の債権者取消権と意思表示の取消権との比較検討で明らかになったと私は考える。

(iii) 第二の理由は以下の如くである。すなわち日本法の詐害行為取消権は，形成権を訴訟上で行使しなければならない旨を定めた規定であると新形成権説は主張するけれども，形成権であるとしたら，それは実体法上の形成力ある意思表示により行使されなければならないはずであり，「裁判上で行使しなければならない形成権」という解釈論は，形成権概念と正面から矛盾する概念を提示する解釈だからである。かような理由で私はこの説には賛成できない[29]。

3 債権法改正要綱案（仮案）の批判

(1) 債権法改正要綱案（仮案）について

(i) 債権法改正要綱案（仮案）——以下では単に要綱案と略記する——の規定の批判を行う。なぜこの作業を行うのかと言うと，債権法改正作業は，明治

---

29) この問題については以前に詳論したことがあるので，その箇所を挙げておく。佐藤・前出注13) 367頁参照。

民法典にとって公布以来百数十年ぶりの大改正であると言われており，その改正範囲は債権法だけでなく法律行為や時効などの民法総則にも及ぶ大規模な改正だからである。したがって，その改正が重要な影響を各方面に及ぼすことは容易に想像できる。そうだとすると，その大改正の中の一論点に過ぎないものではあるが，大連判明治44年3月24日以来，判例及び学説が膨大な議論を重ねてきた詐害行為取消権の効果に関する要綱案について，一研究者という立場からの関心に過ぎないけれども，立法論上の論点について多大の興味を抱かざるを得ないからである。以下では既述の分析視角に沿って要綱案の批判を行う。

（ii）要綱案に対する私見の結論を簡単に述べたい。それは，要綱案は，効果論に関する学説の蓄積を重視しないものであり，比較法的知見を活用しないものであるという結論である。たとえば近時のドイツ倒産外取消法の改正やフランス債務法の改正案（カタラ草案など）に見られる判例・通説の根幹を維持した上での，立法による法律の進歩と比べると，きわめて残念な結果となっているのではないだろうかと私は考える。以下では，要綱案に対する批判を重要な二点に分けて述べることにしたい。

(2) **要綱案に対する批判**

（i）第一に，詐害行為取消権の対象に関する規定についての批判を述べる。それは次に引用する第16「詐害行為取消権」から始まる。

1 受益者に対する詐害行為取消権の要件（民法第424条第1項関係）

債権者は，債務者が債権者を害することを知ってした行為の取消しを裁判所に請求することができる。ただし，その行為によって利益をうけた者（以下この第16において「受益者」という。）がその行為の時において債権者を害することを知らなかったときは，この限りでない[30]。

この要綱案第16-1において，現行民法424条1項本文の「法律行為の取消し」という文言が「行為の取消し」へと改正されている。この改正はある程度肯定的に評価できるであろう。なぜならば「法律行為」という文言が「行為」へと変えられたからである。この点において，本章で指摘してきたところの，現行民法の詐害行為取消権の対象が法律行為であるという重大な誤謬が修正さ

---

30) 要綱案の条文は前出注3) 29頁による。

れたと私は解釈するからである。しかし，この改正だけでは不十分であると私は考える。なぜならば，これだけでは「意思表示の取消し」の効果論からの脱却を果たすことができないからである。その理由は「取消し」という文言が維持されているからである。もし「取消し」という文言を維持するのであれば，「法的行為」概念を明らかにした上で，これを条文に積極的に取り入れるべきだと私は考える。そのことにより，次のような利点を得ることができるであろう。それは詐害行為取消しと，「法律行為の取消し」すなわち「意思表示の取消し」とは全く異なる制度であり，それゆえにその要件及び効果も全く異なることを，詐害行為取消権に関する最初の条文で明示することができるという理論上の利点である。

　以上の考えとは異なり，フランス民法第1167条第1項[31]のように「債権者は，その個人の名において，その債務者が債権者の権利を詐害するために行った行為を攻撃する（attaquer）ことができる」と定める立法例に倣うならば，詐害行為の対象は「債務者が債権者を害することを知ってした行為」でよいであろうが，債権者の有する権利とは，その「行為」を「攻撃する」権利，すなわち「廃罷する」という権利であるという定め方が適切である。このように規定することにより，詐害行為取消権の効果が，無効訴権とは無関係であり，いわゆる「対抗不可性訴権（詐害行為の廃罷の効果は債務者＝受益者間の行為には及ばないと解される訴権）」であることを条文で明示できるからである。しかし，そうではなく，詐害行為取消権が「取消し」という効果を有することを示すのであれば，その「取消し」の対象は「法的行為」であり，「意思表示の取消し」とは全く異なる効果を有することを明示しなければならないであろう。この点において要綱案は徹底しておらず，比較法的知見を十分に生かし切っていないと私は考える。

　(ⅱ)　第二に，詐害行為取消権の効果に関する要綱案の基本的立場を批判する。
　①　要綱案第16-7，第16-10という二箇条が詐害行為取消権の実体法上の効果及び訴訟法上の効果について基本原則を定めている[32]。その中でも第

---

31)　条文は以下の資料による。Code Civil, 110 ed., p. 1444, Dalloz, Paris, 2010. この資料によれば原文は以下の通りである。——Art. 1167. Ils peuvent aussi, en leur nom personnel, attaquer les actes faits par leur débiteur en fraude de leurs droits.

16-7⑴・⑵が詐害行為取消権の行使の効果としての原状回復方法について詳細に規定している。すなわち，

　第 16-7（詐害行為取消権の行使の方法）　⑴　債権者は，一の請求において，債務者がした行為の取消しとともに，当該行為によって受益者に移転した財産の返還を請求することができる。受益者が当該財産の返還をすることが困難であるときは，債権者は，価額の賠償を請求することができる。

という規定である（なお，第 16-7⑵は転得者に対する詐害行為取消権の行使方法を定めており，その内容は⑴と同様なので引用は省略する）。

②　第一に，この第 16-7 という規定は，詐害行為取消権の行使方法を規定すると同時に，その効果をも規定するという重要な意義を有する。なぜならば，詐害行為の取消しと逸出財産（受益者に移転した財産）の返還請求とを同時に，被告である受益者に請求できると定めているからである。これは，とりもなおさず，大連判明治 44 年 3 月 24 日が判示した折衷説と呼ばれる内容と同じである。すなわち詐害行為取消権は，形成権である取消権と，逸出財産の返還請求権とが合体した権利であるという見解である。しかし，フランス法，ドイツ法，さらには英米法にも，単一の権利である詐害行為取消権に，実体法上の二つの権利（形成権と請求権）が同時に存在すると主張する判例ないし学説は，管見の限りでは存在しない。したがって，このような基本的思考法を採ることにおいて，要綱案は既に問題点を有していると評価せざるを得ない。

③　第二に，形成権を定めていると解される点について検討する。これは繰り返して述べてきた論点なので結論だけを示す。すなわち「裁判上で行使しなければならない形成権」を定めた第 16-7 は，比較法的に見ると概念的に相容れない二つの要素を含んでいる。つまり形成権であるならば，その行使は裁判外での実体法上の意思表示によらなければならないし[33]，その権利が裁判上

---

32) 前出注 3) 19〜20 頁参照。このほかに，第 16-11 及び第 16-12 という，受益者の反対給付の返還，及び，債権の復活に関する規定がある。これらは現行民法に存在しない規定であり，かつ，受益者の利益主張を強化する規定である。それゆえ取消債権者に不利な要素を多分に含んでいる。これらについても十分に議論しなければならないのであるが，紙幅の関係上，本章では問題点の指摘にとどめる。

33) ドイツ民法総則の取消権（形成権）の行使方法については，以下の注釈書を参考にされたい。vgl. Säcker/Rixecker, Münchener Kommentar zum Bürgerlichen Gesetz-

で行使されなければならない権利であるならば,それは実体法上の形成権ではなく,いわゆる「訴権（actio）」としての性質を有すると言わざるを得ない。

④　第三に,訴訟法上の効力に関する規定を検討する。それは第16-10である。この規定は,現行民法425条の改正案として以下の内容を定める。——「(第16-) 1又は6の取消しの請求を認容する確定判決は,債務者及びその全ての債権者に対してもその効力を有する」という規定である。この規定は以下の三点において,不明確な内容を有する。

（ア）　第一に,詐害行為取消訴訟の認容判決——原告の勝訴の確定判決——の効力が,なぜ債務者にも及ぶのかという点に関して疑問が生ずる。債務者は被告ではないはずであり,そのような者に判決の効力を及ぼすとしたら,それはどのような効力となるのかという疑問を抱かざるを得ない。この疑問は,第16-7(4)の「債権者は,（第16-) 1又は6の請求に係る訴えを提起したときは,遅滞なく,債務者に対し,訴訟告知をしなければならない」という規定を前提としたうえで,訴訟に参加したか,あるいは,参加すべきであった債務者にいかなる効力を及ぼす趣旨の規定なのかという問題と関連する。換言すれば,訴訟告知との関連において,いかなる民事訴訟法上の効力が債務者に及ぶのかが判然としない。その意味で「反論可能性[34]」が小さい規定である。さらに,判決効の拡張に関して,その他の全ての債権者と同列に債務者を扱っている点は,立法技術として不適切ではなかろうか。少なくとも,全ての債権者と債務者とを分けて論じ,それに対応して規定も分けて定めるべきではなかろうか。このような規定の定め方という論点も,債務者にいかなる民事訴訟法上の効力が,詐害行為取消判決により拡張されるのかが明らかにされない限り,これを明確に論ずることのできない問題である。その意味においても反論可能性の小

---

buch, Bd. 1, Allgemeiner Teil, 1. Halbband, 5. Aufl., 2006, S. 1775, Rn. 2-4, C. H. Beck, München ; Palandt, Bürgerliches Gesetzbuch, 68. Aufl., 2009, S. 152, Rn. 1-3, C. H. Beck, München（後者は,BGB 143条の取消しの意思表示が形成権であることを明記している）; Bamberger/Roth, Kommentar zum Bürgerlichen Gesetzbuch, Bd. 1, 2. Aufl., 2007, S. 545, Rn. 2, C. H. Beck, München.

[34]　反論可能性テーゼについては,平井宜雄「『議論』と法律学像」同・法律学基礎論の研究（平井宜雄著作集Ⅰ）（2010年,有斐閣）155頁,同「法解釈論の合理主義的基礎づけ」同・前掲書175頁を参照されたい。

さい規定である。

　(イ)　第二に，「その全ての債権者」と規定されているけれども，その範囲はどのような基準で確定されるのであろうか。これは，現行425条に関し解釈論上の問題（たとえば弁済の取消しの場合に，受益者は債権者の一人となるが，このような受益者も425条の「総債権者」に含まれるのかという問題）となっているが，その範囲を不明確にしたままの立法でよいのであろうか。それに加えて，法定訴訟担当で論じられるように，もし原告債権者の背後に隠れている債権者全てを意味すると解するならば，そのような債権者の存在をどのような手続きで探知するのであろうか。この点も疑問である。さらに，その他の債権者が詐害行為取消訴訟に参加する方途について，手続保障の側面から，これを考慮すべきではなかろうかという疑問も生ずる。

　(ウ)　第三に，なぜ認容判決（原告勝訴の確定判決）の効力だけが，債務者及び全ての債権者に拡張されるのであろうか。このような片面的拡張論は，ボアソナード民法草案にも存在した理論であるけれども[35]，そのような理論に対しては，勝訴した被告たる受益者または転得者が，原告以外の債権者による詐害行為取消訴訟において何度も訴えられる煩わしさを考慮していないという批判がなされた。この点について要綱案はどのように考えるのであろうか。

(3)　批判の要約

　(i)　以上の批判を要約すると以下の如き内容となろう。第一に，要綱案第16-1は取消しの対象を単に「債権者を害する行為」と規定するのみで，それが法的行為なのか法律行為なのかを明示していない。このような第16-1は取消しの対象の法的性質を明確に規定することができないという欠点を有する。特に，総則において法律行為概念を有するわが国の民法典においては，取消しの対象が法的行為であることを明示するメリットは多大なものとなろう。なぜならば，そのような明示は取消しの効果にも影響を及ぼすからである。

　(ii)　第二に詐害行為取消しの効果については，次の批判が当てはまると私は考える。

　①　第一に，実体法上の効果に関しては，要綱案は「絶対的取消し」理論を

---

[35]　判決効の片面的拡張に関するボアソナード民法草案については，佐藤・前出注13) 256頁参照。

採るようであるが（第16-7(1)・(2)及び第16-10），これは大判明治38年への後退であるばかりでなく（ただし，両者は全く同一の法律論を採っているわけではない。その限りで要綱案は純粋な絶対的取消し理論を採っているのか否かについても疑問が残る[36]），ドイツ法及びフランス法の判例・通説と隔絶した内容となっている。すなわちドイツ法及びフランス法では詐害行為取消しの効果は債務者＝受益者間の法的行為の効力に影響を及ぼすことはなく，それゆえ債務者に効力が及ぶこともないのである。

② 第二に，訴訟法上の効力に関しては，既述の通り規定の内容の不明確さが目立つ。すなわち判決効の拡張という法技術に頼るあまり，第16-10は種々の不明確さを生み出し，かえって将来の解釈論上の混乱を招くおそれを内包した規定となっている（第2節3(2)(ii)④（ウ）を参照）。

(iii) 以上が要綱案に対する本稿の批判の要約である。そして，これらの問題点を生ぜしめる原因の一つが「法的行為」概念に対する理解の不十分さにあると考えられる。この概念に対する理解の不十分さは，平成の債権法改正作業[37]のみならず明治民法典の起草時においても見受けられ，法律行為概念を採用しつつも，それと法的行為概念の区別がなされていなかったこと，及び，それが引き起こした解釈論上の混乱については既に指摘した通りである。それゆえ，この法的行為概念についての比較法的分析を以下に行い，この概念に対する理解の必要性及び重要性を示すことを試みることにしたい。

---

[36] 大判明治38年が債務者を必要的共同訴訟の共同被告として位置づける理論を展開したのに対して，要綱案は債務者の被告適格を肯定するのか否かが明らかではない。債務者に対する告知の必要性を第16-7(4)に規定しているからである。そのため，このような債務者に対する詐害行為取消判決の効力が如何なるものかが判然としない。あるいは共同被告とする趣旨で告知を必要と規定し，判決主文の効力を債務者に及ぼす趣旨なのかもしれない。いずれにしろ，その趣旨が不明確であることには変わりがない。

[37] 債権法改正要綱案が，詐害行為取消しの対象として法律行為概念を捨て，端的に詐害行為概念（「債務者の債権者を害する行為」概念）を採用したことは，ある程度の前進かもしれない。けれども取消しの効果として「絶対的取消し」理論と同じ効果――債務者への判決効の拡張という法技術をも用いて――を規定したことは，比較法的に例を見ない立法例を作ることになり，さらには大判明治38年の判例理論まで後退することを意味し，肯定的には決して評価できない。

第3節　詐害行為概念（法的行為概念）の比較法的検討[38]

1　ドイツ倒産外取消法における法的行為概念の意義
(1)　法的行為概念の定義について

　この概念の定義は以下の如くである。すなわち「法的効果を伴うあらゆる意思の活動が法的行為という概念に分類される。法律行為，法律行為に類似した行為，訴訟行為，そして事実行為もそれに分類される[39]」という定義である。また，ある注釈書によれば次のように定義されている。すなわち「法的効果を伴うすべての行為――たとえ，これらが意図され，あるいは，意図されない〔ものである〕としても――は，法的行為という概念に分類される。この概念は広く解釈されるべきであり，かつ，あらゆる行為は惹起された強制執行の摑取に対する不利益に向けられた法的効果として理解される[40]」という定義である。これらの定義によれば，法的行為という概念は，何らかの法的効果を伴う行為であれば，それに該当することになる。そして法律行為と異なる点は，意思表示を要素とする必要は全くないという点にある。それゆえ，この概念は広いものであり法律行為概念をも内包する概念である。

(2)　法的行為概念の特色について

　この法的行為概念の特色は，倒産法や倒産外取消法の分野において，否認権や債権者取消権の対象となる債務者の行為[41]を広く定義し，それにより否認

---

38)　比較法的検討に関しては，フランス債務法における詐害行為概念の紹介と検討も本節で行わなければならない作業である。しかし，紙幅の関係上，本節ではその作業を断念せざるを得なかった。フランス民法第1167条の定める「詐害行為（les acte frauduleux）」の比較法的検討については別稿で，これを行うことにしたい。ただ結論だけを述べるならば，フランス法における詐害行為概念も，意思的要素が不可欠であるとは解されていないようである。したがって，契約以外の行為も詐害行為に該当するようである。

39)　Fahlbusch, a. a. O., S. 164, Rn. 301.

40)　Michael Huber, a. a. O., S. 24, Rn. 5 ; vgl. Gaul/Schilken/Becker-Eberhard, Zwangsvollstreckungsrecht, 12 Aufl., 2010, S. 615, Rn. 29, C. H. Beck, München ; Kirchhof/Lwowski/Stürner, Münchener Kommentar zur Insolvenzordnung, Bd. 2, 2. Aufl., 2008, S. 493, Rn. 7, C. H. Beck, München.

権による破産財団の構成という目的や債権者取消権の目的を全うするために定義された概念であると考えられる。したがって，法律行為のように，表意者の意思表示を要素とするというような厳格な要件は不要と解されてきたのである。BGB の総則編の体系書も——取消権の意味の区別に関してではあるが——法的行為と法律行為が異なること，及び，その取消権の行使の方法・効果も全く異なることに注意すべき旨を述べている[42]。

2　ドイツ倒産外取消法における法的行為概念の法的機能
(1)　債権者取消権における法的機能

　このような法的行為概念の倒産外取消法における法的機能はいかなるものであろうか。それは，端的に言うならば，債権者取消権の要件及び効果を定めるために存在する概念である。すなわち，債権者取消権の特殊な要件及び効果を明らかにするために，それらの対象となる行為を定義するための概念なのである。それらは，①債権者取消訴訟の提起の前提要件（取消債権者としての資格）に関する倒産外取消法第 2 条（債務者に対する執行可能な債務名義を有し，かつ，債務者に対する債権が弁済期にあることが要件となっている），②債権者に対して不利益を与える債務者の意図的な行為に関する第 3 条，③債権者取消権の行使方法に関する第 13 条（訴えによる行使），及び，第 9 条（抗弁による行使），④債権者取消権行使の法的効果（第 11 条 1 項第 1 文は第一次的に執行忍容訴訟を，第二次的に価格賠償請求権を定めている）などである。これらは，いずれも債権者取消権制度に特有の要件及び効果であり，ドイツ民法（BGB）には見られないものである。

---

41)　本章では本文中に述べたように，倒産法と倒産外取消法の法的行為の解釈を同列に扱った。しかし，ドイツ倒産法の注釈書は，より厳密に法的行為を定義しており，倒産法第 129 条の否認権の対象は，法的行為それ自体ではなく，法的行為が引き起こす財産法上の結果であると説いている（vgl. Karsten Schmidt, Insolvenzordnung, Beck'sche Kurz-Kommentare, 18, völlig neue Aufl., 2013, S. 1205, Rn. 4, C. H. Beck, München）。概念上は原因としての行為とその結果を区別すべきであろうが，本章では法律行為との区別を明確にするために，法的行為概念だけを取り上げることにした。

42)　vgl. Wolf/Neuner, a. a. O., S. 458, Rdnr. 10.

(2) 意思表示の取消権との峻別

これは既述の事項なので結論だけを簡単に述べる。前記の(1)で述べたすべての事柄は，ドイツ民法 (BGB) の法律行為論の一分野である意思表示の取消制度と，倒産外取消法の法的行為の取消制度とは全く異なることを意味する。この一事を明確に示すために法的行為概念は存在する。

3 詐害行為概念の定式化と詐害行為取消しの効果論
(1) 日本民法の債権法における詐害行為概念の再定式化

(i) 法律行為概念から法的行為概念への転換を意識的に行うことが必要であり，それを債権法改正にも反映させるべきであると私は考える。なぜならば，明治民法起草時に既に認識されるべきであった法的行為概念と法律行為概念との峻別[43]は，現在でもその問題点すら意識されていないように思われる。そして，このような問題が意識されず解決されないことこそが，わが国の詐害行為取消権に関する解釈論を混乱させてきた要因の一つであると考えられるからである。そうだとすれば，百数十年に一度の事業とされる債権法改正を機会に[44]，是非とも両概念の峻別を前提にした上で，詐害行為概念を再定式化すべきであろう。

(ii) そして，この再定式化に際しては以下の点に留意すべきことを提案したい。すなわち現行民法 424 条 1 項本文の解釈に際しては，詐害行為取消権の対象を漠然と法律行為であると多くの判例・学説が捉えてきた。しかし，そのことに法技術的意義は何も与えられてこなかった。たとえば，取消しの対象は，内心の効果意思を伴った意思表示を要素とする法律行為でなければならないということを積極的に論ずる解釈論は，管見の限りでは見い出せないのである。そうだとすると，そのような漠然とした解釈論から脱却して，ドイツ法の立法

---

43) 川島＝平井編・前出注 12) 4頁，12頁〔平井〕参照。

44) 旧民法及び明治民法の制定が急がれた理由は，外国との不平等条約を修正しようとした点にあり，それは明治政府の政治的・外交的意図であったといわれている。そのような外圧も政治的圧力もない状況下での債権法改正作業こそ，債権者の権利の効率的実現を考慮し，かつ，比較法的にも支持の得られる改正作業でなければならないのではなかろうか。

や解釈論のように，その行為が意思表示を要素とするか否かにかかわらず，法律効果を伴う行為であればすべて詐害行為取消しの対象となるという解釈論を立てるべきであろう。そのことによって，事実行為や訴訟行為も詐害行為取消しの対象となるし，さらには不作為（債務者が被告とされた訴訟で何も防御方法を採らずに敗訴するような場合）も詐害行為取消しの対象となるのかという議論の広がりを期待できるのである。

(iii) 要するに，ドイツ法で紹介した法的行為概念に関する定義や機能を，そのまま日本法に解釈論として導入することを提案したい。このような提案は，民法総則において法律行為概念を採用しているわが国の民法典においては，詐害行為概念を明確に規定できるという利点を有する。それゆえ，詐害行為の概念規定のために法的行為概念の活用を提案する次第である。

(2) 詐害行為取消権の効果論――比較法的観点からの再論
(i) 改正後のドイツ倒産外取消法の観点から
① 第一に，ドイツ倒産外取消法における「取消し」の効果は，債務者＝受益者間の法的行為（詐害行為）の法律上の効力には，何らの影響も及ぼさないと解する債務法説が法改正後においても，支配的学説として通用していること[45]を強調しておきたい。すなわち債権者取消権は旧法の破産外取消法の時代から，一貫して債務法的効果のみを有し，形成権的効果も物権的効果も有しないと解されてきたのである。

② 第二に，取消債権者が受益者（または転得者）から，被保全債権（債務者に対して有する債権）の回収を得るための方法は，第一次的には執行忍容訴訟であり，第二次的には価格賠償請求であると解されていることである。この点は，旧法（破産外取消法）では第7条の解釈として，新法（倒産外取消法）では第11条の解釈として，破産外取消法が制定されて以来変わらない解釈論である。すなわち第一次的には，取消権を行使する資格のある債権者は，第三者（受益者または転得者）を被告として，第三者の手中にある目的物に対して強制執行を行うことを忍容（受忍）せよと請求し，その第三者の手中にある目的物に対し強制執行を行うことにより，債権の回収を図る。第二次的には，執行忍

---

45) Gaul/Schilken/Becker-Eberhard, a. a. O., S. 610-611, Rn. 20.

容訴訟が不可能な場合には，第三者に対して被保全債権額を限度として，目的物の時価の価格の金銭賠償（価格賠償）を求めることにより，債権の回収を図る。

③ 要するに，以上の効果論は，債務法説を基礎とした執行忍容訴訟からすべて導き出されるものである。さらには債権者取消権の効果が債務法的効果に限定される理由は，その取消権の対象が法的行為であり，法律行為ではないからである。換言すれば，それが意思表示の取消権ではないがゆえに，債権者取消権は形成権ではなく，かつ，形成力も物権的効果も有しないのである。それではこのような権利の性質は何かと問われれば，それは「訴権（actio[46]）」であるという答えしかないであろう。

(ii) フランス債務法改正案の観点から

次に，改正案の一部が公表されているフランス債務法の廃罷訴権（詐害行為取消権と同義）の効果に関する学説を紹介し，その検討から得られる示唆を述べることにしたい。

① 廃罷訴権に関する改正案がフランスには複数存在するけれども，それらを検討するために必要と思われるフランス民法第1167条（action paulienne）の効果に関する判例・学説を紹介する。この点に関して，近時の破毀（棄）院判決として注目すべきものが一件存在する。それは Civ. 1er, 30 mai 2006[47]である。この判決は，廃罷訴権の中心的な効果であるところの「対抗不可性（l'in-opposabilité)」という概念について次のように判示した。すなわち「民法第1167条に鑑み，廃罷訴権の対抗不可性は訴追者である債権者に以下のことを許可する。それは判決により，かつ，その債権の限度内において，債権者の権利を詐害することにおいて行われた財産移離の効果から逃れるために，第三者（受益者を指す）の手中にある目的物を，必要があれば，そこで差押え（saisir）をさせるための許可である。以上の理由から，贈与された金額の，ロベールX氏の財産中への返還を命ずることにおいて，控訴院は以上に援用した条文

---

46) ドイツ法の債権者取消権が訴えまたは抗弁によってのみ行使が許されており，実体法上の行使（裁判外行使）が許されていないことが，その証左である。

47) https://www.courdecassation.fr/jurisprudence_2/premier_chambre_civile_568/arr_ecirc_8769.html からの引用である。

に違反した[48]）」という判示事項である。この判決によれば，従来から注目されていた「対抗不可性」という概念のうち，特に重要である原告債権者と被告たる受益者（または転得者）との間の法律関係が明確に示されている。それは，「判決により，かつ，その債権の限度内において，債権者の権利を詐害することにおいて行われた財産移離の効果から逃れるために，第三者（受益者を指す）の手中にある目的物を，必要があれば，そこで差押えをさせるための許可である」という部分である。この判示事項により，対抗不可性によって原告債権者＝受益者間に生ずる法律効果が，ドイツ法にいう執行忍容訴訟と同じであることが明示されている。

　もっとも，上記の点はフランスの学説により既に論じられていた。それは，F. Terré の債務法の体系書に述べられている。すなわち「この行為（詐害行為）は当事者間では消滅しない。廃罷訴権は，それゆえ間接訴権のように，債務者の財産を再構築するという効果をもたらさない。もし詐害行為が財産の移離であるならば，移離された財産は受益者の財産中にとどまる。（中略）対抗不可性は，訴訟に勝った債権者に，あたかも抗議された行為が行われなかったかのように振る舞うことを許可するだけである。したがって，債権者は，その場合には，その財産が債務者の財産からあたかも逸出しなかったかのように，債務者によって移離された財産を差し押さえる（saisir）ことができる」という部分である[49]。この部分でも，フランス債務法の廃罷訴権の効力は，詐害行為の当事者には及ばず，原告債権者は受益者の手中にある移離された財産に対して差押えができるだけであると述べられている。これも，フランスの廃罷訴訴権の対抗不可性という効力が，機能的にはドイツ法の執行忍容訴訟と同じことを表しているのである。

　②　それでは近時のフランスの債務法改正案における廃罷訴権（詐害行為取消権）の規定は如何なる内容となっているであろうか。まず，原文が公表され

---

[48]　この破毀（棄）院判決は，Deschamps et Bloch et Moracchini-Zeidenberg, Droit des obligations, 2ᵉ éd., 2008, p. 99, note 5, Ellipses, Paris に出典が引用されているので，それを参照されたい。

[49]　F. Terré et P. Simler et Y. Lequette, Droit civil, Les obligations, 9ᵉ éd., 2005, pp. 1126-1127, nº 1182, Dalloz, Paris.

ているカタラ草案から検討しよう。カタラ草案の詐害行為取消権の規定は、廃罷訴権の基本的効力について、次のように規定している。

カタラ草案
第1167条2項　詐害的であると宣告された行為は〔その効果を〕債権者に対抗することができない。したがって、債権者は、いかなる意味においてもその効果により苦しめられるべきではない。その場合には、受益者たる第三者は、その者が詐害行為において受領したものを返還する義務を負う。

第1167-1条（間接訴権、廃罷訴権の効果）2項　第1167条に基づいて開始された訴権は、その訴権を訴えた債権者及びその訴訟に参加した債権者に対して、優先して利益を与える[50]。

これらの規定から以下の推測を行うことができる。第一に、第1167条2項からは、詐害行為が原告債権者に対して対抗不可となることが明確に述べられている。したがって、原告債権者と被告たる受益者との法律関係は、原告が被告の手中にある目的物に、差押えを行うことができる許可が、原告に与えられるだけであるように読める。しかし、同条同項の後段では「その場合には、受益者たる第三者は、その者が詐害行為において受領したものを返還する義務を負う」と規定し、受益者が債務者に目的物を返還する（restitution）義務を負うかのような規定がおかれている。けれども、以上のような理解では対抗不可性概念に明らかに矛盾してしまう。したがって、ここでの「返還義務」とは、ドイツ破産外取消法（旧法）第7条の下で定められていた返還請求権（Rückgewähranspruch）と同じく、「返還」というテクニカルタームを用いているのであるけれども、それはいわゆる執行忍容訴訟を意味していると解したい。そのように解することにより、前段と後段との整合的な解釈を維持できるからである。

第二に、第1167-1条2項の規定についてである。これはドゥモロンブの学説以来、フランスで判例・通説とされていた相対的効力説（判決効の拡張を否定する学説）を捨てて、詐害行為取消訴訟に参加した債権者に、廃罷訴権の勝

50）　本文中の規定の原文は、フランス司法省のウェブサイトからの引用である。

訴判決の効力を拡張する規定である。それまでの判例・通説から脱却するという意味で画期的な規定である。それに加えて，詐害行為取消訴訟に参加した債権者にのみ判決効を拡張するという思考様式は，民事訴訟法の基本原理に合致するものであると同時に，以前に述べた私見[51]とも結論の一部が一致するものであり，その部分には賛成したい。しかしこの規定の文言は，勝訴判決の利益（効力）だけが，片面的に他の債権者に拡張されるかのように解釈できる点が問題である。もし片面的拡張を意味するものであるとすれば，それには私は賛成できない。その理由は既述したところと同一なので繰り返さない。それに加えてもう一つの疑問が残る。それは判決効の拡張の肯定と，対抗不可性概念とが同時に存在することは，理論上矛盾しないのであろうかという疑問である。なぜならば，対抗不可性概念は判決効の拡張を否定した相対的効力説を基礎にして構築されたはずだからである[52]。この点については，他のフランスの債務法改正案[53]と，それらの今後の展開を見ないと結論を出すことはできないように思われる。なおフランス債務法改正案のすべてを概観しても，詐害行為取消判決の効力を債務者に拡張するという要綱案第 16-10 の如き規定は存在しない。この点も日本法にとって参考となろう。

第4節　結　語——日本債権法の一展望

1　法的行為概念及び債務法説の意義

(1)　法的行為概念の定着について

以上の検討から，以下の示唆を得ることができると私は考える。第一に，日

---

51)　佐藤・前出注 13) 421 頁以下を参照。

52)　Alexandre Grouber, De l'action paulienne en droit civil français contemporain, thèse, 1913, n° 244, p. 446.

53)　その他の改正案については，紙幅の関係上触れることができなかった。それらについては，法務省民事局参事官室（参与室）編「民法（債権関係）改正に関する比較法資料」別冊 NBL 146 号（2014 年）73 頁以下を参照（本文中で紹介した以外に，テレ草案，フランス司法省草案〔2008 年版，2009 年版〕が存在するようであるが，それらの中ではテレ草案第 134 条が理論的に優れているようである。いずれも原文を参照できなかったので，これ以上立ち入らない）。

本法の詐害行為概念も法的行為概念を中心に再構築されるべきであるという示唆である。これにより，法律行為概念と詐害行為取消権との関係を断ち切ることができるし，法的行為概念の定着により，詐害行為取消権の対象をより広く捉えることができるようになる[54]。さらに要綱案第 16-1 が規定する詐害行為概念はフランス法的なものとなっているが，現行民法 424 条 1 項本文の法律行為概念との関連性──第 16-1 が「取消し」という文言を残しているがゆえに──に関して曖昧さが残っている。このような曖昧さを断ち切るためにも法的行為概念の活用は理論的にみるときわめて有用であると私は考える。そして，以上のような理論的発展は，以下に述べる効果論に関する展開へとつながるであろう。

(2) 債務法説の定着について

法的行為概念は債務法説と密接な関係にあると考えられる。それゆえ法的行為概念の定着は債務法説の定着につながりやすくなる。そして，そのことにより，あらゆる取消し理論及び無効理論（相対的取消し，絶対的取消し，責任法的無効）を詐害行為取消権の効果論から排除することができる。これが効果論における示唆である。

2 解釈論としての執行忍容訴訟の可能性と将来性

(1) 執行忍容訴訟の可能性

この訴訟の可能性を如何に考えるかという論点についての結論は，詐害行為取消訴訟は如何なる内容の訴訟であるのかという問に対する答えとなる。この問に対する答えは，ドイツ法のみならずフランス法を視野に入れても，やはり詐害行為取消訴訟における債権者の第一次的請求は，執行忍容訴訟であるという答えとなる（他の如何なる訴訟形態でもない）。そしてこの執行忍容訴訟は，ドイツ及びフランスの両国において，解釈論（判例を含む）によって肯定されてきた原状回復方法の一つである（もう一つは価格賠償請求であるが本章では立

---

54) たとえば，債権譲渡通知（観念の通知）の取消し，会社の新設分割（組織法上の行為の混在）の取消し，馴れ合い訴訟（訴訟行為）の取消しなどの問題を，法律行為概念から切り離し，法的行為概念に結びつけることにより詐害行為取消しの可能性を議論できる。

ち入らない)。したがって，手続法において特別の立法をすることなく，執行忍容訴訟はわが国でも解釈論（判例を含む）によって導入できるという結論を得ることができる[55]。これは，今後の日本の債権法において正面から取り組むべき課題ではなかろうか。そうしないと，この分野における明治民法制定時からの日本法の遅れを取り戻すことができなくなるおそれがある。

(2) **執行忍容訴訟の将来性と債権法改正**

執行忍容訴訟を解釈論により導入するか否かという論点は，債権法改正にとっても一つの試金石となるように思われる。なぜならば，詐害行為取消権は，包括的担保法の一分野ではあるがその中核をなしており，破産法の否認権とも関連が深い制度だからである。したがって，詐害行為取消権の原状回復方法として執行忍容訴訟を採り入れることができれば，債権者代位権や直接訴権との効果の違いが明白になり，それぞれの役割分担を鮮明に描き出すことができよう。これは日本の債権法にとって，大きな理論的進歩となるのではなかろうか。さらに債務者の一般財産を最終的な引き当て財産（共同担保）とする一般債権者にとって，詐害行為取消権による債権回収は，時間のコストもかからず手続費用も安価な制度であることが望ましい。そうだとすると，執行忍容訴訟の解釈論による導入を急ぐべきであると私は考える。

【後　記】

(1) 本文の叙述の後に，ドイツの最新の文献[56]で知ることができた点および新たに私の考察がまとまった点を，覚え書きとして記しておく。第一に，ドイツの最新の倒産外取消法および倒産法に関するコンメンタールを参照しても，

---

[55] 中野貞一郎・民事執行法〈増補新訂六版〉（2010年，青林書院）298頁。「……この者に対する債権者の執行名義の内容は，債権者なり債務者への給付を命ずるには至りえず，この財産に対する強制執行ができる旨（命令的に表現すればその強制執行を忍受しなければならない旨）を表示する以外のありようがないではないか」という中野貞一郎博士の名言に，我々は耳を傾けるべきではなかろうか。

[56] Michael Huber, Anfechtungsgesetz, 11. neu bearbeitete Aufl., 2016, S. 19, Rn. 25, C. H. Beck, München; Karsten Schmidt, Insolvenzordnung, 19. Aufl., 2016, S. 1215. Rn. 17 C. H. Beck, München; Godehard Kayser, Christoph Thole, Insolvenzordnung, 8. neu bearbeitete Aufl., 2016, S. 1300, Rn. 9, C. F. Müller, Heidelberg.

第5章 詐害行為と法律行為 183

取消しの対象は「法的行為」(Rechtshandlung)であり，ドイツ民法(BGB)の法律行為とは異なることが明示されている。したがって，取消しの方法および効果も，倒産外取消法のそれらとドイツ民法のそれらとでは全く異なるものであり，それらを区別しなければならない旨が記述されている。このようなドイツの判例・通説を概観すると，日本の判例・通説およびその他の学説は，ドイツ法の解釈論に多大の影響を受けて解釈論を展開してきたと言われているのであるが，それらの内容は明治民法典の起草時から既にドイツ法の解釈を正確に理解していなかったことがより一層明らかになったと私は考える。それゆえ，はなはだ言いにくい事柄ではあるが，歴史的事実として，さらには，理論的論点として浮かび上がった日本の解釈論——「絶対的取消し」理論，「相対的取消し」理論，責任法的無効説，形成権説，新形成権説，請求権説——といった学説についての評価を述べなければならない。それは，以上の学説がわが国独自の学説で有り，ドイツでは決して通説的地位を占めることができなかった学説であるという評価にほかならない。さらには，フランス法の近時の解釈論を参考にしても，やはりわが国の上記の学説の特異性は否定できないものであり，三ヶ月章博士の表現を借りてあえて評価するとしたら，多くの「珍奇」な学説が詐害行為取消権の効果に関して，論争を繰り広げてきたと言わざるを得ないのである。

(2) この「珍奇」性は，さらに考察を深めると，判例・通説が述べるところの「折衷説」にまで及ぶことになろう。その理由はこうである。すなわち，折衷説とは詐害行為取消権の性質は，形成権（取消権）と請求権との二つの性質を併せ持つ権利だと解する学説であり，判例・通説が採る考え方である。そして債権法改正案もこのような考え方を維持している。これらの考え方が「珍奇」であるという理由は，比較法的および沿革的理由に基づく。なぜならば，ドイツ法では債権者取消権（詐害行為取消権のドイツ法における呼び方である）に形成権的性質はないと考えられており，それはドイツ破産外取消法制定から今日の倒産外取消法まで変わるところのない通説的（支配的）見解であり，ドイツの判例の採る見解でもある。さらには，旧民法が母法としたフランス民法[57]も詐害行為取消権が無効訴権であるという形成権的見解を古い時代に否定している。そうだとすると，折衷説はこれらのドイツ法，フランス法におけ

る通説に反していることになる。このような現象が生じた大きな原因は，法典調査会において，詐害行為取消権の「取消し」が法律行為の取消しと同じか否かという論点——比較法的に見ればおよそ問題とはなり得ないはずの論点——が大きな解釈問題として採り上げられ，その後の日本の民法解釈学における問題の定式化——理論的に完全に誤った定式化である——が行われたことにある。この点は本章中でも繰り返し述べた点なので，詳細についてはもはや繰り返さないけれども，債権法改正案においても同様の——形成権という性質を肯定するという——誤りが正されず，それに加えて請求権という権利の内容——誰に何を請求できるのか——についても誤った認識がなされている。このような「珍奇」性から日本の詐害行為行為取消権は何時，如何なる形で脱出できるのであろうか。これが私の債権法改正案に対する感想である。

(3) なお，詐害行為取消権に関する債権法改正案の規定については，個々の内容について具体的な疑問を私は抱いている。けれども，それらの内容に立ち入ることは紙幅および時間の許すところではないので，別稿で具体的に指摘することにしたい。

---

57) 本書第1章で繰り返し触れたように，フランス民法はその債務法に関する規定が2016年2月10日に改正され，同年10月1日から施行される。なお，その改正草案については，Nicolas Dissaux et Christophe Jamin, Projet de réform du droit des contrats, du régime générale et du la prueve des obligatison, rendu pubulic le 25 février 2015, Commantaire article par article, Dalloz, 2016 を参照されたい。

第2部 判例研究

第6章　任意整理・民事再生手続と詐害行為取消権

第1節　任意整理と詐害行為取消権

債務者から任意整理の委任を受けた弁護士が配当財源を確保する目的で債務者から信託的債権譲渡を受けた場合に，その信託的債権譲渡に対する他の債権者の詐害行為取消権の行使が権利の濫用に該当し許されないとされた事例

　（詐害為取消請求事件，東京地裁平成9年10月29日民事25部判決，棄却（確定），判例時報1686号59頁）

【事実】
　倒産状態に陥り清算型任意整理を開始した債務者であるA建設株式会社と，前記任意整理の委任を受けた弁護士Yとの間で，AからYへの債権譲渡契約が締結された。そして，前記債権譲渡が任意整理における他の債権者等に対する配当財源を確保する目的でなされた場合であっても，詐害行為に該当するものとして取り消されなければならないのか否かが争われたのが本件の事案である。
　取消債権者XはA建設会社の債権者であり，受益者は任意整理の受任者のY弁護士である。そして，Xは，AからYへの債権譲渡の取消と，Yが受領した弁済金をXの被保全債権（XのAに対する債権）の金額の限度でXに返還せよとの訴えを提起した。その訴えに至る事実の経過は以下に述べるとおりである。
　平成9年7月23日に，XはA社との間で，B学院B大学のグランドの散水設備工事を完成させる旨の契約を代金1176万円で請け負った。そして，Xは約定日の同年8月23日に前記工事を完成させたので，XはA社に対し1176万円の請負代金債権を有している。一方，A社は平成9年7月31日に，B学院との間でB大学グランドの改修工事を，代金2110万5000円で請け負い，前記工事を約定の同年8月23日に完成させた。そのため，A社はB学院に対して2110万5000円の請負代

金債権を有している。その後，A 社は平成 9 年 9 月 20 日に支払停止状態に陥り，同日付けの書面をもって A 社の任意整理を行う旨を同社の債権者に通知し，9 月 22 日には不渡手形を出した。

ところで，A 社と Y とは，平成 9 年 9 月 20 日に，A 社の B 学院に対する請負代金債権を，Y に譲渡する旨の債権譲渡契約を締結し，A 社は同月 23 日に B 学院に対して確定日付ある証書により債権譲渡の通知を行った。

前述したように，本件の争点は A 社から Y への債権譲渡を詐害行為として取り消すことができるかどうかにあった。この点についての X 及び Y の主張は次の通りである。

X の主張は以下の如くである。即ち，A 社から Y への本件債権譲渡は，A 社が支払停止に陥った後に，A 社の他の債権者を害することを知りながら，A 社と Y とが通謀して行ったものであることが明らかである。従って，A 社から Y への前記債権譲渡契約は詐害行為として取り消されるべきであると主張した。

Y の反論は以下のごとくである。即ち，Y は，A 社から同社の清算型任意整理の委任を受け，前記委任事務を遂行中の弁護士である。そして，本件債権譲渡は，前記任意整理における配当財源となるべき債務者の財産を，他の財産と分離特定して確保する事を目的として行われたものである。即ち，Y は，B 学院から前記譲受債権の弁済として受領した金員をすべて A 社の任意整理のための財源に充てている。そして，前記任意整理においては，裁判所における破産管財事件に準ずる厳格な基準によって債権者に対する弁済がなされる予定である。従って，A 社及び Y には，本件債権譲渡を行うに際して詐害の意思はなく，それゆえ本件債権譲渡を詐害行為として取り消すことは許されない，というものである。

以上の双方の主張をもとに東京地裁は以下の如き事実を認定した。即ち，A 社は平成 9 年 9 月 20 日までに手形の支払資金の調達が不可能となり，支払停止状態に陥ったため，弁護士と相談し任意整理を行うことにした。その当時，A 社の主要な財産は未回収の請負代金債権であった。しかし，この債権が同社名義の銀行預金口座に振り込まれると，銀行から相殺されて A 社の一般債権者への弁済に充てる配当財源が確保できなくなるおそれがあった。そこで，前記債権を同社の受任弁護士に債権譲渡して，その弁護士が債務者から弁済を受けることにより，請負代金債権を一般債権者への配当財源として確保するという方策を採用することになった。そのため，Y 弁護士ともう一人の弁護士が A 社の債務者からの債権回収を担当することになった。そして，平成 9 年 9 月 20 日に，A 社の有する未回収請負代金債権のすべてを，A 社の債権回収の目的のために Y 弁護士に信託的に譲渡する旨の

契約を，A社とYとの間で締結した。従って，本件で争点となっている債権譲渡契約は，上記の信託的債権譲渡契約の一部を成すものである。

　Yは，この信託的譲渡を受けた債権について債務者との間で弁済の交渉をし，弁済として受領した金員を他の財産と分離し保管していた。また，Yは受領した金員を，A社の別の弁護士であるS弁護士に順次送金していた。さらに，この金員はすべてA社の債権者に対する弁済など同社の任意整理のための資金として使用されていた。従って，A社のB学院に対する請負代金債権も，Yが弁済を受けた上でこの金員と同様に処理されていた。

　また，S弁護士らによるA社の任意整理は，各債権者に対する配当弁済額の決定に当たり，優先債権者の優先権を尊重し，同種の債権を有する複数の債権者は平等に取り扱うなど，現在の裁判所における破産管財実務を実施した場合と同様の結果となるように運営されていた。さらに，上記の任意整理手続において，任意整理の関係者の一部に殊更に有利または不利になるような取扱いがされているような事情は窺われなかった。

　ところでXは，A社の一般債権者にすぎないが，本件詐害行為取消権の行使により，他の一般債権者よりも高率の債権回収を実現させることを企図している。また，Xは，A社の清算のために破産宣告の申立てをする意思はない。――以上が東京地裁の認定した事実である。

【判旨】　請求棄却。

　「Xに本件詐害行為取消権の行使を許すと，XはYからXの債権額に相当する1176万円の支払を総債権者のために受けることができ，右1176万円をA社に支払う義務を負うが，Xは右支払義務とXのA社に対する請負代金債権とを相殺することができ，結局，一般債権者にすぎない原告に実質的に債権全額の回収を許すことになる。

　Yは，自己の債権回収のために債権譲渡を受けたものではなく，A社の総債権者の利益のために債権の信託的譲渡を受けたものにすぎず，他の弁護士と共同して，弁済を受けた債権を財源として，裁判所における破産管財実務を実施した場合と同様の配当を実現するために，同社の任意整理を遂行中の弁護士である。

　Xは，優先債権者ではなく，一般債権者としてのXの権利が本件任意整理中において無視されたというような事情は存在しない。

　また，本件任意整理においては，そもそも関係者の一部に殊更に有利或いは不利になるような取扱いがされたことはないと認められる。

他方，Yは弁護士として総債権者のために本件債権譲渡を受けたにすぎず，本件任意整理が裁判所における破産管財事件と同様の結果を実現するものであれば，いわば裁判所に代わる準公的業務の遂行のために本件債権譲渡を受けたものということができる。

　まして，Yはすでに譲受債権の弁済を受けており，しかも弁済金を原資として従業員の賃金債権などの優先債権が既に弁済されているなどの事情もあるのであるから，詐害行為取消権の行使を許すと，単に債権譲渡契約を締結したのみで未だ譲受債権の弁済を受けていないという場合と異なり，弁済を受けて金銭の返還義務を弁護士個人として負うことになり，このことは，Yに不当に過酷な負担を課するものというべきである。

　以上の事情を総合勘案すると，仮に本件債権譲渡契約が詐害行為取消権行使のための形式的要件をすべて満たすものであったとしても，Xによる本件詐害行為取消権の行使は権利の濫用として許されないものと解すべきである。」

【評釈】

　一(1)　本判決は，任意整理の配当財源を得る目的で，任意整理を担当する弁護士が債務者から債権の信託的譲渡を受けたことが詐害行為に該当するか否かが争われた事案である。債権譲渡の詐害性が争われるのは，既存債権者の一人に代物弁済として債権が譲渡された場合が多いと言われている[1]。そして，判例理論は代物弁済としての債権譲渡の詐害性を原則として肯定している。また，債権の無償譲渡や廉価での譲渡も，不動産や動産の場合と同様に詐害性が肯定されている[2]。

　(2)　このように，判例で詐害性が問題とされる多くの債権譲渡の場合と比較すると，本件の事案は特殊な事案である。なぜならば，受益者が債務者の任意整理を委任された弁護士であり，かつ，その任意整理手続を遂行する目的でなされた債権譲渡の詐害性が，他の債権者によって争われたという点で，民法上の詐害行為の成否というよりも，任意整理（私的整理）手続との関係での詐害

---

1)　下森定・注釈民法(10)債権(1)（有斐閣，昭和62年）821頁，判例としては，最判昭和42年6月29日判時492号55頁，最判昭和48年11月30日民集27巻10号1491頁を参照。

2)　下森・同上。

行為の成否が問題となっているからである。従って，本評釈では，この問題点を視野にいれつつ本判決の評釈を試みることにしたい。

(3) さらに，本判決は「権利濫用」(民法1条3項)を理由としてXの詐害行為取消権行使の主張を退けている。この理由付けは，詐害行為取消請求を棄却する理由としては異例のものであり，このような理由を述べた本判決の真意がどこにあるのかが検討されるべき課題の一つとなろう。さらに，「権利濫用」という理由付けによる詐害行為取消請求の棄却が，法律論として適切なものであったか否かも検討されなければならないと筆者は考える。以下では，以上に指摘した順序で，問題点についての検討をしていくことにしたい。

二(1) 任意整理は私的整理，または，内整理とも呼ばれており，債務者が倒産した場合に，債権者及び債務者が任意に協議して債務者の財産関係を処理し，債務を整理する手続であると説かれている[3]。

そして任意整理（本節では本判決にならい「任意整理」という用語を用いることにしたい——筆者）は，倒産の法的処理制度に対する用語であり，債権者と債務者の合意は，性質的には裁判外の和解の一種であると説かれていた[4]。しかし，今日では，倒産法の分野での学説が進歩し，任意整理の合意内容の法的性質と，任意整理の手続等の法的性質を分けて論ずる学説が有力になってきたと言われている[5]。その新しい有力学説によれば，任意整理の合意内容は確かに和解契約の一種であるが，和解契約という性質は任意整理手続全体の法的性質を規定するものではないという考え方である。それゆえ，上記の学説によれば，債権者委員長など任意整理の手続主宰者の地位・任意整理中の債務者財産の管理処分権の帰属形態・手続不参加債権者に対する任意整理の拘束力などの幾つかの局面に分けて，任意整理の法的性質（法律構成）を考えるのが適切であると述べられている[6]。そして，上記の有力説の結論を要約すれば，以下の如き

---

3) 中田淳一・破産法・和議法271頁（有斐閣・昭和34年），青山善充＝伊藤眞＝井上治典＝福永有利・破産法概説18頁（有斐閣・昭和54年）等を参照。

4) 中田・前掲書・前掲箇所，青山＝伊藤＝井上＝福永・前掲書・前掲箇所。

5) 伊藤眞・破産法（全訂第3版）（有斐閣・平成12年）38頁及び同頁注70に掲げられた文献を参照されたい。

6) 伊藤・前掲書・前掲箇所を参照。

内容となる。即ち、手続主宰者の地位、及び、この者と債務者・債権者との関係について信託法理を用いて説明するという学説である[7]。この学説によれば、債務者が清算手続を委託する委託者であり、任意整理の債権者委員長ないしは手続主宰者が上記の手続を引き受ける受託者となる。そして、清算手続によって利益をうける債権者が受益者となる。即ち、債務者が、手続主宰者などに対して、受益者である「総債権者」のために公平な配当を目的とする任意（私的）整理信託が成立するというのがこの学説の結論となる[8]。本節では、倒産法学におけるこの有力学説に則って、本判決の問題点を検討することにしたい。

(2) 信託法理を用いて任意整理手続上の問題点を解釈する際には、債権者委員長などの手続主宰者の果たすべき法的義務を明らかにしておかなければならない。これも上記の学説に依拠して説明すると以下の如き内容となる。この学説によれば、まず第一に、手続主宰者は、債権者に対する公平な配当の実施という目的に従って債務者の財産を管理する義務を負い、この義務は忠実義務と呼ばれている[9]。この場合に、手続主宰者が債務者の財産から直接に利益を得るような行為は忠実義務違反になるとこの学説は説く。従って、本件の事案はまさに忠実義務違反か否かが問題となる事案であろう。

第二に、手続主宰者は債権者への配当に充てるべき財産の散逸を防ぐ義務を負い、これは善管注意義務に該当すると、この学説は説く。このように、手続主宰者の義務は、概念的には二分して説明されているが、果たして忠実義務と善管注意義務とに截然と分類して手続主宰者の義務を説明できるのかについては若干の疑問が残る。なぜならば、この二つの義務を手続主宰者が何（＝誰）に対して負っているのかが必ずしも明確にされておらず、義務の内容も(i)信託目的に従って債務者の財産を管理する義務と、(ii)配当財源の散逸を防ぐために債務者の財産を保管する義務というように、それらの内容が類似しているからである。要するに、民法の一般原則から見ると、二つに分けられた義務は、債権者のための共同担保の維持・保全という一点に収斂するよう思われるのである。そうだとすると、任意整理手続に関して、信託法理を用いて手続主宰者の

---

[7] 伊藤・前掲書38頁及び注71の文献を参照。
[8] 伊藤・前掲書39頁。
[9] 伊藤・前掲書39頁。

義務を二分することにどれほどの理論的意味かあるのかについて疑問が残るのである[10]。

さらに，信託法にも忠実義務が明文化されていないことはこの学説が認めているところでもある（善管注意義務は信託法 20 条に明文の規定がある）。このようにこの学説の説く手続主宰者の義務に関しては若干の疑問が残るが，それらは任意整理手続理論と信託法理との融合（私的整理信託法理論）についての詳細な研究に委ねることにし，本節ではこれ以上立ち入らないことにしたい。ただ，手続主宰者が信託の受託者として何らかの義務を債務者の財産管理に関して負うことは明らかであり，この点と詐害行為の成否との関連を本節で検討することにしたい。

(3) そうだとすると，本節における問題点は，弁護士 Y が債務者 A から信託的に債権の譲渡を受けたことが，手続主宰者としての共同担保の維持・保全義務に反していないか否かという点にあり，更に，このような義務違反が無かったとしても，その債権譲渡が詐害行為に該当するのか否かという点にある。以下では，本判決の事実認定に基づいて上記の問題点を検討することにしたい。

三(1) 本判決の事実認定によれば，(i)弁護士 Y は，債務者 A から清算型任意整理の委任を受け，その任意整理を遂行するための配当財源を確保するために，A から債権を信託的に譲り受け，その取立を行ったことが明らかにされている。(ii)また，Y は取立を行った後には，受領した金員をすべて任意整理のための財源に充てている。(iii)さらに，配当手続に関しても，裁判所における破産管財事件に準ずる厳格な基準によって債権者に対する弁済がなされる予定であったことも認定されている。以上の認定事実からすれば，Y は A から委任された清算型任意整理に関する事務を忠実に履行していたことは窺えても，その地位を利用して私に利益を得るとか，特定の債権者を法律上の根拠無く有利に扱うという行為は一切していない。従って，本節二(2)で概観した任意整理の手続主宰者が果たすべき義務をすべて果たしていたと評価してよいであろう。特に，本件の事案では，弁護士 Y は，A 会社から任意整理を委任された受任者である旨が認定されているので，Y が果たすべき義務は，委任契約に関し

---

[10] 但し，四宮和夫・信託法（新版）（有斐閣・昭和 64 年）222 頁は信託法 22 条の解釈として一般的に受託者の忠実義務を肯定している。

て民法644条が定める受任者の善管注意義務を基準として定めればよいのであり，特に信託法理に依拠し信託法上の受託者の義務という概念を持ち出す必要はないようにも思われる。しかし，本判決も述べているように，委任者であるA会社のみならず，配当を受けるべき総債権者に対しても公平な配当をなすべき義務をYが負っているのだとしたら，信託法理に依拠すべき理由が見いだせるであろう。但し，その場合には，任意整理の手続主宰者に，<u>信託の受益者</u>（詐害行為における受益者ではない）である総債権者に対して，公平な配当をなすべき義務を負う旨を明言しなければならないであろう。この点において，現在の私的整理信託理論には若干の不備があると筆者は考える。

(2) そうだとすると，Yは委任者としての善管注意義務——私的整理信託理論からみれば忠実義務，及び，善管注意義務——に反する行為を行っていないことは明らかであるが，それが直ちに本件債権譲渡の詐害性を阻却するのか否かという点も問われなければならない。なぜならば，受任者または受託者の立場からみて，債務者財産の管理・処分が公正に行われているように見えても，任意整理手続に反対する債権者（さらに，債権者集会に参加しなかった債権者も含まれるであろう）からは公正さが損なわれていると思われる場合が論理的には考えられるからである。例えば，手続主宰者が，ある債権者の存在に気付かずに——法的倒産処理ではないので，債権者集会などで破産債権者に相当する者をすべて把握できるとは限らないであろう——配当を進めてしまった場合などである。そのような場合には，任意整理において無視された債権者が，手続主宰者による財源確保のための法律行為（より正確には「法的行為」）に対して，詐害行為取消権の行使により対抗することが有力な手段となりうる。

しかし，本件のXは，詐害行為取消権の行使により，詐害行為の受益者であるYから金銭を取り戻し，自らのAに対する債権について独占的満足を得ることを目的としていたようである。なぜならば，最高裁の判例理論に従えば，金銭を取り戻す——判例理論[11]によれば本件の債権譲渡では既にYが債権を取立済みなので，取り戻しの対象が金銭となる——場合には，原告である取消債権者が事実上優先弁済を受けることが認められているからである[12]。そう

---

11) 最判昭和50年7月17日民集29巻6号1119頁。

12) 最判昭和37年10月9日民集16巻10号2070頁，最判昭和46年11月19日民集25

すると,「債権者平等の原則」に基づいて配当をなすべき努力がYにより任意整理手続で進められているのに,Xの詐害行為取消権の行使を肯定すると,その行使は逆に「債権者平等の原則」に反する結果を生ぜしめる事案であったと評価できる。要するに,Xへの偏頗弁済を行わしめるために詐害行為取消権が使われたといってよい事案であったのである。従って,Xの詐害行為取消権の行使を棄却した本判決の結論は,極めて妥当であったと評価できるであろう。ただ,その理由付けとして用いられている「権利濫用」が適切な理由であったか否かが検討されなければならない。

　四(1)　権利濫用とは,人の行為が抽象的には法律に規定される権利内容の範囲内に属しているが,現実の具体的な諸条件に即してみるときには,権利の行使として是認する訳にはいかない場合を指すと説明されている[13]。この定義に照らして,本件のXの詐害行為取消権の行使を評価すると,そもそも抽象的に見ても,Xの詐害行為取消権の行使は適正な権利の行使とはいえなかったのではないかという疑問が残る。なぜならば,A＝Y間の債権譲渡は,もっぱら任意整理の財源を確保するためになされたものであり,他の債権者を害する意図は見受けられないからである。但し,国税債権という優先権を有する債権を無視してなされた債権譲渡のような場合には,たとえそれが任意整理の財源確保のためになされた場合であっても,優先権を有する債権者の利益を害したという理由で詐害性を肯定できるであろう[14]。しかし,本件の事案では,認定事実に照らす限り,AにもYにも詐害意図はみられない。従って,このような事案では端的に,債務者及び受益者に詐害の意図がなかったという理由で,A＝Y間の債権譲渡の詐害性を否定すべきであったと筆者は考える。その限りで,本判決の「仮に本件債権譲渡契約が詐害行為取消権行使のための形式的要件をすべて満たすものであったとしても」という説示は,A＝Y間の債権譲渡に詐害性があったかのような誤った印象を,本判決を読む者に与えるおそ

　　巻8号1321頁。この判例理論の結論自体が問題点を含んでいることは言うまでもないであろうが,本件では争点とされていないので,取りあえずこの判例理論を前提にして評釈を進めることにする。
　13)　幾代通・民法総則（第2版）（青林書院,昭和59年）15頁。
　14)　東京地判昭和61年11月18日判時650号185頁。

れがあり，好ましい判示事項とは考えられない。

　(2)　それにも拘わらず，なぜ本判決がわざわざ「権利濫用」という理由付けを採用したのかを検討しなければならないであろう。この点に関して興味深いコメントがある。それは「権利濫用という一般法理で事件の解決を図ったのには，譲渡契約時以後の任意整理手続の遂行状況も詐害行為取消の成否の要件とすることにより，任意整理手続を実質的に監督するねらいがあるものと思われる」という本判決に関するコメントである[15]。これは傾聴に値すべきコメントではあるが，果たしてこのようなコメントが，「権利濫用」という一般条項を，詐害行為取消権という特殊な訴権の行使の可否を判断するための理由付けとするのに十分な根拠といえるのか否かについてはかなりの疑問が残る。なぜならば，本節の二で説明したように，現在の倒産法の有力学説は任意整理の手続主宰者がその義務を全うしているか否かについては，信託法理によってそれを判断しているからである。そうだとすれば，債権譲渡契約以後の弁護士Yらの任意整理手続の適正さについては，手続主宰者が負うべ義務の内容（有力説が説く義務の内容については，筆者が疑問を抱いていることについては前述したとおりである）を具体的に検討すれば足りることになる。そして，その義務に反した行動をしたか否かを事後的に判断すればよいのであって，わざわざ「権利濫用」という一般条項を持ち出して，Yらの手続の適正さを監督するという発想は，極めて迂遠な考え方であると言わざるを得ない。

　(3)　以上に述べたように，本判決の「権利濫用」という理由付けには賛成し難いが，Xの詐害行為取消権の行使を否定した本判決の結論は，本件の事実関係に照らすと極めて妥当な結論であったと評することができよう。なお，任意整理手続における詐害行為取消権の行使という論点は，民法学では従来ほとんど論じられていなかったものである。それゆえ，類似の裁判例が今後蓄積されれば，民法学においても取り組んでいかなければならない新しい論点となるであろう。

---

15)　金商1054号6頁。

第2節　民事再生手続と詐害行為取消権

民事再生手続が開始され当該手続が進行中の状態の下では，再生債権者は再生債権を被保全債権とする詐害行為取消訴訟を提起することは許されない。

(詐害行為取消請求事件，東京地裁平成18(ワ)20585号，平成19年3月26日民事13部判決，棄却（確定），判例時報1967号10頁)

【事実】
一　Xによる詐害行為取消訴訟提起前の事実の経過
(1)　平成16年3月23日，Xは，A学園に対し，弁済期を平成16年11月30日，利率を年7%と定めて15億円を貸し付けた。

同月同日に，B学園大学はXとの間で，主債務者A学園がXに対して負う主債務を連帯保証する旨の契約を締結した。また，同年3月31日に，B学園大学とXとの間で，B学園大学所有の不動産に，極度額を15億円とするXのAに対する主債務を担保するための根抵当権を設定する契約が締結された。

(2)　ところで，B学園大学はYに対し，未払い請負代金の弁済として，平成16年3月25日に4億円を，同月31日に9億4950万円を，同年4月22日頃に3億円を支払った。

(3)　B学園大学は，平成16年6月21日に，東京地方裁判所に民事再生手続開始の申立てを行い，同月28日に民事再生手続開始決定がなされた。なお，A学園についても，上記の開始決定と同時に，再生手続開始決定がなされた。

(4)　東京地方裁判所は，平成16年6月21日に，B学園大学に対し民事再生法54条の規定（同法54条は「監督命令」について規定しており，その1項は「必要があると認めるときは，利害関係人の申立てにより又は職権で，監督委員による監督を命ずることができる。」と定めている）に基づき監督命令を発し，C弁護士が監督委員に選任された。

(5)　平成16年7月24日，Xは，B学園大学の民事再生手続において，前記(1)のX＝B間の連帯保証契約に基づく15億円の債権について再生債権の届出を行った。そして，当該届出においては，Xは別除権行使によって弁済を受けることができないと見込まれる金額（民事再生法94条2項参照）は0円であるとした。

(6) B学園大学の民事再生手続において，平成16年11月18日に再生計画案が提出され（再生法163条），同年12月22日に債権者集会において再生計画案が可決され（再生法172条の3），その後，東京地方裁判所は再生計画認可の決定（再生法174条）を行い，前記決定は平成17年1月27日に確定した。

(7) XのB学園大学に対する，前記(1)の連帯保証契約から生じた債権は，別除権の実行に代わる弁済（主債務者A学園からのXに対する弁済を含む）によっても，なお全額（15億円）の満足を得ることができない状態にあった[1]。そして，前掲(6)記載の再生計画において，Xは別除権不足額が確定していない債権者（再生法160条参照[2]）として分類され，別除権不足額が確定したときに，権利変更の一般的基準（再生法156条参照――本件においては，50万円以下の債権については全額の弁済，10億円以下の債権については5％の弁済，10億円を超える債権については，その4％のうち，認可後3箇月以内に100万円を，それに加えて残余の金額を平成18年から21年まで毎年4分の1ずつ弁済するものと決定された）の定めを適用するものと決定された。

(8) B学園大学の民事再生手続は，監督委員が選任されている場合に該当し，かつ，再生計画認可決定確定後3年が経過していないので当該手続は未だ終結していない（再生法188条2項）。

二　Xによる詐害行為取消訴訟の提起

1 Xの請求の趣旨および請求原因について。

(1) 以上のような事実関係の下で，XはYを被告として詐害行為取消訴訟を提起した。その理由は以下のごとくである。

(2) まず被保全債権については，Xは次のように主張する。すなわちXは，平成16年3月23日，訴外学校法人A学園に対し，返済期を平成16年11月30日，利息を年7％と定めて15億円の金員を貸し付けた。訴外学校法人B学園大学は，同日，A学園の上記債務につきXに対し連帯保証をした。

---

1) Xが，当初は別除権行使によって弁済を受けることができないと見込まれる不足額（別除権不足額）を0円であると届出を行いながらも，Xが，別除権の行使に代わる弁済や，主債務者Aおよび連帯保証人Bから貸金債権の全額の弁済を得ることができなかったことが，Xによる詐害行為取消訴訟の提起の原因となった事案である。

2) 民事再生法160条1項は「別除権の行使によって弁済を受けることができない債権の部分が確定していない再生債権を有する者があるときは，再生計画において，その債権の部分が確定した場合における再生債権者としての権利の行使に関する適確な措置を定めなければならない。」と規定している。

(3) Xは詐害行為取消権に基づき，B学園大学のYに対する平成16年3月25日の4億円，同月31日の9億4950万円，同年4月22日ころの3億円の弁済を，XのB学園大学に対する15億円の残債権額である4億5120万8355円の限度において，これを取り消すこと，及び，同額（4億5120万8355円）をXに支払うことをYに求めた。

(4) 詐害行為の存在についてXは以下のように主張した。

B学園大学は，被告Yに対し，未払い請負代金の弁済として，平成16年3月25日に4億円，同月31日に9億4950万円，同年4月22日ころに3億円を支払った。上記の弁済時点でB学園大学は債務超過の状態にあった。B学園大学はこの弁済の結果，事業の継続が不可能となり，平成16年6月21日に東京地方裁判所に民事再生手続開始の申立てをし，同月28日に再生手続開始の決定を受けた。なおB学園大学の再生手続においては，再生計画認可の決定が確定し，現在，民事再生法186条の規定により再生計画の遂行中である。

(5) 債務者Bの悪意及び被告Yの悪意

B学園大学は被告Yと通謀して，他の債権者を害する意思をもって，上記の弁済行為を行った。従ってXは，詐害行為取消権に基づき，B学園大学のYに対する平成16年3月25日の4億円，同月31日の9億4950万円，同年4月22日ころの3億円の弁済を，XのBに対する15億円（連帯保証債務額）の残債権額である4億5120万8355円の限度において取り消すこと，及び，同額をXに支払うことを求めると主張した。

2 以上のXの請求に対して，Yは次のように反論した。

(1) Xは，以下の理由により当事者適格を有しないので，本件訴えは不適法であり却下されるべきである。

(2) 民事再生法135条1項が監督委員又は管財人のみが否認権限を有すると定め，同法40条の2が再生手続開始当時に係属する再生債権者からの詐害行為取消訴訟及び否認の訴訟の訴訟手続が中断すると定めていることから，法は，再生手続における統一的，画一的処理の実現のため，監督委員又は管財人のみが，総債権者の利益のために，再生債権者を害する行為を否認することを予定していると考えられ，個々の再生債権者が民法424条の規定によって訴訟を提起することは認められない。

(3) 破産手続係属中の破産債権者による民法424条の規定による訴え提起は不適法とする判例（大審院昭和4年10月23日判決民集8巻11号787頁）があり，民事再生法においてもこれと同様に解するべきである。すなわち，民事再生手続においては，再生計画案の可決・認可にむけて集団的な利害調整が行われ，再生計画案

の認可に必要な可決は，再生債権者相互，再生債権者と再生債務者の集団的な利害調整の結果の反映であるが，個別の再生債権者に詐害行為取消請求権を認めると，再生計画案への同意等の前提が失われ，このような事態は，民事再生法等の倒産処理法の予定しないところである。再生債権者が「再生債権者を害する行為」があると判断した場合には，監督委員や裁判所に否認権の行使を求めれば足り，再生債権者による詐害行為取消請求権を認めなくても再生債権者を不当に害することにはならない。従って，Ｘは詐害行為取消訴訟の原告適格を有しないので，Ｘの詐害行為取消訴訟は不適法却下されるべきであるとＹは反論した。

（4）またＸの詐害行為取消権の行使の主張に対しては，Ｘの被保全債権の存在および受益者Ｙ自身の悪意について，これらの事実を知らなかったとＹは反論した。

【判旨】　請求棄却（確定）

　東京地裁はＸの詐害行為取消請求を棄却した。その理由は以下のごとくである。すなわち――

「二　争点に対する判断

（1）本件においては，再生手続中に再生債権者による詐害行為取消権の行使が認められるかどうかが問題となる。当裁判所は，再生手続開始決定があった後再生手続が進行中の状態の下においては，再生債権者の有する再生債権に基づく詐害行為取消権は，行使することができなくなるものと判断する。その理由は，(2)以下のとおりである。

（2）詐害行為取消権と否認権は，いずれも，債務者が無資力状態にあり，かつ，債権者を害する行為があった場合に，債務者の財産を保全して総債権者の利益を図ることを目的とする規定である。

民事再生法等のいわゆる倒産法制に属する法律においては，否認権についての規定がある。このことからすると，民法四二四条の詐害行為取消権は，債務者が経済的破綻状態にあるが，法的倒産手続に入っていない場合における債務者の財産の保全を図ることを目的とした規定であるとみられる。

民事再生法による再生手続などの法的倒産手続においては，画一的，統一的な処理を図ることにより債権者間の公平を図っている。倒産手続開始決定後は，各債権者の個別的権利行使による無秩序な債権回収競争を防ぐため，債権者の個別的な権利行使は原則として禁止されている（民事再生法三九条から四一条まで等）。債権者を害する行為についても，個別の債権者による権利行使は予定されておらず，否

認権の行使権限を倒産手続の機関（監督委員など）に帰属させて，すべての債権者に平等に債務者の財産の保全の効果が及ぶようにしている（民事再生法五六条，一三五条等）。破産配当や再生計画案の作成の基礎となる債務者の財産状況がすべての債権者について同一でなければ，集団的な利害調整を経た公平・平等な破産配当や再生計画の策定ができないからである。

　また，法的倒産手続は，目的を遂げて成功裡に終わる場合もあれば，目的を遂げずに失敗に終わる場合（民事再生法一八九条の規定による再生計画の取消，同法一九一条から一九四条までの規定による再生手続の廃止等）もある。ところで，法的倒産手続が成功に向けて進行している場合又は成功裡に終了する場合には倒産手続中又は手続終了後に倒産債権者（再生債権者など）に倒産債権（再生債権，倒産債権など）に基づく詐害行為取消権の行使を認める必要性は，通常は見当たらない。まず，再生手続きにおいては，再生債権は再生計画認可決定の確定により，実体法上，再生計画の定め（通常は民事再生法一五六条の一般的基準）に従って変更されてしまい（通常は一部が消滅し，残部が履行期の到来していない将来債権となる。例えば九〇％免除の上残一〇％を五年間の均等割賦弁済。民事再生法一七九条），このような変更後の再生債権の履行の見込みがないときは再生計画は認可されない（民事再生法一七四条二項二号[3]）こととされている。このように実体法上変更された再生債権が認可された再生計画に従って履行されている限りは，再生債権者の有する変更後の債権につき債務不履行（履行遅滞）はなく，将来の履行期到来時に弁済されないおそれがあると判断されることもないのが通常であり，詐害行為取消権の要件を満たすことはないとみられるからである。この点は更生手続においても，基本的に同様である。破産手続においては，破産配当後，個人破産者は免責されるのが通例であり，法人破産者は法人が消滅するのであるから，破産債権に基づく詐害行為取消権は，行使する余地がなくなるのが通例である。また，再生手続認可の決定の確定前であっても，再生手続が成功に向けて進行している途中においては，再生手続成功の暁には前記のように詐害行為取消権を行使できなくなるのが通例であるから，その準備段階においても詐害行為取消権の行使を認める必要性がないとみるのが無理のないところである。

　民事再生法一八九条の規定により再生計画が取り消され，同条七項の規定により

---

3) 民事再生法174条2項については，伊藤眞＝才口千晴＝瀬戸英雄＝田原睦夫＝桃尾重明＝山本克己編著・注釈民事再生法（新版）（下）（金融財政事情研究会・2002年）62頁以下〔田原執筆〕を参照。

再生債権者の権利が原状に復した場合であって，民事再生法二五〇条の規定による倒産手続開始決定もないときには，後記（5）説示のような別途の考慮をすれば足りるものと考えられる。

民事再生法四〇条の二が，再生手続開始前に提起された詐害行為取消訴訟が中断すると規定しているのも，再生手続中は詐害行為取消権は新規には行使できないこととして，必要があれば否認権（又は民事再生法一四〇条一項の監督委員等による詐害行為取消訴訟の受継）によって対応しようという考え方によるものと考えられる。

（3）　民事再生法中には，再生手続終了後に再生手続開始当時係属していた詐害行為取消訴訟を再生債権者が受継することを定めた規定（民事再生法四〇条の二第七項等）がある。しかしながらこの場合の「再生手続終了」とは，再生の目的を遂げずに失敗したことによる終了（再生手続の廃止など）の場合であることは解釈論上明らかである。再生手続が目的を遂げずに終了し，かつ，民事再生法二五〇条の規定による破産手続開始決定もないが，なお債務者が経済的破綻状態にあり，詐害行為もあると主張する債権者が存在する場合には，その債権者による詐害行為取消権に基づく訴訟の遂行を認めざるを得ないというに過ぎないのである。

（4）　再生手続開始後は，詐害行為や否認すべき行為があると考える債権者は，監督委員や裁判所に対して否認権の行使を促せば足りるものと考えられる。行使すべき重要な否認権を行使しないことを前提とした再生債務者の財産状況を基礎として作成された再生計画は，再生債権者の一般の利益に反する（民事再生法一七四条二項四号）ものとして，裁判所の認可が得られず再生の目的を達することができないものと考えられ，監督委員や裁判所もこの点を考慮して否認権の行使の当否を検討するはずであるからである。もちろん，否認権行使の費用対効果や行使の結果確定までに要する時間その他の事情を考慮した上での否認権を行使しないという決断が監督委員や裁判所によってされたとしても，その判断内容が合理的なものであれば，そのことが債権者の一般の利益に反するものではないことは，当然のことである。

〔中略〕

（6）　以上のとおり，本件のように，再生手続開始決定があった後，再生手続が進行中の状態の下においては，再生債権者は再生債権に基づき詐害行為取消権を行使することは，実体法上許されないものと解すべきである。

したがってＸの請求は，理由がないことに帰する。

（7）　なお，本件で問題となるのは，Ｘの有する詐害行為取消権の行使の要件に

ついての実体法の解釈問題であり，当事者適格の点は問題とならない。Xは，他人の権利を裁判上行使すると主張するものではなく，自己の権利としての詐害行為取消権の存在を主張して，形成判決と給付判決を求めている（確認判決を求めているものでないから，確認の利益も問題とならない。）ものであるから，その当事者適格には格別の問題は存しない。被告の本案前の主張は失当である。

　三　以上によれば，XのYに対する請求は理由がないからこれを棄却する」と判示した。

【評釈】

一(1)　本判決は，民事再生手続において，別除権を有する債権者Xが，別除権の行使によっても債権の全額の弁済を得ることができなかったために，別除権不足額を被保全債権として，債務者B（主債務者Aの連帯保証人である）が受益者Yに対して行った未払いの請負代金の弁済を，詐害行為を理由としてその取消しを請求したという事案である。

(2)　事案の特殊性および主たる争点として，以下の点を挙げることができる。

①　まず第一に，Xが詐害行為取消権の被保全債権として主張する債権が，別除権不足額に相当する債権であるという点である。特に，再生手続の始めには，別除権不足額がない（すなわち別除権不足額は0円）と見込まれていたにもかかわらず，最終的には，別除権不足額が4億5120万8355円となった点に，Xの詐害行為取消権の主張の原因がある。そして，このような結果に至る事実関係がやや不明である点に，本件の事案を理解する際の困難があると考えられる。

②　第二に，詐害行為取消権の目的とされた法律行為（法的行為）が，B学園大学のY株式会社に対する本旨弁済（未払いの請負代金の弁済）である点が論点となろう。なぜならば，ここにおいて，本旨弁済の詐害性を肯定できるのかという詐害行為の成立要件に関する困難な問題が潜んでいるからである。

③　第三の論点が，本件の法律上の主要な争点であり，民事再生手続中において，再生債権者が詐害行為取消権を行使することができるのか否かという問題点である。さらに，この問題に対して肯定的に答えるにせよ，否定的に答えるにせよ，その理由付けをどのように考えるのかという点が重要な問題として

残されていると考えられる。換言すれば，この点が本判決の扱った中心的論点であると言いうるであろう。さらに，本判決にとっての先例的意義を有すると考えられる大判昭和4年10月23日民集8巻11号787頁[4]との関係を検討して，本判決の位置づけを考察することにしたい。それゆえ以下の評釈では，上記の①〜③の順序で問題点を検討していくことにしたい。

二(1) 上記の論点①（被保全債権の有無および金額）に関しては，B学園大学がXのために設定した根抵当権（極度額15億円）の被担保債権の範囲が問題となる。なぜならば，判決理由の中で，B学園大学とXは，B所有の不動産につきXのために根抵当権（極度額15億円，債権の範囲はXのA学園に対する金銭消費貸借契約にに基づく債権）を設定する契約を締結したと記されている[5]。そうだとすると，B学園大学がXに対して負う連帯保証債務（A学園がXに対して負っている主債務とは別個の債務である）は，被担保債権には含まれず，Bの民事再生手続において，Xが根抵当権を有することを理由として別除権を行使することは論理的には考えられないこととなってしまう。そうだとすると，Xの別除権行使を肯定するためには，本件の事案（Bの民事再生手続）では，Xの有する根抵当権は，XがBに対して有する連帯保証債権をも担保していたと考えるほかないであろう[6]。そのように考えてはじめて，XがBの民事再生

---

4) 大判昭和4年10月23日民集8巻11号787頁は，破産手続中において，破産債権者が提起する詐害行為取消訴訟は，原告である取消債権者が当事者適格を欠くから，不適法却下されるべきであると判示した。

5) 判例時報1967号106〜107頁の判決理由の記述を参照されたい。その記述では，Xの根抵当権の被担保債権は，XのA学園に対する金銭消費貸借契約に基づく債権であると述べられている。そうだとすると，Xは主債務者・A学園の民事再生手続において別除権者であることは明らかであるが，連帯保証人・B学園大学の民事再生手続で別除権者であるか否かは明らかではないのではなかろうか。

6) 要するに，B学園大学は，Xのための主債務を担保するための単なる物上保証人ではなく，B自身のXに対する連帯保証債務を担保するためにも，根抵当権を設定したと考えるほかないであろう。それゆえ，上記の連帯保証債務が再生債権として届出られたのであろう。ただし，この連帯保証債務の金額は，Bの再生手続と同時に開始されたAの再生手続において，主債務者AがXに対して行う弁済の金額によって変化することは言うまでもない。その意味では，Aの再生手続中におけるAの弁済の金額が定まらなければ，Bの再生手続中でBが負う連帯保証債務額も定まらず，その結果としてXのBに対する別除権不足額が確定しないことになろう。以上のような推論に

手続において，X＝B間の連帯保証契約に基づく15億円の債権につき再生債権の届出をすると同時に，当該届出において別除権不足額（再生法94条2項）が0円と見込まれる旨を届け出たことが理解できる。

(2)　次に，XのBに対する債権は，別除権不足額が0円の債権から，別除権不足額が確定していない債権（再生法160条）へと分類が変更されている。この変更がなぜ生じたのかについても判決はその理由を明示していないのである。しかし，最終的には4億5120万8355円という弁済を得られない金額（別除権不足額に相当すると考えて差し支えないであろう）が，Xの詐害行為取消権の被保全債権となっている点を考慮すると，この点についての説明が，判決理由中において，もう少し詳しくなされていてもよかったのではないだろうか。その説明によって，事実関係を論理的に理解することが容易となったと思われるからである。

三(1)　上記の論点②について検討しよう。②の問題点は，Xの詐害行為取消権の目的となった法律行為が，BのYに対する本旨弁済であるという点である。そして本旨弁済の詐害性については，すでに大判大正5年11月22日民録22輯2281頁（事案は，債務者（講の事務担当者）から受益者（講の新会主）への信託財産（寺の再建資金を確保するための講の財産）の移転が詐害性を有するか否かが争われたものであり，大審院は信託財産の移転は詐害性を有しないと判示した）が「既存ノ義務ヲ其時期ニ於テ履行スルカ為メニ適法ニ為シタル行為ノ取消ヲモ請求スルコトヲ得ルモノト解スヘキモノニ非ス〔中略〕多数ノ債権者ヲ有シ債務者ノ全財産ヲ以テスルモ之カ弁済ヲ為スコト能ハサル場合ニ他債権者ヨリ債務履行ノ請求ヲ受ケ居ルニ拘ハラス債務者カ一債権者ト共謀シテ全財産ヲ換価シテ挙ケテ一債権者ニ弁済スルカ如キハ特ニ他債権者ノ利益ヲ害センカ為メ故意ニ為シタルモノナルヲ以テ其詐害行為ヲ組成スルモノタルヤ疑ヲ容レサル所」であると述べて，既存債務の履行期における弁済が詐害行為となりうる要件を一般論として判示していた[7]。そして，この要件を学説は「通謀的害

より，XのBに対する債権が，別除権不足額が確定していない債権（再生法160条）へと分類されたことが理解できるのである。

[7]　本文中に掲げた大判大正5年11月22日民録22輯2281頁を，弁済の詐害性に関する一般論を述べた判例として挙げる学説としては，柚木馨＝高木多喜男補訂・判例債権法

意」とよんでおり，本旨弁済の詐害性を肯定する場合に加重されるべき要件であると説いている[8]。

　(2)　(ア) 弁済の詐害性を肯定するために，「通謀的害意」という加重要件を必要とすると解する大審院の判例理論[9]は，最高裁によっても踏襲されている。それらは，①　最判昭和33年9月26日民集12巻13号3022頁と，②　最判昭和46年11月19日民集25巻8号1321頁である。そして，①最判昭和33年9月26日は「……債権者平等分配の原則は，破産宣告をまって始めて生ずるものであるから，債務超過の状況にあって一債権者に弁済することが他の債権者の共同担保を減少する場合においても，右弁済は，原則として詐害行為とならず，唯，債務者が一債権者と通謀し，他の債権者を害する意思をもって弁済したような場合にのみ詐害行為となるにすぎないと解するを相当とする」と判示した。①判決は，上記の判示事項において，弁済は原則として詐害性を有しないが，「通謀的害意」をもってする弁済（債務者が一債権者と通謀し，他の債権者を害する意図をもってする弁済）は例外的に詐害行為となる旨を明示した。ここにおいて大審院が示した一般論は，最高裁においても判例理論として踏襲

　　総論（有斐閣・1967年）205頁，於保不二雄・債権総論（新版）（有斐閣・1972年）186頁，松坂佐一「債権者取消権」総合判例研究叢書(7)（有斐閣・1957年）182頁，奥田昌道編・注釈民法(10)債権(1)（有斐閣・1987年）823頁〔下森定執筆〕，飯原一乗「判例を中心とした詐害行為取消権の研究」司法研究報告書第18輯第2号（1967年）67頁，同・詐害行為取消訴訟（悠々社・2006年）129頁などがある。

8)　通謀的害意という加重要件については，奥田編・前出注7) 823頁〔下森執筆〕，佐藤岩昭「詐害行為取消権の成立要件に関する一考察──訴権法的視点から見た弁済の詐害性に関する問題点──」星野英一先生古稀祝賀・日本民法学の形成と課題（上）（有斐閣・1996年）445頁以下を参照。

9)　大判大正13年4月25日民集3巻157頁は，弁済の詐害性について直接判示した判例ではないが，弁済の資金を得る目的でなされた相当価格による不動産の売却の詐害性について「其売却行為（当初ヨリ他ノ債権者ヲ害スルノ意思ニ出テタルコトヲ認ムヘキ特別ノ事情ナキ限リハ詐害行為ヲ以テ目スヘキモノニ非スシテ之カ取消ノ請求ヲ許スヘキニ非ス」と述べて詐害性を否定した。しかし，上記判決は「債務者カ特ニ或債権者ト共謀シ他ノ債権者ヲ害シテ或債権者ノミニ対スル弁済ノ資金ニ供スルノ目的ヲ以テ自己ノ不動産ヲ売却シタルカ如キ場合ハ詐害ノ意思ニ出テタルコト明白」であると述べて，前掲・大判大5年11月22日が示した「通謀的害意」を加重要件とする理論を踏襲している。この判例の分析については，佐藤・前出注8) 446頁を参照。

されることが明らかとなった。けれども，①判決は，具体的事案の解決において弁済の詐害性を肯定するには至らなかった。

　（イ）　ところが，前掲②最判昭和 46 年 11 月 19 日[10]は，具体的事案の解決においても——原審の判断を支持する形ではあるが——本旨弁済の詐害性を肯定するかのような結論を述べるに至った。すなわち，債務者 A 社が倒産を免れ得ない状況に陥ったために，A 社と大口債権者である受益者 Y 会社，及び，Y の代表取締役 B が経営する C 社との三者間で以下のような合意がなされた。それは，A 社の在庫商品を 400 万円と見積もった上で，それを C 社に売却し，A 社はその 400 万円を，A 社の Y 社に対する債務 2000 万円の弁済に充当する旨の合意である。その際に C から A，A から Y への現金の授受を省略すると同時に，A＝C 間の売買契約の成立と同時に，A の Y に対する債務が 400 万円の限度で消滅する旨の合意もなされた。また在庫商品を A が C を介して Y に引き渡せば，A の債務を 500 万円免除するという特約も A＝Y 間で合意されていた，という事案である[11]。以上のような事実関係の下で，原審は 400 万円の債務への充当を弁済と判断し，その詐害性を肯定したのである。そして前述したように，最高裁もこの原審の判断を支持した[12]。

　（ウ）　ここに至って，ようやく「通謀的害意」の構成要件を具体的事実との

---

　10)　なお最判昭和 46 年 11 月 19 日民集 25 巻 8 号 1321 頁の判示事項は，直接には弁済の詐害性の要件に関するものではない。その中心的争点は，弁済を受領した受益者（詐害行為取消訴訟の被告）が，詐害行為取消訴訟において，受益者が有していた債権額に対応する案分額の支払いを，取消債権者（原告）に対して拒めるか否かにあった。最高裁は，受益者の主張する「配当要求の意思表示」ないしは「受益の意思表示」には実定法上の根拠がないことを理由として，受益者の上告を棄却した。本判決の判例研究としては，星野英一・本件評釈・法協 91 巻 1 号 179 頁，川井健・判例研究・金商 213 号 2 頁，飯原一乗・本件研究・判タ 280 号 74 頁などを参照。なお，弁済の取消しに関する判例・判決例の詳細については，飯原・前出注 7) 詐害行為取消訴訟 219 頁以下を参照されたい。

　11)　事実関係の詳細については，広島高判昭和 45 年 3 月 2 日高裁民集 23 巻 1 号 53 頁を参照。

　12)　ただし，最判昭 46 年 11 月 19 日民集 25 巻 8 号 1321 頁の事案は，本旨弁済ではなく代物弁済の事案ではないかという指摘が，星野・前出注 10) によりなされていることを指摘しておかなければならない。

関連において捉えることのできる判例が現れた。しかし本旨弁済の詐害性を肯定した判例が少ないために、その構成要件は未だ確定したものと評価することはできない。このように不確定な要件であることを承知で、これらを示すとすれば、本旨弁済における「通謀的害意」の構成要件は次の三点となろう。すなわち、(i)債務者の資力が法的倒産手続の適用が可能なほどの無資力状態にあったこと、(ii)債務者が不当な経済的利益を得る目的で特定の債権者に弁済を行ったこと（例えば上記（イ）の判例では弁済の見返りとして500万円の債務免除を得ている）、(iii)特定の債権者と密かに通謀することによって弁済を行ったこと（例えば上記（イ）の判例では、深夜密かにA＝Y＝C三者の合意がなされ、弁済が実行に移されている）という要件である。これらは、唯一件の最高裁判例から導き出されたものであるがゆえに、不完全な要件であるという批判を免れることはできないであろう。しかし、不完全ではあっても本旨弁済の詐害性を判断する際の手がかりとすることができるのではなかろうか。

(3) 以上のような考察をふまえた上で、本件の事案を検討すると、本件で問題とされている法律行為はまさに本旨弁済である。従って、債務者B学園大学が受益者Yに対して行った請負代金の本旨弁済に、通謀的害意が存したか否かが検討されてもよかったのではないだろうか。ただ、通謀的害意の存否に関しては、XおよびYともに詳しい主張をしていないために、本件では中心的争点とはなっていない。そのため事実関係および判決理由の双方に関して詳しい論評を行うことを差し控えざるを得ない。しかしXの詐害行為取消権の行使を否定するという本判決と同じ結論を採るにしても、重要な理由付けとなり得た争点であると考えられるので、もう少し詳しい検討および理由付けがなされてもよかったのではないかと考えられる。

四(1) 民事再生手続中において、再生債権者が、債権者固有の権利として詐害行為取消権を行使することができるのか否かという論点を検討しよう。この論点が解釈論上の争点となる理由は、この問題に関する明文の規定が存在しないからである。しかし、詐害行為取消権とその機能が類似する否認権の行使について、民事再生法135条1項は「否認権は、訴え又は否認の請求によって、否認権限を有する監督委員又は管財人が行う」と定めている。この条文の趣旨は再生債務者や再生債権者に否認権の行使を認めず、監督委員に否認権限を付

与するという仕組みを採用したものであると説明されている[13]。特に本件の事案のように民事再生法54条による監督命令が発せられ，C弁護士が監督委員に選任されている場合に関しては次のように説明されている。すなわち監督委員のみが否認権の行使者である理由は政策的なものである。なぜならば，管財人が選任されていなければ再生債務者財産の管理処分権は再生債務者本人（B学園大学）に帰属するから（再生法38条），否認権の行使は再生債務者本人がこれを行使すべきであると考えるのが理論的な帰結である。しかし旧再生債務者が行った行為を，自らが否認することは禁反言の法理に触れるし，事業の再生のために協力を要請しなければならないという弱い立場に再生債務者がいることから，適正な否認権の行使を再生債務者に期待できない場合も考えられる。それゆえ民事再生法135条1項は，政策的配慮から監督委員に否認権の行使権限を帰属させた規定であると説明されている[14]。そうだとすると，否認権と類似の機能を営む民法424条の詐害行為取消権を，監督委員ではない個々の再生債権者に行使させることは，民事再生手続中においては予定されていないと考えざるを得ないであろう。

さらに民事再生法制定前の旧和議法においては，民事再生法における否認権制度に相当する制度が存在せず，詐害行為または偏頗行為に対する救済手段が欠けていたと言われている[15]。それゆえ，旧和議法下では旧和議法上の否認権（否認の対象もその効果も制限されており，破産法や民事再生法の否認権とは著しく異なる制度であった）[16]と，和議債権者の行使する詐害行為取消権とが併存

---

13) 伊藤眞・破産法・民事再生法（有斐閣・2007年）707頁脚注（34）を参照。

14) 伊藤眞＝田原睦夫監修，全国倒産処理弁護士ネットワーク編・新注釈民事再生法（上）（金融財政事情研究会・2006年）674頁〔中西正執筆〕参照。なお，ジュリスト増刊・民事再生法逐条研究（2002年12月）115頁も参照。

15) 伊藤・前出注13）565頁，同頁脚注（2）を参照。それによれば旧和議法33条の定める和議債権者による否認権の行使という制度は，現在の民事再生法127条以下の否認権制度とは全く異なった制度であった。なお，旧和議法から民事再生法への法改正の要点については，伊藤眞＝才口千晴＝瀬戸英雄＝田原睦夫＝桃尾重明＝山本克己編著・注釈民事再生法（新版）（上）「はしがき」1～3頁〔伊藤執筆〕（金融財政事情研究会・2002年）を参照。

16) 旧和議法33条の定める和議債権者の否認権の詳細については，麻上正信＝谷口安平編・注解和議法（改訂）（青林書院・1993年）236頁以下〔宗田親彦執筆〕，中田淳

しうると解釈されていた[17]。

上記のような旧和議法と民事再生法との制度上の違いを考慮すると，民事再生法の下では，再生手続開始後においては，個々の再生債権者による詐害行為取消権の行使は認められないという結論を解釈論として採らざるを得ないであろう。その理由は，前述した民事再生法135条1項の趣旨，及び，本判決が述べるところに尽きると考えられる。すなわち，民事再生法等の倒産法制に属する法律においては，画一的，統一的な処理を図ることにより債権者間の公平を図っているのであり，倒産手続開始決定後は，各債権者の個別的権利行使による無秩序な債権回収競争を防ぐため，債権者の個別的な権利行使は原則として禁止されているからである（再生法39条から41条まで等）。また，債権者を害する行為についても，再生債務者や個別の債権者による権利行使は予定されておらず，否認権の行使権限を倒産手続の機関である監督委員などに専ら帰属させて，すべての債権者に平等に債務者の財産の保全の効果が及ぶように制度を構築しているからである（再生法56条，135条等）[18]。

（2）以上に検討したように，民事再生手続開始後において，民法上の詐害行為取消権を再生債権者が行使できないという結論は正当であると私は考える。特に，本件の事案にみられる「弁済の取消し」の場合のように，詐害行為取消権の目的物が金銭の場合（価格賠償の場合も同様である）に詐害行為取消が肯定されれば，取消債権者は金銭の直接引渡を請求でき事実上の優先弁済を得ることができる（判例の準則に立脚した場合[19]）。そうだとすると，本件の事案では，

一・破産法・和議法（有斐閣・1959年）288頁を参照されたい。この中田淳一博士の著書によれば，旧和議法33条の「和議債権者による否認」とは，和議開始後，債務者が管財人の同意をえないでした通常範囲外の行為は，当然には無効ではないが，相手方が悪意の場合に限り，和議債権者においてこれを否認することのできる制度であると説かれている。また和議の場合には手荒な清算を避け，「むしろ債務者の誠意に免じてその救済をはかるのが目的であるから」，「固有の意味における否認権に関する破産法の規定」が準用されないのは当然であると指摘されている（中田・前掲書289頁注（一））。

17) 麻上＝谷口・前出注16) 238頁〔宗田執筆〕。
18) 判時1967号107頁の判決理由を参照。
19) 大判昭和8年2月3日民集12巻175頁，大判大正10年6月18日民録27輯1168頁，最判昭和39年1月23日民集18巻1号76頁などを参照。以上の判例及び価格賠償の位置づけについては，平井宜雄・債権総論（第二版）（弘文堂・1994年）290頁，297

Xが4億5120万8355円の限度で，事実上の優先弁済を受領するという結論に至る可能性が出てくることになろう[20]。このような可能性を認めること自体が，再生債権者間の公平・平等な配当を害することになろう。従って，本件の事案の公平・平等な解決という観点から考えても，Xの詐害行為取消権の行使を認めるべきではないと考えられる。

(3) しかしXの詐害行為取消権の行使を否定する理由は，本判決が述べるように，詐害行為取消権の実体法上の解釈論の問題だけであろうか。このような疑問を私が抱く理由は，詐害行為取消権の法的性質に関する私見に存する。すなわち，私見では詐害行為取消権を，実体法上の私権（Privatrecht）と訴訟法上の権利（Prozeßrecht）とが未分化の状態の権利＝「訴権（actio）」として考えるので[21]，Xの詐害行為取消権の行使の可否については，実体法上の理由と訴訟法上の理由との双方を考慮しなければならないと考えるからである。そうだとすると，民事再生手続中の詐害行為取消権の行使が，再生債権者間の公平・平等な配当を害するがゆえに，その行使は否定されるべきであるという実体法的な理由だけに注目すべきではないであろう。この実体法的な理由に加えて，再生手続において画一的・統一的処理を図るために，否認権の行使権限を倒産手続の機関（監査委員など）に専属させている（再生法56条，135条）という訴訟法的（手続法的）な理由にも注目すべきではなかろうか。そして否認権限を再生債務者や個々の再生債権者から奪い，倒産手続の機関に帰属させるという法技術は，個々の再生債権者から詐害行為取消訴訟の原告適格を奪うという解釈論に至るであろう。すなわち，上記の原告適格に関する解釈論は，大判昭和4年10月23日民集8巻11号787頁が述べる判旨（破産手続中の破産債

頁以下を参照。

[20] 繰り返すが，本文中に述べた事実上の優先弁済的効力を肯定する説は，判例の準則に依拠する学説であり，解釈論により民法425条を空文化する。これに対し，私見はボアソナード民法草案を根拠として，民法425条の意義（執行忍容訴訟の判決効の拡張）を生かすための解釈論上，及び，立法論上の提言を行うものである。その提言の詳細については，佐藤岩昭・詐害行為取消権の理論（東京大学出版会・2001年）417頁以下を参照。

[21] 私見（訴権説）の解釈論については，佐藤・前出注20) 285頁以下を参照。また「訴権（actio）」の定義については，佐藤・前出注20) 12頁，44頁以下を参照されたい。

権者の詐害行為取消訴訟の原告適格を否定した結論）と一致することになり，その先例を上記の大審院判例に見いだすことができるのである。この解釈論上の一致は，破産法の解釈論と民事再生法の解釈論との間に整合性を見出しうることを意味する。このような帰結は，倒産法制全体の解釈論に緊密な整合性を見出すことを意味し，きわめて有益な解釈論となるのではないかと考えられる。なぜならば，上記の原告適格の問題を意識することによって，本判決の判決理由の後半部分（判決理由(3)及び(4)の説示）がより一層の説得力を持つに至るのではないかと考えられるからである。

　しかし上記の私見のように，訴訟法上の理由を考慮に入れたからと言って，常に詐害行為取消訴訟を不適法却下しなければならないという結論にはならないと私は考える。なぜならば，詐害行為取消権は「訴権」という性質を有するので，実体法上の要素も含み，それに関する理由（民事再生手続における公平・平等な配当を妨げることにはならないか，という詐害行為取消権の実体法上の効果の問題点）を以て詐害行為取消権の行使を否定したならば，その結論は訴えの棄却となると考えられるからである。従って，本判決がXの詐害行為取消訴訟を本案判決により棄却したことは，きわめて正当であったと私は考える。

第7章　債権譲渡・契約上の地位の譲渡と詐害行為取消権

第1節　債権譲渡と詐害行為取消権

譲渡禁止特約付きの債権の譲渡が詐害行為となる場合の原状回復方法として，受益者から第三債務者への取消通知が命じられた事例
　（詐害行為取消等請求事件，東京地裁昭和61年（ワ）7827号，平成元年5月24日民事23部判決，一部認容（確定），判例時報1351号74頁）

【事実】
　X（取消債権者）は，A（債務者）に対して有する約束手形金債権（額面合計759万円――以下では被保全債権と呼ぶ）に基づき，AのY₁（受益者）に対する債権譲渡が詐害行為にあたることを理由に，Y₁に対して上記債権譲渡の取消しを請求した。それと同時に，XはY₂（譲渡された債権の債務者――以下では第三債務者と呼ぶ）に対し，譲渡された債権の全額747万円を直接自己に支払うべきことを求めた。このY₁に対する直接請求の根拠として，Xは次に示す二点を掲げている。即ち，第一点は詐害行為取消権の効果としてY₁に直接請求ができるというものであり，第二点は，前記第一点の主張が認められないとしても，債権者代位権に基づき，詐害行為取消しの結果，Aに復帰した債権を行使して第三債務者Y₂に直接支払いを請求することができるというものである。
　このXの主張に対し，Y₁・Y₂は以下のように反論した。まずY₁は，AのY₁に対する本件債権譲渡はAがY₁に対して負っていた債務（Y₁の主張によれば合計6548万円余である）の一部の代物弁済として行われたものであるから詐害行為には該当しない，と主張した。
　次に，Y₂は，詐害行為取消権による原状回復の方法としてXに許されることは，Y₁からY₂に対し債権譲渡が詐害行為として取り消された旨の通知をなすべきことを請求できるだけであると主張した。また詐害行為取消しの効力は相対的なもの

であり、債務者（A）及び第三債務者（Y₂）には及ばないから、取消債権者（X）は債務者（A）に代位して、詐害行為の目的物たる（譲渡された）債権の支払いをY₂に請求することはできないと、Y₂は主張した。さらにY₂は抗弁として、詐害行為の目的物たる本件債権には債権譲渡禁止特約が付されており、譲受人たるY₁は、前記特約の存在について悪意であるか又は重過失により知らなかったから、民法466条2項によりAからY₁への本件債権譲渡は無効である旨を主張した。

【判旨】 一部認容。

（一）「……右認定の事実によれば、Aは、〔中略〕他の債権者を害することを知ってY₁に本件債権譲渡をしたことが明らかである。ところで、Y₁は、Aのした本件債権譲渡はAがY₁に対する別紙貸付債権一覧表記載の債務の一部弁済としてしたものであるからこれにつき詐害行為は成立しないと主張するが、債権譲渡は債務の本旨弁済にあたらず、かつ、前認定の経過からすると、Y₁はAに対する融資につき特別な関係にあった立場を利用し、これと意を通じて他の債権者の介入の余地のない状況を作出して本件債権譲渡を受けたことが明らかであるから、これが詐害行為であることを否定することはできない。〔中略〕なお、取消債権の譲渡が譲渡禁止の特約に反してなされたと否とは、当該特約の効力の対抗関係にない取消債権者のする詐害行為取消に消長を来すものではない。」

（二）「……Xは、債権譲渡が詐害行為となる場合には、取消債権者は詐害行為取消の効果として、然らずとするも、詐害行為取消により債務者に復帰する債権につき債務者に代位して、詐害行為取消とともに直接第三債務者に対してその支払いを訴求することができる旨主張する。けれども、詐害行為取消は、債務者の不当な責任財産減少行為を取り消して原状回復をさせ、責任財産を保全するための手続きであって、詐害行為取消により金銭の取戻し又は他の財産の返還に代る賠償を求める場合に、取消債権者に受益者又は転得者に対する自己への直接の給付請求を認めるのは、受益者又は転得者に対し債務者に対する右の金銭給付を命じたとしても、債務者がその受領を拒み、又は受領した金銭を費消する等して責任財産保全の目的を遂げ得ない虞れがあることを慮っての例外的な取扱いであるから、そのような虞れのない場合にまでこれと同様の請求を認めることは、詐害行為取消制度の目的の範囲を逸脱することとなり、認め難い。

したがって、債権譲渡につき詐害行為としてその取消を訴求する場合、取消債権者は、債権の譲受人又は転得者が第三債務者から譲受債権の弁済を受けてこれを回収済みのときは、財産の回復のため債権の譲受人又は転得者に対し弁済を受けた金

銭の支払いを求めることができるが，債権の譲受人又は転得者が第三債務者から譲受債権の弁済を受けてない（ママ）ときは，原状回復の方法として，取消債権者が債権譲渡の取消を第三債務者に対抗し得るように，債権の譲受人又は転得者に対し当該債権の譲渡が詐害行為として取り消された旨第三債務者に通知することを求めることができるに止まり，裁判所は右原状回復としてこれを命ずる必要があるが，取消債権者が第三債務者に対し譲受人又は転得者の未回収の債権を回収するための金銭の支払いを求めることは，詐害行為取消による責任財産保全としての原状回復の範囲を超えるものであって許されない。また，債権の譲受人又は転得者がいまだ第三債務者から譲受債権の弁済を受けてない債権譲渡の詐害行為取消について，取消債権者が詐害行為取消ともに債権者代位権に基づき第三債務者に対する当該債権の履得を請求することは，当該債権譲渡が詐害行為として取り消され，その旨の通知がなされて，はじめて債権譲渡の取消を第三債務者に対抗し得ることとなり被代位債権の存在を主張し得ることになることに反するから，これを認めることはできない。

　なお，Xは，右のように解すると，取消債権者が債権回収に二度の訴訟を強いられ，かつ，その間における第三債務者の経済状態の変化による危険を引き受けなくてはならなくなる等，債権回収に努力した債権者の地位を害することとなる旨主張するが，その法的立場は，不動産等の権利が登記登録等によって受益者又は転得者に移転された場合と対比し類似するものと解することができるから，右の主張は採り得ない。」と述べて，本判決はXのY1に対する請求のみを認容し，Y1に対し，本件債権譲渡が詐害行為として取り消された事実をY2に通知すべきことを命じた。

【評釈】

一(1)　本判決は，債権者のうちの一人に対して，代物弁済として為された債権譲渡が詐害行為にあたると判示したものであり，詐害行為の類型としてはよく見受けられるものを扱っている[1]。従って，詐害行為の成立要件に関する限

---

1) 大審院判例としては，大判昭和16年2月10日民集20巻79頁，最高裁判例としては，最判昭和29年4月2日民集8巻4号745頁，最判昭和48年11月30日民集27巻10号1491頁，最判昭和50年7月17日民集29巻6号1119頁などがある。なお，債権譲渡の詐害性が問題となった判決例を網羅的に掲げる文献として，下森定・注釈民法(10) 821～822頁がある。

り，本判決は格別新しい事項を判示しているわけではない。しかし，第三債務者 Y_2 の抗弁の中で述べられているように，詐害行為の目的物たる本件債権には，債権譲渡禁止特約が付されていたという事実が存する。それゆえ，本件の事実関係には，この特約に反して債務者 A が受益者 Y_1 に本件債権を譲渡したことが，取消債権者 X の詐害行為取消権の行使にどのような影響を与えるのかという問題が潜んでいると考えられる。換言すれば，民法 424 条 1 項本文と同 466 条 2 項との関係をどう考えるべきかという問題であり，判例・学説がほとんど議論していなかった論点であると思われる。この意味において，本件の事案は興味深い要素を含んでいると考えられるのであり，上記の点が検討されるべき第一の論点である。

(2) 次に，本判決は，債権譲渡を詐害行為として取り消した場合の原状回復方法について詳論している（判旨（二）を参照）。すなわち，本件の事案は，債権の譲受人 Y_1 が第三債務者 Y_2 から当該債権の弁済を受けていないケース（いわゆる取立未了のケース）であり，判旨（二）は上記の場合の原状回復方法を，詳細な理由を付して，判示しているのである。また，判旨（二）は，譲受人が第三債務者から債権の弁済を受け終えたケース（取立完了のケース）の原状回復方法についても簡単に言及している点が注目に値する。なぜならば，これらの判示事項は，債権譲渡を取り消した場合の原状回復方法に関する大審院及び最高裁の判例理論[2]を集約して示していると言うことができるからである。それゆえ，判旨（二）は，詐害行為取消権の効果についての判例の準則たる「相対的取消し」理論と，債権譲渡を取り消した場合の原状回復方法とが，理論的な整合性をもたないという判例理論自体に内在する問題点をも同時にはらんでいると思われる。従って，第二の論点は，本件の事案に即して，上記の理論的問題点を検討することにある。

(3) 以上に述べた論点の他に，判例の準則や本判決の理論的な欠陥を是正するためには，詐害行為取消権の効果及び原状回復方法をどのように考えるべきかについて，私見（訴権説）に立脚しつつ，本件事案に即して述べることにしたい。このような叙述は，判例評釈の域を逸脱するものであるかも知れない。

---

[2] これらの内容については後掲の参考文献を参照されたい。なお拙稿・判例評論 375 号 193 頁以下にも，この点に関する判例理論の要約が示されているので参照されたい。

しかし，単に判例の準則や判決例を批判するに止まらず，より欠陥の少ない（と考えられる）代替案があるならば，それを示す方がより生産的な議論になり得ると考えられるので，敢えて上記のような作業を試みることにしたい。

二(1) 本件の債権譲渡は，債務者 A が受益者 Y_1 に対して負っていた債務（約 5～6 千万円）の一部の代物弁済として，A の第三債務者 Y_2 に対する債権（747 万円）が Y_1 に譲渡されたという事案である。このような既存の債権者の一人に対して為された代物弁済の詐害性について，判例は，早くからこれを肯定してきた[3]。その理由は，「代物弁済ハ債務者ノ負担シタル給付ニ代ヘテ他ノ給付ヲ為スコトニ依リ弁済ト同一ノ効力ヲ生ズルモノニシテ即チ債務ノ本旨ニ従フ履行ニアラザレバ債務者カ之ヲ為スト否トハ其自由」であるからだ，というものである[4]。このような判例の準則は，代物弁済としての債権譲渡にも等しく適用されており，大審院・最高裁ともに，その詐害性を肯定している[5]。このような最上級審判例の傾向にならって，下級審判決も同様の判断を示しており[6]，本判決の判旨（一）も，これらの判例・判決例とその結論を同じくするものである。従って，判旨（一）の判例法上の位置付けについては，以上に述べたように，ほとんど問題点はないと言ってよい。しかし，学説には，債権譲渡が相当の対価と引き換えに為された場合には，債務者の資産に増減を生ぜしめないから，詐害行為とはならないと主張するものもある[7]。ただ，この問題を検討して行くと，代物弁済や弁済の詐害性へと問題が拡がり，さらには詐害行為の成立要件全般にまで問題が拡大することが予想されるので，本節では，以上に述べたように，強固な判例の準則とそれに反対する学説とが存在することを指摘するに止めたい[8]。

---

3) 目的物が不動産の場合につき大判大正 8 年 7 月 11 日民録 25 巻 1305 頁，目的物が債権の場合につき大判昭和 16 年 2 月 10 日民集 20 巻 79 頁である。詳細については，下森・前掲注 1）826～829 頁を参照。

4) 前掲大判大正 8・7・11 を参照。

5) 例えば，前掲大判昭和 16・2・10，前掲最判昭和 29・4・2，前掲最判昭和 48・11・30，前掲最判昭和 50・7・17 などである。

6) 例えば，東京地判昭和 60 年 9 月 19 日金融・商事判例 751 号 30 頁，東京高判昭和 61 年 11 月 27 日金融・商事判例 768 号 14 頁（前掲東京地判の控訴審判決）などである。

7) 松坂佐一・総合判例研究叢書(7) 199 頁。

(2) 前述したように，本件の詐害行為の目的物たる債権には，譲渡禁止特約が付されていた。この点について，判旨（一）は「取消債権の譲渡が譲渡禁止特約に反してなされたと否とは，当該特約の効力の対抗関係にない取消債権者のする詐害行為取消に消長を来すものではない。」と述べて，この特約がXの取消権の行使に何ら影響を及ぼさない旨を判示している。しかし，前記特約の存在について，判旨（一）のように簡単に結論を出してよいものであろうか。なぜならば，当該債権の譲受人 Y_1（受益者）が，特約の存在につき悪意の場合又は重過失により知らない場合には，A（債務者）から Y_1（受益者）への債権譲渡は無効となるはずである[9]。そうだとすると，当該債権は依然としてAに帰属していることになり，詐害行為によりAから Y_1 に譲渡されたことにはならないのではなかろうか。そして，このような場合には，Xの詐害行為取消権は，取消しの対象たる目的物を失ったことになり，Xにはそれを行使する理由がなくなってしまったと考えられるからである。それゆえ，本件の事案において，Y_1 が譲渡禁止特約の存在につき善意無重過失であったか否かを審理せずに，判旨（一）のように述べることには疑問を抱かざるを得ないのである。さらに付け加えるならば，Y_2 が抗弁で主張しているように，本件の譲渡禁止特約が請負契約約款中に記載されていたとすると，譲受人 Y_1 が悪意又は重過失であった可能性が強くなるのではなかろうか。そうだとすると，なお一層，Y_1 が善意無重過失であったか否かを審理しておく必要性が強い事案であったと評し得るであろう。

しかしながら，判旨（一）に与する論者は，債権譲渡禁止特約を悪意又は重過失の Y_1 に対抗できる場合であっても，当該債権の譲受人でもなく差押債権者でもない取消債権者には，前記特約の効力が及ぶ余地はないと反論するかもしれない（判旨（一）はこのような趣旨であろう）。けれども，当該債権の譲受人（本件では受益者）が悪意又は重過失であり，債務者（本件では第三債務者）から，民法466条2項を理由に，当該債権が譲受人に帰属することを否定され

---

[8] 詐害行為の成立要件に関する判例・学説の詳細については，下森定「債権者取消権の成立要件に関する研究序説」（川島武宜還暦記念Ⅱ・民法学の現代的課題225頁以下に所収），同・注釈民法(10) 795〜834頁，特に814〜833頁を参照されたい。

[9] 民法466条2項及び最判昭和48年7月19日民集27巻7号823頁を参照。

るような場合にまで，特約の効力が取消債権者に全く及ばないと言う必要があるだろうか。もし，全く及ばないとすると，取消債権者Xに対する関係では当該債権は譲受人Y_1に帰属するが，第三債務者Y_2に対する関係では当該債権が譲渡人Aに帰属したままになっているという状況が作り出される（Y_1が悪意又は重過失の場合）。このような状況下で，Xは，当該債権が受益者Y_1に帰属しているものとして，詐害行為取消権を有効に行使できると解するのは困難ではなかろうか。なぜならば，仮りにY_1に債権が帰属していると解したとしても，Y_1は前記債権の帰属を債権の債務者Y_2に主張し得ないのだから，Xの詐害行為取消権の対象となる債権は，債務者の存在しない債権になってしまうからである。要するに，有効な債権譲渡が存在しなければ，詐害行為の目的物たる債権も存在しなくなってしまうと考えられるのである[10]。このような理由で，判旨（一）の結論には疑問を抱かざるを得ない。むしろ，判旨（一）とは反対に，譲渡禁止特約に反して債権譲渡が為されたという事実は——Y_1の主観的態様に即して——Xの詐害行為取消権の行使に重大な影響を与えると解すべきであろう。なお，この問題は新しい論点なので，同様の事案についての，今後の判決例の対応が注目される。

　三(1)　（イ）　本件の事案は，前述したように，取立未了のケースである。判旨（二）は，このような場合の原状回復方法として，受益者Y_1に対し，債権譲渡が詐害行為として取り消された旨を第三債務者Y_2に通知せよと命じている。このように，取立未了の場合の原状回復方法として，取消通知を命ずれば足りるという考え方は，かなり早くから存在した[11]。そして，比較的近時の判決例の中にも，このような原状回復方法を命ずるものが2件存在する。それらは，①　大阪地判昭和31年9月28日判例タイムズ66号79頁，及び，②　東京高判昭和61年11月27日金融・商事判例768号14頁の2件である（これらは，いずれも受益者から第三債務者へ取消通知を為すべき旨を命じている）。

---

[10]　債権譲渡禁止特約の効力に関する判例・学説については，米倉明・債権譲渡，奥田昌道・債権総論（下）425～434頁，植林弘・注釈民法(11) 365～366頁等を参照。

[11]　大判昭和16・2・10の一審判決を参照。なお，債権譲渡を詐害行為として取り消す場合の原状回復方法に関する判決例については，飯原一乗「判例を中心とした詐害行為取消権の研究」司法研究報告書18輯2号184～185頁を参照。

（ロ）しかし、これらの判決例とは異なった原状回復方法を判示するものも存在する。それは、③東京地判昭和60年9月19日金融・商事判例751号30頁（前掲②判決の一審判決）である。この③判決は、(i)詐害行為取消しの効力は相対的であり、取消判決の効力は第三債務者に及ばないから、この者に取消しの効果を主張できないこと・(ii)詐害行為取消権の実効性を期するためには、取消しとともに、取消しにより復帰した債権の履行をも訴求できると解さなければならないこと、の2点を理由として、取消債権者が第三債務者に当該債権の弁済を直接請求できる、と判示している（金融・商事判例751号35頁）[12]。

（ハ）このように、取立未了のケースの原状回復方法に関して、下級審判決例は、大別して、二つの見解に分かれている。それらの中では、本判決の採る見解の方がやや有力であると言ってよいであろう[13]。そうだとすると、下級審判決の中の有力説たる地位を占める原状回復方法を、どのように評価すべきかという点が次の問題となろう。以下では、(i)当該債権（譲渡された債権）が誰に帰属するのかという点について、本判決は判例の準則たる「相対的取消し」理論[14]と整合性を有するのか、(ii)民法425条の解釈とどのような関係に立つのか、(iii)詐害行為取消権の債権回収における実効性を確保できるのか、という三つの視点から判旨（二）の評価を試みることにしよう。

(2)（イ）判旨（二）に従って、譲受人＝受益者から第三債務者に取消通知をしたとすると、詐害行為の目的物たる債権は誰に帰属することになるのであろうか。思うに、この取消通知が民法467条1項の規定する通知と類似した対抗要件の一種だと仮定すると[15]、取消通知を受けた第三債務者に債権譲渡の取消しの有無を認識させ、第三債務者によって債権の帰属状態を第三者に表示

---

12) 債権譲渡を詐害行為として取り消した場合の原状回復方法に関する判決例の詳細な分類については、野村豊弘「詐害行為となる債権譲渡の取消」ジュリスト901号96頁以下、特に97頁を参照。
13) 大審院が間接的に、この方法を支持していると考えられること・本判決を含めて、合計4件の下級審判決がこの見解を採っていることを理由として挙げることができよう。
14) 大連判明治44年3月24日民録17輯117頁。
15) 判旨（二）が「取消債権者が債権譲渡の取消を第三債務者に対抗し得るように、〔中略〕取り消された旨第三債務者に通知する……」と述べていることから、判旨（二）が取消通知を一種の対抗要件として捉えている、と理解して差しつかえないであろう。

せしめるという構造を有していることになろう[16]。換言すれば，第三債務者の「『正式な認識』を基軸とし，彼または彼女にインフォーメーションセンターとしての役割を与え，不完全ながら一種の公示機能を果たさせようとするものである」[17]という構造である。そうだとすると，この取消通知を受け取った第三債務者は，詐害行為の目的物たる債権が誰に帰属していると認識すればよいのだろうか。もし，判旨（二）が，大連判明治44年以来の「相対的取消し」理論に立脚しているならば，上記の問題に対する解答は次の如くになろう。即ち，取消しの効果は，①詐害行為の当事者である債務者（＝譲渡人）と受益者（＝譲受人）との間には及ばず，債権譲渡は有効のまま存続し，②取消債権者と受益者との間では，債権譲渡は取り消され，当該債権は債務者（＝譲渡人）に復帰したことになる，という二つの内容を含むことになる。そうすると，第三債務者は，取消通知により，上の二点を認識すべきことになる。そして，このような認識の結果として，(i)第三債務者が債務者（＝譲渡人）から，取消しの結果，当該債権が債務者に復帰したことを理由に支払いの請求を受けた時には，彼または彼女は前記①を理由として支払いを拒絶し得るであろうし，(ii)受益者（＝譲受人）から，詐害行為の当事者間では債権譲渡が有効であることを理由に支払いの請求を受けた時には，第三債務者は前記②を理由として，支払いを拒絶し得るであろう。(iii)さらに，債務者と受益者とが同時に請求をしてきた場合には，第三債務者は，どちらを正当な債権者として扱えばよいのかという点について迷うことになろう。要するに，「相対的取消し」理論から導かれる内容を第三債務者に通知しても，当該債権が誰に帰属することになったのかという重要な点については，何らの解決ももたらされないことになろう。つまり，上記の如き取消通知は，対抗要件（前述したような構造を有するものと仮定する）としての用を全く為さないのである。このような意味において，「相対的取消し」理論は，以上の場面においても既にその法的機能を失いつつあると評してよいであろう（そうであるからと言って，「絶対的取消し」理論への回帰も理論的かつ比較法的には全くナンセンスである）。けれども，判旨（二）は，債権

---

16) 民法467条1項の対抗要件の構造について，最判昭和49年3月7日民集28巻2号174頁が，このように説示している。

17) 池田真朗「債権譲渡の対抗要件具備の衝突」民法の争点Ⅱ (11) 62頁を参照。

譲渡の取消しの場合には,「相対的取消し」理論を捨て去っているようである。なぜならば,判旨（二）は,取消債権者の債権者代位権による債権回収の可能性について,「債権者代位権に基づき第三債務者に対する当該債権の履行を請求することは,当該債権譲渡が詐害行為として取り消され,その旨の通知がなされて,はじめて債権譲渡の取消を第三債務者に対抗し得ることになり被代位債権の存在を主張し得ることになる……」と述べているからである（判決文中の傍点は筆者が付したものである）。つまり,上記の判示事項に従えば,取消通知が,受益者 Y₁ から第三債務者 Y₂ に為されると,当該債権は債務者 A に復帰し,その結果として取消債権者 X は,債務者 A に復帰した当該債権を被代位債権として,債権者代位権により行使できることになる。そうだとすると,判旨（二）によれば取消しの効果は債務者にも及ぶことになり,詐害行為取消権の効果は被告適格をもたない債務者には及ばないとする「相対的取消し」理論[18]に,判旨（二）が反しているのは明らかであろう。換言すれば,取消しの効果は絶対的であり,債務者＝受益者間の詐害行為をも実体法上無効にしてしまうと解さない限り,債務者 A・受益者 Y₁・第三債務者 Y₂ の三者間において,当該債権が被告ではない債務者 A に復帰したとは言えないはずである[19]。さらに,付け加えるならば,取消通知を行う者は受益者であるから,受益者（＝譲受人）自身が,当該債権の,債務者（＝譲渡人）への復帰という債権の帰属の変動をいち早く認識し,かつ,その変動を絶対的なもの――受益者＝債務者間に生じた権利の変動――として受け入れざるを得ないことになろう。従って,判旨（二）は,詐害行為取消しの効果を――本件事案に関する限り――民法 121 条の取消しのそれと同じであると考えている,と言ってよいで

---

18) 前掲大連判明治 44・3・24。
19) 実は,理論的につきつめて考えると,判旨（二）が「絶対的取消し」理論を採っていると理解しても,債務者に当該債権が復帰するのかという点には疑問が残る。なぜならば,債務者は取消訴訟の被告になっていないのであるから,彼には取消判決の効力が及ばないのであり,従って,債権譲渡の「絶対的取消し」という実体法上の効果も債務者には及ばないと考えられるからである。但し,取消判決を形成判決であると考えれば,「絶対的取消し」が対世的に確定することになろう。しかし,債務者に取消しの効力を及ぼすためだけに,わざわざ形成判決の対世効を持ち出す必要があるのかについては疑問が残る。この点につき,新堂幸司・民事訴訟法（第二版）145 頁注（2）を参照。

あろう。

　このような考え方は，取消後の債権の帰属を明確にし得るという点では，「相対的取消し」理論より優れていると言えよう。しかし，債務者に債権が絶対的に復帰してしまうのであるから，無資力の債務者が，その債権を行使して第三債務者から債務の弁済を受ける可能性が生ずる。そして，債務者が弁済を受けると，その金銭を費消してしまうおそれも生ずる。この危険を避けるために，取消債権者は，取消訴訟が確定してから債権回収を行うまでの間に，仮差押命令を得てその執行をしておかねばならないであろう[20]。そうだとすると，取消債権者が詐害行為取消訴訟を提起した意義の大半が失われてしまうことになりはしないだろうか。この点は，債権回収の実効性にも関連するので，後に再び検討することにしよう。

　（ロ）　判旨（二）は，詐害行為取消権が債務者の責任財産を保全するための制度であることを理由に，取消債権者Xの第三債務者Y_2に対する直接請求を棄却している。この結論は，一見すると，民法425条の趣旨に合致するかに見える。なぜならば，債務者の一般財産中に債権が復帰する結果，共同担保となった債権に対し，取消債権者以外の他の債権者も強制執行をかける可能性が生ずるかに見えるからである。しかし，判旨（二）がXの直接請求を否定した理由は，本件が取立未了のケースであり，受益者Y_1に対し当該債権を債務者Aの資産中に戻せと命じたとしても，Aが当該債権の受領を拒んだり，当該債権を費消するおそれがないからだ，というものである。従って，民法425条の法技術的意義を考慮して，他の債権者にも債権回収の機会を与えるべきではないかというような考慮（例えば，取消判決の効力の拡張や，民事執行法に基づく債権執行手続の機会の保障など）は直接請求を否定した主たる理由とはなっていないようである。その傍証として，判旨（二）は，受益者が第三債務者から譲渡債権の弁済を受けて取立を完了している場合には，取消債権者は受益者に対し弁済として受領した金銭の支払いを請求できる旨を判示しており，取消債権者が事実上の優先弁済を受け得ることを肯定している点を挙げることができよう[21]。このように検討してくると，判旨（二）が重視している点は，詐害行

---

[20]　民事保全法20〜22条，同法50条参照。なお仮差押については，山崎潮・新民事保全法の解説122〜124頁，西山俊彦・保全処分概論122〜125頁及び241〜250頁を参照。

為によって逸出した債権を，どのような方法で債務者の資産中に現実に戻したらよいのかという点であるように思われる。そして，債権を現実に返還してしまえば，詐害行為取消権の役割は果されるのだと判旨（二）は考えるのであろう。

しかし，このような考え方に対して，筆者は強い疑問を抱かざるを得ない。なぜならば，第一に，詐害行為の目的物を現実に債務者の資産中に返還することが，取消債権者及び他の総債権者の債権回収にとって，どれ程危険な結果をもたらすものかという点については，何らの配慮もなされていないのである。即ち，前述したように，判旨（二）のロジックに従えば，無資力の債務者が弁済を受け，その金銭を費消するおそれが生ずるのである。

第二に，判旨（二）に従って，債務者の資産中に債権を戻したとしても，詐害行為取消しの効果——判旨（二）によれば「絶対的取消し」となろう——は，取消判決の効力により訴訟の当事者に及ぶだけだから[22]，原告とはならなかった他の債権者は，債権譲渡の「絶対的取消し」を主張することはできないと考えざるを得ないのである[23]。従って他の債権者が，債務者に復帰した債権から弁済を受ける可能性は——民事執行法上の手続を論ずるまでもなく——理論的には皆無である。つまり，取消判決の判決効の拡張に論及していないがゆえに，判旨（二）は，民法425条を空文化していると言わざるを得ない。もっとも，上記の理論的欠陥は，本判決のみに存する訳ではなく，同条の有する，取消判決の効力の総債権者[24]に対する拡張という法技術的意義に気付いていない，すべての判例・学説に存するのである。

---

21) 同じ趣旨の最高裁判決として，最判昭和29年4月2日民集8巻4号745頁がある。判旨（二）の上記の説示は，傍論ではあるが，この最判昭和29年に従うものとして注目に値する。

22) 民法424条1項本文により，取消しを裁判上でのみ請求し得ないことからの論理的帰結である。この点については，拙稿「詐害行為取消権に関する一試論」（四・完）法協105巻3号322〜324頁を参照されたい。

23) この取消権が裁判外でも行使できる実体法上の形成権ならば，他の債権者も取消しの効果を主張し得るであろうが，この権利が訴えによってのみ行使され得る権利＝アクチオである以上，判決効の及ぶ者だけが取消権の効果を主張し得ることになろう。

24) その範囲の確定基準も問題となろう。

このような理由で，民法425条との関連においては，「絶対的取消し」理論への転換という本判決の努力[25]にもかかわらず，判旨（二）を高く評価することはできないのである。

（ハ）債権回収の実効性について，判旨（二）をどのように評価すべきだろうか。判旨（二）に従えば，取消債権者は債務者に対する債務名義を得るために，もう一度，債務者を被告とする訴訟を提起して，その後に債権執行を行うか，あるいは，債務者に対して有する債権を被保全債権として，あらためて債権者代位権（民法423条）を行使するかしないと，自己の被保全債権を回収することができない。従って，Xが主張するように，取消債権者は二度の訴訟を強いられるか，あるいは，取消訴訟確定後にあらためて債権者代位権を行使しなければならないという迂遠な方法を強いられることになろう。ただ，このように債権回収に至るまでの手続が，かなり煩瑣になってしまうという欠点は，本判決に限ったものではない。このような債権回収における手続上の欠点は，原状回復方法としての「現物返還」の意味を，詐害行為の目的物を現実に債務者の資産中に戻すことであると捉えるかぎり，是正されないであろう。例えば，目的物が不動産である場合にも，判旨（二）自身が認めているように，詐害行為取消訴訟により登記を債務者名義に戻し，それから債務者に対する強制執行をしなければならないのである[26]。

（ニ）それゆえ，以上のような判例の準則から生ずる煩瑣な手続を不要とするためには，次のような解釈論が必要となろう。すなわち，「現物返還」というテクニカル・タームは，目的物を債務者の資産中に戻すことを意味するのではなくて，詐害行為取消判決を債務名義として受益者又は転得者の所有している目的物（逸出財産）に対して行う強制執行——いわゆる執行忍容訴訟（die Klage der Duldung des Zwangsvollstreckung——ドイツ破産外取消法を参照）——を意味するという解釈論である[27]。その理由は，執行忍容訴訟により原状回復

---

25) もっとも，これは筆者の理解であり，判旨（二）自身は転換を否定するかもしれない。

26) 前掲・拙稿（四・完）法協105巻3号309頁を参照。

27) 外国法のうち，ドイツ破産外取消法第7条・9条（1994年の改正前の規定）が執行忍容訴訟について規定をおいている。また，日本法の母法であるフランス民法典第

をはかる場合には——現物返還であろうと価格賠償であろうと——唯一回の詐害行為取消訴訟により，取消債権者が債権回収を為し得るからである[28]。この点を本件事案に即して説明にしよう。① 取消債権者Xは受益者Y_1を被告として詐害行為取消訴訟＝執行忍容訴訟を提起する。この訴えの請求の趣旨は，『受益者は，総債権者の利益のために，詐害行為の目的物に対する強制執行を受忍せよ』という内容になるであろう[29]。上記の請求の趣旨に対応した詐害行為取消判決（その法的性質は，被告たる受益者に対する給付判決である）を取得したら，取消債権者は，目的物たる債権を，受益者Y_1に帰属したままの状態で差し押えればよい。この債権執行は，受益者に対する債務名義＝執行忍容判決に基づいて，受益者に帰属している債権を差し押えるわけだから，理論的欠陥は何ら存しないのである。

② また，私見（訴権説）によれば，民法425条が取消判決の判決効を総債権者に拡張するという法技術的意義を有することから[30]，判決効の中の執行力も総債権者に拡張されると解することができる。③ その結果として，原告以外の総債権者は，民事執行法23条1項2号に基き執行文付与の申立てを行い，付与された執行文を詐害行為取消判決の正本に付して配当要求をなし得ると解したい[31]。④ さらに，取消債権者の行う債権差押は，総債権者を代表して，総債権者の利益のために為されるものであるから，共同差押が行われた場合[32]に準ずると解して——即ち，債権者の競合が現実に生じた場合に準ず

1167条のaction paulienneも執行忍容訴訟と同じ機能を有する訴権である（拙稿「詐害行為取消権に関する一試論」（二）・（三）法協104巻12号1746頁，同105巻1号1頁以下を参照）。

28) 前掲・拙稿（四・完）法協105巻3号310〜311頁を参照。なお，執行忍容訴訟については，中野貞一郎・民事執行法上巻259〜261頁を参照されたい。

29) これは現時点での筆者の試案であることをお断りしておきたい。

30) 民法425条のルーツは，19世紀のフランスの民法学者であるコルメ・ド・サンテールの学説にまで遡るものである。この学説が，ボアソナードにより日本にもたらされ，明文化されたものが同条なのである（前掲・拙稿（二）法協104巻12号1782〜1788頁，同（四・完）法協105巻3号269〜272頁を参照）。

31) 民執法22条1号，同23条1項2号，154条1項を参照。なおこの解釈論は，本評釈を執筆した当時の筆者の考えであり，現在では異なっているがそのまま掲載した。

32) 共同差押については，宮脇幸彦・強制執行（各論）〔法律学全集〕2〜7頁，中野貞

ると解して――民事執行159条3項[33]の類推適用により，取消債権者は転付命令を取得することはできないと解したい。

　以上に述べた民法424・425条及び②～④の民事執行法に関する解釈により，取消債権者は迅速な債権回収を行うことができるし，他の債権者の配当要求を理論的には可能ならしめることができると考えられる。ただ，以上に述べた解釈論――特に民事執行法に関する部分――は，試論の域を出ないものであり，細部については未だ検討の余地を残す不完全なものであることをお断りしておきたい。

　しかしながら，これまでの検討を通じて，執行忍容訴訟という制度の有するメリットが多大なものであることは，理解して頂けるのではないかと思われる。

　(3)　次に，取消債権者の第三債務者に対する直接請求を，詐害行為取消権それ自体の効力として肯定した東京地判昭和60年9月19日（前掲③判決）を検討しよう。この判決は，取消判決の効力が，取消訴訟の被告とはならなかった第三債務者には及ばないことを理由に，取消権の行使の実効を期するためには上記の如き直接請求を判決で命じなければならないと説示する（金商751号35頁）。思うに，取消判決の効力が第三債務者に及ばない点についての説示は正当であろう。また，取消権の実効性＝債権回収の実効性に留意している点も，詐害行為取消権制度の問題点を直視するものと評することができよう。しかし，以上の二点を理由として，直ちに取消債権者の第三債務者に対する履行の直接請求を肯定することには，論理の飛躍があるのではなかろうか。即ち，第一に，③判決の説示自体からは，取消判決が確定した時点で，目的物たる債権が誰に帰属しているのか明らかではない[34]。

　第二に，取消債権者が優先弁済を受けるという結果を生ぜしめることについて，その理由が必ずしも明らかではない。民法425条という明文がある以上，何らかの理由付けが必要なのではなかろうか。第三に，私見＝訴権説の立場か

　　一郎・民事執行法下巻572頁，鈴木忠一＝三ヶ月章編・注解民事執行法(4)609頁〔稲葉威雄〕を参照。
33)　同項については，鈴木＝三ヶ月編・前掲注32) 609頁参照。
34)　これに対し，本判決の判旨（二）によれば債務者Aに帰属することになるし，私見によれば受益者Y_1に帰属することになる。

ら述べるならば、詐害行為取消権の効力は目的物に対する執行忍容請求権であると解すべきだから、取消債権者に目的物の引渡請求権——債権の場合には履行請求権——まで与えるのは、取消権制度の枠を逸脱する解釈論だと評することができる。また、執行忍容請求権と解しても、迅速な債権回収をはかり得ることは、三(2)(ニ)で論じた通りである。このような理由で、筆者は③判決にも与することができないのである。

　四　ここまでの検討から、下級審判決例について次のようなことが言えるであろう。第一点として、債権譲渡（取立未了のケース）を詐害行為として取り消す場合には、「相対的取消し」理論は、もはや全く機能していないと言う点である。即ち、(i)本判決の判旨（二）は既に「相対的取消し」理論を捨て去っていると思われるし、(ii)前掲③判決は、取消しの相対性を判決理由中で説示してはいるものの、それが取消債権者の直接請求権とどのように結び付くのかについては必ずしも明らかにされていない。従って、下級審レベルでは、「相対的取消し」理論の重要性はかなり低下していると考えられる。

　第二に、下級審判決例は、取消しの実体法上の効果が如何なるものかという問題を論ずることはあまり行わず、取消債権者が被告たる受益者にどのような原状回復方法を請求できるのかという点に重きを置いて、論旨を展開しているように思われる。この特徴は、本判決や前掲③判決によく表われていると思われる。そして、このような思考方法は、詐害行為取消権の効果を考える際には、原告が被告に対して如何なる内容の訴えを提起し得るのかを最初に考えるべきだという私見の発想法[35]に類似しているのである。ただ、下級審判決例は、現物返還の方法として、目的物を(i)債務者の資産中に現実に返還するか、あるいは(ii)取消債権者に帰属させてしまうか（前掲③判決）、という二つの方法だけしか考慮しなかったがゆえに、種々の問題点を残すことになったのである。

　しかし、原状回復方法（現物返還と価格賠償の両者を含む）として執行忍容訴訟を導入すれば、上記の(i)(ii)に含まれる問題点を解決できるのである。そうだとすると、既に「相対的取消し」理論に拘泥することを止め、逆に訴権法的思考様式に接近しつつあると考えられる下級審判決例が、執行忍容訴訟を解釈論

---

[35]　平井宜雄・債権総論214〜215頁、前掲・拙稿（一）法協104巻10号1392〜1393頁を参照。

として導入することは，それ程難しい決断ではないように思われるのである。なお執行忍容訴訟については，フランス民法1167条に関する破毀（棄）院判決やドイツ倒産外取消法第11条・第13条（1994年改正，1999年施行）などを，比較法的制度として参照されたい。

第2節　債権譲渡の対抗要件の具備と詐害行為取消権

債権譲渡の対抗要件に対する詐害行為取消権の行使の可否
　　（供託金還付請求権確認請求本訴、詐害行為取消請求反訴事件、最高裁平成8年（オ）1307号、平成10年6月12日第二小法廷判決、破棄自判、判例時報1660号60頁、民集52巻4号1121頁）

【事実】
　Xは、平成5年12月1日に、Aに対し920万円を貸し付けた。Aは前記貸金債務の担保として、AがBに対して現に有しまたは将来取得する売掛代金債権の総てを前記貸金債務の不履行を停止条件としてXに譲渡する旨の合意を、Xとの間で、同日に締結した。その際、XとAは、上記の停止条件が成就した場合には、あらかじめAが作成しXに交付した債権譲渡兼譲受通知書を、XがAとの連名でBに送付することに合意した。その後、Aは、平成5年12月20日の弁済期にXに対する上記の債務の弁済を怠った。そのため、Xは上記の債権譲渡の停止条件が成就したことを理由として、AがBに対して有していた292万2102円の金銭債権（以下では本件代金債権と呼ぶ——筆者）を譲り受けた。それと同時に、X＝A間の合意に基づき、同月21日に、XとAとの連名による債権譲渡兼債権譲受通知書を内容証明郵便でBに発送し、前記通知書は同月22日にB方に到達した。ところで、Y₁は、平成5年12月7日付けでAに対し100万円を貸し付け、Y₂は、同月10日付けでAに対し300万円を貸し付けていた。そして、それぞれの債務の弁済に代えて、Aは、AのBに対する金銭債権をY₁及びY₂に譲渡し、かつ、前記債権を譲渡した旨の通知をBに発送したが、いずれの通知もXとAとが連名でBに発送した通知（以下では本件譲渡通知と呼ぶ——筆者）よりも遅れてBに到達した。複数の本件代金債権に関する譲渡通知を受け取ったBは、債権者を確知することができないことを理由として、本件代金債権を東京法務局に供託した。本件の本訴においては、XがY₁及びY₂に対し供託金還付請求権を有することの確認を求めた。これに対し、Y₁及びY₂は、反訴において、本件代金債権に関してなされた本件譲渡通知が詐害行為に該当すると主張して、その取消しを求めた。
　第一審判決は、本件譲渡通知が為された時点においてAが無資力であったことは明白であり、そのような状況下で為された本件譲渡通知がY₁及びY₂らの債権

者を害することは明らかであると述べて，本件譲渡通知が詐害行為に該当すると判示した。

　第二審判決も第一審判決の結論を支持し，その理由を次のように述べている。まず第一に，債務者の責任財産の保全という詐害行為取消権の制度趣旨から考えると，取消しの対象となるものは，債務者の法律行為に限定される必要はなく，責任財産を減少させる法律効果を伴う行為である限り，債権譲渡の通知も取消しの対象に含まれると考えるべきであると，第二審判決は述べている。第二の理由として，不動産登記と債権譲渡における債務者に対する通知との法的性質の違いを指摘する。第二審判決によれば，債権譲渡の通知は純然たる私法上の行為であり，かつ，債務者に対する関係では債権者の変更を債務者に主張するための必須の要件である。そして，この通知によって初めて当該債権が譲渡人の責任財産から確定的に逸出することになるものであり，第三者に対する対抗要件の具備以上の機能を有している。従って，債権譲渡における通知と不動産譲渡における登記とは，その性質が異なるものであるから，登記の具備について詐害行為が否定されたとしても，債権譲渡の通知について詐害行為性を肯定する妨げにはならないと，第二審判決は述べている。第三点として，XがAの委託に基づき本件債権譲渡通知書をBに郵送した平成5年12月21日の時点では，既にAは無資力の状態にあったから，A及びXは，本件債権譲渡通知が他の債権者を害することを認識していたと推認できると述べて，本件債権譲渡の通知が詐害行為に該当すると判示し，Y_1及びY_2の反訴請求を認容した。

　この第二審判決に対しXは上告した。そして，その上告理由の概要は以下の如くである。即ち，最判昭和55年1月24日第一小法廷判決（民集34巻1号110頁）によれば，物権移転行為が詐害行為を構成しない以上，この移転行為について為された登記のみを切り離して，登記のみに対して詐害行為取消権を行使することは許されないと判示されている。この判例に従うならば，債権譲渡の場合であっても譲渡行為が詐害行為を構成しない場合には，対抗要件の具備手続きに過ぎない債権譲渡の通知のみを切り離して，この通知に対して詐害行為取消権を行使することは許されない，という内容である。

【判旨】　破棄自判。

　「債務者が自己の第三者に対する債権を譲渡した場合において，債務者がこれについてした確定日付のある債権譲渡の通知は，詐害行為取消権行使の対象とならないと解するのが相当である。けだし，詐害行為取消権の対象となるのは，債務者の

財産の減少を目的とする行為そのものであるところ，債権の譲渡行為とこれについての譲渡通知とはもとより別個の行為であって，後者は単にその時から初めて債権の移転を債務者その他の第三者に対抗し得る効果を生じさせるにすぎず，譲渡通知の時に右債権移転行為がされたこととなったり債権移転の効果が生じたりするわけではなく，債権譲渡行為自体が詐害行為を構成しない場合には，これについてされた譲渡通知のみを切り離して詐害行為として取り扱い，これに対する詐害行為取消権の行使を認めることは相当とはいい難いからである（大審院大正六年（オ）第五三八号同年一〇月三〇日判決・民録二三輯一六二四頁，最高裁昭和五四年（オ）第七三〇号同五五年一月二四日第一小法廷判決・民集三四巻一号一一〇頁参照）。

以上によれば，被上告人Y1及びY2が，本件債権譲渡契約締結後に取得したAに対する各貸金債権に基づいて，Aの上告人（Xを指す。以下も同様である——筆者）への本件代金債権の譲渡についてされた本件譲渡通知を対象として，詐害行為による取消しを求める反訴請求は，その余の点について判断するまでもなく，理由がないというべきである。そして，前記事実関係によれば，上告人は，Aから本件代金債権の譲渡を受けるとともに，被上告人らに先立って対抗要件を具備したものであるから，第一審判決添付別紙目録（二）記載の供託金につき還付請求権を有することの確認を求める上告人の本訴請求は，理由があることが明らかである。」
——以上のように述べて本判決は原判決を破棄し，かつ，第一審判決を取り消した上で上告人Xの本訴請求を認容すべき旨を判示した。

【評釈】
一(1)　本判決は，債権譲渡の対抗要件である債務者への通知が債権譲渡（本件の事案では債権の譲渡担保）から独立した行為として，詐害行為取消権の行使の対象とはならないことを明示した初めての最高裁判決であり，この点に本判決の先例としての意義がある。もっとも，不動産の譲渡については同じ趣旨を判示する先例が既に存在していた。それらは，本判決が引用する大判大正6年10月30日民録23輯1624頁と最判昭和55年1月24日民集34巻1号110頁である。そこで，それぞれの判例の判示事項を概観することにしたい。

(2)　まず，大判大正6年10月30日民録23輯1624頁は，不動産の譲渡とその対抗要件である登記との関係について次のように判示している。即ち，取消しの基礎となるべき債権——以下では被保全債権と呼ぶ——が詐害行為として

攻撃されるべき不動産の譲渡（宅地他数筆の売買）後に発生し，その不動産の登記が被保全債権の発生後に経由された場合であっても「債権者ノ債権ヲ詐害スヘキモノハ債務者ノ財産ノ減少ヲ目的トスル法律行為其モノニシテ登記ハ其行為ノ成立ニ関係ナキモノナレハ其為サレタル時期ノ如何ハ取消権ノ存否ヲ決定スヘキ標準トナルヘキモノニ非サルノミナラス行為カ債権発生前ナルカ為メ詐害行為ノ要件ヲ具備セサルコト前記ノ如クナル以上ハ当然其行為ノ取消ヲ請求シ得サルヘク登記ノ有無ハ之ヵ運命ヲ消長スヘキモノニ非スト謂ハサルヲ得サレハナリ」と判示して，不動産の譲渡行為を詐害行為として取り消すことは許されない旨を判示した。要するに上記判決は，債権者の被保全債権を詐害するのは債権者の財産を減少させる行為自体であって，対抗要件である登記は債務者の財産の減少行為の成立に関係なく，それが経由された時期の如何は取消権の存否を決定すべき基準となるべきものではない[1]という趣旨を判示したのである。

なお，上記の判決の結論は最判昭和33年2月21日民集12巻2号341頁によって踏襲されており，詐害行為取消権の適用が肯定されるためには，詐害行為として攻撃される不動産の売買が取消権を行使する債権者の被保全債権発生の後であることが必要であると判示されている。従って，大判大正6年10月30日が述べた判旨は，最高裁も依拠する判例の準則となったと言ってよいであろう[2]。

(3) 次に，最判昭和55年1月24日民集34巻1号110頁の事案及び判旨を紹介しよう。取消債権者Xは，昭和50年7月30日に，Aから手形割引を依頼されてAに対して400万円の債権を取得した。しかし前記手形が不渡りになったため，XはAに対して前記債権の支払を求めて訴えを提起し勝訴した。ところがAは，自らが所有する農地を，昭和49年11月21日から22日にかけて長男Yに贈与したが，その移転登記は昭和51年3月13日に，ようやくAからYへ経由された。Xは，上記のAからYへの不動産（山林，原野

---

1) 柚木馨＝高木多喜男・判例債権法総論（補訂版）198頁，松坂佐一・債権者取消権（総合判例研究叢書民法(7)）184頁を参照。
2) 学説の多数説も同旨であることについては，北村良一・最判解民昭和33年度29頁を参照。

など）の贈与が詐害行為に該当するとしてその取消しを請求した。第一審及び第二審はYを勝訴させた。そこでXは、不動産の物権変動においては第三者に対する対抗力が発生するのは登記がなされた日であり、前記登記がAからYへと経由されたのは、XのAに対する債権が発生した日以後であることは明らかであるから、AからYへの物権変動は詐害行為に該当すると主張して上告した。この上告に対し、最判昭和55年1月24日は上告を棄却した上でその理由を次のように述べている。――「債務者の行為が詐害行為として債権者による取消の対象となるためには、その行為が右債権者の債権の発生後にされたものであることを必要とするから、詐害行為と主張される不動産物権の譲渡行為が債権者の債権成立前にされたものである場合には、たといその登記が右債権成立後にされたときであっても、債権者において取消権を行使するに由はない（大審院大正六年（オ）第五三八号同年一〇月三〇日判決・民録二三輯一六二四頁参照）。けだし、物権の譲渡行為とこれについての登記とはもとより別個の行為であって、後者は単にその時からはじめて物権の移転を第三者に対抗しうる効果を生ぜしめるにすぎず、登記の時に右物権移転行為がされたこととなったり、物権移転の効果が生じたりするわけのものではないし、また、物権移転行為自体が詐害行為を構成しない以上、これについてされた登記のみを切り離して詐害行為として取り扱い、これに対する詐害行為取消権の行使を認めることも、相当とはいい難いからである（破産法七四条、会社更生法八〇条の規定は、これらの手続の特殊性にかんがみて特に設けられた規定であって、これを民法上の詐害行為取消権の場合に類推することはできない。）。それ故、本件につき詐害行為の成立を否定した原審の判断は正当であって、原判決に所論の違法はない。」――このように最判昭和55年1月24日は述べて[3]、不動産の譲渡行為が詐害行為に該当しない以上、前記譲渡行為と独立して、それについての登記の具備が詐害行為として攻撃されることはない旨を判示した。従って、この判決も前掲・最判昭和33年2月21日と同様に、前掲・大判大正6年10月30日を踏襲することを明らかにしており、ここにおいて判例の準則はいよいよ強固なものとなったと評することができるであろう。

---

3) 民集34巻1号112頁を参照。

従って，不動産の譲渡に限って言えば，上記の最判昭和55年1月24日により不動産の譲渡行為と切り離されて，登記のみが詐害行為取消権の行使の対象とはならないことは明白となっていた。

二(1) しかし，本判決の事案では債権譲渡の対抗要件である債務者への通知が，独立して詐害行為取消権の行使の対象となるか否かが中心的争点となったわけである。その上，第一審判決及び第二審判決が共に上記の争点について詐害行為取消権の対象となることを肯定する旨の判決を下していながら，最高裁がこれらの下級審判決とは正反対の結論を自ら下したという点に注目すべきであろう。特に，第二審判決が債権譲渡の通知を詐害行為取消権の独立の対象とすべき理由を克明に述べているので，それとの対比で本判決の理由付けの検討を試みることにしたい。

(2) 第二審判決が，債権譲渡の通知が独立して詐害行為取消権行使の対象となると考える理由の中核は以下の内容である。即ち，それは「債権譲渡における債務者に対する通知は純然たる私法行為である上，債務者に対する関係では，債務者の承諾と共に，債権者の変更を債務者に主張し得る必須の要件となるものであって，これによってはじめて当該債権が譲渡人の責任財産から確定的に逸出することになるという意味において，第三者に対する関係で対抗要件を具備することになる以上の機能を持つものである。」という判示事項である[4]。しかし，この第二審の債権譲渡の対抗要件に関する理解には，債権譲渡の効力の発生時期及び対抗要件の構造に関する誤解が含まれているのではないかと私は考える。その理由はこうである。つまり，指名債権の譲渡は，譲渡人と譲受人との間の諾成・不要式の合意だけで債権移転の効果を生ずると考えるのが判例・通説である[5]。そうだとすると，第二審判決が述べるように，債務者に対する通知がなされた時点で詐害行為の目的物と目される債権が確定的に債務者の責任財産から逸出するのではなくて，債権譲渡の合意がなされた時点において当該債権が債務者の責任財産から確定的に逸出すると考えるべきであろう。

---

4) 民集52巻4号1145頁以下を参照。
5) 大判明治38年10月7日民録11輯1300頁，我妻栄・新訂債権総論（民法講義IV）528頁，柚本＝高木・前掲注1) 336頁，平井宜雄・債権総論（第二版）132頁，奥田昌道・債権総論（増補版）424頁。

そして，債務者に対する通知又は債務者による承諾は，最判昭和49年3月7日民集28巻2号174頁によれば「当該債権の債務者の債権譲渡の有無についての認識を通じ，右債務者によってそれが第三者に表示されうるものであることを根幹として成立している」という構造を有している。上記の点をより詳しく説明するならば，債権譲渡の対抗要件は次のような構造を有しているのである。即ち，民法467条1項は，（ア）債権が誰に帰属するのかを外部から知りうる方法，及び，（イ）譲受人が債務者に対し弁済を請求できる資格について定めたものであり，同条2項は（ウ）債務者以外の第三者（例えば債権の二重譲受人）に対して譲受人が債権者であることを主張するための要件を定めたものである[6]。従って，本件の第二審は，債権譲渡の債務者に対する通知について，前記（イ）及び（ウ）について論じていると理解してよいと思われる。そうだとすると，債務者に対する通知がなされた時点においては，あくまで譲受人が債務者又は第三者（典型的には同一債権の二重譲受人）に対して，新債権者又は優先する譲受人である旨を主張できる要件を具備したに過ぎず，その時点で債務者の責任財産から当該債権が確定的に逸出したと考えるべきではない。要するに，当該債権が債務者の責任財産から確定的に逸出したのは，債権譲渡についての合意がなされた時点であると解すべきである。そして，本件の事案のように当該債権が多重に譲渡されているときには，前記（ウ）の基準により当該債権の多重譲受人の間で誰が優先するのかが決定され，優先する譲受人——確定日付のある通知が先に債務者に到達した譲受人が優先する——が債務者に対する関係でも唯一の債権者として扱われることになるだけである。

　(3)　以上に述べた債権譲渡の対抗要件の基本構造は，たとえ当該債権譲渡が詐害行為に該当するとして争われていたとしても，その内容を変更して理解する理由はない。そうだとすると，本件の事案においても，債務者Ａの責任財産（共同担保）から，ＡのＢに対する売掛代金債権が確定的に逸出した時点は，ＡとＸとの間で締結されていた債権譲渡に関する合意中に定められていた停止条件——本件の事案ではＡが平成5年12月20日にＸに対する貸金債務の弁済を怠ったという事実——が成就した日である。しかし，Ａ＝Ｘ間の債権譲

---

[6]　平井・前掲注5) 139頁，池田真朗「債権譲渡の対抗要件具備の衝突」民法の争点Ⅱ〔第111項目〕62頁等を参照。

渡契約は，XのAに対する貸金債権を担保するために合意されたものである。従って，A＝X間の合意内容に即して，A＝X間の債権譲渡契約を解釈するならば，上記の債権譲渡契約は，担保目的でなされた集合債権の停止条件付譲渡担保設定契約であると解してよいであろう。そうだとすると，上記の停止条件が成就した結果，当該債権がAからXへ移転したという事実は，金銭債権を目的物とする譲渡担保の実行に他ならず，換言すれば非典型担保の実行に他ならないと言ってよいであろう[7]。それゆえA＝X間の，AがBに対して有する売掛代金債権等を目的とする譲渡担保設定契約の締結は，Aの責任財産に対する担保設定行為そのものであり，それゆえ詐害行為か否かが問われるべき行為は，原則としてA＝X間の非典型担保設定行為であるべきであり，譲渡担保設定契約に基づいてなされた譲渡担保の実行行為と解すべきではないであろう。なぜならば，判例及び学説は古くから一部の債権者への担保供与行為が詐害行為となるのか否かを論じてはいるが，担保の実行の詐害性を論じてはいないからである[8]。従って，本件の事案について最高裁がA＝X間の債権の停止条件付譲渡担保設定契約締結時を基準として詐害行為の成否を論じているのは，伝統的な判例法理に則った思考方法であり，その意味において妥当な判示事項であると評価できるであろう。

むしろ，本件の事案に現れたような債権の停止条件付譲渡担保契約において問題とされるべき点は，①譲渡担保設定契約，②停止条件成就による譲渡担保の実行，③譲渡担保（即ち，債権譲渡）の対抗要件の具備という順序で，A＝X間の譲渡担保契約が実行に移された点にあろう。なぜならば，譲渡担保を設定した時点においてはその対抗要件は具備されず[9]，譲渡担保の実行後に譲渡担保設定についての対抗要件が具備されるという構造になっているからである。それゆえ，このような構造の非典型担保設定契約に関しては，他の債権者――

---

[7] 以上の点を指摘する本件の評釈として，片山直也「債権譲渡の通知に対する詐害行為取消権行使の可否」125頁（法学教室220号124頁以下）がある。

[8] この論点の詳細については，下森定・注釈民法(10)債権(1)〔奥田昌道編集〕830頁以下を参照。

[9] 道垣内弘人教授により，実務では集合債権譲渡担保に設定時に対抗要件が具備されることがほとんどないという指摘がなされている（同・担保物権法300頁参照）。なお，集合債権譲渡担保の概要については，高木多喜男・担保物権法342頁を参照。

特に非典型担保設定前から被保全債権を有する債権者——にとっては、上記の如き非典型担保の存在を知りうる手段がほとんど存在せず、それを詐害行為として争う手段が非典型担保の実行まで存在しないと考えられるからである。このような私見に対しては、債権譲渡を取り消して、受益者に譲渡された債権を取り戻せばよいのではないかという反論が寄せられるかも知れない。しかし、既存の判決例に従えば、新債権者となった受益者＝譲渡担保権者が当該債権を債務者から取り立て済みか否かによって、取消債権者の請求内容が変わってしまう蓋然性が高い[10]。そうだとすれば、取消債権者としては、譲渡担保が設定された時点で、できるだけ早くその詐害性の有無を争った方が訴訟戦略上有利であろう。従って、今後の課題として、本件の事案に現れたような集合債権譲渡担保の公示方法を立法上考慮する必要が出てくるのではないかと、私は考える[11]。

　三(1)　以上に述べたように、本件において詐害性の有無が検討されなければならない行為は、AがXから920万円を借り入れるのと引き替えに、Xのために行った物的担保の供与である。そして、上記のような一部の債権者に対する物的担保の供与が詐害行為となるか否かについては、前述したように古くから判例上問題とされてきた。即ち、大判明治40年9月21日民録13輯877頁、大判大正8年5月5日民録25輯839頁などは、一部の債権者のために抵当権を設定することは、抵当権者にその目的物から優先弁済を得させることになり、他の債権者にとっての共同担保（即ち債務者の責任財産）を減少させることになるから詐害行為になると判示していた。最判昭和32年11月1日民集11巻12号1832頁、最判昭和35年4月26日民集14巻6号1046頁、最判昭和37年3月6日民集16巻3号436頁なども上記の大審院判例を踏襲して、一部の債権者に対する物的担保の供与は詐害行為に該当すると判示していた。しかし、生計費及び子女の教育費を借用するために譲渡担保を設定する場合[12]や、牛

---

[10]　その詳細については、拙稿「詐害行為取消訴訟の再検討」第二章第一節（上智法学論集第38巻第1号106頁、及び、第39巻第1号2頁以下に所収）を参照。

[11]　集合債権譲渡担保の対抗要件に関する問題の詳細については、高木・前掲注9) 343頁、道垣内・前掲注9) 300頁以下を参照。

[12]　最判昭和42年11月9日民集21巻9号2323頁。

乳小売業を継続するために譲渡担保を設定した場合[13]には，最高裁判例はそれらの物的担保の供与は詐害行為には該当しないと判示している[14]。

(2) 以上の判例の準則に照らして本件の事案を検討すれば，AがXのために行った担保の供与には，Aの生計費を借用するためであるとか，あるいは，Aの営業を継続するためにやむを得ずに行った担保供与であるという特別の事情が認定されていない。従って，Y_1・Y_2の有する債権が，詐害行為取消権の基礎となる債権，即ち被保全債権の要件を満たしさえすれば，A＝X間の停止条件付集合債権譲渡担保設定契約を詐害的担保供与として取り消すことができたかもしれない。しかし本件の最高裁判決が述べるように，譲渡担保が設定された日は平成5年12月1日であり，Y_1がAに対して債権を取得した日は同年同月7日であり，Y_2がAに対し債権を取得した日は同年同月10日である。これらの日時は明らかに詐害行為後であり，詐害行為取消権によって保全される債権の要件を満たしていない。上記の結論は，既に一で引用した最判昭和33年2月21日民集12巻2号341頁及び最判昭和55年1月24日民集34巻1号110頁が判示しているところであり，強固な判例の準則となっている。従って，Y_1・Y_2としては，譲渡担保の詐害性を争っても勝訴できる可能性がないが故に，譲渡担保の実行後の対抗要件の具備の詐害性を反訴で争ったのではないかと推測できるのであるが，その訴訟戦略もまた次に述べるような理論的困難を有していたと言わざるを得ないであろう。

四(1) その理由は次に述べる通りである。まず第一点として，民法424条は不動産所有権移転の対抗要件そのものを取り消すことを予定していないと学説によって解釈されているからである[15]。第二点として，判例の準則も不動産の登記については，これを独立して詐害行為取消権行使の対象とすることに反対してきたことは，既に一で述べたとおりである。第三に，債権譲渡の対抗要

---

13) 最判昭和44年12月19日民集23巻12号2518頁。
14) 上に掲げた判例の詳細については，下森・前掲注8) 830頁以下，奥田・前掲注5) 299頁以下を参照。
15) 下森・前掲注8) 804頁，奥田・前掲注5) 308頁，我妻・前掲注5) 177頁（我妻博士は，前掲最判昭和55年1月24日と同様に「その登記をする実体的な法律行為を問題とすべきであって，登記をする行為だけを問題とすべきではない。」と述べられている。

件の基本構造から考えても，本件の第二審判決が述べる理由付けによって，債権譲渡の通知を債権譲渡（本件では停止条件付集合債権譲渡担保契約である）から切り離して詐害行為取消権行使の対象とすることに理論的な無理があることも，既に二で述べた通りである。従って，民法上の詐害行為取消訴訟に限定して考察するならば，Y_1 及び Y_2 が X に勝訴できる余地はなかったと言わざるを得ないであろう。

(2) ところで本件の事案を検討し直すと，同一の金銭債権が多重に譲渡され，債務者に対する確定日付ある債権譲渡の通知の到達が遅れた債権の譲受人 Y_1 及び Y_2 が，詐害行為取消訴訟を利用して，先に通知が到達した譲受人 X の対抗要件の効力を奪おうとしたのではないかとも考えられる。もしそうだとすれば，金銭債権の譲渡の場合における譲受人相互間の優劣は，民法 467 条 2 項の基準によって解決されるべきであり，詐害行為取消訴訟によって解決されるべきではないであろう。なぜならば，類似する論点として，不動産の二重譲渡と詐害行為取消権という論点[16]のもとで，最大判昭和 36 年 7 月 19 日民集 15 巻 7 号 1875 頁及び最判昭和 53 年 10 月 5 日民集 32 巻 7 号 1332 頁がそれについて判示しており，それらによれば，不動産の対抗要件の具備において劣後した取消債権者は価格賠償を請求することはできるが，不動産自体の取り戻しはできない旨を判示しているからである。即ち，上記の論点においても，最高裁は 177 条の原則を維持していると評してよいであろう。そうだとすれば，詐害行為取消訴訟と金銭債権の多重譲渡という論点においても，金銭債権の帰属を決定する基準として民法 467 条 2 項の原則は民法 424 条に優先して適用されなければならないであろう。そして，以上のように解することが最高裁判例の内部における論理的整合性を保つ結果となるであろう。

五(1) ここで，破産法 74 条 1 項及び会社更生法 80 条 1 項が定める対抗要件の否認との関連で本件の事案や検討することにしたい[17]。上に掲げた規定は，民法 424 条とは異なり，対抗要件そのものを否認できることを明示している。

---

16) この論点の詳細については，平井宜雄「不動産の二重譲渡と詐害行為」鈴木禄弥先生古稀記念・民事法学の新展開 169 頁以下を参照。

17) 停止条件付集合債権譲渡と否認権の関係については，上原敬「停止条件付集合債権譲渡担保契約と否認権について」銀行実務 21-558 号 14 頁を参照。

即ち，破産者や会社に属する財産について売買や取引がなされたにもかかわらず，対抗要件の具備がなされないと破産者や会社の一般債権者としては，その取引が為されていないものと誤信をする。ところが，破産宣告前の危機時期に至って突然対抗要件が具備されて，取引の効力が破産手続上で認められるとすると，一般債権者の信頼が裏切られる。そこで，前記の各規定は，それぞれの規定の要件を満たさない対抗要件は管財人の否認権の対象となる旨を規定している[18]。従って，各規定の定める要件よりも遅れて具備された対抗要件は，原因行為が否認の対象とならなくても管財人によって否認され，その原因行為も管財人に対抗できなくなる。破産法74条及び会社更生法80条が以上に述べた趣旨で立法されたのだとしたら，民法424条の解釈論においても故意に遅れて為された対抗要件の具備を，一般債権者の信頼を裏切るものとして取り消すことができないであろうか。

この論点については，下森教授が注目すべき見解を述べているので，それについて簡単なコメントを加えることにしたい。

(2) 下森教授は，前掲・最判昭和55年1月24日の解説において次のように主張されている。即ち，「債務者が，受益者と通謀して，財産処分後わざと登記を遅らせてその間に信用をえたような場合には，前掲昭和3年判決の法理によって債権発生前の行為の取消を認め，あるいは本旨弁済の詐害性に関する判例法理（さらには破産法74条，会社更生法80条の趣旨）によって，原因行為と切り離して対抗要件充足行為のみの取消を許すことも考えられないではない」[19]という指摘である。この指摘を本件の事案に当てはめると，まさに下森教授が懸念されていた事態が生じたと言えなくもない。しかし道垣内教授及び片山教授の指摘[20]によれば，債権の譲渡担保の実務の多くが上記の如きものである以上，債権の譲渡担保の場合に，遅れてなされた対抗要件の具備の取消しを許すことは，詐害行為取消権行使の対象としての対抗要件の取消しをかな

---

18) 各規定の趣旨については，伊藤眞・破産法（新版）309頁，兼子一監修・三ヶ月章＝竹下守夫＝霜島甲一＝前田庸＝田村諄之助＝青山善充著・条解会社更生法（中）184頁を参照。

19) 下森定・昭和59年度重要判例解説85頁。

20) 道垣内・前掲注9) 300頁，片山・前掲注7) 本件評釈125頁。

り広く認めることを意味することになろう。そのような解釈論は，対抗要件の否認に制限を設け，民法の規定による対抗要件の否認を制限するという破産法74条及び会社更生法80条の趣旨[21]と抵触するおそれがあると考えられる。それゆえ，債権の譲渡担保の場合には，たとえ債務者＝受益者間に対抗要件の具備を遅らせるという通謀的害意が存在したとしても，遅れて具備された対抗要件（即ち，確定日付ある証書を以てなされる債務者への通知，又は，債務者による承諾）そのものは，詐害行為取消権行使の対象とはならないと筆者は考える。むしろ根本的な問題点は，前述したように債権譲渡担保の対抗要件制度の立法上の不備にあると考えられるので[22]，そのための立法上の整備を急ぐべきなのではなかろうか。

さらに，本件の事案に即して債権の譲渡担保の対抗要件について考察するならば，譲渡人＝Aと譲受人＝Xとの連名で作成し，Xが内容証明郵便で発送した債務者Bへの通知が，第三者Y_1・Y_2に対する対抗要件として有効か否かを問う余地が残っていたように思われる。なぜならば，債権譲渡の対抗要件の一般理論によれば，債務者Bへの通知は必ず譲渡人たるAがしなければならないし，譲受人たるXからの通知は対抗力を生ぜしめないと解されているからである[23]。そうだとすると，XがAとの連名で作成した本件債権譲渡兼譲受通知書なるものの内容次第によっては，本来は債務者への債権譲渡の通知に関与してはならないはずの譲受人Xが，その作成及び発送に関与していたことになり，本件債権譲渡通知の対抗要件の有効性そのものが疑われたかも知れないのである。従って，Y_1及びY_2は上記の点を反訴で争うという選択肢も有していたのではないかと考えられる。しかし，上記の論点は本件の第一審から最高裁まで，XとY_1及びY_2との間で争点とはされていないので，本評釈ではこの問題にはこれ以上立ち入らないことにしたい。

（3）　最後に本評釈の結論だけを簡単に述べておきたい。本件の最高裁判決は，詐害行為取消権の事案として本件を考察するにあたり，譲渡担保設定行為の詐

21）　中田淳一・破産法・和議法 165 頁。
22）　道垣内・前掲注 9) 299 頁以下を参照。
23）　その理由及び詳細については，平井・前掲注 5) 140 頁，奥田・前掲注 5) 437 頁を参照。

害性の有無を端的に判断している。それゆえ，その思考方法は伝統的判例理論に則っているがゆえに過去の判例理論と理論的かつ論理的整合性を有しており，極めて妥当な結論を示していると筆者は考える。

第3節　買主の地位の譲渡と詐害行為取消権

一　仮登記担保権の清算金債権の譲渡および清算義務の履行方法として締結された売買契約の買主の地位の譲渡が詐害行為に該当するとされた事例

二　右の地位の譲渡について現物返還が不可能であることを理由に価格賠償が認められた事例

（詐害行為取消請求，同反訴請求事件，東京地裁昭和58（ワ）12560号・同59（ワ）3624号，平成元年3月28日民事32部判決，一部認容，反訴棄却（控訴），判例時報1325号73頁）

【事実】

　X（原告・取消債権者）は，A（債務者）に対して有する約束手形金債権（以下では被保全債権と呼ぶ）に基づき，AのY（受益者）に対する無償の債権譲渡および分譲マンション（以下では本件土地付区分建物と呼ぶ）の買主の地位の譲渡が，詐害行為であることを理由に，上記の無償譲渡の取消しを請求した。Xが前記被保全債権を取得した経緯およびAからYへ無償譲渡が為された経緯は以下の如くである。AはB銀行からの借入金8億2000万円を返済するために，自己の所有する土地（以下では本件土地と呼ぶ）の上に，分譲マンションを建築して売却することを計画した。そこで，Aが本件土地をマンション建設用地として提供し，マンションを建設するための費用はCが全額を負担し，前記マンションが完成した際には，Cが3階から7階までの建物の区分所有権およびそれらに対応する本件土地の共有持分権を取得する旨の等価交換契約をA＝C間で締結した。Xは，Cが上記の本件土地付区分建物の所有権を取得したならば，これをCから買い受ける旨の契約を昭和53年9月に締結した。その間に，Cは，昭和53年8月31日にXから2000万円を借り受け（借り入れの目的は記載されていない——筆者），その際にAがCに対して振り出した約束手形を，前記借入金の弁済の担保としてXに交付した。

　一方，AのB銀行に対する前述の債務は，Dによる代位弁済により消滅した。その結果，DはB銀行が有していた代物弁済予約契約上の地位を取得し，自己の

求償債権の弁済に充てるために予約完結権を行使して，本件土地の所有権を取得した。しかし，本件土地が時価11億3000万円余の価値を有していたため，AはDに対して3億1000万円余の清算金債権を取得した。そして，この清算義務の履行方法として，A＝D間で以下のような契約が締結された。すなわち，上記の清算金債権の存在を前提とし，その履行方法として，Dの所有物となった本件土地付区分建物（本判決の記載からは明らかではないが，Dが本件土地の所有権を取得するのと同時に，完成後の本件土地付区分建物の所有権も取得するに至ったものと思われる）をAに売却する旨の売買契約（売買代金は3億1000万円である。この契約を，以下では本件売買契約と呼ぶ）が，昭和54年2月15日に締結された。他方，Xは，前述のA振出の約束手形の支払を求めたが拒絶されたため，Aを被告として別訴を提起し，Aに対して2495万円余の支払を命ずる勝訴判決を得て，その判決は昭和59年に確定した。ところが，その間に，Aは，自己がDに対して有する清算金債権（3億1000万円）および本件土地付区分建物（時価約8億円）の本件売買契約上の買主たる地位を，Yに対し無償で，昭和55年1月10日に譲渡した（Dは，同年6月10日に買主の地位の譲渡を承諾している）。そして，D＝Y間において，同年6月10日に，本件土地付区分建物の売買につき代金支払および移転登記が為された。

このような事実関係の下で，Xは，他に見るべき資産のないAがYに対して行った前記無償譲渡は詐害行為に該当すると主張して，その取消しを訴求した。そして，本件土地付区分建物には総額13億9560万円を被担保債権とする担保権が設定されているため，現物返還を受けても自己の債権の保全をはかることが不可能であることを理由として，2億円の価格賠償を請求した。このXの取消請求に対し，Yは，(i)本件土地付区分建物の所有権は，Aからの買主たる地位の譲渡とは無関係にこれを取得したから，詐害行為とはならない・(ii)買主たる地位には財産性が乏しく，仮りに財産性があるとしても，取消判決の効力が売主たるDに及ぶものではなく，売主Dによる任意の履行をまたなければ意味のないものであるから，取消しの対象とはならないと主張した。

【判旨】　一部認容。

　(一)　本判決は詐害性の有無につき次のように述べる。すなわち，「右認定の事実によれば，Aが，本件土地を代物弁済としてDに給付したことによって，Dに対し〔中略〕清算金債権を取得し，その清算金債権の存在を前提として，Dの清算義務の履行方法として本件売買契約が締結されたものと認められる。したがって，

本件売買契約上の買主の地位は，清算金債権と切り離して考えることはできず，本件売買契約が有効に存在する限り，右清算金債権は，本件売買契約の履行によってのみ消滅し，その履行が完了するまでは消滅することなく存続することが予定されていたのであり，両者を分離してその一方のみを他に譲渡することはできない関係にあったものと解するのが相当である。〔中略〕そして，〔中略〕Aは，Yに対し，〔中略〕Dに対する清算金債権と本件売買契約上の買主の地位をあわせ譲渡し，これにより，Yは，清算金債権及びその履行方法としての本件売買契約上の買主の地位を取得したものというべきであり，Dは本件買主の地位の譲渡を承諾するとともに清算金債権の譲渡についても承諾を与えたものと認めるのが相当である。〔中略〕次に，昭和五五年一月一〇日当時，Aは，前示清算金債権及びその履行のために取得した本件買主の地位（これが，当時，相当の財産価値を有していたことは後に判示するとおりである。）以外にみるべき財産を有していなかったことが認められ」る。そして，以上の認定事実を総合すると，AのYに対する無償譲渡が「本件約束手形の所持人である債権者を害する結果になることを，〔Aが〕認識していたことを推認することができる。以上によれば，Aの〔中略〕前示清算金債権及び本件売買契約上の買主の地位の譲渡は詐害行為に該当する。」と判示し，詐害行為の成立を肯定した。また，Yの主張に対しては「詐害行為取消判決の効力が本訴の当事者ではないDに及ばないということは，何ら右取消しの妨げとなるものではない。」と述べて，これを斥けた。

　（二）　次に詐害行為取消しの方法・範囲について，以下のように判示する——「本件売買契約の目的物のうち建物は，昭和五五年二月ころ〔中略〕完成し，同年六月一〇日ころ，YがDに対し，売買代金支払のための約束手形を振出交付して本件土地付区分建物の所有権を取得し，その旨登記も了していることが認められる。したがって，Aによる清算金債権及び本件買主の地位の譲渡は，右DとYとの間の売買契約の履行の完了により既に原状回復が不可能になったものというべきである。ところで，〔中略〕Dが〔中略〕Aに対して取得した求償債権が八億二〇〇〇万円であるのに対して，DがAから代物弁済によって取得した本件土地の価額が一一億三〇〇〇万円余であったこと，本件売買契約が右代物弁済に伴うDのAに対する清算義務の履行方法として締結されたものであったこと，更に，本件売買代金の額が三億一〇〇〇万円であるのに対して，〔中略〕Dは，本件売買契約締結当時の本件土地付区分建物の通常の売買代金は，七億七九〇〇万円ないし八億四四〇〇万円である旨主張していたことが認められ，これらの事実を総合すると，本件詐害行為当時，Aが有していた清算金債権及び本件買主の地位の財産的価値，すな

わち，本件売買契約の履行によって受けることができた利益の額は，Xが有する前認定の手形債権額（2495万4246円である——筆者）を優に超えるものであったことを推認することかでき〔る〕。そうすると，〔中略〕詐害行為取消権の行使の方法として，右手形債権額の限度で価格賠償を認めるのが相当である。」

　（三）　さらに，Yの善意の抗弁については「Yの代表取締役Zは，昭和五〇年から昭和五五年ころまでの間，Aの代表取締役をしていたものであり，AおよびYはいずれも実質的にはZが経営していた会社であると考えられること，Zは，昭和五四年二月一五日，Aの代表取締役として，前示のとおりDとの間で代物弁済の清算のための本件売買契約を締結し，その後，Yの代表取締役として〔詐害行為たる〕契約を締結していること」が認められるとして，上記抗弁を斥けている。

【評釈】

　一(1)　本判決は，契約上の買主たる地位の譲渡が詐害行為にあたるか否かが争われた，きわめて稀有な事例を扱っている。筆者の知る限りでは，最上級審判決において同様の事例について判示したものは見当らず，下級審判決においても，この問題を扱ったものは本判決がはじめてではないかと思われる。このように，本判決は，詐害行為の新しい類型を扱っている点において，判決例としての意義を有するものと言えよう。また，新しい詐害行為類型を扱っているがゆえに，詐害性の有無の基準についても，本判決は注目すべき判断を示しており，今後の同様の事案の解決に影響を及ぼすものと思われる。

　(2)　第二に，本判決は，詐害行為取消権の行使方法として価格賠償を認めている。そして，後述するように，詐害行為とされた売買契約の目的物たる不動産が受益者の所有物となっているにも拘わらず，本判決が価格賠償を許している点は，従来の判例の準則には見られない新しい見解であり，この点も注目に値する。

　(3)　第三に，本件の事案のような，特殊かつ複雑な詐害行為の取消し方法としては，どのような方法が被保全債権の回収にとって実効性があるのか，という点が問題になろう。本判決においては，価格賠償を命じているので，現物返還（判旨（一）は，この意味で「原状回復」という語を用いているが，本評釈では逸出した目的物自体の返還を意味する術語としては「現物返還」の方を用いること

にしたい。そして，現物返還と価格賠償とを包含する取消し方法の全体を指し示す術語として「原状回復」を用いることにしたい）が如何なる方法となるのかは明示されているわけではない。しかし，取消しの効果に関する判例・通説（折衷説＋「相対的取消し」理論）の説く取消し方法――すなわち共同担保の回復方法――によるときには，現物返還が，取消債権者の債権回収にとって，必ずしも実効性のあるものとはならないのではないかと言う疑問が生ずる。以下では，上に掲げた各々の問題点について，順を追って検討することにしたい。

二(1)　本件では，売買契約上の買主の地位が財産性を有するか否かが争われている。この点について，Y は，本件の詐害行為を取り消したとしても，取消し後に D が不動産の所有権移転義務を任意に履行しないかぎり，債務者 A が本件土地付区分建物の所有権を取得できないから，本件の買主の地位の財産性は現実性に乏しいと主張している。この Y の主張に対して，本判決は判旨(一)において，本件売買契約の履行により A が受けることのできた利益の額・財産的価値を詳細に認定して，財産性を肯定している。しかしながら，本判決は，取消し後の現物返還の実効性が D の任意の履行にかかっているという Y の主張に対しては，何ら取消しの妨げとはならないと述べるだけで，十分に答えてはいないように思われる（本判決が価格賠償を命じていることが，その理由の一つと思われる）。けれども，この点は，原状回復（現物返還と価格賠償の双方を含む）の実効性という重要な問題なのだから，本判決はもう少し詳しく論じてもよかったのではなかろうか。そして，この問題は次のように考えるべきではなかろうか。すなわち，債権譲渡が詐害行為として取り消された場合の第三債務者と，本件の売主 D とが類似の法的地位にあるという考え方である。なぜ類似しているかというと，債権譲渡を詐害行為として取り消した場合に，受益者が目的物たる金銭債権を第三債務者から取り立てていないケースでは，取消し後に債務者が第三債務者から当該金銭債権の取立を行い，第三債務者がその取立に任意に応じない限り，債務者の共同担保（一般財産）の回復をはかることができないからである[1]。それにも拘わらず，判例は古くから譲渡

---

1) 本文中の叙述は，判例理論に則った場合についてのものである。例えば，大判昭和16年2月10日民集20巻79頁，大阪地判昭和31年9月28日判例タイムズ66号79頁を参照。

された金銭債権が取立未了のままであっても，その債権譲渡の詐害性を肯定してきた[2]。そうだとすると，判例の準則によれば，取消し後の共同担保の回復の実現可能性が，詐害行為取消訴訟の被告たる受益者以外の者——第三債務者や本件の事案における売主——の任意の履行によって影響を受けざるを得ないという事情は，当該行為の財産性を弱める要因とはならないと考えられているのではなかろうか。そして，このような判例理論には，首肯できる点があると思われる。なぜならば，Yの主張する取消し後の共同担保の回復の実効性という問題は，もっぱら原状回復の方法——換言すれば詐害行為取消権の効果論——に関する問題として処理すれば足りるのであって，詐害行為の成立要件の問題——売主の地位の財産性の有無という問題——ではないと考えられるからである。また，Yの主張するように，Dが売主としての義務を履行することが，Dの自由意思に完全に委ねられていると言い得るか否かも疑わしい。なぜならば，売主Dや債権譲渡の第三債務者は，それぞれ売主の義務の履行や債務の弁済（第三債務者の義務）をしなければならない法的義務を負っているわけである。そうだとすると，詐害行為取消判決によって，その義務を履行すべき相手方——判例によれば現物返還の場合は詐害行為の債務者である——が決定されれば，売主Dや第三債務者は，その者に債務の履行を為すべき法的義務を負うことになり，自らの自由意思で上記の義務を免れることはできないと考えられるからである。このような理由で，「何ら右取消しの妨げとなるものではない。」と述べて，Yの主張を排斥した判旨（一）は，正当であると考えられる。また，本件事案においては，売主Dの義務が既履行であると認定されていること[3]も，Yの主張を斥ける理由として挙げることができよう。但し，前述したように，Yの主張には，債権譲渡や契約上の地位の譲渡を取り消す場合に，どのような取消し方法が実効性を有するのかという重要な論点が潜んでいる。特にこの点は，当該債権が取立未了の場合や契約上の地位から生ずる義務が未履行の場合[4]に大きな問題となる。そして，この問題は，本判決のみならず，判例・通説に共通する問題でもあるので，後に詳述することにし

---

2) 前掲・大判昭和16・2・10。
3) 判旨（二）を参照。
4) 但し，本件では，売主Dの義務は履行済みであることは前述した通りである。

(2) 次に，本判決の詐害性に関する判断のプロセスを検討しよう。第一に，本件売買契約の買主たる地位が有する財産的価値の評価の仕方を見てみよう。まず，本判決は，AがDに対して有する3億1000万円の清算金債権と，Aの取得した本件土地付区分建物の買主たる地位とが不可分の関係にあり，両者を分離してその一方のみを他に譲渡することはできない関係にあると判示している。その理由として，A＝D間の売買契約は，Dの清算義務の履行すなわち，DのAに対する3億1000万円の返済の方法として締結されたことを挙げている。次に，上記の買主の地位の財産的価値については，AがDに支払うべき売買代金が3億1000万円であるのに対し，DがAに引き渡すべき本件土地付区分建物の時価が7億7900万円ないし8億4400万円であり，両者の差額分（4億9000万円ないし5億3400万円）の価値があると認定されている[5]。その結果，Aは，3億1000万円の清算金債権と約5億円の価値を有する買主たる地位とを，無償でYに譲渡したと認定されているのである。そして，本判決は，上記の点を捉えて，他に見るべき資産のないAが，このような高い経済的価値を有する買主たる地位を，Yに無償で譲渡することは詐害性を有すると判示している[6]。

第二に，判旨（三）が述べるように，AおよびYの二つの会社は，実質的にはYの代表取締役Zが経営していた会社であり，A＝D間の本件売買契約の締結にもZが関与していた点も，A＝Y間の無償譲渡の詐害性を肯定せしめる重要なファクターであったと考えられる。なぜならば，上記のような事実は，A＝Y間において，Xの債権回収を妨げようとする通謀が存在した可能性を強く推認せしめるからである。

このように，本判決は，本件事案に即して，きわめて具体的かつ詳細に詐害行為の客観的要件・主観的要件を判断していると言えよう。そして，買主の地位の譲渡という新しい詐害行為類型の詐害性の判断の仕方としては，一般論を述べることを避けている点において，慎重かつ適切であると評してよいのではなかろうか。なぜならば，契約上の地位といっても種々のものが存在し，それ

---

[5] 判旨（二）を参照。
[6] 判旨（二）。

らが一律に財産性を有するとは言えないと思われるからであり，それゆえ，個々のケースごとに詐害行為取消しの対象となり得るか否かを考えなければならないと思われるからである。

(3) これまでに見てきた本判決の判断のプロセスは，今後の同種の事件にとって参考となると思われる。特に，買主の地位の財産性の有無について，買主の取得するであろう権利と義務とを金銭に評価して，その財産性の有無および経済的価値を評価するというプロセスは，常識的ではあるがそれゆえに論理性を有するものと言えよう。しかし，このような事案を解決するための，より一般化された判例法理の展開は，今後の判決例の積み重ねを待つしかないであろう。

三(1) 本判決は原状回復の方法として，Yに対し価格賠償を命じている。その理由として，Y＝D間で本件土地付区分建物の売買契約が履行済みであり，その結果，清算金債権は消滅し，買主たる地位は，これをAに返還することが不可能となったことを挙げている[7]。このような本判決の考え方は，前述したように，債権譲渡を詐害行為として取り消した場合の原状回復に関する判例理論に類似しているように思われる[8]。なぜならば，大審院および最高裁は債権譲渡の取消しに関して，次のような先例を示しているからである。まず，当該債権が受益者によって取り立てられていない場合（取立未了のケース）では，判決で債権譲渡の取消しおよび取消しの通知を命ずれば原状回復がはかられると言う[9]。次に受益者による取立が完了している場合には，受益者に対し，取り立てた金銭を取消債権者に返還せよと命じている[10]。そして，本判決は，

---

[7] 判旨（二）。

[8] この点に関する判例研究として，野村豊弘「詐害行為となる債権譲渡の取消」ジュリスト901号96頁を参照。

[9] 前掲・大判昭和16・2・10を参照。なお，受益者に対し債権譲渡が取り消された旨を第三債務者に通知せよと命ずる下級審判決としては，前掲・大阪地判昭和31・9・28がある。

[10] 大判明治36年11月27日民録9輯1320頁，最判昭和29年4月2日民集8巻4号745頁。但し，最判昭和50年7月17日民集29巻6号1119頁は，取り立てた金員を債務者に返還せよと判示した原審判決を黙認している。なお，債権譲渡の詐害性が争われた判決例の詳細については，注釈民法(10)821〜823頁〔下森定〕を参照されたい。

(i)買主たる地位が包含する債権・債務が未履行ならば，現物返還が可能であるから，判決で取消しを宣言すれば足り・(ii)上記の債権・債務が既履行であれば，買主たる地位を債務者に返還することはできないから，価格賠償により受益者から金銭を取り戻すべきだと考えていたと推測される[11]。以上の両者を比較すれば，価格賠償を認める判旨（二）は，債権譲渡の取立完了の場合の原状回復方法に類似し，本判決が予定していると考えられる現物返還は，取立未了の場合の原状回復方法に相当することが理解され得るであろう。

(2) このように，本判決は，原状回復の方法について，債権譲渡の取消しについての判例理論を参考にしている可能性が強い。そして，本件の買主たる地位には，本件土地付区分建物の所有権引渡請求権という債権が含まれているのだから，原状回復の方法について，債権譲渡の取消しを参考にすることは，法律論としては，一応の論理性があるかに見える。しかし，取立完了のケースを扱った判例をよく検討してみると，取り立てた金銭と同額の金銭を返還せよと判示しているのであって，現物返還の不能を理由とする価格賠償を命じているのではないことに気付くのである[12]。つまり，取立完了の場合には，受益者が取り立てた金銭と同額の金銭の返還を受益者に命じているのだから——価格賠償ではなく——現物返還を命じていると理解すべきなのではなかろうか。そうだとすると，本件の事案においても，受益者Yが買主たる地位に含まれる債権・債務を履行したことによって，本件土地付区分建物の所有権および登記を取得しているのだから，現物返還が可能であったと評価すべきだったのではなかろうか。なんとなれば，不動産の買主たる地位の財産的価値が現実化するためには，代金を支払って，その代金よりも高額の価値を有する不動産の所有権を取得することが必要であり，それゆえ本件詐害行為の最終的な目的も当該不動産の所有権を，Dから受益者Yに移転することにあったと考えられるからである[13]。このように考えると，本件詐害行為の目的物は，——買主たる

---

11) 判旨（二）を参照。本文中の(i)の部分は判旨（二）に明示されているわけではないが，判旨（二）が価格賠償を認めた理由から，未履行の場合には(i)のような原状回復方法となることが推測される。

12) 前掲・最判昭和29・4・2を参照。

13) なお，本判決は，清算金債権と買主の地位との一体不可分性を強調しているが，そ

地位ではなく——端的に不動産の所有権それ自体であったと言うべきであろう。そして，不動産に関しては，現物返還による原状回復が可能なのだから，不動産の譲渡を取り消す場合の判例の準則に従えば，それは受益者名義の登記を債務者名義に修正する（本件の場合には移転登記によるしかない）という方法により行われることになろう[14]。また，買主の地位に含まれる債権・債務が未履行の場合には，取消しのみの訴求が許されることになろう[15]。

(3) 以上の検討から，本判決が現物返還は不可能となったと判断した理由は，詐害行為の目的物を，買主たる地位そのものと考えた点に存すると思われる。しかし，このように考えるときには，契約が履行されてしまえば，たとえ受益者が当該契約の目的物の所有権を取得していたとしても，常に価格賠償による原状回復となってしまう。このような事案の解決は，債務者（本件ではA）が売主（D）から，一旦，目的物を買い受けて，それを無償で受益者（Y）に直ちに譲渡した場合と比べると，原状回復の方法に大差を生ぜしめるであろう。なぜならば，前者は価格賠償となり，後者は現物返還となるからである。それゆえ，このような解決は，類似の事案の解決に不均衡を生ぜしめ，好ましい解決とは言えないと思われる。また，本判決は，受益者が目的物たる土地を善意の転得者に転売した場合には，受益者に対し価格賠償が許されるとされる判例理論[16]にも抵触するのではなかろうか。その理由は，既に述べたとおり，目的物たる不動産の所有権を受益者Yが取得したままになっているからである。したがって，前述の判例理論によれば現物返還のみを請求できるケースのはずだからである。もっとも，上記の点は，詐害行為の目的物が何であるかにつき，どのように法的に評価するかによって結論が異なるであろう。しかし——繰り返しになるが——本件詐害行為の目的は，当該契約を未履行のままにしておい

のことから，清算金債権の消滅と同時に売買契約の目的物までが消滅したとは言えないであろう。

14) 大判明治39年9月28日民録12輯1154頁，大判大正6年3月31日民録23輯596頁は抹消登記によるべきだと判示する。しかし，下級審判決例の中には移転登記による原状回復を肯定するものが多くみられることが指摘されている（飯原一乗「判例を中心とした詐害行為取消権の研究」司法研究報告書第18輯2号181～182頁）。

15) 大連判明治44年3月24日民録17輯117頁を参照。

16) 大判昭和7年9月15日民集11巻1842頁。

ては達せられないのである。そうだとすると，詐害行為の目的物は不動産の所有権であると考えるのが論理的であり，やはり上記判例理論との抵触が生ずるのではないかと思われる。このように，本判決の判示する価格賠償は，従来の判例理論では説明しきれない問題点を含んでいる。しかし，取消債権者Xの価格賠償の請求を認めた判旨（二）の結論には，次に述べるように首肯すべき点があると思われる。なぜならば，Xの請求原因中に記載されているように，本件土地付区分建物に総額13億9560万円を被担保債権とする担保権が設定されていることが事実であるならば，そして，その担保権が対抗力を具備しているとするならば，仮に現物返還を行ったとしても，Xは当該不動産（時価約8億円）の競売代金から自己の債権を回収することができないからである。そうすると，詐害行為取消権は，債権者の債権回収を救済するという，その制度目的を達成することができなくなってしまう。それゆえ，本件事案の具体的解決としては，価格賠償が適切な結論であったと評価することができよう。但し，以上の如き価格賠償を肯定する理由は——現物返還が不可能だからではなく——現物返還は可能なのだが，それによっても取消債権者の被保全債権を回収することができないという本件事案の特殊性（Xの主張が事実であるという仮定に基づく）に存する，と考えるべきである。そして，このような考え方が認められるならば，判例理論が認める原則のほかに，例外的に価格賠償が許される新しいケースを，本判決が上記の判例理論に付け加えたと解することができるのではなかろうか。

四(1)　判例・通説の立脚する——そして，おそらくは本判決も立脚していると思われる——折衷説＋「相対的取消し」理論によるときには，本件事案の原状回復の方法は次の如くになろう（以下の叙述では不動産の所有権を目的物と考える）。

（i）まず，契約が未履行の場合には，買主の地位および清算金債権の譲渡を取り消す旨の判決を下せば足りることになる[17]。

そうすると，買主たる地位および清算金債権が債務者の資産中に現実に戻ることになろう。しかし，以上のような結論は，理論的には債務者＝受益者間の

---

17)　前掲・大連判明治44・3・24, 我妻栄・民法講義Ⅳ債権総論174頁，柚木馨＝高木多喜男・判例債権法総論225〜226頁等を参照。

譲渡をも取り消す結果となり，判例の前提とする「相対的取消し」理論と矛盾することになろう。また，取消債権者にとっても，財産的価値のある買主の地位や金銭債権が，無資力の債務者の資産中に現実に戻ると解釈すると，債務者がそれらの権利を行使し，不動産や金銭を費消するおそれが生ずるため，債権回収にとって必ずしも役立つわけではない。さらに，仮りに債務者が費消しなくとも，取消債権者は，取消し後にあらためて登記名義を移したり（抹消登記による），債権執行を行ったりしなければならず，債権回収にとっては実効性及び効率性が乏しい[18]。

(ii)次に既履行の場合には，本件事案に即して考えると，清算金債権は消滅し，不動産の登記だけが受益者名義として残っている。従って，原状回復は，原則として現物返還によることになり，登記名義を債務者名義に戻すことになる[19]。しかし，上記の方法も，責任説が指摘したように，「相対的取消し」理論と矛盾するし[20]，そもそも実体法上は受益者の所有物たる不動産に対して，取消し後に，債務者に対する債務名義による強制執行が許されるのか[21]，という理論的欠陥を有する。また，登記を債務者名義に移してから強制執行をしなければならない点も，迅速な債権回収の方法とは言えないと思われる。

(2) 以上のような判例・通説の理論的欠陥および実効性及び効率性の乏しさは，私見（訴権権）に基づき，いわゆる執行忍容訴訟による原状回復[22]を採れば，それらを回避できる。すなわち，(i)既履行の場合には，受益者名義の不動産を，受益者に対する詐害行為取消判決を債務名義として，受益者の手中にお

---

18) 以上の点については，拙稿「詐害行為取消権に関する一試論（四・完）」法協105巻3号302〜311頁を参照。とくに，取消しのみの請求が実効性をもたない点については，305頁を参照されたい。

19) 前掲・大判大正6・3・31。

20) 下森定「債権者取消権に関する一考察（二）」法学志林57巻3・4号21頁。

21) 中野貞一郎・民事執行法上巻260頁等を参照。

22) 本文中に述べたように，現物返還の方法を執行忍容訴訟によるとする立法例や解釈論がヨーロッパ法の伝統的かつ通説的見解である。したがって，詐害行為取消権の効力は債務法的効力しか有さず，形成権的効力（ドイツ法的にいえば物権的効力）を有することは全くない。それゆえに，その効力はありとあらゆる無効理論——絶対的無効理論，相対的無効理論，責任法的無効，形成権的無効概念（新形成権説）——とは全く関係をもたない制度なのである。詳細については，本書・第5章第2節・3節を参照。

いて差し押さえればよい[23]。つまり，詐害行為取消訴訟だけで，不動産の競売代金から債権を回収できるのである（沿革的，比較法的にも支持を得られる）。(ii)未履行の場合には，まず受益者の手中にある清算金債権を，受益者に対する詐害行為取消判決を債務名義として，差し押さえることができる[24)25]。次に不動産の引渡請求権であるが，この引渡請求権に対する債権執行は民事執行法では認められていない[26]。従って，取消債権者は，詐害行為取消判決によって確定した受益者に対する訴権法上の「損害賠償請求権」を被保全債権として，債権者代位権（民法423条）により登記名義を売主から受益者に移転できると解したい[27]。そのように解釈すれば，移転登記後には，詐害行為取消判決を債務名義とする受益者への強制執行を行うことができる。(iii)さらに，本件のような特殊な事案では，三(3)で述べたように，価格賠償を例外的に認めてもよいのではないかと思われる。そして，価格賠償が迅速な債権回収に役立つことは言うまでもないだろう。以上の観点から考えると，価格賠償は判例・通説の採り得る唯一の実効性ある原状回復方法であると評し得よう。また，価格賠償は，受益者を被告とする給付訴訟としての性質が強調されるから，この限りで判例・通説も執行忍容訴訟（まさに，受益者を被告とする給付訴訟である）に接近してくるわけである。このように考えてくると，本判決の結論は妥当であったと言えよう[28)29]。

---

23) 拙稿・前掲論文（注 18）309〜310 頁，329〜330 頁を参照。
24) 執行忍容訴訟の構造から，このような方法を採ることができる――拙稿・前掲論文（注 18）309〜310 頁を参照。なお 425 条の効果を想定するとさらに別の解釈論も可能であるが，それについては本節ではこれ以上立ち入らない。
25) この問題の詳細（受益者の一般財産に対する強制執行を原則と考える解釈論）については，佐藤岩昭・詐害行為取消権の理論（2001 年・東京大学出版会）324 頁以下の叙述を参照されたい。
26) 中野・民事執行法下巻 519 頁。
27) 訴権法上の「損害賠償請求権」については，拙稿・前掲論文（注 18）317 頁，327 頁を参照。
28) なお，民法 425 条と価格賠償との関係については，拙稿・前掲論文（注 18）331〜333 頁を参照されたい。
29) なお，本評釈中の論点を含む民法 425 条論の詳細については，佐藤・前掲注 25) 332 頁以下を参照されたい。

第8章　詐害行為取消権における原状回復方法

第1節　詐害行為の目的物に共同抵当が附着している場合

一　共同抵当の目的とされた不動産の売買契約が詐害行為に該当する場合に抵当権が消滅したときの取消しの範囲及び原状回復の方法
二　共同抵当の目的とされた不動産の売買契約が詐害行為に該当する場合に抵当権が消滅したときの価格賠償の額
（最高裁平成4年2月27日第一小法廷判決，平成元年（オ）第1669号所有権移転登記抹消登記手続請求事件，民集46巻2号112頁）

【判決主文】　破棄差戻

【判決要旨】
　一　共同抵当の目的とされた不動産の全部又は一部の売買契約が詐害行為に該当する場合において，詐害行為の後に弁済によって右抵当権が消滅したときは，詐害行為の目的不動産の価額から右不動産が負担すべき右抵当権の被担保債権の額を控除した残額の限度で右売買契約を取り消し，その価格による賠償を命ずるべきである。
　二　共同抵当の目的とされた不動産の全部又は一部の売買契約が詐害行為に該当する場合に右抵当権が消滅したときにおける価格賠償の額は，詐害行為の目的とされた各不動産の価額から，共同抵当の目的とされた各不動産の価額に応じて抵当権の被担保債権額を案分して詐害行為の目的不動産について得られた額を控除した額である。

【事実】　X（原告，被控訴人・附帯控訴人，被上告人，取消債権者）は，昭和57年

5月27日の時点（後述するように，本件の中心的争点となった不動産の詐害的譲渡が行われた日である）において，債務者Aに対し約2395万円の債権を有していた。その後，XはAに対する強制執行手続によって前記債権の一部を回収し，その金額は約2000万円となっていた（以下では，このXのAに対する債権を被保全債権と呼ぶことにする——筆者）。そしてXは，上記の被保全債権に基づいて，AからY₁・Y₂会社（被告，控訴人・附帯被控訴人，上告人，受益者）へのA所有の土地及び建物の譲渡が詐害行為に該当することを理由に，前記譲渡の取消しを求めて本訴を提起した。上記の訴えの提起に至るまでの事実の経過は以下に示す如くである。

債務者Aは有限会社の経営者であり，A自身がその会社の代表取締役でもあったが，前記有限会社は約3億円の負債を抱え，昭和56年2月2日に自己破産の申立をして倒産した。そして，A自身も前記会社の店舗の改装費用等の債務を個人で負担しており，それらの債務の中で主なものは，前述したXに対する約2395万円の債務と，B信用金庫に対する約3800万円の債務とであった。ところで，B信用金庫は，Aに対する前記債権を担保するために，A所有の宅地（以下では本件物件（一）と表記する。以下の物件についても同様である——筆者）・居住用家屋（本件物件（二））・農地（本件物件（五）（六）（八））に極度額3000万円の共同根抵当権を設定していたが，Aが前記債務の弁済をしなかったため，昭和57年3月11日に共同根抵当権に基づいて，前記物件（一）（二）（五）（六）（八）の任意競売を申し立てた。しかし，本件物件（一）（二）にはAの母が一人で居住しており，B信用金庫による任意競売が実行されると，Aの母が前記物件に居住できなくなる虞れが生じた。その対策を講ずるために，Aは司法書士Cに上記の事情を説明したうえで，A所有の不動産（一）〜（九）及びその他の土地——前述したように（一）（二）は宅地及び家屋であり，（三）〜（九）は農地である——をどのように処分しても構わないから，Aの母が前記家屋（二）に終生居住できるような方策を立案し，それを実行して貰いたい旨をCに依頼した。この依頼に応じたCは，Aの負債の総額及びA所有の不動産の時価を調査し，それらの不動産を合計5500万円で売却できれば，B信用金庫の任意競売による差押えを解放できるとともに，その他の債権者による前記物件に対する仮差押えも解放できると考えた。そして，Cがかねてより信頼をよせていたYに前記物件（一）〜（九）の買受けを勧めた。この勧めに応じ，YはCと交渉した末に次のような合意を成立させた。即ち，(i) Cも1000万円でA所有の農地を買い受けること・(ii) Y₁はA所有の農地（三）〜（九）を1000万円で買い受けること・(iii) Y₁が代表取締役に就任しているY₂会社

が前記（一）（二）の宅地・建物を3500万円で買い受け，Aの母を終生居住させること，の三点についてY₁＝C間で合意が成立した。そして，この合意に基づき，昭和57年5月27日にAからY₁・Y₂へ前記物件（一）～（九）の所有権が移転した（前述したように，この時点が詐害行為が行われた日時である）。Cは，前記物件のうち（一）（二）（五）（六）（八）に対するB信用金庫による抵当権の実行を防ぐために，直ちに前記物件（一）～（九）の所有権移転登記手続を完了しようとしたが，（三）～（九）が農地であったために所有権の移転につき農業委員会の許可が必要であった。そのため，上記許可を得るまでの間に前記物件に対して新たな差押え等がなされることを虞れたCは，前記物件（一）～（九）のすべてにつき取得時効を登記原因として，Y₁名義の所有権移転登記手続を完了した。その後，前記物件のうち（一）（二）については，便宜的にY₁名義にしていた登記を，Cが真正な名義回復を原因としてY₂会社の所有名義に変更した。さらに，CはAの代理人として，前記物件（一）～（九）の売却代金4500万円の中から3000万円をB信用金庫に弁済し，その結果，B信用金庫は同年6月11日に任意競売の申立を取り下げ，物件（一）（二）（五）（六）（八）に設定されていた根抵当権の登記も抹消された。その後，物件（三）～（九）の所有権移転につき農地法第3条の許可が得られたので，Cは前記物件についてY₁への移転登記手続を完了した。

　以上のような事実関係の下で，XはY₁・Y₂に対し，物件（一）～（九）の所有権移転登記の抹消登記手続を請求して訴えを提起した。一審におけるXの主位的請求は以下の如き内容である。即ち，AからY₁・Y₂への所有権移転登記は有効な登記原因を欠く無効なものであるから，XがAに対して有する約2000万円の債権を保全するために，AがY₁・Y₂に対して有する抹消登記手続請求権を代位行使するというものであった。また，Xは予備的請求として，AからY₁・Y₂への物件（一）～（九）の売買が詐害行為に該当することを理由に，前記売買の取消しと，取消しに基づく抹消登記手続とをY₁・Y₂に対して請求した。これらの請求について，一審判決は，Xの主位的請求を認容して，物件（一）～（九）の所有権移転登記の抹消を命じた。

　上記の一審判決に対し，Y₁・Y₂は以下に示す二点の理由を以って控訴した。

　第一点――AからY₁への取得時効を原因とする登記については，それらが便宜的な登記であることをY₁・Y₂が承諾していたから上記の登記は無効な登記ではない。第二点――A＝Y₁・Y₂間での売買契約締結当時，Y₁・Y₂はXの被保全債権の存在を知らなかったし，Xを害する意図で上記売買契約を締結した訳でもないから詐害行為にはあたらない。これらのY₁・Y₂の主張に対し，Xは，A＝Y₁・Y₂

間の売買契約は通謀虚偽表示であり無効であるとの主張を付け加えた。

　二審判決はXの予備的請求を認容し，詐害行為取消しを原因とする物件（一）（二）の抹消登記をY1・Y2に対して命じた。その理由は，A＝Y1・Y2間の物件（一）〜（九）の売買は仮装ではないから通謀虚偽表示にはあたらないが，前記物件を処分すれば債権者Xを害することを知りながら，Aが敢て前記物件をY1・Y2に売却したことが認められるからだというものである。さらに，二審判決は詐害行為取消しの方法及び範囲について次のように判示している——本件物件（一）（二）（五）（六）（八）には極度額3000万円の共同根抵当が設定されていたが，Y1の買い受けた農地（五）（六）（八）の価額（売買代金額は1000万円を下回る額である——筆者）は，上記の極度額＝被担保債権額より少額であるから取消しの対象とはならない。しかし，Y2会社の買い受けた（一）（二）の宅地・家屋の価額（売買代金額は3500万円である——筆者）から前記根抵当権の被担保債権額を控除した額（（一）（二）の時価が3500万円だと仮定すると，500万円となる——筆者）は，取消債権者Xの被保全債権額（約2000万円）を下回るから，詐害行為取消しの方法としては，本件物件（一）（二）の譲渡を取り消して，物件（一）（二）の所有権を債権者Aに返還するのが相当であると述べて，Yに対して物件（一）（二）の登記の抹消を命じた。それと同時に，Yに対しては，物件（一）（二）の所有権が上記取消しによりAに復帰したことを前提として，Xは債権者代位権に基づき，AのYに対する抹消登記手続請求権を代位行使して，物件（一）（二）の登記をA名義に回復できる旨（いわゆる判例法の現物返還である——筆者）を判示した。

【上告理由】　第一点　原審は，本件の如き事実関係の下で，詐害行為取消しの方法として，本件物件（一）（二）の所有権のAへの復帰及び抹消登記（いわゆる現物返還）を命じているが，原審判決には民法第424条の解釈を誤った違法がある。なぜならば，原審判決の如く現物返還を肯定すると，抵当権の附着していない不動産が一般債権者の共同担保として債務者の資産中に回復せしめられることになり，その結果として一般債権者にとっては共同担保が約7倍にも増加し，債権者や債務者に不当な利益を与えることになるからである。

　さらに，本件の如き事実関係の下では，詐害行為取消しの範囲及び方法に関して，最高裁判例は一部取消し及び価格賠償しか認めていない。そして，この判例の準則が端的に示されている判例として最高裁昭和63年7月19日第三小法廷判決（裁判集民事154号363頁，判例時報1299号70頁）を挙げることができるのであり，原判決は上記の最高裁判例にも違背しているから破棄されるべきである。

【判決理由】　上告理由第一点について

　本判決は、原審の認定した事実関係及び原判決を要約して示した後に次のように判示している——「しかしながら、原審の右詐害行為取消しの範囲及び方法に係る判断は、是認することができない。その理由は次のとおりである。

　共同抵当の目的とされた数個の不動産の全部又は一部の売買契約が詐害行為に該当する場合において、当該詐害行為の後に弁済によって右抵当権が消滅したときは、売買の目的とされた不動産の価額から右不動産が負担すべき右抵当権の被担保債権の額を控除した残額の限度で右売買契約を取り消し、その価格による賠償を命ずるべきであり、一部の不動産自体の回復を認めるべきものではない（最高裁昭和三〇年（オ）第二六〇号同三六年七月一九日大法廷判決・民集一五巻七号一八七五頁、同六一年（オ）第四九五号同六三年七月一九日第三小法廷判決・裁判集民事一五四号三六三頁参照）。

　そして、この場合において、詐害行為の目的不動産の価額から控除すべき右不動産が負担すべき右抵当権の被担保債権の額は、民法三九二条の趣旨に照らし、共同抵当の目的とされた各不動産の価額に応じて抵当権の被担保債権額を案分した額（以下「割り付け額」という。）によると解するのが相当である。

　そうすると、前示事実関係によれば、AとY₂会社との間の本件（一）（二）物件の売買契約は、詐害行為に該当し、かつ、右売買契約当時本件（一）（二）物件及び本件（五）（六）（八）物件を共同抵当の目的として設定されていた根抵当権が、その後その被担保債権三〇〇〇万円が弁済されたことにより消滅し、根抵当権設定登記の抹消登記がされたというのであるから、右被担保債権額三〇〇〇万円を本件（一）（二）物件の価額と本件（五）（六）（八）物件の価額に応じて案分して、本件（一）（二）物件が負担すべき割り付け額を算出した上、本件（一）（二）物件の価額から右割り付け額を控除した残額の限度で、Y₂会社に対し、その価格賠償を命ずるべきところ、これと異なる見解に立って、AとY₂会社との間の本件（一）（二）物件の売買契約の全部の取消しを認め、Y₁・Y₂両名に対し、それぞれ、本件（一）（二）物件につき順次経由された各所有権移転登記の各抹消登記手続をすることを命じた原判決には、民法四二四条の解釈を誤った違法があって、この違法が判決の結論に影響を及ぼすことは明らかであり、ひいて審理不尽の違法があるものといわなければならない。論旨は理由があり、原判決中上告人ら敗訴部分は破棄を免れない。そして、右部分については、本件（一）（二）（五）（六）（八）物件の価額等取消しの範囲につき更に審理を尽くさせる必要があるから、本件を原審に差し戻すこととする。」

裁判官全員一致の意見で破棄差戻（大内恒夫，大堀誠一，橋元四郎平，味村治）。

【参照条文】民法424条・392条

【批評】
一　本判決に関する論点

(1)　本判決が扱った中心的な争点は，上告理由及び判決理由で示されているように，抵当権の附着した不動産の売却が詐害行為に該当する場合における詐害行為取消しの方法及び範囲である。この問題は，周知のように，詐害行為取消権に関する「一部取消し」をどのように解決すべきかという複雑かつ重要な問題である[1]。従って，後述するように，この問題に関連する最高裁判例は数多く判示されている[2]。

(i)　それゆえ，まず第一に，本判決が従前の最高裁判例によって形成されている準則の中に，どのように位置付けられるのかが本批評で検討されるべき課題となろう。特に，本判決自身が先例として引用する①最高裁昭和36年7月19日大法廷判決（民集15巻7号1875頁）及び②最高裁昭和63年7月19日判決（裁判集民事154号363頁）の二つの判例と本判決との関係を如何なるものと考えるべきかという点が重要な課題となろう。

(ii)　第二に，本件の事案では，詐害行為の目的物たる数個の不動産上に共同根抵当が設定されていたのであるが，このように詐害行為の目的物に共同抵当が設定されている場合の取消しの方法及び範囲に関して，我妻栄博士がその体系書において独自の見解を既に提唱されていた[3]。その概要は，本件の如き「一部取消し」の場合でも目的物自体を債務者の責任財産へと返還すべき旨

---

1)　この問題については，次に示す下森教授の論文を代表的な研究として挙げることができる。下森定「債権者取消権と不当利得」（谷口知平教授還暦記念・不当利得・事務管理の研究(3) 171頁以下に所収）。

2)　これらの判例を網羅的に紹介するものとして，奥田昌道編集・注釈民法(10)債権(1) 843〜848頁〔下森定執筆〕を参照。

3)　我妻栄・民法講義IV　新訂債権総論195頁以下，特に197頁を参照。

——以下ではこの方法を「現物返還」と呼ぶことにする——を主張するものであった。しかし，本判決は，上記の我妻説を採用しないことを明示している[4]。そうだとすると，なぜ本判決が現物返還を主張する我妻説に与せずに，価格賠償を命じたのかという点も検討されるべき課題として挙げることができよう。

(iii) 第三に，「一部取消し」については，下森定教授が取消しの方法・範囲に関して，責任説の立場から詳しい論稿を発表されている[5]。その中で教授は，詐害行為全体の「責任的取消し」を強調されつつ，本件のような事案では債務者Ａの弁済により一旦消滅した抵当権が，「責任的取消し」の反射効により相関的に復活（傍点は筆者が付したものである）する旨を説かれている[6]。それゆえ，上記の責任説によるこの問題の解決の当否も本批評で検討されるべき課題として挙げることができよう。従って，本批評の二においては，「一部取消し」をめぐる重要な判例・学説を，以上に述べた(i)〜(iii)の順序で検討することにしたい。

(2) 本判決に関する中心的な論点は(1)に示したものであるが，その中心的論点に関する結論を導き出すためには，次に示すような詐害行為取消権に関する基礎的かつ理論的な問題点が潜んでいるように思われる。

(i) まず第一に，一般債権者のための「共同担保（le gage commun）」[7]の範囲はどこまでなのかという論点を挙げることができる。その理由はこうである。即ち，抵当不動産の被担保債権額に該当する部分も，一般債権者にとっての共同担保に含まれると解し，前掲の最大判昭和36年7月19日・最判昭和63年7月19日及び本判決の見解に反対する学説が下森教授によって唱えられているからである[8]。そして，この点についての理解即ち，一般債権者のための共

---

4) 本判決の結論を，このように理解する見解として，倉吉敬・本件解説・曹時44巻5号976頁，拙稿・本件評釈・判例評論405号28頁（判時1430号174頁）がある。
5) 前掲注1)に掲げた下森教授の論文を参照。
6) 下森・前掲注1)論文185〜186頁を参照。
7) 「共同担保」という概念は，仏民法典第2093条（2006年の改正仏民法典では第2285条に条数が変わっているが内容に変更はない）に由来するものであり，同条本文（改正後は2285条前段となっている）は「債務者ノ財産ハ其ノ債権者ノ共同担保ヲ成ス」と定めている。そして，この概念は取消しの範囲を決定するための重要な基準であると考えられる。この点については，三及び四で詳述する。

同担保の範囲に関する理解が異なると，詐害行為を理由とする取消しがどこまで許されるべきなのかという，取消しの範囲に関する理解も異なってくることになるのである[9]。上記のような結論の違いは，詐害行為取消権という制度の趣旨が一般債権者のための共同担保を保全し，さらに一般債権者に被保全債権（取消しの基礎となる債権）の弁済を得さしめることにある点に由来するものである。換言すれば，抵当権者の有する被担保債権額に相当する部分が共同担保に含まれない（判例の立場）とすれば，その部分は取消しの範囲には含まれないことになるし，逆に共同担保に含まれる（下森説）とすれば，その部分も取消しの対象に含まれるという相違が生ずる訳である。従って，この問題は次に呈示する取消しの範囲を決定する基準を何に求めるべきかという問題の理論的前提問題として検討されるべき課題なのである[10]。

(ii) 第二に，本件の事案では争点とされてはいないが，取消債権者の被保全債権額と取消しの範囲との関係を検討する必要がある。なぜならば，判例の準則によれば取消しの範囲の上限は，原則として取消債権者の被保全債権額であると解されている[11]ことが，「一部取消し」における取消しの方法の選択——現物返還か価格賠償か——を複雑な問題とし，さらには民法425条を空文化していると考えられるからである。また，この問題に関連して，現物返還とは逸出財産それ自体を債務者の責任財産に戻すことを意味すると理解する判例・通説に大きな問題が潜んでいることも検討されなければならない。従って，取消しの範囲に関しては，判例・通説と私見（訴権説）との間で，どのような違いがあるかを明確にすることも本批評の課題とすることにしたい。

(iii) 最後に，本判決の後に残された判例理論に内在する理論的な問題点を取り上げることにしたい。その概要は，判例の準則が採用していると言われてい

---

8) 下森・前掲注1)論文184頁，同・最判昭和63年7月19日評釈・私法判例リマークス1990年度69頁以下，特に73頁を参照。

9) 現に，下森教授によれば，本件のような事案でも「詐害行為全体の責任的取消」を肯定する結論となる（同・前掲注1)論文185〜186頁を参照）。

10) 私見とほぼ同旨の観点から下森説に疑問を呈示する学説として，森田宏樹・最判昭和63年7月19日評釈・判例評論367号38頁（特に42頁）を参照。

11) 大判昭和8年2月3日民集12巻175頁，大判大正9年12月24日民録26輯2024頁。

る「現物返還の原則」[12]が後退し，逆に価格賠償の重要性が増大しつつあるのではないかという問題提起である。特に，不動産の現物返還が，判例の準則の中核たる「相対的取消し」理論と矛盾することが責任説や訴権説から強く批判されていることに鑑みると，上記の点は判例の準則に対する重要な問題提起となり得るのではないかという点を検討することにしたい。そして，以上の点と関連させつつ，判例の準則の有する限界を指摘した上で，私見たる訴権説ではどのように本件の事案を解決すべきかという点を明らかにすることにしたい。

そして以下では，(2)(i)～(iii)に示した問題点を，各々順を追って，本批評の三・四・五で検討することにしたい。

二　「一部取消し」に関する判例・学説

(1)　判例理論の概観　　(イ)　「一部取消し」による価格賠償を命ずるべきか，全部取消しによる現物返還を命ずるべきかという論点は，まず第一に，目的物が不可分のものであり且つその価額が取消債権者の有する被保全債権額を超えるものである場合に判例で争われた。この点につき，最判昭和30年10月11日民集9巻11号1626頁は「債務者のなした行為の目的物が不可分のものであるときは，たとえその価額が債権額を超過する場合であっても行為の全部について取消し得べき」旨を明示した[13]（事案は，時価54万円の一棟の建物の贈与を，45万円の被保全債権に基づいて取り消したというものである）。そして，①昭和30年判決は，取消しの方法として，目的物たる建物の登記を債務者名義

---

[12]　大判昭和9年11月30日民集13巻2191頁が，この原則を判示した先例として引用される。例えば，倉吉・前掲注4)解説971頁を参照。

[13]　なお，上掲①最判昭和30年10月11日は，この問題に関する先例として4件の大審院判決を挙げているが，いずれも不可分物の詐害的譲渡に関する事案を扱ってはいないのである。まず(i)大判明治36年は金銭債権について「一部取消し」が肯定される旨を述べているだけである。そして(ii)大判大正7年（数筆の土地）・(iii)大判大正5年（土地及び建物）・(iv)大判大正9年（現物返還が可能である限り価格賠償は認められない旨を判示している）のいずれも不可分物の取消しを扱った判決ではないのである（同様の指摘をするものとして，星野英一・最判昭和30年評釈・法協95巻11号1846頁がある）。そうだとすると，不可分物の取消しの方法・範囲に関する先例は――昭和30年判決の説示に反することにはなるが――とりもなおさず最判昭和30年10月11日自身ではなかろうか。

に回復すべき旨——いわゆる現物返還——を命じている。この判決は，後に②最大判昭和36年7月19日民集15巻7号1875頁の補足意見によって先例として援用されており，①判決の結論は判例の準則として定着していると評してよいであろう[14]。

（ロ）　全部取消しを命ずるべきか「一部取消し」を命ずるべきか（以下では「一部取消し」と略記する）が問題となる第二の類型は，抵当権の附着した不動産の譲渡が詐害行為に該当する場合である。ここで注目すべきことは，最高裁において上記の「一部取消し」が問題とされた判決は（イ）の類型と比べるとこの第二類型に該当する方が多数であるという点である。従って，近時では「一部取消し」に関連する複雑な問題点は第二類型に関して論じられていると言ってよいであろう[15]。そして，検討されるべき最高裁判決は以下に列挙するものである（判決に付した番号は本批評中での通し番号である——筆者）。即ち，②最大判昭和36年7月19日民集15巻7号1875頁・③最判昭和54年1月25日民集33巻1号12頁・④最判昭和62年4月7日金融法務1185号27頁・⑤最判昭和63年7月19日裁判集民事154号363頁[16]・⑥本判決（以下では平成4年判決と呼ぶことにする）の合計5件である。これらの判決の中で，全部取消しを認め現物返還を命じているものは③判決であり，「一部取消し」のみを認めながらも現物返還を命じているものが④判決である。そして「一部取消し」だけを認め価格賠償を命じているものは②・⑤・⑥判決である。それでは，共同担保の回復方法に関して上記の差異を生ぜしめている要因は何なのであろうか。以下において，この点を検討することにしよう。

（ハ）　③昭和54年判決及び④昭和62年判決について——(i)　昭和54年判決の事案の概要は以下に示す如くである[17]。債務者AがA所有の土地に債権者Bの債権を担保するために根抵当権を設定し，その登記手続も完了した。

---

14)　①昭和30年判決の詳細については，星野・前掲注13)評釈1844頁以下を参照。

15)　その嚆矢をなす論文が，前掲注1)に掲げた下森教授の論文である。その他では，この問題に関する個別の判例研究が多く現われている。

16)　この⑤昭和63年判決は判時1299号70頁にも掲載されている。

17)　③昭和54年判決については，篠田省二・本件解説・最判解民昭和54年度2事件（12頁以下）を参照。

その後，Aは他の債権者Y（受益者）に，上記抵当権が附着した土地を譲渡担保として譲渡し，Y名義の所有権移転登記も経由した。そこで，もう一人の債権者Xが，上記A＝Y間の譲渡担保契約が詐害行為にあたると主張して，Y名義の登記の抹消（現物返還）を求めた（なお，Xの被保全債権額は約484万円，A所有の土地の価額は約1500万円，Bの抵当債権額は1200万円以上1390万円以下であった）。この請求について，最高裁は次のように説示して現物返還を肯認した——「……詐害行為取消権の制度は，詐害行為により逸出した財産を取り戻して債務者の一般財産を原状に回復させようとするものであるから，逸出した財産自体の回復が可能である場合には，できるだけこれを認めるべきである（大判昭和九年一一月三〇日民集一三巻二三号二一九一頁参照）。それ故，原審の確定した右事実関係のもとにおいて，〔中略〕右土地自体の回復を肯認した原審の判断は，正当として是認することができる。」——この判旨の説示から，原審の確定した事実関係に鑑みて，譲渡担保契約全部の取消し＝現物返還が可能であると最高裁に判断せしめた要素に関する検討が，重要な作業となると考えられるのである。そして，最高裁に現物返還を肯定せしめるに至らしめた要素は，原審がその判決理由中で指摘した次の2点である[18]。即ち，(ア)譲渡担保契約全体を詐害行為として取り消したとしても抵当権は依然として存続しており，代物弁済等により一旦消滅した受益者の抵当権の復活を認めなければならないというような複雑な事態を考慮する必要がないこと[19]・(イ)目的物たる土地の時価から抵当権の被担保債権額を控除した額——これ

---

18) 民集33巻1号14頁以下を参照。
19) このように，最判昭和54年の原審判決は詐害行為取消しの効果によって，弁済や代物弁済によって一旦消滅した受益者の抵当権が復活すると考えていたようである。そして，このような考え方は，我妻説（前掲注3）195頁以下）や下森説（前掲注1）論文185頁以下）にも見受けられるのである。しかし，判例の「相対的取消し」理論に立脚するときには，取消しの効果は債務者＝受益者間には及ばず，一旦消滅した抵当権の復活を考慮する余地はないものと言わざるを得ない。また，訴権説の立場から取消しの効力を考えたとしても，既判力の相対性の原則（民訴法201条1項）により，取消判決の効力は債務者に及ぶことはなく，やはり抵当権の復活を論ずる余地はないものと考えざるを得ない。この点において，原審判決・我妻説・下森説には共通の理論的難点が潜んでいるものと思われる。

が一般債権者の共同担保に供せられるべき部分である——が，取消債権者の被保全債権額を上回っていないこと[20]の2点である。このうち，（ア）抵当権が詐害行為後においても存続していることという要素が，「一部取消し」及び価格賠償のみを認めた②・⑤・⑥判決の事案と比較すると——後の検討で示されるように——決定的に異なっているのである。この点は，次に示す④昭和62年判決でも明瞭に現われている特徴である。

　(ⅱ)　昭和62年判決の事案の概要は以下の如くである[21]。取消債権者Xは債務者Aに約2000万円の債権を有していた。Aはその他の債権者のために自己所有の三筆の土地に抵当権を設定していた。その後，Aは前記三筆の土地を妻Y（受益者）に贈与し，Xはこの贈与が詐害行為に該当するとしてその取消しを求めた。最高裁は前掲③昭和54年判決を引用しつつ次のように判示する——「抵当権の付着する二筆以上の土地について右のような贈与がされた場合において，右土地の総価額から抵当権の被担保債権額を控除した額が詐害行為取消権の基礎となっている債権の額を上回っているときは，特段の事情のない限り，右控除後の残額に被担保債権額を加算した額に近くこれを下回らない価額の土地についての贈与を取り消して土地自体の回復を認めるのが相当である。」——このように，④昭和62年判決の結論は「一部取消し」のみを認めながらも現物返還を肯定するという特殊な判決である[22]。ただ，詐害行為後も目的不動産上の抵当権が存続しており，そのため③昭和54年判決で示された（ア）の要件を満たしている点に共通項を見出すことができるのである[23]。従

---

20) 判例の準則によれば，取消しの範囲の上限は常に取消債権者の被保全債権額となるから，この要件が重要となってくる。
21) 事実関係については，金融法務1185号29頁以下を参照。
22) この昭和62年判決を，被保全債権の範囲内での「一部取消し」及び一部現物返還を認めた判決と理解する学説として，下森・前掲注8）解説71頁がある。
23) 昭和62年判決の位置付けは困難な作業である。なぜならば，⑥本判決が採用を否定した我妻説の主張する「一部取消し」及び現物返還を肯定しているようにも理解できるからである。しかし，(ⅰ)昭和62年判決が公式判例集に登載されていないこと・(ⅱ)⑥本判決と異なり，抵当権が存続している事案であること，の2点を考慮すると，62年判決の重要性は低く，むしろ③54年判決の延長線上に位置する判決と評価してよいのではなかろうか。

って，この④昭和62年判決は現物返還を肯定しているという点で──「一部取消し」しか認めていないという違いはあるが──③昭和54年判決と同じ類型に属すると考えても大過はないように思われる。

（ニ）　②昭和36年判決・⑤昭和63年判決・⑥平成4年判決について──(i)昭和36年判決の事案の概要は以下の如くである。Xは債務者A所有の時価10万円の家屋を買い受ける契約を締結した。ところがAは抵当債権者B（受益者）に対して負っていた8万円の債務の代物弁済として前記家屋の所有権をBに譲渡し，その結果，Bの抵当権も消滅した。Bはさらに前記家屋をY（転得者）に譲渡し，登記もY名義に移転された。XはA＝B間の代物弁済が詐害行為に該当し，且つ，Yが悪意の転得者であることを理由に，Yに対し家屋の登記をA名義に移転すべき旨を請求した。この請求について最高裁は次のように判示する──「債務者が目的物をその価格以下の債務の代物弁済として提供し，その結果債権者の共同担保に不足を生ぜしめた場合は，もとより，詐害行為を構成するものというべきであるが，債権者取消権は債権者の共同担保を保全するため，債務者の一般財産減少行為を取り消し，これを返還させることを目的とするものであるから，右の取消は債務者の詐害行為により減少された財産の範囲内にとどまるべきものと解すべきである。したがって，前記事実関係によれば本件においてもその取消は，前記家屋の価格から前記抵当債権額を控除した残額の部分に限って許されるものと解するを相当とする。そして，詐害行為の一部取消の場合において，その目的物が本件の如く一棟の家屋の代物弁済であって不可分のものと認められる場合にあっては，債権者は一部取消の限度において，その価格の賠償を請求する外はないものといわなければならない。」──この判示事項において，②昭和36年判決は，「一部取消し」の問題について二つの重要な準則を示している。それらは以下の内容である──（ア）抵当権の附着した不動産の譲渡が詐害行為に該当する場合には，一般債権者にとっての共同担保の範囲は当該不動産の価格から抵当権の被担保債権額を控除した部分である[24]。（イ）昭和36年判決の事案のように，詐害行為後に不可分物たる目的不動産に附着していた抵当権が代物弁済等により消滅した

---

24)　この点については，我妻・前掲注3) 196頁のコメントを参照されたい。

場合には，現物返還を認めるべきではなく「一部取消し」のみを認め，且つ，価格賠償のみを認めるべきである。この昭和36年判決の示した二つの準則のうち，共同担保の範囲に関する（ア）は二(1)(ハ)で紹介した③昭和54年判決によっても踏襲されており，全部取消し＝現物返還のケース及び「一部取消し」＝価格賠償のケースの双方に共通して適用される準則となっている。しかし，②昭和36年判決の示した（イ）の準則は，③昭和54年判決・④昭和62年判決の事案の解決と，②昭和36年判決の事案の解決とを明確に分け隔てる分水嶺の如き要件を形成することになる。この点は②昭和36年判決の時点では未だ明瞭な事実とはなっていないが，⑤昭和63年判決及び⑥平成4年判決が登場するに及んで，（イ）の準則の重要性が明らかになってくるのである[25]。

　(ⅱ)　昭和63年判決の事案の概要は以下の如くである。Xは債務者Aに対し約812万円の売掛代金債権を有していた。Aは自己所有の土地・建物につき，その他の債権者の債権を担保するために，各々極度額300万円及び極度額600万円の根抵当を設定していた。さらにAはYから1076万円を借り受け，Yの債権を担保する目的で前記土地・建物について譲渡担保契約を締結した後，その所有権をYに譲渡した。その後，Yが根抵当権者の一人に代位弁済をしたため，極度額300万円の根抵当権の登記は抹消された。Xは上記A＝Y間の譲渡が詐害行為にあたるとして，その取消しとY名義の登記の抹消とを請求した。この請求について最高裁は，前掲②昭和36年判決及び③昭和54年判決を援用しつつ，次のように判示した――「抵当権の設定されている不動産について，当該抵当権者以外の者との間にされた代物弁済予約及び譲渡担保契約が詐害行為に該当する場合において，右不動産が不可分のものであって，当該詐害行為の後に弁済等によって右抵当権設定登記等が抹消されたようなときは，その取消は，右不動産の価額から右抵当権の被担保債権額を控除した残額の限度で価格による賠償を請求する方法によるべきである。けだし，詐害行為取消権は，債権者の共同担保を保全するため，詐害行為により逸出した財産を取り戻して債務者の一般財産を原状に回復させようとするものであるから，その取

---

[25] 詐害行為後に抵当権が消滅した場合に，なぜ価格賠償のみが認められるべきかという点について，昭和36年判決自身は明確に判示していない。しかし，その理由は，本文中で紹介する⑤昭和63年判決で詳細に示されることになる。

消は，本来，債務者の詐害行為により減少された財産の範囲にとどまるべきものであり，その方法は〔中略〕その目的不動産が不可分のものであって，付着していた抵当権の設定登記等が抹消されたようなときには，逸出した財産自体を原状のままに回復することが不可能若しくは著しく困難であり，また，債務者及び債権者に不当に利益を与える結果になるから，このようなときには，逸出した財産自体の返還に代えてその価格による賠償を認めるほかないのである。」——この判決によって，目的不動産に附着していた抵当権が詐害行為後に弁済等により消滅した場合に，「一部取消し」及び価格賠償だけが認められる理由が明らかにされるに至った。そのロジックを敷衍すると以下の如き内容となろう——（ア）まず第一に，一般債権者にとっての共同担保の範囲は，目的不動産の価額から抵当権の被担保債権額を控除した部分である・（イ）第二に，弁済等により抹消された抵当権の登記を復活させることが不可能若しくは著しく困難である・（ウ）そうだとすると，抵当権の負担の消滅した不動産の現物返還を肯定した場合を仮定すると，一般債権者にとっては，（ア）の命題で示された共同担保よりも多額の財産が債務者の資産中に戻ってくる結果を生ぜしめる。このような帰結は，一般債権者に不当な利益を与えることになるし，ひいては不動産の返還を受ける債務者にも同様の利益を与えることになる・（エ）従って，昭和63年判決のような事案では，（ア）で示した範囲での「一部取消し」及び価格賠償のみが肯定されるべきである。——このようなロジックを昭和63年判決は示したのであるが，それと同時にこの判決は，現物返還が認められる場合と価格賠償のみが認められる場合とを区別するメルクマールを明確にしたと理解すべきであろう[26]。即ち，③昭和54年判決を援用することによって，詐害行為後も抵当権が存続している場合には現物返還が認められる旨を示し，これに対して詐害行為後に抵当権が消滅している場合には価格賠償のみが認められる理由を詳細に判示したのである。

(iii) このように検討してくると，平成4年判決（本判決）が，その事案において，以上に概観した②昭和36年判決及び⑤昭和63年判決と共通項——繰り返しになるが，詐害行為後に抵当権が消滅している点である——を有しており，

---

[26] この点につき，拙稿・最判昭和63年7月19日判例紹介・民商法100巻2号323頁以下を参照。

その結果，共同担保の回復方法として「一部取消し」及び価格賠償しか認めなかったのは，最高裁の判例理論が「一部取消し」の問題に関し，営々として積み重ねてきた準則に照らせば当然の帰結であると評してよいであろう。このような評価が正当であろうことは，本判決が②昭和36年判決及び⑤昭和63年判決を援用していることによっても明示されていると思われる。しかし，本判決の有する意義は以上に示す所に止まってはいないのである。なぜならば，本判決の事案においては，目的不動産に共同抵当が設定されていたという特殊性が含まれており，このような事案に関しては，冒頭で述べたように，我妻博士が「一部取消し」に基づく現物返還（傍点は筆者によるものである）を認めるべきであるという見解を夙に示されていたからである[27]。従って，本判決は我妻説を採らない旨を明示したと評価してよいと思われるが[28]，そうだとすると，なぜ本判決が我妻説に与しなかったのかを検討しなければならない。特に，判例の準則が示す「現物返還の原則」と呼ばれる理論[29]があると言われているが，その原則に本判決は抵触しないのかという疑問も検討されなければならないであろう。これらの作業を次に行うことにしたい。

　(2)　本判決と学説との比較　　(イ)　我妻説は本件のような共同抵当が設定されている事案を想定して次のように説いていた。即ち，複数の不動産の総額が被担保債権額をはるかにオーバーし，両者の差額が一部の不動産の価格を超えるときには，その額に相当する不動産の現物返還を認めるべきだという説である。例えば，300万円・200万円・100万円の価格の3個の不動産に被担保債権額400万円の共同抵当が設定されており，全部が400万円で売却され，被担保債権が弁済されたときには，価格200万円の不動産の現物返還を認めるべきだと主張される[30]。この我妻説は，詐害行為後に抵当権が消滅した場合に

---

27)　我妻・前掲注3) 197頁を参照。
28)　倉吉・前掲注4) 本件解説976頁，拙稿・前掲注4) 本件評釈28頁を参照。
29)　大判昭和9年11月30日民集13巻2191頁が，この理論を次のように明示している。即ち「同条ニ依リ債務者ノ為シタル財産移転ノ法律行為ヲ取消シ其ノ目的タル財産ノ返還ヲ命ズルニ当リテハ，特別ノ場合ヲ除キ，其ノ財産ノ評価額ニ相当スル金円ノ返還ヲ命ズベキニ非ズシテ，其ノ目的物自身ノ返還ヲ命ズベキモノトス」という判示事項である。この判決は，前掲②昭和36年判決の補足意見によっても引用され，可能な限り上記の原則を貫くべきである旨が述べられている（民集15巻7号1880頁）。

おいても可能な限り「現物返還の原則」を貫こうとする点において，本判決よりも，上記の原則を示した大判昭和9年11月30日——注29)を参照——に忠実であると言ってよいかもしれない。そうだとすると，本件の事案に前述の我妻説をあてはめてみて，「一部取消し」及び現物返還が可能であったか否かを検討する必要があろう。

本件の事案では，共同抵当の目的たる物件（一）（二）の売却額が3500万円，物件（五）（六）（八）の売却額が1000万円未満（原審では明確に認定されていない）である。それゆえ，本件物件（一）（二）（五）（六）（八）の総額から被担保債権額3000万円を差し引くと，その差額は500万円以上1500万円未満となる。そして，この差額が判例理論に言うところの減少した共同担保の範囲となるわけである。さらに，この差額＝逸出した共同担保の額は，取消債権者の被保全債権額（2000万円）を超えていない。従って，本件物件（一）（二）（五）（六）（八）の中に1500万円（差額の上限である）を超えない時価の物件があれば，我妻説を適用して，「一部取消し」及び現物返還という結論を導き出し得たかもしれないのである[31]。そうだとすると，取消しの範囲を被保全債権額に限定し[32]，且つ，現物返還の原則に立脚する判例理論にとっては，上記の結論は魅力的なものだったはずである。それにも拘わらず，なぜ本判決は我妻説を採用せず，「一部取消し」及び価格賠償を選んだのであろうか。次はその理由の検討を試みることにしたい。

（ロ）　倉吉調査官の解説によれば，次のような理由が挙げられている。

（ⅰ）　まず第一に，判例理論が「現物返還の原則」に言及するときに「現物」として想定されている状態は，抵当不動産の場合には抵当権が附着したままの状態であることが指摘されている[33]。従って，抵当権の負担のない不動産を債務者の資産中に返還することを認める我妻説には与し得ないという結論にな

---

30)　我妻・前掲注3) 197頁を参照。
31)　現に，本件の原審判決は物件（一）（二）のみの現物返還を命じている（民集46巻2号147頁）。
32)　大判大正9年12月24日民録26輯2024頁，大判昭和8年2月3日民集12巻175頁を参照。
33)　倉吉・前掲注4) 解説976頁を参照。同じ指摘をするものとして，森田・前掲注10) 評釈42頁がある。

るのであろう。しかし，この理由にはあまり説得力がないように思われる。なぜならば，我妻説も取消しの範囲の上限を，被保全債権額に設定する判例理論には賛成しているのであるから[34]，我妻説の基準に従って抵当権の負担のない不動産の返還を認めたとしても，⑤昭和63年判決が説示するような不都合——債権者や債務者を不当に利することになるという帰結——は生じないはずだからである。むしろ，より本質的な理由は次に示す所にあるのではなかろうか。即ち——

(ii)「実際問題としても，共同抵当の場合，全物件の総価格から被担保債権額を控除した残額を下回る時価の不動産があるという事例は少ないように思われ，一部の不動産自体の回復を認める実益がどれほどあるかは疑問であるし，そのような不動産を見出せたとしても，不足分は価格賠償で補う必要があるから，煩瑣でもある[35]。」という理由である。このような実務上の理由は，取消しの範囲の上限を被保全債権額とし，その上限を厳格に遵守しようとする判例理論にとっては，極めて当然なものであり，首肯できる理由付けであると思われる。

(iii) また，次のような理由も考えられる。即ち，二(1)で検討したように，抵当権の附着した不動産の譲渡の取消しの場合に，共同担保の回復方法が現物返還となるか，価格賠償となるかについては，判例の築き上げた確固たるメルクマールが存在する。それに反してまで「現物返還の原則」に固執しなければならない理由を，本判決が見出せなかったのではないかという推測である。換言すれば，積み重ねられてきた「一部取消し」に関する判例の準則を破ってまで，我妻説に従う理論的メリットがなかったのではなかろうか。つまり，ここで我妻説に従えば，従来の判例が作り上げたメルクマールに混乱が生じ，判例理論の整合性が失われることを恐れ，逆に従来の判例のメルクマールを確立する意図を以って，我妻説に従わない旨を明示したものと推測できるのである。そうだとするならば，本判決は抵当権付不動産の譲渡における「一部取消し」について，その抵当権が共同抵当である場合にも，従来と同一のメルクマールが適用される旨を明示し，「一部取消し」に関する判例の準則をより強固なものに

---

[34] 我妻・前掲注3) 192頁。
[35] 倉吉・前掲注4) 解説976頁参照。

した判例であると評してよいであろう。

(iv) さらに，本判決が一部の不動産の現物返還を認めなかった背景には，次のような理由が潜んでいたのではないかと思われる。その理由とは——誤解であることを恐れつつも敢えて筆者の憶測を述べるならば——最高裁が不動産の譲渡の詐害行為取消しにおける現物返還の妥当性に，疑問を抱き始めたからなのではないかという点である。即ち，前掲②～⑥判決のうち，現物返還を認めたものは③・④判決であるが，全部取消し及び現物返還を認めたものは，③昭和54年判決のみである。従って，不可分物の譲渡の詐害行為取消しに関する①昭和30年判決と結論を同じくする判決は，ただ一件だけ——前述したように⑪昭和62年判決は「一部取消し」しか認めていない——なのである。そして，この事実に注目するならば，全部取消し及び現物返還を認めることが困難な事案が増加しつつあることを，最高裁自身が示唆しているように思われるのである。また理論的には，大審院明治44年3月24日連合部判決以来の「相対的取消し」理論と不動産の現物返還とが矛盾するという責任説及び訴権説からの批判を考慮して，そのような批判を回避できる価格賠償を選択したのではないかと推測される。

(ハ) 「一部取消し」については，下森教授が責任説の立場から取消しの方法に関して注目すべき見解を呈示されている。

それによれば，本件の事案のように，債務者が抵当権付不動産を抵当債権者以外の第三者に売却し，債務者がその代金で抵当債権者に弁済した場合には，次のような解決になるという。即ち，抵当権付不動産の譲渡の取消しについては，「一応その行為全部の取消が問題[36]」となることを前提とされる。そして本件の事案のように，抵当権付不動産が抵当債権者以外の第三者に売却された場合には[37]，当該不動産の売却行為全体を責任法的に取り消し，その結果，目的不動産は「それが以前債務者の下にあった時と同様な状態で，総債権者のための責任財産たる地位を回復するのであるから，そのことの反射効として」

---

36) 下森・前掲注1) 論文184頁参照。
37) 下森説は，当該不動産が(i)抵当債権者に代物弁済として譲渡された場合と，(ii)抵当権者以外の第三者に売却された場合とに大別して問題を論じている（前掲注1) 論文185～186頁を参照）。

一旦消滅した抵当債権が「相関的に復活し，そのことによって抵当権も復活する」と主張される[38]。そして，その回復方法として，判決による抵当権の復活の宣告が必要であり，抵当権の登記は抹消回復登記（不登法67条・68条）による旨を述べられている[39]。

しかし，このような考え方は，下森教授の提唱される責任説と理論的に整合性を有しないのではなかろうか。なぜならば，「責任法的無効」という効果は，目的物が被告たる受益者の所有ないし名義になっている状態のままで，取消債権者による強制執行の対象たり得るという効果を創出するのであって，逸出財産の債務者への復帰ということは「理論上も実際上もなんら必要ない[40]」という帰結を生ぜしめるからである。換言すれば，責任法的無効という効果は，債務者には何ら法的影響を与えないはずである。そうだとすると，責任法的無効の反射効として，債務者の弁済によって一旦消滅した抵当債権が——たとえ「相関的」であるにせよ——復活すると解することは，債務者のみならず受益者（＝抵当債権者）にまで責任法的無効の影響を及ぼすことになり，詐害行為取消しの絶対的効力を肯定する形成権説の結論と実質的に変わらなくなるように思われる。さらに，抵当権の登記の回復まで肯定される点に鑑みるならば，下森説は，ますます絶対的取消しに近い結論となってしまうのではなかろうか。以上に述べた理由により，筆者は下森説には賛成し得ない。そして，下森説が責任説を唱えながら，上記のような結論を導くに至った理由は，その「共同担保」概念の把握のしかたに原因があるのではないかと思われるのである。それゆえ，以下では「共同担保」概念に関する判例理論と，下森説とを比較検討することにしたい。

三 「共同担保」概念に関する判例・学説

(1) 判例は，抵当権付不動産について，その価格から被担保債権額を控除した残額だけが一般債権者にとっての「共同担保」に含まれるという理論を，早

---

[38] 下森・前掲注1）論文185～186頁を参照。
[39] 同上。
[40] 下森定「債権者取消権に関する一考察（二・完）」法学志林57巻3・4合併号230頁を参照。

くから示唆していた。即ち，大判大正 14 年 4 月 20 日民集 4 巻 4 号 178 頁[41]は，債務者が一番抵当権を有する債権者に抵当不動産を代物弁済として譲渡したという事案について，当該不動産の譲渡時の価格が一番抵当権者の有する被担保債権額を超えない限り，上記代物弁済は詐害行為にはあたらないと判示した[42]。その理由として，上記のような代物弁済は「一般債権者ヲ害スルコト無カリシ」場合である旨を述べている。即ち，この大正 14 年判決の根底には，抵当債権者は取消債権者を含む一般債権者に優先して被担保債権の弁済を受領できるのだから，抵当不動産については被担保債権額に相当する部分は一般債権者のための「共同担保」を構成しない，という考え方が既に潜んでいたと評してよいであろう。そして，以上の「共同担保」概念に関する判例理論は，②昭和 36 年判決によって再び述べられるに至った[43]。さらに，我妻博士は上記の②判決に関するコメントにおいて，「抵当不動産は，その価格から被担保債権額を控除した残額だけが一般財産に含まれる」という判例理論が存在することを指摘されるとともに，判例に賛成する旨を示唆されている。その後，⑤昭和 63 年判決及び⑥平成 4 年判決（本判決）によって同じ趣旨の見解が示されるに至り，その結果，上記の判例理論は「共同担保」概念に関する判例の準則を確立したと評価してよいであろう[44]。このような判例の準則は，比較法的及び沿革的見地からみても，極めて正当な見解であると思われる。そして，その理由はこうである。即ち「共同担保」とは仏語の "le gage commun" に由来するテクニカル・タームであり，その意義及び範囲については，仏民法典 2092 条ないし 2094 条がそれらを定めている。上記の条文によれば，一般債者にとっての「共同担保」とは，債務者の全ての資産から先取特権及び抵当権の被担保債権額を控除した部分を意味すると定義されている[45]。また，上記の

---

41) 鳩山秀夫・本件評釈・判民大正 14 年度 28 事件を参照。

42) 時価 2070 円の土地に，約 2500 円の債権を担保するための一番抵当権が設定されたままの状態で，一番抵当権者に譲渡されたという事案である。

43) 即ち，「……前記事実関係によれば本件においてもその取消は，前記家屋の価格から前記抵当債権額を控除した残額の部分に限って許されるものと解するを相当とする。」（民集 15 巻 7 号 1878 頁）という部分である。

44) 我妻・前掲注 3) 196 頁参照。

45) 仏民法典 2092 条〜2094 条の訳文については，「現代外国法典叢書 (18)・仏蘭西民

仏民法典の条文は，ボアソナード民法草案1001条1項・2項に受け継がれ，さらにボアソナード民法草案は旧民法債権担保編第1条に継受されているのである[46]。従って，詐害行為によって逸出した「共同担保」の範囲は，抵当不動産から被担保債権額を控除した部分であると解する判例の準則は，この概念の母法である仏民法典及びボアソナード民法草案と同趣旨の内容を示していると考えられるがゆえに，正当な見解であると言ってよいであろう。

(2) これに対して，下森教授は次のような見解を述べられている。その内容を要約すれば，(i)被担保債権額に該当する部分も一般債権者に対する責任財産（＝共同担保）を構成する・(ii)従って，抵当権付不動産の譲渡の場合にも，その行為の全部の責任的取消しが問題となる・(iii)しかし，抵当権者には被担保債権額の限度で責任的取消しを対抗できない，という3点になろう[47]。

この下森説は，責任説の立場から「一部取消し」という複雑な解釈論を回避する目的で提唱されているようであり[48]，その意味では傾聴に値する発想を内包していると思われる。しかし，筆者は次に示す疑問を下森説に対して呈示したい。

第一に，被担保債権額に該当する部分も一般債権者のための共同担保を構成するという命題は，理論的にも沿革的にも妥当性を欠くのではなかろうか。なぜならば，一般債権者はその部分の弁済受領に関しては抵当権者に劣後せざるを得ず（民法369条1項），従ってその部分を共同担保＝一般債権者の引き当てとなる資産と看做すことはできないからである。また，この点を条文で明示しているのが仏民法典2092条ないし2094条であり，それらを継受した条文がボアソナード民法草案・旧民法債権担保編だからである。

第二に，この問題について，下森説は譲渡行為全体の責任法的無効を強調し

法（V）（復刻版）」222頁以下を参照。なお，前述したように，2006年の仏民法典改正後は条数が2284条以下に変化している。

[46] ボアソナード民法草案第1001条の原文については，ボアソナード文献双書③仏文・日本民法草案註解（復刻版）第4巻1頁を，旧民法債権担保編第1条については，我妻栄編・旧法令集（有斐閣）を各々参照されたい。なお，以上の条文の沿革の概要については，拙稿「債務者の責任財産の保全1」法学教室115号54頁以下を参照。

[47] 下森・前掲注1) 論文184頁参照。

[48] 下森・前掲注1) 論文185頁参照。

ているために，詐害行為後＝不動産の譲渡後に抵当権が弁済等により消滅した場合でも，責任法的無効の反射効として抵当権が復活すると説いている。しかし，この点こそ，被担保債権額に該当する部分も共同担保に含まれるという前提から生ずる——責任説の内部における——理論的矛盾ではなかろうか。なぜならば，被担保債権額に相当する部分は共同担保に含まれないと解しさえすれば，責任法的無効は残額の部分にのみ及ぶこととなり，抵当債権及び抵当権の復活という絶対的取消しに類似する効果を認める必要はなかったと考えられるからである。

　以上の理由で，筆者は「共同担保」概念の理解については判例の準則（＝本判決）に賛成したい。そして，「一部取消し」に関する複雑な問題点は，いわゆる執行忍容訴訟を解釈論として導入することによって，その複雑さが解決され得ると筆者は考えている。この点については，**四**及び**五**で論及することにしたい。

四　「取消し」の範囲について

（1）　以上に検討したように，共同担保の範囲については，正当な判断を本判決は示している。ところが，本判決は，「取消し」の範囲の上限を取消債権者の被保全債権額に設定する判例の準則（大判大正9年12月24日民録26輯2024頁，大判昭和8年2月3日民集12巻175頁など）について何も言及していない。その理由は，本判決の事案では，逸出した共同担保の推定額が500万円以上1500万円未満であるのに対し，Xの被保全債権額が約2000万円なので，上記の上限に関する準則を判示する必要がなかったからだと考えられる。従って，本判決も上記の上限に関する準則を所与の前提と考えていると思われるが，筆者は上記の準則には賛成し得ない。その理由は次に示す如くである。

（2）　（イ）　現行民法典425条は「取消ハ総債権者ノ利益ノ為メニ其効カヲ生ス」と定めているが，その法技術的意義は——同条の沿革的研究によれば——詐害行為取消訴訟の勝訴判決の効力を総債権者に拡張し，逸出財産に対する強制執行手続において総債権者が配当加入できるようにする，という点にあったのである。そうだとすると，「取消し」の範囲の決定基準として，取消債権者の被保全債権額を用いるという解釈論は，同条の立法趣旨に反するものと言わ

なければならない。同条の趣旨を考慮するならば,「取消し」の範囲は常に逸出した共同担保の範囲を基準として決せられるべきであり,且つ,両者は等しいという解釈論を採るべきである[49]。また,このような解釈こそ,詐害行為によって逸出した共同担保の回復という民法424条の制度趣旨に合致するものと考えられる。

(ロ) さらに,「取消し」の範囲の決定基準から被保全債権額を取り除くと,「一部取消し」という問題の解決が非常に簡明となる。なぜならば,常に逸出した共同担保の回復だけを考えればよいからである。特に,詐害行為取消訴訟はいわゆる執行忍容訴訟であると解する私見(訴権説)[50]に立脚するときには,受益者の手中にある目的不動産に対して,逸出した共同担保の範囲で(この財産の金額を執行債権として)差押えを行い,不動産を換価すればよい。そして,取消債権者及びその他の債権者の有する個々の被保全債権額は,換価の後の配当要求において,各々の債権者への配当額を決定する基準となるにすぎないと解すべきである。

(3) 以上の検討から,「取消し」の範囲の上限を取消債権者の被保全債権額に設定するという判例の準則には,民法425条を空文化するという理論的欠陥が潜んでいることが明らかになったと思われる。そして,共同担保の回復方法として,(i)債務者の名義に登記・登録を戻す現物返還か,(ii)取消債権者に金銭を直接支払う価格賠償か,という両極端の方法に判例が固執し続ける限り,このような欠陥が修正されることはないであろう。それゆえ,民法425条の空文化を防ぐためにも,判例理論が一次的救済方法である執行忍容訴訟を解釈論として導入することを筆者は期待したい。

五 本判決の後に残された問題点

(1) 本判決では価格賠償額を決定するために,民法第392条の趣旨が類推適用されている。そして,この点に関する判示事項が最高裁判決としての新しい

---

49) この点に関する詳細については,拙稿「詐害行為取消権に関する一試論(四・完)」法協105巻3号294頁以下を参照。なお,同条については,320頁以下を特に参照されたい。

50) 私見については前掲注49)の文献を参照。

判断である。従って，倉吉調査官が指摘するように[51]，この判示事項は理論的にも実務的にも重要な意義を有すると言えよう。

ところで，複数の抵当不動産の価額から控除されるべき被担保債権額が，民法392条の定める「割り付け額」となるという本判決を，事案との関係で検討すると，本判決が類推適用しているのは，共同抵当の同時配当に関する392条1項であることは言うまでもないであろう。そうだとすると，異時配当に関する392条2項が類推適用されるような，より複雑な事案が現われるのか否かについては，今後の判決例の動向を見守るしかないであろう[52]。

(2) より重要な問題点として，二(2)(ロ)で述べたように，本判決の登場によって判例の準則たる「現物返還の原則」が後退していくのではないかという点を挙げることができる。その根拠——二(2)(ロ)で示したもの以外に——として，(i)現物返還が可能か否かの判断基準が判例理論において極めて複雑となっていること・(ii)価格賠償の方が，取消債権者だけに限れば，迅速な救済方法であること・(iii)価格賠償は，明治44年判決以来の「相対的取消し」理論に抵触するおそれがないこと，の3点を考えることができよう。特に(i)についてのみ詳論すれば，不動産の現物返還が可能か否かは，①目的物たる不動産が不可分か否か・②不動産の価額・③取消債権者の被保全債権額・④抵当権が設定されているか否か・⑤抵当権が詐害行為後に消滅しているか否か，という少なくとも五つの要素を考慮して決定されているのである[53]。そして，不動産の現物返還が肯定された例は，近時の最高裁判例では，少なくなりつつあることも二(2)(ロ)で指摘した通りである。そうだとすると，判例理論における価格賠償の比重が次第に増大してくるのではないかという疑問が生ずるのである。この点についても，今後の判決例の動向を見守ることにしたい。

(3) 価格賠償が(i)取消債権者にとっては迅速な救済方法であり，(ii)「相対的取消し」理論に抵触しないというメリットを有しているとしても，民法425条を空文化してしまうという欠陥を有することは，四(2)で述べた通りである。こ

---

51) 倉吉・前掲注4)解説977頁，同「時の判例」ジュリスト1003号105頁を参照。
52) 共同抵当の同時配当については，高木多喜男・担保物権法（有斐閣）220頁以下の具体例を参照。
53) ほぼ同様の指摘をするものとして，下森・前掲注8)評釈72頁がある。

の点も含めて，判例の準則から生ずる様々な問題点を克服するためには，ボアソナードの見解を基礎にして，(i)詐害行為取消訴訟（民法424条）は，いわゆる執行忍容訴訟そのものであること・(ii)執行忍容判決は受益者に対する債務名義となること・(iii)執行忍容判決の判決効——特に執行力——が他の債権者に拡張され，その結果として配当加入が可能となること，という3点を基軸とする解釈論を組み立てた上で，その作業によって得られた結論を解釈論として導入する以外に上記の問題を克服する方法はないように思われる[54]。

以上に述べてきたことを総括すると，本判決は，判例の準則に含まれる種々の問題点を再認識せしめるための契機を与えてくれただけでなく，新しい解釈論の確立の必要性をも痛感させてくれた重要な判決であると評してよいであろう。

---

[54] 訴権説を本件にあてはめた解釈論の細部については，拙稿・注4)評釈29頁（四）（判時1430号175頁）を参照されたい。

第2節　現物返還の可否が問題とされた事例

詐害行為による不動産譲渡担保の取消しと現物返還の可否
（最高裁昭和63年7月19日第三小法廷判決，昭和61年（オ）第495号詐害行為取消請求事件，集民154号363頁，判時1299号70頁）

【判決主文】　破棄差戻

【要旨】　抵当権が設定されている不可分の不動産の代物弁済予約および譲渡担保契約が詐害行為に該当する場合において，その詐害行為の後に弁済等によって右抵当権設定登記が抹消されたときには，その取消しは，右不動産の価額から右抵当権の被担保債権額を控除した残額の限度で価格賠償を請求する方法によるべきである。

【事実の概要】
　X（被控訴人・被上告人）はA会社に対し，昭和56年5月から同年10月分までの石油類等の売掛代金債権として，約812万円を有していた。その後，XとA会社との間で，前記債務の支払方法を変更する旨の合意が成立した際に，XからA会社に対し，A会社の代表者S（詐害行為における債務者を意味する記号として，Sを用いることにする。以下も同様である――筆者）を保証人にして欲しい旨の申し入れがあり，Sはこの申し入れに応じて，同年6月25日頃，前記売掛代金債務についてA会社の連帯保証人となった。この連帯保証債務に加えて，Sは，昭和53年8月頃から同56年9月頃にかけて，Yから合計1076万円を借り受けていた（A会社の従業員が起こした事故に伴い，仕事ができなくなったため，借金を重ねたらしい）。しかし，ついに同年10月にA会社が倒産したので，10月23日頃，Sは，YのSに対する債権を担保する目的で，S所有の土地およびその土地上の建物（以下では，単に，本件土地・建物と略記する）について，S＝Y間で代物弁済予約を締結し，同日付けで前記予約の仮登記手続も完了した。さらに，昭和57年3月頃，S＝Y間で本件土地・建物につき譲渡担保契約を締結した上，これを原因として3月30日付けでSからYへの所有権移転登記手続を完了した。ところで，S

はYとの間で代物弁済予約および譲渡担保契約を締結する以前から，その他の多くの債権者からも融資を受けており，それらの債権を担保するために，本件土地・建物につき，①昭和52年7月18日付で根抵当権者をBとする極度額300万円の根抵当権設定登記，および②同54年8月20日付で根抵当権者をCとする極度額600万円の根抵当権設定登記が各々経由されていた（①・②以外にも，5件の根抵当権が設定されていたが，本件の結論には大きな影響を及ぼさないと思われるので，その詳細については，叙述を省略する——筆者）。このような事実関係の下で，Xは，SからYへの本件土地・建物の代物弁済予約および譲渡担保契約が詐害行為に該当すると主張して，SからYへの本件土地・建物の所有権移転登記の抹消を求めた。

一審判決（大阪地裁昭和59年6月27日）は，まず第一に，(i)本件土地・建物についての代物弁済予約締結時に，Sには前記土地・建物以外に見るべき資産はなく，その価額は2000万円を超えるものではなかったにもかかわらず，Sの負債総額は3000万円にのぼっており，Sは無資力状態にあったこと，(ii)本件代物弁済予約および譲渡担保契約締結時には，これらの契約がX等の債権者を害することを，Sが知っていたこと，(iii)受益者たるYもSの債務超過の状態を，充分に把握した上で，これらの契約を締結したこと，の3点を認定して，SからYへの本件土地・建物の所有権移転を詐害行為に該当すると判示した。第二に，前記詐害行為の取消しの範囲および方法については次のように判示した。すなわち，(i)本件土地・建物は3個の不動産であるが，本件代物弁済予約・譲渡担保契約は，これらを一括してその処分の対象としているから，不可分のものと看做すべきである，(ii)前述した②のCの根抵当権（極度額600万円）は抹消されずに存続しているから，本件土地・建物をYからSへ現物返還させても何ら支障はない（従って，Yが挙示する最大判昭和36年7月19日の趣旨に反することにはならない），(iii)さらに，前述した①のBの根抵当権（極度額300万円）の設定登記は，Yが詐害行為後に代位弁済をしたことにより抹消されている。従って，YからSへ本件土地・建物の現物返還を認めると，本来は一般債権者の共同担保ではなかった部分の回復を認めることになる。しかし，Bの有していた根抵当権の抹消は，Yの偶然の行為（詐害行為後の代位弁済を指す）に起因するのであり，このような偶然の行為の有無によって，取消しの方法が現物返還か価格賠償かに分かれるのは相当でない——以上の3点を理由として，一審判決は，取消しの範囲は本件土地・建物の全部に及び，取消しの方法は現物返還（SからYへの所有権移転登記の抹消手続）によるべきだと判示して，Xの請求を認容した。

二審においてYは，(i)SがXに対し連帯保証債務を完済したので，Xの取消しの基礎となる債権（以下では被保全債権と言う）は消滅したという点を控訴理由として主張した。このYの主張に対し，二審判決（大阪高裁昭和61年2月7日）は次のように判示した。まず第一に，XのSに対する被保全債権が，Sの弁済および代物弁済によって消滅したという事実は，これを認定することはできないとして，Yの控訴理由を斥けた。第二に，取消しの範囲および方法については，一審判決に加えて次のように判示した。すなわち，(i)詐害行為取消権は債務者の一般財産を原状に回復させようとする制度であるから，逸出した財産自体の回復が可能であれば，できるだけこれを認めるべきである。(ii)本件では，受益者Yが代位弁済したことにより，前述したBの根抵当権設定登記が抹消されているが，Yは代位弁済によって取得したSに対する求償権に基づいて，Sの一般財産に戻るべき本件土地・建物につき，他の一般債権者とともに配当加入できるから，Yの代位弁済は，YからSへの現物返還を妨げる事由にはならない。従って，取消しの方法は価格賠償によるべきではなく，現物返還によるべきであると判示した。

　以上の二審判決に対し，Yは次の理由で上告した。まず第一に，本件土地・建物には，詐害行為前の時点において，多数の根抵当権が設定されており，一般債権者の共同担保としては，その価値が低いものであった。しかし，詐害行為後に，上告人であるY（受益者）が代位弁済してBおよびその他の根抵当権を抹消させ，本件土地・建物を根抵当権の負担のない不動産にして，一般債権者にとっては価値の高い共同担保に変えたのである。そうだとすると，原判決のようにYからSへの現物返還を命ずるとすれば，本件詐害行為の取消しによって，本来は一般債権者にとっての共同担保ではなかった部分まで債務者の資産中に回復させることになり不合理な結果を導くことになる。要するに，詐害行為取消権という制度は，あくまで「責任財産」を保全するための制度なのだから，取消権の行使によって回復される財産の範囲は，詐害行為によって減少した責任財産の部分に限られるべきである。以上に述べた点から原判決を検討すると原判決の民法424条の解釈には，詐害行為取消権制度が責任財産保全のための制度であることを逸脱している違法がある。第二に，最高裁昭和36年7月19日大法廷判決（民集15巻7号1875頁）も，抵当権の付着している家屋の譲渡（代物弁済）が詐害行為となる場合に，その取消しを家屋の価格から抵当債権額を控除した残額に限って許している。そうすると，原判決には，上記の大法廷判決と異なる判断を下した違法がある。以上がYの上告理由の概要である。

【判決理由】

「……抵当権の設定されている不動産について，当該抵当権者以外の者との間にされた代物弁済予約及び譲渡担保契約が詐害行為に該当する場合において，右不動産が不可分のものであって，当該詐害行為の後に弁済等によって右抵当権設定登記等が抹消されたようなときは，その取消は，右不動産の価額から右抵当権の被担保債権額を控除した残額の限度で価格による賠償を請求する方法によるべきである。けだし，詐害行為取消権は，債権者の共同担保を保全するため，詐害行為により逸出した財産を取り戻して債務者の一般財産を原状に回復させようとするものであるから，その取消は，本来，債務者の詐害行為により減少された財産の範囲にとどまるべきものであり，その方法は，〔中略〕その目的不動産が不可分のものであって，付着していた抵当権の設定登記等が抹消されたようなときには，逸出した財産自体を原状のままに回復することが不可能若しくは著しく困難であり，また，債務者及び債権者に不当に利益を与える結果になるから，このようなときには，逸出した財産自体の返還に代えてその価格による賠償を認めるほかないのである〔最大判昭和36・7・29および最判昭和54・1・25を引用している——筆者〕。そうすると，前記事実関係のもとにおいては，〔中略〕価格賠償によるほかないのに，これと異なる見解に立って，〔中略〕Yに対し右土地建物の所有権移転請求権仮登記及び所有権移転登記の抹消登記手続を命じた原判決には，民法四二四条の解釈を誤った違法があるものというべきであり，〔中略〕原判決はこの点において破棄を免れない。」

裁判官全員一致の意見で，破棄差戻（坂上嘉夫，伊藤正己，安田満彦，貞家克己）。

【参照条文】　民法424条・425条

【分析】　一　

本判決は，詐害行為の目的物たる不動産が不可分であり，かつ，その不動産に一般債権者に優先する抵当権が設定されている場合であって，詐害行為以後にその抵当権の設定登記が何らかの理由（例えば混同や代位弁済）により抹消された場合の，(i)取消しの範囲と，(ii)取消しの方法という二つの問題を扱った判決である。同様の問題を扱った先例としては，本判決も引用している最高裁昭和36年7月19日大法廷判決（民集15巻7号1875頁。なお，この判例は特定物債権に基づいて詐害行為取消権を行使できるかという有名な問題をも扱っている）がある。この最大判昭和36年7月19日は，債務者所有の時価10

万円以上の家屋に，被担保債権額 8 万円の抵当権を有していた受益者が，前記債権の代物弁済として前記家屋を譲り受けた行為が詐害行為に該当するとされた事案であった（代物弁済の結果，受益者の抵当権は混同により消滅している）。そして，上記の事案において，最高裁は「その取消は，前記家屋の価格から前記抵当債権額を控除した残額の部分に限って許されるものと解するを相当とする。そして，詐害行為の一部取消の場合において，その目的物が〔中略〕不可分のものと認められる場合にあっては，債権者は一部取消の限度において，その価格の賠償を請求するの外はない……」（民集 15 巻 7 号 1878 頁参照）と判示し，(i)このような事案では，詐害行為の全部取消しは許されず一部取消ししか許されないこと，(ii)一部取消しの場合であって目的物が不可分の場合には，取消しの方法は価格賠償となること，の 2 点を明らかにした。

この最大判昭和 36 年と本判決とを比較すると，本判決は詐害行為の一部取消しという問題について，この昭和 36 年判決と全く同じ結論を踏襲しており，昭和 36 年判決の有する先例としての意義を確固たるものにしたと言ってよいであろう。これが本判決の判例法上における第一の意義である。

二　第二の意義は，本判決が引用している，もう一つの最高裁昭和 54 年 1 月 25 日判決（民集 33 巻 1 号 12 頁）との比較において，どのようなファクターが介在すれば一部取消しとなるのかという問題について，解決のための手掛りを与えた点であろう。すなわち，最判昭和 54 年の事案では，時価約 1500 万円の土地に極度額 1600 万円の根抵当権の設定登記が経由されたままの状態で，上記の土地が債務者から受益者へ譲渡担保契約に基づいて譲渡されたが，譲渡後も前記根抵当権の設定登記が抹消されなかったという事案であった（民集 33 巻 1 号 24 頁参照）。そして，前記譲渡担保契約の全部を詐害行為として取り消すにあたり，原審判決は，譲渡担保契約の全部の取消しを許したとしても，一旦消滅した抵当権の復活を考慮しなければならないような事態が存在しないという点を理由として挙げている（民集 33 巻 1 号 25 頁参照）。そして，この昭和 54 年判決は「逸出した財産自体の回復が可能であるとして，本件土地全部についての譲渡担保契約を取り消して右土地自体の回復を肯認した原審の判断は，正当」（民集 33 巻 1 号 14 頁参照）であると判示している。

このように，一部取消しだけしか認めなかった本判決および最大判昭和 36

年と，全部取消しを認めた最判昭和54年とを比較すると，次の違いに気がつく。すなわち，それは，取消債権者を含む一般債権者に（取消し前においては）優先する抵当権の登記が詐害行為以後に抹消されている（36年判決・本判決）か，抹消されていない（54年判決）かという違いである。そして，この違いは，取消しの方法を，(i)原則としては現物返還であり，不動産の場合には登記を債務者名義に戻すべきであり，(ii)例外として，現物返還が不可能ないし不適当な場合には取消債権者への価格賠償による，と解する判例の準則に立脚するときには，きわめて大きな意味を有することになる。なぜならば，本判決の判決理由およびYの上告理由に述べられているように，詐害行為以後に一般債権者に優先する抵当権の登記が抹消された状態で，詐害行為の目的物たる不可分の不動産の登記を債務者名義に戻すことを許すならば，詐害行為前の状態よりも，取消債権者を含む一般債権者にとって，引き当てとなる資産（共同担保＝le gage commun）を増加せしめることになり，取消債権者等に不当な利益を与えるという結果を惹起することになるからである。また，取消債権者に弁済した後の剰余金が増えるという点では，（判例理論に立脚すると）債務者にも不当の利益を与える可能性が生ずるであろう。それゆえ，以上のような不都合を回避するために，本判決は，詐害行為以後に抵当権の登記が抹消された場合には，一部取消し＝価格賠償となる旨を明示したと理解してよいであろう。すなわち，取消債権者に優先する抵当権の登記が詐害行為以後に抹消されていれば一部取消し＝価格賠償となり，抹消されていなければ全部取消し＝登記名義の回復になるという，取消しの方法の区別に関するメルクマールを明確にした点が本判決の第二の意義であると言ってよいであろう。

　三　本判決の有する三つめの意義は，36年判決と相まって，一般債権者にとっての共同担保（le gage commun）の定義を明らかにしたという点である。そもそも，「共同担保」というテクニカル・タームは，仏民法典2092条ないし2094条に由来するものである[1]。この3箇条によれば，共同担保とは，債務者の全ての財産から先取特権および抵当権の目的となっている価値を差し引いたものを意味する，と定義されている。そして，上記の3箇条を継受したと推測

---

1)　現代外国法典叢書・仏蘭西民法〔V〕〔復刻版〕223頁参照。

されるボアソナード民法草案第 1001 条 1 項・2 項も同様の定義をしているのである[2]。そうだとすると，本判決が述べている，債権者にとっての共同担保が減少させられた範囲は，目的不動産の価額から，〔詐害行為取消し前において取消債権者に優先していた〕抵当権の被担保債権額を控除した残額である，という部分は日本民法典の母法の一つである仏民法典およびボアソナード民法草案の意味するところと同じ趣旨を述べていると評価できる。従って，この点において，本判決は，詐害行為取消権制度における，一般債権者にとっての共同担保の定義を——その沿革から見ても——きわめて的確に判示していると，高く評価されてよいのではないだろうか。

四 最後に，本判決を含む判例の準則一般に対する問題点を指摘しておきたい。それは，言うまでもなく，取消しの方法についてである。判例の準則のように，登記を債務者名義に戻すという逸出財産の現実の取り戻しを原則とすると，本件のような場合には，つねに価格賠償しか認められず，取消債権者以外の債権者の配当加入（但し，受益者を除く）の機会が失われ，民法 425 条が空文化されてしまうおそれがある。しかし，責任説や私見（訴権説）のように，取消しはいわゆる執行忍容訴訟によると解するときには，受益者名義になっている不可分の不動産を，前述した共同担保の減少額（不動産の価額から，詐害行為取消し前において一般債権者に優先していた抵当権の被担保債権額を控除した額）を基準として差し押さえればよいことになり，判例の準則が有する種々の問題点を克服できるであろう。この点については機会があれば，後日，詳論することにして，ここでは上記の結論を示すだけに止めておきたい。

〔**参考文献**〕 一部取消しに関する研究としては，下森定「債権者取消権と不当利得」（谷口知平還暦記念(3) 171 頁以下に所収），最大判昭和 36 年については，板木郁夫・判批・民商 46 巻 2 号 309 頁，最判昭和 54 年については，中井美雄・判批・民商 81 巻 5 号 699 頁，安永正昭・判批・判評 246 号 12 頁，下森・解説・ジュリスト昭和 54 年度重判解説・民法(4)を各々参照されたい。

本件原審の資料等の入手につきましては，大川一夫弁護士のご協力を得ました。

---

2) voy. Boissonade, Projet t. 1 IV, art. 1001, I, II.

第9章　詐害行為取消権の法的性質および民法425条論

第1節　詐害行為取消権の法的性質

詐害行為取消権の法的性質
（大審院明治44年3月24日民事連合部判決，明治43年（オ）第148号詐害行為取消請求ノ件，民録17輯117頁）

【事実の概要】
　Xは，債務者 Y_1 から受益者 Y_2 への山林の売却が詐害行為にあたることを理由に， Y_1 ＝ Y_2 間の前記売買契約の取消し及び Y_1 から Y_2 への山林の所有権移転登記の抹消を求めて訴えを提起した。ところが， Y_2 は前記山林を転得者Aに転売していた（この転売の時期がいつであるかは不明である）。原審はXの取消請求を却下した。その理由は，詐害行為取消訴権は債務者の（債権者への）給付能力の回復を目的とするものであるから，逸出財産が転得者の手許にあるときには債務者・受益者を被告とする判決の効力が転得者に及ばないがゆえに，転得者に対し訴権を行使しなければ上記の目的を達し得ない。また，受益者に対して訴権を行使して，単に取消しのみを訴求し賠償を求めないのも同様である。従って，上記のようなXの訴えは利益のないものであり，法律上許されるべきではないというものである。この判決に対しXは次の理由で上告した。すなわち，それは，廃罷訴権（詐害行為取消権の別名である——筆者）は法律行為の取消しだけを目的とするものであるから，取消判決の効力は，法律行為の取消しの意思表示のそれと同じく，当事者の権利関係を原状に回復させる義務を負わせるものであるから，Xの訴えには利益があるというものである。

【判旨】　一部上告棄却・一部破棄差戻。
　原審判決のうち，債務者 Y_1 に関する判示事項に対する上告を棄却し，受益者

Y₂に関する判示事項について破棄差戻を命じた。

　その理由として本判決は次の4点を判示している。（一）詐害行為取消権の性質については「詐害行為廃罷訴権ハ債権者ヲ害スルコトヲ知リテ為シタル債務者ノ法律行為ヲ取消シ債務者ノ財産上ノ地位ヲ其法律行為ヲ為シタル以前ノ原状ニ復シ以テ債権者ヲシテ其債権ノ正当ナル弁済ヲ受クルコトヲ得セシメテ其担保権ヲ確保スルヲ目的トスル訴権」であると述べた。（二）次に取消しの効果および取消訴訟の被告適格については「詐害行為ノ廃罷ハ……一般法律行為ノ取消ト其性質ヲ異ニシ其効カハ相対的ニシテ……其法律行為ハ訴訟ノ相手方ニ対シテハ全然無効ニ帰スヘシト雖モ其訴訟ニ干与セサル債務者受益者又ハ転得者ニ対シテハ依然トシテ存立スルコトヲ妨ケサル」ものであり「債権者カ……受益者又ハ転得者ニ対シテ訴ヲ提起シ之ニ対スル関係ニ於テ法律行為ヲ取消シタル以上ハ其財産ノ回復又ハ之ニ代ハルヘキ賠償ヲ得ルコトニ因リテ其担保権ヲ確保スルニ足ルヲ以テ特ニ債務者ニ対シテ訴ヲ提起シ其法律行為ノ取消ヲ求ムルノ必要ナシ」と述べて，従来の判例（大判明治38年2月10日民録11輯150頁）を変更すると判示した。（三）さらに，被告の選択については「債務者ノ財産カ転得者ノ有ニ帰シタル場合ニ債権者カ受益者ニ対シテ廃罷訴権ヲ行使シテ法律行為ヲ取消シテ賠償ヲ求ムルト転得者ニ対シテ同一訴権ヲ行使シ直接ニ其財産ヲ回復スルトハ全ク其自由」であると判示した。（四）最後に，取消しのみの訴求については「民法ハ……訴権ノ目的トシテ単ニ法律行為ノ取消ノミヲ規定シ取消ノ結果直チニ原状回復ノ請求ヲ為スト否トヲ原告債権者適宜ノ処置ニ委ネタルヲ以テ此二者ハ相共ニ訴権ノ成立要件ヲ形成スルモノニアラス」と述べて，XがY₂に対し取消しのみを訴求し損害賠償を請求しなかったとしても，それは適法な訴えであると判示した。

【解説】

一(1)　詐害行為取消権（以下では取消権と略記する）の法的性質及びその効果については，民法424条・425条の規定が簡潔なため，それらの内容に関しては判例・学説に負うところが多い。そして，本判決は上記の論点について，その後の判例の準則及び通説の基盤を作った極めて重要なリーディング・ケースである[1]。

(2)　その第一の論点として，判旨（一）は取消権の法的性質について，債務

---

1) 飯原一乗・本件解説・民法判例百選II〔第三版〕16事件，平井宜雄・債権総論（初版）211頁等を参照。

者の詐害行為を取り消し，かつ，逸出財産を原状に回復せしめることを目的とする訴権であると述べている。この判旨（一）は，その後の学説によって，取消権の本体は詐害行為の取消し（形成権）と逸出財産の取戻し（請求権）とが合したものである旨を判示したと理解され，折衷説と呼ばれている[2]。本判決が示される以前から大審院は折衷説を採用していたのであり[3]，それゆえ，この点においては，本判決は従来の判例の見解を維持したと言ってよい。

　(3)　しかし，判旨（二）において，本判決は従前の判例を変更するという重要な判断を示している。そして，この判旨（二）が，いわゆる「相対的取消し」理論あるいは「取消しの相対的効力」と呼ばれて，取消権の効果についての先例となったのである。すなわち，本判決以前の大審院判例[4]は，取消しの効果を債務者＝受益者間の法律行為（契約）をも無効にする絶対的効力であると解し，この「取消しの絶対的効力」から，取消訴訟の被告は債務者及び受益者（転得者がいれば，それをも含む）であり，この両者は必要的共同被告であると判示していた[5]。これに対し，本判決は，取消しの効果を，原告たる取消債権者と被告たる受益者又は転得者との間にのみ及ぶと解し，訴訟に関与しない債務者には取消しの効力は及ばないと判示したのである。そして，取消しの効力の相対性のコロラリーとして，債務者の被告適格を否定するという結論を導き出している。即ち，判旨（二）は，取消しの効果という実体法上の問題と，被告適格という訴訟法上の要件の問題とを密接にリンクさせて論じているのである。その後，この「相対的取消し」理論は，債務者の被告適格を否定するという点において，2件の大審院判例[6]に受け継がれ，まさに先例として機能し

---

  2)　我妻栄・新訂債権総論 172 頁，於保不二雄・債権総論〔新版〕（法律学全集）180 頁，松坂佐一「債権者取消権」総合判例研究叢書民法(7) 237 頁，柚木馨＝高木多喜男・判例債権法総論 185〜186 頁，飯原一乗「判例を中心とした詐害行為取消権の研究」司法研究報告書 18 輯 2 号 13 頁等を参照。
  3)　大判明治 39・9・28 民録 12 輯 1154 頁，同明治 41・11・14 民録 14 輯 1171 頁。
  4)　大判明治 38・2・10 民録 11 輯 159 頁――債務者から薬の製造販売を委託された取消債権者が，その売薬営業のために債務者に供給した資金を被保全債権として，債務者＝受益者間の契約を取り消したという事案。
  5)　これらの初期の判例・学説については，下森定「詐害行為取消権の効果」法セミ 161 号 28 頁を参照。

ている[7]。このように,「相対的取消し」理論は判例の準則として確固たる地位を占めるようになって行くが,この理論をめぐって学説の間で大きな議論が生ずることになる。それゆえ,この点については二で詳述することにする。

(4) 判旨(三)は,転得者が現われた場合に,取消債権者は(i)受益者を被告として価格賠償を請求してもよいし,(ii)転得者を被告として原状回復=現物返還を請求してもよいと述べて,被告の選択は取消債権者の自由であると判示する。そして,この点においても,取消訴訟を債務者・受益者・転得者全員を被告とする必要的共同訴訟と解していた従前の判例[8]を変更すると判示した[9]。但し,その後の判例は,転得者を被告として選んだときには,現物たる逸出財産が滅失したような場合を除き,現物返還を求めなければならず,価格賠償を求めることは許されないと判示している[10]。

(5) 判旨(四)は,取消しのみの訴求も適法な訴えであると判示している[11]が,近時の学説は債務免除の取消しの場合に,はたして相対的取消しだけで目的を達し得るのかという疑問を投げかけている[12]。

二(1) この明治44年民事連合部判決の示した,折衷説+「相対的取消し」理論に対しては,前記判決が示された直後から学説の批判が相次いだ。まず,石坂音四郎博士が形成権説の立場から本判決を批判した。その概要は,(i)取消権は形成権であり,その効果は民法121条の取消しと同じく絶対的効力を有する・(ii)民法424条の文言には取消権が逸出財産の取戻請求権を含むという根拠はない・(iii)取消訴訟の被告は,債務者・受益者を共同被告としなければならない,というものであった[13]。この形成権説に対抗して,雉本朗造博士は大正4年に請求権説を発表した。その概要は,(i)取消権の性質は逸出財産の返還請求権であり,取消訴訟の被告は受益者又は転得者である・(ii)形成権説に従うと,

---

6) 大判明治44・10・19民録17輯593頁,同大正6・3・31民録23輯596頁。
7) 詳細については,下森・前掲論文(注5)29~30頁を参照。
8) 前掲大判明治38・2・10。
9) 民録17輯123頁。
10) 大判昭和9・11・30民集13巻2192頁。
11) 債務免除につき,大判大正9・6・3民録26輯808頁を参照。
12) 広中俊雄「債権者取消権の性質」同・民法論集46頁所収。
13) 石坂「債権者取消権(廃罷訴権)論」同・民法研究第2巻82頁以下に所収。

取消しの後に債権者代位権に基づいて目的物の返還究を求める給付訴訟を起こさねばならず，迂遠な方法となる・(ⅲ)民事連合部判決の折衷説は取消権という単一の権利の中に形成権と請求権という二つの権利を混在せしめるという奇妙な結論になってしまう，というものであった[14]。このように形成権説，請求権説は，各々，本判決を批判したが，形成権説は逸出財産の取戻しをするために更に代位権の行使を必要とすること・請求権説は民法424条の「取消し」という文言を無視していること，という欠点を有していたがために，本判決の打ち出した理論に取って替ることはできなかった。

(2) これらに対して，本判決の理論は，(ⅰ)形成権説・請求権説のような欠点を持たないこと・(ⅱ) この理論の根本思想は，「取消権制度の目的を考察し，その効力をこれに必要な範囲に限局しようとするものであること」[15]・(ⅲ)その後の判例をリードし「相当に強固な判例法を形成」していること[16]を理由として多数の学説の支持を受け，通説となるに至った[17]。しかし，この判例理論を支持する学説からも，(ⅰ)「相対的取消し」概念が不明確であること・(ⅱ)取消しのみの訴求を認めることが訴訟経済上妥当なのか，という疑問が出された[18]。(ⅲ)また，折衷説を採る鳩山秀夫博士は，判例の「相対的取消し」理論に対して，判決効の及ぶ範囲と実体法上の取消しの効力とを混同するものだという批判を加えて，取消しの効力を絶対的と解すべきだと主張した[19]。

三(1) このように判例理論がいくつかの不明瞭な点を抱えながらも通説化して行く中で，「相対的取消し」概念の重大な理論的欠陥を指摘する責任説が，下森定・中野貞一郎両教授によって昭和34－5年頃に提唱された[20]。すなわち，この説は，(ⅰ)判例は相対的取消しといいながら，不動産の取戻しの場合には移転登記の抹消を認めているので取消しの絶対的効力を肯定するに等しい・

---

14) 雉本「債権者取消ノ訴ノ性質」法学志林17巻3・12号，18巻1号所収。
15) 我妻・前掲注2) 176頁。
16) 我妻・前掲箇所，同旨・柚木＝高木・前掲注2) 189頁。
17) 下森・前掲論文（注5) 30～31頁。
18) 我妻・前掲注2) 175～176頁。
19) 鳩山秀夫・増訂改版日本債権法総論266頁。
20) 下森［債権者取消権に関する一考察（一）（二）」法学志林57巻2・3・4号，中野「債権者取消訴訟と強制執行」民事訴訟雑誌6巻53頁以下を参照。

(ii)「相対的取消し」理論に立つかぎり，取消し後に行われる逸出財産に対する，取消債権者＝債務者間の強制執行を理論的に説明することができない[21]，という鋭い批判を加えたのである。そして，この説は取消権を責任法的無効という効果——逸出財産を再び取消債権者の強制執行の対象としての適格を回復せしめる効果——を生ぜしめる形成権と解する。第二に，取消債権者は上記の形成権の行使たる取消訴訟が確定した後に，受益者（又は転得者）を被告として「債務者に対する債権の満足のために，詐害行為の目的物に対し強制執行をすることができる」旨の判決＝執行忍容判決を得て，受益者に対する強制執行を行い，被保全債権の弁済の満足を得ると説く。この責任説は執行忍容訴訟という一種の給付訴訟を日本に初めて紹介して，その理論上・実務上のメリットの大きさを指摘すると言う役割を果たした[22]。

(2) そして，執行忍容訴訟の合理性に共鳴して，責任説の考え方を更に推し進めようと試みた学説が訴権説[23]である。この説は，川島武宜博士の見解にならい，取消権の性質を訴権＝アクチオ（actio，実体法上の私権と訴訟法上の権利とが未分化の状態の権利）と捉え，民法424条そのものが，いわゆる執行忍容訴訟（という一種のアクチオ）を定めた条文であると説く。さらに民法425条は執行忍容判決の判決効を拡張する旨を定めた規定であると解する説である[24]。以上が取消権の性質に関する学説の現状の概観である[25]。

　四　最後に，私見たる訴権説に立って，判旨（二）の「相対的取消し」理論を検討してみよう。この部分に対しては，実体法上の効果と被告適格とを混同するものだという批判がなされた。しかし，取消権のアクチオ的性質に注目するならば，取消しの及ぶ範囲と被告適格の範囲とを一致させる判旨（二）の結論は正当であると言えよう。なぜならば，判決の効果は訴訟当事者間のみで生ずるのであるから，取消しの効果が，訴訟の相手方でない債務者に及ばないの

---

21) 中野・民事執行法上巻260頁注（1）を参照。
22) 「議論」の構造という視点から，「責任法的無効」概念を高く評価する近時の見解として，平井宜雄「『議論』と法律学像」ジュリスト928号101〜102頁を参照。
23) 拙稿「詐害行為取消権に関する一試論（一）〜（四・完）」法協104巻10・12号，105巻1・3号。
24) 拙稿・前掲法協105巻3号294頁以下を参照。
25) 学説の現状の詳細は，下森定・注釈民法(10)785頁以下を参照。

は当然と考えられるからである[26]。

　五　上記の結論にさらに一言を付け加えるならば，従来の判例・学説は，取消しの対象を「法律行為」（Rechtsgeschäft）と捉えてしまい，そこに議論の混乱が生ずる要因があったと考えられる。この誤った解釈を修正し，ドイツ法の文言に倣って正確に解釈するならば，取消しの対象は，債権者を害する「法的行為」（Rechtshandlung──倒産法に特有の概念である）であったはずである。このように解釈すれば，取消権の本体が執行忍容訴訟であることも容易に理解できたはずなのではあったけれども，わが国の学説史（判例をも含む）はそのような解釈論を採らずに執行忍容訴訟を異端視するのみであった。これが詐害行為取消権の法的性質と及びその効果に関する解釈の混乱を招いた原因の一つである。そうである以上，この点に関する誤った解釈論を可及的速やかに修正する必要があろう。この点については本書第5章「詐害行為と法律行為」で論じたので，詳しくは上記の箇所を参照されたい。

（**参考文献**）（本文中に掲げたものを除く）
板木郁郎・本件解説・別冊ジュリスト判例百選《第二版》44頁
松坂佐一・債権者取消権の研究
川島武宜・債権法講義（総則I）77頁以下
奥田昌道・債権総論①271頁以下
前田達明・「詐害行為取消訴訟試論」判例タイムズ605号2頁
道垣内弘人「民法学のあゆみ」法律時報61巻2号144頁（拙稿の紹介と批評）

---

[26]　同旨・平井・前掲注1）215頁参照。

第2節　民法425条の解釈

詐害行為の受益者である債権者の取消債権者に対する分配請求が否定された例

（最高裁昭和46年11月19日第二小法廷判決，昭和45年（オ）第498号売掛代金請求事件，民集25巻8号1321頁）

【事実の概要】
　XはA株式会社（スーパーマーケットを経営している）に対し売掛代金債権約78万円を有していた。また，Y株式会社もAに対し売掛代金債権2000万円を有していた。その後，Aの経営状態が悪化し，倒産に至ることが確実になったので，債務者Aは，その最大の取引先であるYと協議した結果，Aの店舗にある在庫商品を，Yの代表取締役Bが経営するスーパーストアCに400万円で買い取ってもらうことにした。そして，Aは上記の売買代金400万円を，Yの債権への弁済に充てることにしたが，CからAおよびAからYへの現金の授受は省略されて，AからYへの400万円の弁済が履行された。Xは，前記債務者Aから受益者Yへの弁済が詐害行為にあたると主張して，その取消し及び自己の債権のうち約68万円の支払を請求した。これに対し，Yは前記弁済が詐害行為ではないと主張して争った。さらにYは，仮に前記弁済が詐害行為であるとしても，YがAに対して有する約1039万円の債権について，第一審口頭弁論期日に，Xに対し配当要求の意思表示をしたから，Xは取り消された弁済金額のうち，XとYとの債権額に案分比例した限度で支払を請求できるにすぎないと主張した。しかし，一審・二審ともにXの請求を全面的に認容した。特に，Yの主張する配当要求の意思表示について，二審判決は次のように述べる。すなわち，それは(i)Xは金銭の支払を直接自己に請求できるが，その金銭の処置について法の規定がないため，事実上，取消債権者Xが優先弁済を受け得ることになりXY間で不公平な結果が生ずる・(ii)しかし，取消債権者Xがその債権額の範囲内で詐害行為を取り消し得ることは確立した判例であるから，Yの主張を認めて，Xは案分比例した金額しか請求できないことになると，上記の判例に抵触する・(iii)さらに，Yの主張が許されると，Yのような大口債権者は債務者と通謀して詐害行為を行い，その詐害行為の取消しを請求されれば，自己の大口債権に基づく配当要求を以て取消債権者に対抗し，詐害

行為取消しの効果をほとんど無意味にしてしまうというものであり，以上の理由でYの主張を排斥した。

これに対しYは上告した。その理由は詳細であるが，要約すれば以下の如くである。すなわち，民法425条により詐害行為取消権の効果は，受益者たる債権者をも含めた総債権者のために生ずる。それゆえ，Yは平等の割合の弁済を受けるために法律上の手続を採ったのであり，それが「受益（配当要求）の意思表示」であるというものである。

【判旨】　上告棄却。

「……所論は，そのいわゆる配当要求は，強制執行法上の配当要求ではなく，受益の意思表示であるというのであるが，実定法上，かかる意思表示の効力を認むべき根拠は存在しない。本来，債権者取消権は，債務者の一般財産を保全するため，とくに取消債権者において，債務者受益者間の詐害行為を取り消したうえ，債務者の一般財産から逸出したものを，総債権者のために，受益者または転得者から取り戻すことができるものとした制度である。もし，本件のような弁済行為についての詐害行為取消訴訟において，受益者である被告が，自己の債務者に対する債権をもって，Yのいわゆる配当要求をなし，取消にかかる弁済額のうち，右債権に対する按分額の支払を拒むことができるとするときは，いちはやく自己の債権につき弁済を受けた受益者を保護し，総債権者の利益を無視するに帰するわけであるから，右制度の趣旨に反することになるものといわなければならない。

ところで，取消債権者が受益者または転得者に対し，取消にかかる弁済額を自己に引き渡すべきことを請求することを許すのは，債務者から逸出した財産の取戻しを実効あらしめるためにやむをえないことなのである。その場合，ひとたび取消債権者に引き渡された金員が，取消債権者のみならず他の債権者の債権の弁済にも充てられるための手続をいかに定めるか等について，立法上考慮の余地はあるとしても，そのことからただちに，Yのいわゆる配当要求の意思表示に，所論のような効力を認めなければならない理由はないというべきである。」

【解説】

本判決は，弁済を詐害行為として取り消した場合の詐害行為取消権の効果に関する重要な先例である。以下では，問題点を順を追って検討しよう。

一　詐害行為の目的物が不動産（および登記・登録を伴う物）の場合には，判

例によれば，逸出財産の債務者への取戻しは，債務者から受益者への所有権移転登記（または登録）の抹消によって行われる[1]。そして，判例・通説によれば，取消債権者は債務者に対する債務名義を得て，この不動産に強制執行を行って被保全債権の満足を得なければならない[2]。この強制執行手続の際に，取消債権者以外の総債権者は，民事執行法の定める配当要求のための要件（民執法51条参照）を具備した上で配当加入できる。それゆえ，目的物が登記・登録を伴う場合には，民法425条の趣旨が達成されるわけである[3]。しかし，本件のように目的物が金銭であるとか，登記・登録を伴わない動産の場合には，受益者に対して債務者への目的物の返還を命じても，債務者が目的物たる金銭等を受領しないと，逸出財産の取戻しのための処置に窮することになってしまう[4]。また，無資力の債務者が受領したとしても，その金銭を費消したのでは詐害行為取消訴訟が無意味なものとなってしまう[5]。そこで，不動産の場合には債務者への現実の返還に固執する判例理論も，目的物が金銭の場合には取消債権者への直接の引渡請求を肯定するようになった[6]。学説も，判例の上記の結論を致し方のないものとして是認する[7]。そうすると，取消債権者は，金銭債務の弁済を取り消した場合や価格賠償を請求した場合には，つねに他の債権者よりも優先して被保全債権の満足を得られることになり，民法425条が無視される結果になってしまう。特に，本件の事案のように，受益者も債権者の一

---

[1] 大判明治39・9・28民録12輯1154頁，同大正6・3・31民録23輯596頁，同昭和7・8・9民集11巻1707頁など。この点につき，飯原一乗・本件解説・民法判例百選〔第三版〕50頁を参照。

[2] 我妻栄・新訂債権総論194頁，福永有利「債権者取消訴訟」民法学4・162頁以下を参照。

[3] 受益者が配当要求できるか否かについては，二で後述する。

[4] 福永・前掲論文（注2）62頁，飯原・前掲解説（注1）50頁。

[5] 飯原・前掲解説（注1）前掲箇所。

[6] 大判大正10・6・18民録27輯1168頁，最判昭和39・1・23民集18巻1号76頁など。なお，判例は，当初は債務者に金銭を引き渡せと命じていた（大判大正6・3・31民録23輯596頁）。詳細については，飯原一乗「判例を中心とした詐害行為取消権の研究」司法研究報告書18輯2号178頁以下を参照。

[7] 我妻・前掲書（注2）194頁，柚木馨＝高木多喜男・判例債権法総論231〜232頁等を参照。但し，執行忍容訴訟の導入を唱える責任説・訴権説は判例に反対する。

人である場合には，民法425条に言う総債権者には受益者たる債権者も含まれるのか，という問題が生じ，「民法中の最大の難問の一つ」になっていると評されている[8]。

二　この難問を解決するために，学説は，まず上記の判例の結論の理論的根拠を疑う。すなわち，取消債権者が優先弁済を受け得る点を，裁判例は，取消債権者が引渡を受けた金銭を債務者に返還すべき債務と，債務者に対して有する（被保全債権たる）債権とを相殺する[9]とか，あるいは直ちに取消債権者は上記の金銭を自己の債権の弁済に充当できる[10]とか説明しているが，そもそも以上の相殺や弁済充当が適法か否かを検討すべきではないかと学説は言う[11]。そして，民法425条の趣旨に合致する結果をもたらすには，取消債権者が取り戻した目的物から自己の債権の満足を受けるために，その目的物について債務者を執行債務者として，必ず強制執行をしなければならないと説く，強制執行説が現われた[12]。しかし，この説によっても，民訴法旧574条1項・2項により，取消債権者が強制執行の申立と同時に取戻金銭を執行官に引き渡すと直ちに執行が終了したことになり，他の債権者の配当要求の機会はなかった[13]。この点は，現行の民事執行法の下でも事情は変わらないと思われる。なぜならば，執行官が金銭を占有すると差押えが完了し（民執法123条1項），かつ，差押金銭について配当要求をすることができるのは執行官が差押えをするまでであるから（同法140条），取消債権者が取戻金銭を執行官に引き渡した時点で配当要求の終期が到来し，他の債権者が配当加入する時間的余裕はほとんどないと考えられるからである。このように，強制執行説によっても，総債権者の利益のための配当要求が不可能となると，残された方法としては，他の債権者も別訴で詐害行為取消訴訟を提起して弁論を併合してもらうか，取消債

---

8) 星野英一・本件評釈・法協91巻1号182頁。
9) 仙台高判昭和34・7・8民集16巻10号2083頁――最判昭和37・10・9の原審判決。
10) 大判大正9・12・24民録26輯2024頁。
11) この相殺説・弁済充当説の検討については，福永・前掲論文（注2）163頁が詳しい。また，同様の疑問を留保する説として，星野英一・民法概論III 121頁を参照。
12) 飯原・前掲論文（注6）246頁を参照。
13) 飯原・前掲論文（注6）248頁，福永・前掲論文（注2）163～164頁を参照。

第9章　詐害行為取消権の法的性質および民法425条論　301

権者の提起した取消訴訟に参加する[14]か，という選択肢くらいしか残らない。次に，この問題を，取消訴訟の被告となった，債権者の一人である受益者について考えてみると，実定法上の根拠に基づいて配当要求をすることが更に困難となることが明らかになる。なぜならば，受益者たる債権者は自己を被告として別訴を提起することも，取消債権者が原告である取消訴訟（受益者が被告である）に訴訟参加することもできないからである。そこで債権者の一人である受益者には配当を受け得る何らかの方法を考え出す必要が生ずる。そして，上記の点が争われた最判昭和37年10月9日[15]は，受益者が弁済金から分配を受けるために取消債権者に対して提起した訴えを，取消債権者には自己が分配者となって他の債権者の請求に応じて平等の割合による分配を為すべき義務はないと言う理由で，棄却した。さらに，上記の最判昭和37年は，総債権者が平等の割合で弁済を受け得るのは，そのための法律上の手続がとられた場合であるとも述べた。そこで，本件のYは，以上の点をついて，その法律上の手続とは「配当要求（受益）の意思表示」であると主張して按分額の支払を拒んだのである。しかし，本判決は(i)そのような「受益の意思表示」を認めるべき実定法上の根拠がないこと・(ii)取消債権者への弁済金の直接引渡を許すのは逸出財産の取戻しを実効あらしめるため，やむを得ないこと，を理由にYの主張を排斥した。しかしながら，この結論に対しては学説からの批判が強い。特に，星野英一教授は，問題の実質が，いち早く弁済を受けた勤勉な受益者Yと，一足遅れた取消債権者Xとのどちらをどう保護するかに存することを指摘された上で，結論としてはYの主張するように按分額の支払を拒絶できると解される[16]。下森定教授も，債権者取消権に簡易破産的機能を与えるべきことを理由に，星野説に賛成される[17]。但し，この立場を採る場合には，取

---

14)　福永教授は，民訴法71条の参加が認められると説かれる（福永・前掲論文（注2）165頁）。

15)　民集16巻10号2070頁，川島武宜・評釈・法協81巻3号301頁——債権者の一人に対する代物弁済が詐害行為として取り消されたという事案。

16)　星野・前掲評釈（注8）183〜184頁。

17)　下森定・注釈民法(10) 867頁，なお，弁済の取消しの実状については，吉原省三「詐害行為取消権についての考察」判タ308号61頁以下，下森定「債権の取立と詐害行為」金商612号58頁以下を参照。

消しの範囲を，取消債権者の被保全債権額に限定せずに，弁済金額全額にまでか，あるいは，少なくとも取消債権者の債権額プラス受益者の債権額にまで拡張する必要があることに注意しなければならない[18]。

　三　以上のように，弁済の取消しという問題を効果論から論ずる学説のほかに，詐害行為の成立要件からこの問題にアプローチしようとする学説がある。この立場は，弁済や代物弁済などの弁済型行為は詐害行為にあたらないと解し，債権の回収に熱心な債権者を保護しようとする立場である[19]。しかし，古くから，判例は，債務者が一部の債権者と通謀し他の債権者を害する意思をもってなした弁済は例外的に詐害行為となると述べており[20]，上記の学説と判例の一般論との関係をどう考えるかという点に疑問が残る。但し，弁済の詐害性を否定する論者も，債権回収の方法が他の債権者との関係で信義則の支配を受けることは肯定している[21]のであるから，本質的問題はその信義則の具体的基準をどう考えるかに存する[22]と言ってよいであろう。

　四　最後に本判決の問題点を整理しておく。まず効果論の面からは，民法425条との関係で，取消債権者への金銭の直接引渡を肯定すべきか否かが問題となる（責任説・訴権説では否定する）。次に，同じく同条との関係で，(i)取消債権者・(ii)受益者たる債権者・(iii)その他の総債権者，の三つのグループの債権者のうち，誰をどれだけ保護したらよいかという点が問題となる。その際に，詐害行為取消権に簡易破産的機能を持たせるべきか否かが上記の結論を左右する一つのキー・ポイントとなろう。要件論の側面からは，弁済の詐害性を全面的に否定すべきか否かが問題となる。そして，全面的に否定すれば，効果論において以上の如き難問は生じないことになろうが，信義則にもとるような債権回収の方法を許してしまうおそれがでてくる。このように，本判決の問題点は，

---

18) 星野・前掲評釈（注8）187頁，福永有利・本件の原審判決の研究・民商66巻6号，下森・前掲書（注17）866頁を参照。

19) 川井健・本件研究・金商313号2頁以下。

20) 大判大正5・11・22民録22輯2281頁，最判昭和33・9・26民集12巻13号3022頁など。

21) 岩城謙二「詐害行為における債権者との通謀」ジュリスト733号92頁以下。

22) 具体的事例については，飯原一乗「債権の回収と詐害行為（上）」NBL233号8頁，下森定「債権の回収と詐害行為取消権」法セミ1983年9月号84頁以下等を参照。

効果論と要件論とがからみ合ったものであり，なお慎重な検討を要すると言ってよいであろう。

五 以上の問題点のほかに，補足として一言付け加えておくことにしたい。それは民法 425 条の沿革的・比較法的意義についてである。すなわち，同条はボアソナードが，彼のパリ大学時代の恩師であるコルメ・ド・サンテールの唱える絶対的効力説を条文化した旧民法草案がそのまま明治民法典制定時に成文化された条文である。そして，その意味するところは，詐害行為取消判決の勝訴判決の効力だけを，原告債権者以外の総債権者（たとえ債権者一人であっても受益者は被告であるので排除される）に拡張するという，片面的拡張の理論であった。そうだとすると，問題の本質および範囲は，債権者の一人である受益者も配当要求できるのかという単純な解釈論的問題に限定されるべきではなく，詐害行為取消判決の効力の拡張を肯定すべきか否かという問題になるはずである。そして，それを肯定するとしたらどのような詐害行為取消訴訟の構造を前提とするのかという，より大きな解釈論的問題，さらには，立法論的問題へと発展すべき論点として理解されるべきである。本節ではそれらについて詳論する余裕がないので，この問題の詳細については後掲の参考文献の叙述にゆだねることにしたい。

　（**参考文献**）（本文中に掲げたものを除く）
(1) 本判決の研究
　杉田洋一・本件解説・最判解民昭和四十六年度〔28〕事件
　賀集唱・本件批評・民商法雑誌 69 巻 3 号 562 頁
　中井美雄・本件研究・法律時報 44 巻 13 号 145 頁
　下森定・本件解説・民法の判例〈第三版〉132 頁
　飯原一乗・本件解説・判例タイムズ 280 号 74 頁
(2) 責任説・訴権説（私見）の見解
　中野貞一郎・民事執行法上巻 260〜261 頁
　佐藤岩昭「詐害行為取消権に関する一試論（四・完）」法協 105 巻 3 号 331〜333 頁注 (195)
(3) 詐害行為取消訴訟の構造に関する研究
　佐藤岩昭・詐害行為取消権の理論（東京大学出版会・2001 年）第 6 章

第10章　詐害行為取消権のその他の問題

第1節　詐害行為取消権によって保全される債権の消滅時効の援用権者

詐害行為の受益者による被保全債権の消滅時効の援用
（最高裁平成10年6月22日第二小法廷判決，平成6年（オ）第586号所有権移転登記抹消登記手続請求事件，民集52巻4号1195頁，判例時報1644号106頁，判例タイムズ979号85頁）

【事実の概要】
　Xは債務者Aに対し，2150万円の連帯保証債務履行請求権と，Xの立て替え払いにより生じた1189万8902円の求償債権とを有していた。上記連帯保証債務の主債務は，Aが代表取締役を努めていた株式会社BがXに対して負っていた金銭消費貸借契約上及び準消費貸借契約上の債務であった。Aは多額の債務を負っていたが，Aと受益者Y——Aの内縁の妻である——は他の債権者を害することを知りながら，A所有の土地及び建物をYに贈与する旨の契約を両者の間で締結し，Yへの所有権移転登記を完了した。Xは前記贈与契約が詐害行為に該当すると主張して，その取消しと前記移転登記の抹消登記手続とを請求した。このXの請求に対して，YはXの被保全債権が——亡Aに対する連帯保証債務履行請求権については5年の商事消滅時効を，立替金求償権については10年の民事消滅時効を主張して——消滅時効により消滅したと主張した。一審判決及び二審判決は詐害行為の成立を肯定した上で，Yの消滅時効の援用については，Yは上記の詐害行為の受益者にすぎないから消滅時効を援用し得る立場にはないと判示した。
　これに対して，Yは最高裁昭和45年1月23日第二小法廷判決（判時588号71頁）を引用しつつ，債務者Aが消滅時効の援用を行っていると認められるときには，詐害行為の受益者にも消滅時効の援用を認めるべきであると主張して上告した。

【判旨】　破棄差戻。

「民法一四五条所定の当事者として消滅時効を援用し得る者は，権利の消滅により直接利益を受ける者に限定されるところ（最高裁平成二年（オ）第七四二号同四年三月一九日第一小法廷判決・民集四六巻三号二二二頁参照），詐害行為の受益者は，詐害行為取消権行使の直接の相手方とされている上，これが行使されると債権者との間で詐害行為が取り消され，同行為によって得ていた利益を失う関係にあり，その反面，詐害行為取消権を行使する債権者の債権が消滅すれば右の利益喪失を免れることができる地位にあるから，右債権者の債権の消滅によって直接利益を受ける者に当たり，右債権について消滅時効を援用することができるものと解するのが相当である。これと見解を異にする大審院の判例（大審院昭和三年（オ）第九〇一号同年一一月八日判決・民集七巻九八〇頁）は，変更すべきものである。

これを本件についてみると，前示の事実関係によれば，上告人〔Yを指す――筆者〕は，亡Aから本件不動産の贈与を受けた詐害行為の受益者であるから，詐害行為取消権を行使する債権者である被上告人〔Xを指す――筆者〕の亡Aに対する求償債権の消滅時効を援用し得るというべきであり，被上告人のBに対する債権についても，右債権が消滅すれば亡Aに対する連帯保証債務履行請求権は当然に消滅するので，その消滅時効を援用し得るというべきである。

〔中略〕そして，記録によれば，被上告人が債務者の承認による時効の中断等の再抗弁を主張していることがうかがわれるから，消滅時効の成否について更に審理を尽くさせるため，本件を原審に差し戻すこととする。」

【解説】

一(1)　本判決の意義は，大判昭和3・11・8民集7巻980頁を変更し，詐害行為の受益者も被保全債権の消滅時効を援用できることを一般論として判示している点にある。変更された上記の大判昭和3・11・8の事案の概要は以下の如くである。即ち，債務者が取消権者の有する債権を害する目的で自らが所有する不動産を受益者に譲渡し，前記債権者が詐害行為としてその不動産の譲渡の取消しを請求したという事案である。この詐害行為取消訴訟において，債務者は被保全債権の消滅時効を援用しなかったが，被告である受益者が消滅時効の援用を主張した。この受益者の主張について，大審院は「然レトモ民法第百四十五条ニ所謂時効ヲ援用シ得ヘキ当事者トハ時効ニ因リテ直接ニ利益ヲ受

クヘキ者ヲ謂フモノニシテ間接ニ利益ヲ受クヘキ者ヲ包含セサルモノトス（明治四十二年（オ）第三七九号明治四十三年一月二十五日大正八年（オ）第一三四号同年六月十九日当院判決参照）債務者カ債権者ヲ詐害スル為法律行為ヲ為シタル場合ニ於テ其ノ相手方タル受益者ハ若シ債権者ノ債権カ消滅時効ニ因リ消滅スルトキハ其ノ債権者カ詐害行為ノ取消権ヲ失フノ結果トシテ受益者ノ取得シタル権利ノ安固トナルヘキ利益ヲ得ヘキモ其ノ利益タルヤ時効ノ直接ノ結果ニ非サルヲ以テ其ノ債務ノ消滅時効ヲ援用シ得ヘキ当事者ト謂フコトヲ得サルモノトス」と述べて受益者の消滅時効の援用権を否定した。

(2) これに対して，本判決は最判平成4・3・19民集46巻3号222頁を引用しつつ，詐害行為の受益者は被保全債権の消滅によって直接利益を受ける者に当たるから被保全債権の消滅時効を援用できると判示し，前掲・大判昭和3・11・8の結論を覆したわけである。上記の如き本判決の一般論は，本判決が引用する最判平成4・3・19[1]と同様に，大審院の判例を変更し[2]，消滅時効の援用権者の範囲を拡大している。

(3) 以上に述べたように，本判決は消滅時効の援用権者の範囲を拡大するという最高裁判例の傾向に従った判決である。それゆえ，以下では，それらの最高裁判例を概観することにしたい。①まず，最判昭和42・10・27民集21巻8号2110頁，最判昭和43・9・26民集22巻9号2002頁が物上保証人について被担保債権の消滅時効の援用を肯定し，後掲・大判明治43・1・25を変更した。次に，②最判昭和48・12・14民集27巻11号1586頁が，担保不動産の第三取得者について抵当権の被担保債権の消滅時効の援用を肯定し，大判明治43・1・25民録16輯22頁を変更した。③さらに，前述したように，前掲・最判平成4・3・19が大判昭和9・5・2民集13巻670頁を変更した。④そのほかにも，最判昭和60・11・26民集39巻7号1701頁が，担保目的ではない売買予約の仮登記のある不動産の第三取得者に予約完結権の消滅時効の援用を肯定している[3]。そして，本判決も上記の諸判例と同じ傾向の判例の一つとして位置づけ

---

1) 担保目的でなされた売買予約に基づく所有権移転請求権保全仮登記の経由された不動産について所有権を取得し，その旨の所有権移転登記を経由した者は売買予約完結権の消滅時効の援用権者に当たると述べた判例。
2) 最判平成4・3・19は大判昭和9・5・2民集13巻670頁を変更している。

ることができる。

　二(1)　次に，本判決の判例変更の理由付けをやや詳しく検討することにしたい。まず第一に，時効の援用権者の範囲についての抽象的な基準について，本判決は，リーディング・ケースである前掲・大判明治43・1・25民録16輯22頁以来の判例の準則である「時効ニ因リ直接ニ利益ヲ受クヘキ者」という基準を踏襲している。けれども，詐害行為の受益者が援用権者に含まれるか否かという点では大審院判決と正反対の結論となっている。この論点については，学説の多くが大判昭和3・11・8に反対していたという事情[4]に鑑みるならば，最高裁が多数説に与したと評価してよいのではなかろうか。

　(2)　第二点として，詐害行為取消訴訟という特殊な訴訟形態との関連で本判決の理由付けを考察すると興味深い論点が浮かび上がるのではないかと私は考える。その内容は以下の如くである。即ち，詐害行為取消権の行使は裁判上に限定されていることは周知の通りであり（民法424条1項本文），且つ，その被告が受益者または転得者に限られ，債務者には被告適格がないことも大連判明治44・3・24民録17輯117頁以来の判例の準則である[5]。それゆえ，本判決が述べるように「詐害行為の受益者は，詐害行為取消権行使の直接の相手方とされている」以上――債務者が詐害行為取消訴訟に参加していない場合には――その訴訟において被保全債権の消滅時効を主張する利益を有する者は，被告たる受益者に限定されてしまう。また，取消債権者と受益者とは詐害行為取消訴訟という手続きの枠組みの中では原告と被告という関係に立ち，詐害行為の目的物である逸出財産上の権利を巡って直接相争う関係に立つことになる。そうだとすると，本判決が述べるところの，受益者は詐害行為取消権が行使されると「債権者との間で詐害行為が取り消され，同行為によって得ていた利益を失う関係にあり，その反面，詐害行為取消権を行使する債権者の債権が消滅すれば右の利益喪失を免れることができる地位にあるから，右債権者の債権の

---

　3)　以上の詳細については，三に掲げる文献を参照されたい。
　4)　我妻栄・新訂民法総則（民法講義Ⅰ）448頁，柚木馨・判例民法総論（下）352頁，川島武宜・民法総則（法律学全集）454頁，幾代通・民法総則（第二版）540～541頁，川井健・注釈民法(5) 48頁など。
　5)　平井宜雄・債権総論（第二版）275頁以下を参照。

消滅によって直接利益を受ける者に当た」るという判決理由は，詐害行為取消権に関する判例理論と直結したものであるとともに，最高裁自身の詐害行為取消権に関する準則とも論理的整合性を有する理由付けであると評することができよう。

　(3)　このように考えてくると，詐害行為取消訴訟における被保全債権の消滅時効の援用権者は第一義的には被告となった受益者または転得者であり，債務者はむしろ第二義的な利益しか有しないのではないかという疑問が出てくる。なぜならば，債務者は既に逸出財産上の権利を受益者に譲渡し，その譲渡行為は債務者＝受益者間では有効であり，債務者は逸出財産上の権利に何らの利害関係を有しないはずだからである。しかし，債務者が詐害行為取消訴訟に参加して取消債権者の有する被保全債権の消滅時効を援用すれば，取消債権者からの債務の取立てを免れるという直接的利益を債務者は有するから，以上のような法律関係は被保全債権の消滅時効の援用権者から債務者を外す理由にはならないと考えられる。そうだとすると，詐害行為取消訴訟においては，（ア）逸出財産上の権利についてそれを確保して「直接利益を受ける」者と，（イ）被保全債権それ自体の消滅について「直接利益を受ける」者という，二つのカテゴリーの「時効により直接利益を受ける者」が存すると考えてよいであろう。

　(4)　なお，詐害行為による受益者は詐害行為の加担者であり，信義誠実の原則に鑑みると非難に値するので，消滅時効の恩恵を受けることはできないと主張する学説[6]があるので，これについて簡単な検討を加えたい。まず第一に，故意による債務不履行を行った債務者や，故意による不法行為者についても，それらの者が負うべき損害賠償債務について消滅時効を援用できないとする条文や解釈論は見受けられない[7]。そうだとすると，原則として詐害の事実については単なる悪意で足りるとされている受益者[8]が，債権者や被害者の損害の発生については故意を有する者よりも不利益な扱いを受けるべきではないであ

---

6)　末弘厳太郎「時効を援用しうる『当事者』」民法雑記帳（上）199頁。

7)　民法145条及び167条については四宮和夫・民法総則（第四版）322頁以下を，民法724条については平井宜雄・債権各論Ⅱ不法行為167頁以下をそれぞれ参照されたい。

8)　但し代物弁済や弁済の場合には判例は債務者との通謀的害意を要求しているが，これとても故意による債務不履行や不法行為よりも非難に値するとは考えられない。

ろう。換言すれば，信義誠実の原則からみれば，より非難に値する者に時効の援用権が与えられている以上，詐害行為の受益者にも援用権を与えるべきであると考えられる。第二に，詐害行為の債務者自身の消滅時効の援用権が肯定される限り，債務者に加担したに過ぎない受益者の援用権を，信義誠実の原則に鑑みて否定すべき理由も見あたらない[9]と言わざるを得ないであろう。そうだとすると，信義誠実の原則を理由とする否定説には理論的な理由がないと評せざるを得ないであろう。

　三　時効の援用権者の範囲に関する「時効により直接利益を受ける者」という判例の基準について若干の検討を行いたい。但し，本判決との関連で消滅時効の援用権者の範囲についてのみ言及することにしたい。学説からは，「直接」という基準が明確ではなく，援用権者の範囲を確定する基準として機能していないという批判が為されている[10]。この点では本判決も「直接利益を受ける者」という基準を踏襲しており，上記の学説からの批判を免れ得ないかもしれない。しかし，近時の学説によれば，消滅時効については「直接利益を受ける者」という基準を「時効により直接権利を取得し，義務を免れる者」と解することにより，援用権者の範囲がかなり限定されることが指摘されている[11]。以上の解釈論に従えば，本件の詐害行為の受益者も，物上保証人や担保目的物の第三取得者と同様に，被保全債権の消滅時効の援用により逸出財産の返還――その内容，方法については判例及び学説上多くの争いがあるがここでは立ち入らない――を免れる者に該当し，近時の学説の基準で説明し得る援用権者のカテゴリーに含まれると言ってよいであろう。

　四　本件の事案では，Xが債務者Aの承認による時効の中断（民法147条3号）を再抗弁として主張していることが，最高裁判決によって指摘されている。従って，本件の結論は差戻後の審理により，時効の中断が認められるか否かに

---

9) 松久三四彦・後掲論文13頁を参照。

10) 松久三四彦「時効援用権者の範囲」金法1266号6頁（特に8頁），四宮和夫＝能見善久・民法総則（第五版）378頁，山本豊「5　民法145条（時効の援用の意味および援用権者の範囲）」（広中俊雄＝星野英一編・民法典の百年Ⅱ個別的観察（1）総則編・物権編257頁以下に所収）300頁等を参照。

11) 四宮＝能見・前掲書（注10）378頁。

よって左右される。その際に，時効の中断の効力が当事者及びその承継人の間に於いてのみその効力を生ずると規定する民法148条との関係が問題となろう。なぜならば，被保全債権について考えると，受益者Yは債務者Aの承継人ではないからである。しかし，詐害行為の受益者は，取消債権者の被保全債権さえ存在していれば，逸出財産に対する取消債権者の取戻しの請求から免れ得ない法的地位にある者である。それゆえ，被保全債権の消滅時効の中断の効力を，受益者は債務者から独立して否定できる法的地位にはないと解することができるであろう。言い換えれば，受益者の取得した逸出財産上の権利の存続は，取消債権者が有する被保全債権の存否に附従すると解することができるであろう。そうだとすると，中断の効力の相対性については，物上保証人が債務者の承認による時効中断の効力を否定できないとした最判平成7・3・10判時1525号59頁と同様の結論に達すると思われる。

〈参考文献〉

本判決の解説には，小野憲一・ジュリスト1142号91頁，辻伸行・法学教室220号126頁，山本豊・判例セレクト'98（法学教室222号別冊）13頁がある。

第2節　詐害行為取消権によって保全される債権の範囲

詐害行為取消権によって保全される遅延損害金の範囲
　（最高裁平成8年2月8日第一小法廷判決，平成4年（オ）第993号詐害行為取消，貸金請求事件，判時1563号112頁）

【主文】　上告棄却

【要旨】　元本債権が詐害行為よりも前に成立している場合には，詐害行為後に発生した遅延損害金も詐害行為取消権によって保全される債権に含まれるものと解すべきである。

【事実の概要】
　Xは，昭和56年8月31日から昭和58年12月19日までの間に，債務者Aに合計3000万円を貸し付けた。債務者Aの連帯保証人Y1は，自己が負うべき連帯保証債務を問われることが確実となった昭和60年11月25日に，Y1が所有する農地41筆全部を，Xによる前記不動産に対する差押えを回避する目的をもって，自己の長男Y2に贈与し昭和61年5月10日に所有権移転登記を経由した。Xは，Y1に対し連帯保証債務の履行を求めるとともに，このY1からY2への農地の贈与が詐害行為に該当することを理由として，受益者Y2に対して前記贈与の取消しを求めて訴えを提起した。
　一審判決は，Xの請求をすべて認容し，Y1からY2への41筆の農地の贈与すべてを取り消した。原審において，Xは，本件農地の評価結果に基づいて，取消しの対象を前記41筆の農地うちの18筆に限定した。そして，原審判決は，Xの請求のうちの13筆の贈与の取消しを認容した。その際に，取消しの基礎となったXの債権——以下では被保全債権という——は以下の如き内容であった。即ち，XがAに対して有していた残存元本2352万5260円と，これに対する昭和61年11月11日から原審口頭弁論終結前の平成3年2月27日までの，年14パーセントの割合による遅延損害金1414万8670円との合計3767万3930円であった。原審判決は，この金額を上限とする取消しを認容して前述した13筆の農地（合計価額3818

万2400円）の贈与の取消し（現物返還）を命じた。その判決理由は，「本件のような詐害行為前に成立した貸金債権に関して債務者の債務不履行により詐害行為後に生じた遅延損害金などは，もともと元本債権の拡張であって法定果実に類する性質を有するものである。また，債権者の債権回収が遅れて右損害金が累積したのは，債務者が詐害行為をしたためであるから，これは詐害行為取消権によって保全されるべき債権額に加算されるべきである。」というものである。

この原審判決を不服としてY_2が上告した。その理由は以下の如くである。即ち，遅延損害金1414万円余は詐害行為（前述したように昭和60年11月15日である）後に発生した債権であるからXの被保全債権額に加算されるべきではなく，この見解と異なる原審の判断は，大判大正7年4月17日民録24輯703頁に違反するというものである（後に紹介するように，その論拠として我妻栄・於保不二雄両教授の学説を引用している）。

【判決理由】

「詐害行為取消権によって保全される債権の額には，詐害行為後に発生した遅延損害金も含まれるものと解するのが相当である（最高裁昭和三二年（オ）第三六二号同三五年四月二六日第三小法廷判決・民集一四巻六号一〇四六頁参照）。したがって，右と同旨の見解に立って被上告人の上告人Y_2に対する本件詐害行為取消請求の一部を認容した原審の判断は，正当として是認することができ，これに所論の違法はない。」

裁判官全員一致の意見で，上告棄却（伊嶋一友，小野幹雄，高橋久子，遠藤光男，藤井正雄）。

【参照条文】　民法424条

【分　析】

一　本判決は，詐害行為後に発生した遅延損害金が，詐害行為取消権の基礎となる債権，即ち被保全債権に含まれるか否かという問題を扱った判決である。同じ問題を扱った最高裁判例として，本判決が引用する最判昭和35年4月26日民集14巻6号1046頁があり，後述するように，本判決は前記の先例の結論を踏襲した判決である。即ち，被保全債権たる元本債権が詐害行為以前に成立していれば，遅延損害金が詐害行為後に発生したとしても，それは被保全債権

に含まれるという結論を本判決は明示した。

　二　このように，両判決は結論を同じくするものではあるが，その間には，次に述べるような相違点が存する。(i)まず，最判昭和35年は，詐害行為後に発生した遅延利息が被保全債権に含まれる理由を明示していないが，本判決の原審判決はその理由を明示しており，本判決はその理由付けを黙示的に追認している。そうだとすると，本判決が追認したと見られる理由付けが妥当であるか否かが第一の問題点となろう。(ii)次に，最判昭和35年の事案が価格賠償を認めたもの[1]であるのに対し，本判決の事案は不動産の現物返還を命じている。この違いによるためか，最判昭和35年は弁済期の翌日から元本完済時までの遅延利息の支払いを命じているのに対し，本判決は弁済期の翌日から事実審口頭弁論終結前の特定期日までの遅延利息だけを被保全債権に含めている。この違いの理由は何かが第二の問題点となろう。

　(iii)最後に付随的な問題が存する。即ち，詐害行為取消判決で価格賠償を命じる際に，目的物の価格を算定する基準時が事実審口頭弁論終結時である旨を最判昭和50年12月1日民集29巻11号1847頁が判示している。この判示事項と上記の第二の問題点との関係をどのように考えるべきかという問題である。なぜならば，現物返還の範囲を決定する際には——判例の準則に従うならば——被保全債権の額と目的物の価格とを対比して，その範囲を決定しなければならないからである。以下では，以上に示した順にそれぞれの問題点を簡単に検討することにしたい。

　三(1)　以上に紹介したように，最高裁判決は詐害行為後に発生した遅延利息を被保全債権に含ましめることを肯定したが，大審院判決はこれを否定していた。それらは，大判大正6年1月22日民録23輯8頁[2]及び大判大正7年4月17日民録24輯703頁[3]である。大判大正7年4月17日は，その理由として

---

1) 抵当権の設定が詐害行為として取り消され，その目的たる不動産が受益者より抵当債権を譲り受けた者により競落された。そのため原状回復方法として受益者に対する価格賠償が認容された。
2) 取消債権者が被保全債権として主張した債権の中に，詐害行為後に発生した元本及び利息が含まれていた事案。
3) 詐害行為後に発生した遅延損害金が被保全債権に含まれる旨を判示した原審判決を破棄し，事件の審理を原審に差し戻した。

「遅延利息ノ債務ハ不履行ニ因リテ新ニ成立スル債務ナルヲ以テ民法第四百二十四条ニ依リ取消スヘキ行為以後ニ発生スル遅延利息ノ債務ハ斯ル行為ノ範囲ヲ定ムルニ際シ之ヲ加算スヘキモノニ非ス」と述べている。この大審院判決に対し，学説は賛成するものと反対するものとに分かれていた。我妻説は，前掲・大判大正6年1月22日を引用して，大審院判決に賛成する旨を述べている[4]。於保説は「判例が遅延利息についてまで詐害行為の時以後の加算を認めないのは不都合である」と述べて，大審院判決に反対している[5]。松坂説も「遅延利息は元本債権の当然の拡張であるから疑問に思う」と述べて，大判大正7年4月17日に反対している[6]。このような大審院判決及び学説状況の中で，最判昭和35年は大審院判例を実質的に変更し於保説・松坂説に与することを明らかにしたのであるが，その理由は明らかではなかった。しかし，本判決の原審判決は「……債務者の債務不履行により詐害行為後に生じた遅延損害金などは，もともと元本債権の拡張であって法定果実に類する性質を有する」からだという理由で，最判昭和35年の結論を踏襲している。そして，この理由付けは松坂説と同じであり，最判昭和35年を支持する理由を明確にしたという点において意義がある。しかし，もう一歩踏み込んで考えてみると，そもそも受益者又は転得者が，詐害行為後に生じた遅延損害金について原状回復義務を負うのか否かについて考察する必要があるのではなかろうか。なぜならば，この義務が否定されれば，遅延損害金が元本債権の当然の拡張であるとしても，受益者又は転得者は遅延損害金についてはそもそも原状回復義務を負わず，それらは被保全債権には含まれないという結論が導き出されるからである。そして，この問題については以下のように答えることができるであろう。即ち，詐害行為取消権が債務者の財産上の地位を詐害行為前の状態に回復させ，債権者をして弁済を得さしめるための権利である[7]ことを考えるならば[8]，受益者又

---

[4] 我妻栄・新訂債権総論（民法講義Ⅳ）178, 192頁参照――その理由として「取消権を取得する債権は，詐害行為の前に成立していなければならない」と述べている。

[5] 於保不二雄・債権総論（新版）199頁参照。

[6] 松坂佐一「債権者取消権」総合判例研究叢書・民法(7) 225頁を参照。

[7] 大連判明治44年3月24日民録17輯117頁参照。

[8] 但し，その方法については学説上争いがあることは周知のことと思われる。

は転得者は債務者に代わって債権者に弁済をしなければならず，それゆえ債務者が負担している債務と同じ範囲で原状回復義務を負うのが原則であるという答えである。但し，その原状回復義務の上限は，逸出財産（詐害行為の目的物）の価額に限定されるのである。このように考えれば，詐害行為前に成立した元本債権と一体不可分の関係にある遅延損害金や利息が，被保全債権に含まれる理由を論理的に説明できるであろう。

(2) 被保全債権に含まれる遅延損害金の算定については，起算日と終期とを考えなければならない。起算日については，最判昭和35年も本判決も弁済期の翌日であると解しており妥当であろう。これに対し，加算されるべき遅延損害金の終期については，両判決に食い違いが見られる。即ち，最判昭和35年は元本完済時までの遅延損害金の支払いを命じている[9]のに対し，本判決は事実審口頭弁論終結時までの利息分だけを認容しているからである。この違いは，原状回復方法の違いに起因すると考えられる。即ち，前者が価格賠償を命じているのに対し，本判決は不動産の現物返還を命じているのである。それゆえ本判決の事案では，現物返還の範囲を判決で明示しなければならなかったと考えられる。そして，その範囲を決定するためには——判例の準則に従えば——被保全債権の金額を確定した上で，その金額に相当する不動産を選定し現物返還を命ずる必要があった。そうだとすると，価格賠償を命ずるときのように，元本完済時までの遅延損害金という不確定な金額を示すことを，本判決はできなかったのではなかろうか。それでは，現物返還の場合には何時までの遅延損害金を加算すればよいのか，換言すれば，遅延損害金算定の基準時は何時かという点が次に問題となろう。これについての答えは，判例の蓄積を待つほかないと考えられる。けれども，以上に検討した原状回復方法の違いに対応した利息の加算の仕方を参考にするならば，現物返還の場合には事実審口頭弁論終結時を基準時と解すべきではないかと考えられる。その理由を次に簡単に述べることにしたい。

(3) 前述したように，価格賠償における逸出財産の価格の算定の基準時は事実審口頭弁論終結時である[10]。そうだとすると，現物返還の場合に，返還さ

---

9) 同趣旨の結論を判示するものとして最判平成元年4月13日金法1228号35頁があり，この判決も価格賠償を命じている。

れるべき逸出財産を選定する際にも，同様の理由[11]で，価額評価の基準時は事実審口頭弁論終結時と解すべきであろう。そして，詐害行為後に発生した遅延損害金の算定の基準時も，これ（事実審口頭弁論終結時）と一致させるべきであろう。その理由を簡単に示すならば，両者が一致すれば現物返還の範囲を容易に決定することができ，訴訟経済に資すると考えられるからである。以上の理由により本判決の結論に賛成することにしたい。

▶ 本件原審の資料等の入手につきましては，沼田敏明弁護士のご協力を得ました。

---

10) 前掲・最判昭和 50 年 12 月 1 日を参照。
11) 詳細については最判昭和 50 年の判決理由を参照。

第 3 部　学会報告・論文紹介

第11章　学会報告（付・後記）

詐害行為取消権に関する一試論

1　問題の所在

　民法424条以下に規定されている詐害行為取消権（以下では，取消権と略記する）の法的性質および効果については，大審院明治44年3月24日連合部判決（民録17輯117頁）が判例理論（折衷説＋「相対的取消し」理論）を早くから確立していた。そして，この連合部判決に従う多くの判決例が存在しており，それらによって強固な「判例の準則」が形成されている。それにも拘わらず，判例の準則は，学説から理論的な批判を受けている。また，学説自体も，取消権の性質・効果をめぐって議論を重ねており，今日に至るまで種々の説が提唱され続けている。この研究報告の目的も，取消権に関する上記の問題点を検討し，取消権についての解釈試論（効果論を中心とする）を呈示することにある。そして，本章で紹介する私見が従来の主要な学説（形成権説・請求権説・折衷説・責任説）と大きく異なる点は，次に示す所の問題意識にある。すなわち，従来の主要な学説は，取消権の性質について，これを実体法上の権利（私権＝Privatrecht）と考えることを，ア・プリオリに各々の解釈論の大前提としてきた。しかし，民法424条1項本文の「…法律行為ノ取消ヲ裁判所ニ請求スルコトヲ得」（傍点は筆者による）という文言に注目するならば，はたして取消権を実体法上の権利と考えてよいのだろうか，と言う疑問を私は抱いたのである。なぜならば，取消権が実体法上の権利ならば，裁判外での「私法上の意思表示（die privatrechtliche Willenserklärung）による行使も肯定されるはずである。しかし，判例理論は条文の文言を理由として，学説は他人の間（債務者＝受益者間）の法律行為を取り消すということは慎重に判断されなければならないと言う理由で，訴え以外の方法を認めていない。そうだとすると，なぜ取消権が裁

判上においてのみ行使されなければならないと規定されているのかと言うその理由を，比較法的研究・沿革的研究によって，明らかにしなければならないのではないかという問題意識を私は抱いたのである。

2 基本的視角および分析枠組の設定

以上に述べた私のプリミティブな疑問を解決するための手掛りと言うべき見解を，川島武宜博士の『債権法講義（総則Ⅰ）』の叙述の中に，私は見出した。その見解は次に示すものである。すなわち，日本民法典の規定する取消権は，その沿革——フランス民法典1167条および旧民法財産編340条以下——に従って，「訴権」（ここでは，このテクニカル・タームをアクチオ——すなわち私権〔Privatrecht〕と訴訟上の権利〔Prozeßrecht〕とが未分化の状態の権利——の意味で用いることを強調しておきたい）として規定されているのである。そして，このような沿革上の理由から，取消権は裁判上で行使されなければならないと規定されているのだ，と言う見解である。私は，上記の川島博士の見解——取消権を訴権＝アクチオとして捉える考え方——を，この研究を進めていくための基本的視角として設定した。それと同時に，博士の見解を，比較法的・沿革的研究によって論証すべき仮説として捉えることにした。このような基本的視角を設定したことからの帰結として，私は，この研究によって解決されるべき問題を次のように定式化した。すなわち，取消権を訴権として捉える以上は，詐害行為取消訴訟とは一体どのような訴訟なのかという点が先決問題として解決されなければならない，と言う定式化である。その理由は，訴訟上でしか行使され得ない権利なのだから，その訴訟の内容を確定しなければ，取消権の行使から生ずる種々の効果を確定できないのではないか，と考えたからである。このような問題の定式化は，従来の学説が有する共通の発想法とは順序が逆転している。なぜならば，従来の学説は，取消権が実体法上の如何なる権利——形成権・請求権・両者の合した権利——に該当するのかを決定した後で，取消訴訟が如何なる訴訟——形成訴訟・給付訴訟・両者が併合された訴訟——になるのかを論じていた。これに対して，私見では，発想法を逆転させて，訴訟の内容から先に確定させようと考えるからである。そして，上記の先決問題を解決した後に，次の四つの法律関係（本研究の分析枠組）に分けて，取消権の効果

を検討することにした。それらは，①原告（取消）債権者と被告たる受益者・転得者との関係，②債務者＝受益者間の関係，③債務者の被告適格の有無，④取消判決の効力の及ぶ範囲——原告以外の総債権者にも取消判決の効力が及ぶのか——について（425条論），の4点である。そして，これらの主題にアプローチする方法としては，比較法的考察（フランス法・ドイツ法・英米法）と沿革的考察（ボアソナード民法草案および法典調査会民法議事速記録を主な資料とした）とを用いることにした。

3 比較法的考察
(1) フランス法

（イ）フランス民法典 1167 条の規定する action paulienne（以下では a. p. と略記する）が，日本法の母法である。それゆえ，フランス法の検討は日本法の検討にとって，重要な意義を有するものである。フランス法の a. p. が，ローマ法の actio Pauliana を継受したと言う点については，フランスの学説ではほとんど異論がないと言ってよい。このローマ法から継受した制度を，古慣習法（acient droit coutumier）の中の対人訴権の一つとして定着させた学者が，慣習法学派の Jean Domat（1625～96 年）であると言われている。

Domat は，彼の代表的著作である，"Les lois civiles dans leur naturel" の Liv. II, tit. X において，フランスの a. p. に関するかなり詳しい叙述を残している。その中で，Domat は a. p. を債権者に生じた損害を賠償せしめるための損害賠償訴権であると主張し，その主張が，その後の学説（管見の限りでは 20 世紀初頭まで）に影響を与えたと言われている。このようにしてフランス慣習法に継受された a. p. は，その後，一般抵当権（hypotéque générale）という制度がよく用いられるようにたったために，その機能を失いかけた。しかし，動産（抵当権を設定できない）の重要性が増大したことを主たる理由として，ナポレオン民法典 1167 条に（a. p. が）規定され，今日に至っている。

（ロ）1167 条は，その文言において，a. p. が裁判上で行使されねばならないとは明言していない。しかし，19 世紀末のフランス註釈学派のテキスト（Demolombe, Aubry et Rau, Laurent, Demante et Colmet de Santerre）から比較的近時に出版されたテキスト（Planiol et Ripert, Marty et Raynaud, Mazeaud, Weil et

Terré) に至るまで，a. p. の行使方法としては「訴え」だけを論じているのである。例えば，Weil et Terré のテキスト（Les obligations, 1980, n° 860 et suiv.）においては，(a) a. p. の原告（demandeur）たる債権者の満たすべき条件，(b) a. p. の被告（défendeur）は誰か，(c) 原告に対する効果，(d) 被告に対する効果，(e) 原告債権者以外の訴訟当事者ではない債権者に対する効果，という説明の仕方になっている。このような説明方法こそ，フランス法の a. p. が訴権法的性格を有することの証左であると言ってよいであろう。なぜならば，a. p. の要件・効果の双方に関して，実体法上の要素と訴訟法上の要素（原告・被告などのテクニカル・タームに注目されたい）とが峻別されないまま，混然一体となって叙述されていると言う特色を見出すことができるからである。このような特色こそ，川島説の正当性を裏づけるものであり，それゆえ，川島博士の指摘のとおり「フランスでは訴権の体系というものは現在なお『生き』ている」（川島武宜『ある法学者の軌跡』82頁）と言うことができるであろう。

　（ハ）　a. p. の効果を，冒頭で示した①〜④の分析枠組に沿って説明すると次の如くになる。①原告債権者は受益者を被告として，a. p. を行使する。そして，原告債権者は，a. p. の勝訴判決を受益者に対する執行名義（titre exécutoire）として，受益者の手中に存する詐害行為の目的物に対して——あたかも，それが未だ債務者の財産であるかのように——差押えをかけ・競売し・その売却代金から弁済の満足を得る，という関係になる。換言すれば，原告債権者と被告たる受益者との関係は，執行債権者と執行債務者との関係にあると言うことになる。つまり，a. p. は，比較法的に観察するならば，ドイツ法の執行忍容訴訟と，その機能を同じくするのである。②債務者＝受益者間の法的行為の効力は，債務者には a. p. の判決効が及ばないがゆえに，何ら影響を受けない。すなわち，債務者＝受益者間では当該詐害行為（法的行為）は有効である。その帰結として，①の強制執行手続により売却代金を原告債権者に支払った後に剰余金が生じた場合には，受益者がそれを受け取る権利を有することになる。また，受益者は債務者に対して，担保責任訴権（action en garantie）に基づいて求償を為し得る。③債務者の被告適格はないと解することについて，現在の学説はほとんど一致している。④原告債権者以外の債権者にも a. p. の判決効が拡張されると解するのか否かという点をめぐって，フランス註釈学派の間で，19

世紀末に議論がなされた。そして、既判力の相対性の原則（仏民法典 1351 条）を根拠として、取消判決の効力は原告債権者だけにしか及ばないと解する相対的効力説（Demolombe が主唱者である）が、破棄院の採用する見解となり（Req. 28 aout 1871, S. 1878, 1, 316）、現在に至るまでフランスの通説・判例を形成している。他方、仏民法典 2093 条（債務者の資産は債権者の共同担保〔le gage commun〕である旨を規定する）を根拠として、取消判決の効力は原告以外の総債権者にも拡張され、その結果として総債権者が売得金の分配にあずかることができると解する学説が存在した。この学説は、絶対的効力説と呼ばれ、Colmet de Santerre, Laurent が唱えていた。しかし、この説は、Demolombe から批判を受け、また破棄院の採る見解とはならなかった。それゆえ、フランスでは少数説にとどまってしまった。しかし、絶対的効力説——とくに Colmet de Santerre の説——をボアソナードが受け継ぎ、ボアソナード民法草案 363 条として明文化し、わが国の現行民法典 425 条になったのではないかと推測し得る。その理由は、（イ）原告債権者が他の総債権者の事務管理人として訴訟を追行すると述べている点、および、（ロ）原告の勝訴判決だけが拡張され、敗訴判決の効力は拡張されないと言う、判決効の片面的拡張を唱えていること、の 2 点において、コルメ・ド・サンテールとボアソナードの見解が一致しているからである。また、ボアソナードの在日中に、両者の間で書簡の往復があった事実が指摘されており、この点からもコルメ・ド・サンテール（明治 21～25 年にかけてパリ大学法学部長の要職に在ったらしい）の学説の影響をボアソナードが受けていたことがうかがえるのである。それゆえ、日本民法典 425 条の解釈論にとっては、少数説にとどまった絶対的効力説が重要な意義を有するのである。

(2) ドイツ法

（イ）ドイツ破産外取消法の定める債権者取消権（Gläubigeranfechtungsrecht）に関するドイツの学説は、日本の学説に大きな影響を与えている。それゆえ、ドイツの学説を検討することは、日本の学説の理解を深めるために有益であると考えられる。このような理由で、ドイツ法を——フランス法の検討と同じ方法によって——検討した。ドイツ破産外取消法は 1879 年に、BGB よりも約 20 年早く、ライヒ司法法に属する特別法として制定された。その沿革

をたどると，やはりローマ法の actio Pauliana に遡り，それをドイツ普通法が継受したと言われている。その後，1835 年にプロイセン州法の中の特別法として制定され，さらに 1855 年にはヨリ整備された形で制定されている。そして，1855 年のプロイセン州法の内容をほぼそのまま継受した特別法が，1879 年制定のドイツ破産外取消法（Gesetz über die Anfechtung von Rechtshandlungen eines Schludners außerhalb des Konkursverfahrens）である。本法の草案理由書および本法の第 5 条・9 条を検討した結果，次のような結論を得た。すなわち，債権者取消権の行使方法としては，訴え，または抗弁だけが予定されており，単純な私法上の（形成力のある）意思表示は，立法当初から予定されていなかったという事実である。この事実は，ドイツにおいても，債権者取消権が訴権法的に解されていたことを示していると言ってよいであろう。また，破産外取消法草案理由書は，同法第 9 条の規定する訴えとは執行忍容訴訟（die Klage der Duldung des Zwangsvollstreckung）である旨を明言している（第 7 条）。さらに，取消権の効果については，債務者＝受益者間の法的行為（Rechtshandlungen）は有効であると解する債権説（正確には債務法説という名称である）が普通法時代からの通説であった。そして，通説たる債権説はかなり早くから（少なくともプロイセン州法時代から）執行忍容訴訟を取消権の行使方法として肯定していたのである。

　（ロ）　1900 年に BGB が施行されるのと同時に，Hellwig の物権説が登場する。彼は，BGB の制定と同時に，実体法と訴訟法とが体系的に分離されたと考えて，その基本的な考え方を取消権にもあてはめた。つまり，破産外取消法第 1 条の「……債権者に対して無効として取り消され得る」という文言の意味するところは，BGB 135 条の定める「相対的無効（relative Unwirkzamkeit）」と同じなのだと主張する。さらに，取消権の行使方法としては，私法上の形成力ある意思表示でよいと主張した。このような Hellwig の物権説は，破産外取消法第 5 条・9 条の文言を無視していると言う批判を受け，ドイツにおいては通説たる債務法説（日本では債権説と呼ばれている）に取って替わることはできなかった。しかし，物権説が主張した債務者＝受益者間の法的行為も，取消しの意思表示の結果，初めから無効となるという解釈論が，日本の形成権説に大きな影響を与えたのである。

（ハ）　1956年に，G. Paulus は責任説を発表した。この学説は，取消法第1条の効果を「責任法的無効」という概念で説明する。つまり，受益者は，取消債権者に対してあたかも物上保証人のような立場に立つがゆえに，逸出財産に対する強制執行を受忍するだけでよいと説くのである。従って，取消権の行使方法は，執行忍容訴訟であると主張する。この説は，ドイツにおいて，重要な問題提起をしたが，未だ通説とはなっていないようである。

　（ニ）　以上の検討から，ドイツの学説の争点は，①債務者＝受益者間の法的行為の効力をどう考えるか，②取消権の行使方法は何かという2点であることが明らかになった。それと同時に，ドイツにおいては，フランス法とは異なり，取消判決の効力を原告債権者以外の者に拡張すべきか否かと言う議論が全く存在しないという点も明らかになった。さらに，執行忍容訴訟という制度は，Paulus の責任説をまたずとも，通説たる債務法説からも——日本法にとって多いに参考となる制度として——導入し得るという結論を得ることができた。

(3)　英　米　法

　（イ）　アメリカ合衆国の統一詐害行為防止法（Uniform Fraudulent Conveyance Act——以下では UFCA と略記する）は，イギリスのエリザベス法（1570年制定）を母法とする，1918年制定の統一州法典である。そして，エリザベス法の起源は，やはりローマ法であると言われている。また，英米法の Forms of action ないしは Writ system が，ローマ法のアクチオの体系と類似した構造を有することは，F. W. メイトランドおよびマックス・ウェーバーがつとに指摘している点である。それゆえ，アメリカ法も，①フランス法，ドイツ法と同様にローマ法起源であること，②訴権法と類似した構造を有すること，の2点を理由として，比較法的研究の対象とした。

　（ロ）　UFCA の第9条・第10条が詐害行為取消訴訟を規定しているが，本章では，その機能が執行忍容訴訟と同じであると言う点だけを指摘しておきたい。つまり，執行忍容訴訟という制度は，比較法的にみても，かなり普遍性を有する制度なのである。

4　沿革的考察

　ボアソナード草案・法典調査会民法議事速記録などの資料から得られた結論

だけを以下に示すことにする。①民法424条以下が規定する詐害行為取消権は，フランス法・ボアソナード民法草案の沿革を受け継ぎ，訴権としての性質を維持している，②ボアソナードの注釈によれば，受益者が被告適格を有し，債務者にはそれがない，③取消しの効果は，債務者＝受益者間には及ばないと考えられていたことが推測できる，④不動産の詐害的譲渡の場合には，執行忍容訴訟が予定されていたことが，財産差押法草案から推測できる，⑤ボアソナード民法草案363条は，コルメ・ド・サンテールの判決効拡張の理論を明文化したものであり，それゆえ現行民法典425条も同様の法技術的意義を有する。以上が沿革的考察からの帰結の要約である。

5　解釈試論

　私見を一言で要約すれば，ボアソナードの考えを基礎とした解釈論であるということになる。つまり，①424条＝執行忍容訴訟，②425条＝判決効の拡張を意味する規定である，という二つの命題を柱とする解釈試論である。上記の2点を，前述の①〜④の分析枠組に沿って説明すると次のようになる。①原告債権者は被告たる受益者に対して執行忍容訴訟を提起する，②債務者＝受益者間の法的行為は有効である，③債務者は被告適格を有しない，④取消判決の効力は，詐害行為前に債権を取得した「総債権者」に拡張される。そして，これらの「総債権者」は，原告債権者の取得した判決の執行力を利用して，民事執行法に従い配当要求をすることができる。また，訴訟法上の問題をさらに突きつめると，425条は詐害行為取消訴訟に代表訴訟性を付与する規定であると解することができる，という内容である。以上が私見の概要であるが，紙数の関係上，私見による「相対的取消し」理論の分析および私見と他の学説（特に私見が教わる所の多かった責任説）との比較を論ずる余地がなくなってしまった。それゆえ，これらの諸点については，後掲の拙稿を参照して頂ければ幸いである。

　〔付記〕　紙幅の関係上，日本の主要な学説の紹介を省略させて頂いた。これらを含む詳細については，拙稿「詐害行為取消権に関する一試論――その効果論を中心として――（一）〜（四・完）」法協104巻10号以下（1987年〜88年）を参照され

たい。

〔**後記**〕　なお,「5　解釈試論」で述べた④詐害行為取消判決の「総債権者」への拡張という問題については, その後, 私の考えが変わり詐害行為取消訴訟に代表訴訟性を付与することを否定する結論となった。それらの詳細については, 拙著『詐害行為取消権の理論』第六章第二節「詐害行為取消訴訟の基本構造に関する試論」(2001年, 東京大学出版会) 421頁以下に, 私見を述べたのでそこでの叙述を参照していただければ幸いである。

第12章 論文紹介——アメリカにおける統一詐害的譲渡防止法

Frank R. Kennedy, The Uniform Fraudulent Transfer Act, 18 U. C. C. L. J. 195-215 (1986) （付・後記）

1 論文の概要および筆者について

(1) 論文の概要

本章で紹介する論文は，ミシガン大学ロー・スクールの名誉教授である Frank R. Kennedy が執筆した Uniform Fraudulent Transfer Act という題名の論文[1]である。

題名が示すようにこの論文は，1985年2月13日に American Bar Association（アメリカ法曹協会）の House of Delegates（代表者会議）によって，最終的にその修正が承認された Uniform Fraudulent Transfer Act（統一詐害的譲渡防止法）の内容について解説を施すものである。そして，この論文の構成は①Uniform Fraudulent Transfer Act（以下では UFTA と略記する）の前身である Uniform Fraudulent Conveyance Act（以下では UFCA と略記する）の制定までの簡単な沿革，②UFTA の制定過程および修正理由，③UFTA の重要な新規定についての解説，という3つの部分から成り立っている。このうち①②は簡単な叙述であって，③がこの論文の大部分を占めている。

したがって，本章での紹介も①②については，なるべく簡単なものとし，③に重点を置いた紹介としたい。しかし，UFCA の沿革については，この論文が述べていることに若干の補足[2]を加えながら紹介を行いたい。その理由は，

---

[1] 18 U. C. C. L. J. 195 (1986).

[2] UFCA の要件および効果について，紹介者は未公表の修士論文（「詐害行為取消法に関する一考察——アメリカ合衆国における統一詐害行為防止法［Uniform Fraudulent Conveyance Act］の紹介を中心として——」）において，かなり詳細な研究を行った。

UFTAの前身であるUFCAの沿革の紹介が不十分になってしまうと，それにつづく②③についての紹介が理解しにくくなるのではないかと考えられるからである。

(2) 紹介の仕方について

本章での紹介は前述したように，③UFTAの重要な規定についての解説を中心とするものになる。ただし，UFTAとBankruptcy Reform Act of 1978（1978年修正連邦破産法——以下ではBRA of 1978と略記する）とが対比されて解説されている部分については——BRA of 1978についての正確な知識を紹介者が有していないという能力上の限界を理由として——紹介を省略させて頂くことをここでお断りしておきたい。

また，紹介者の都合により，新しく制定されたUFTAの条文を参照し得なかったことについても，ここでお詫びするとともにお断りしておきたい。

(3) 執筆者について

本論文の執筆者であるKennedy名誉教授について簡単な紹介をしておこう。筆者は，最初に紹介したようにミシガン大学ロー・スクールの名誉教授である。同教授の専攻は，破産法，Debtor-Creditor Law（債権回収法），Commercial Law（商事法）を中心とするものらしい[3]。また，同教授はNational Conference of Commissioners on Uniform State Law（統一州法委員全国会議）[4]がUFTAの起草を準備した際に，その起草委員会でレポーターを務めた人物である[5]。したがって，UFTAについてのオーソリティの1人であると言って差しつかえないと思われる。

　このような事情により，本章で補足的説明を加える場合には上記の修士論文を参考資料として用いることを予めお断りしておきたい。
3) Directory of Law Teachers (1983-1984) 407.
4) 訳語は鴻常夫，北沢正啓編集・英米商事法辞典 (1986) に負うものである。本章の他の部分の訳語も主として上掲書に負うものであることをお断りしておく。
5) 18 U. C. C. L. J. 195.

2 UFCAの概略

(1) 沿　革

　UFCAは1918年に統一州法委員全国会議によって承認された詐害的譲渡——わが国の民法学上の概念でいうと詐害行為に相当する——に関する統一州法である[6]。そして，このUFCAが制定される以前に，アメリカ合衆国の各法域における詐害的譲渡に適用されていたルールは，①イギリスの1570年制定のStatute of 13 Elizabeth. C. 5[7]（以下ではエリザベス法と呼ぶ），②1571年にエリザベス法を適用したMannocke's Case (1571)[8]，③詐害的譲渡の成立要件を示したリーディング・ケースとされるTwyne's Case (1601)[9]の三者から構成されていたと言われている[10]。この点について，Kennedy教授は②のMannocke's Caseを，エリザベス法を適用した"better" decisionと評している。けれども，なぜ"better"なのかについては教授は説明していないので，若干の補足説明を試みよう。エリザベス法は，その第1条および第2条で詐害的譲渡を，詐害された債権者に対して無効であると明言して，詐害的譲渡の私法上の効力について規定している。ところが，エリザベス法第3条は(i)詐害的譲渡の目的物の半分を女王が没収すること，および(ii)詐害的譲渡の当事者に対して科せられる刑罰についても規定していた。しかし，このMannocke's Caseではもっぱら第1条，第2条のみが適用され，第3条の定める没収および刑罰は適用されなかったと言われている[11]。そして，この点——詐害的譲渡の私法上の効力に関する規定のみが適用され，刑罰規定の適用が否定された点——がMannocke's Caseの有する先例的意義であり，UFCAに継受された重要な点であるとしてアメリカの学者によって高く評価されている点である[12]。このよう

---

6) 7A. ULA 161 (Commissioners' Prefatory Note) を参照されたい。

7) 本法は7箇条から成る制定法である。その全文については，6 Statutes at Large 268-269 を参照されたい。

8) 3 Dyer 295a, 73 Eng. Rep. 661.

9) 3 Co. Rep. 80b, 76 Eng. Rep. 809.

10) G. Glenn, 1 Fraudulent Conveyances and Preferences 86-87 (Rev. ed. 1940); S. Riesenfeld, Creditors' Remedies and Debtors' Protection 371-372 (3d ed. 1979); D. Epsteain & J. Landers, Debtors and Creditors 134 (1978).

11) C. Nadler, Creditor and Debtor Relation 162 (1956).

な理由から，同教授も Mannocke's Case を指して "better" decision と評しているのであり，かつ，①，②がアメリカ法において詐害的譲渡の取消可能性を定める法の母法となっていると指摘するのである。

(2) 同教授は，次に(1)③の Twyne's Case で述べられた Badges of Fraud (詐害性の証拠) について解説している。この Badges of Fraud という概念は，"Intent to hinder, delay, or defraud"（〔債権者を〕妨げ，手間取らせ，欺く意図——以下では単に詐害の意図と呼ぶことにする）の存在を証明するための6つの要素を含むものである[13]。

この Badges of Fraud という概念がアメリカ合衆国において継受され，詐害的譲渡の成立要件としての機能を果たしたが，各州毎にその内容が多様になってしまい，統一州法の制定を促進せしめる1つの誘因となったことを教授は指摘している。この点は非常に重要な指摘であって，UFCA に関する Commissioners' Prefatory Note が UFCA の制定理由として 1918 年に既に掲げている点である[14]。そして，UFCA は(i)第4〜第6条において constructive fraud (法定詐害) の諸類型を，(ii)第7条において actual intent (現実の詐害的意図) を以て行われる詐害的譲渡を各々規定した。このように，UFCA は詐害的譲渡を(i)(ii)のカテゴリーに大別することによって，Badges of Fraud に関する州法間の混乱を統一しようとしたのであった[15]。

(3) 同教授は，次に UFCA が従来の州法を変更した重要な点として，債権者が詐害的譲渡取消判決を得るために，前もってコモン・ロー上の金銭請求判決を得ていること，あるいはその他の強制執行手続上の救済手段を履践していること，という要件が排除されたことを挙げている。

この問題は，詐害的譲渡取消判決がエクィティ上の救済手段であり，エクィティ上の救済はコモン・ロー上の救済が不十分な場合に限って認められるという英米法の基本的構造[16]に由来するものである。このエクィティの補充性と

---

12) G. Glenn, supra note 10, at 96.
13) 原註 11 には，この6つの要素についての簡単な紹介がなされている。くわしくは，Twyne's Case (1601), 3 Co. Rep. 80b, 76 Eng. Rep. 809 を参照。
14) See, 7A. ULA, 162.
15) 18 U. C. C. L. J. 197.

いう伝統的な制限を打ち破り，詐害的譲渡取消判決による債権者の救済を容易にした先例的判決が，同教授も指摘しているところのカードウゾウ裁判官が1929年に判決したAmerican Surety Co. of New York v. Conner et al.[17]である。この判決はUFCA第9条の解釈に関するものであって——くり返しになるが——詐害的譲渡取消訴訟（第9条）を提起するための前提条件として，コモン・ロー上の判決を得ることは不要である点を初めて明言したものである[18]。

そして，カードウゾウ裁判官が述べたルールが各州において広く採用されるに至ったことを指摘して，教授はUFCAについての解説を終えている。

3 UFTAの立法小史

(1) UFCAの修正を必要とする理由

統一州法委員全国会議は，1979年に起草委員会に対してUFCAの修正案を提示するよう指示した。教授はその理由として以下の5点を挙げている。すなわち，①BRA of 1978が詐害的譲渡に関する諸規定に大きな変更を加えたので，連邦法たるBRA of 1978と統一州法たるUFCAとの間に相違が生じてしまったこと，②アメリカ法曹協会が修正作業に着手したModel Corporation Act（模範会社法）の利益配当に関する規定とUFCAとが矛盾しないかどうかを検討すべきことをアメリカ法曹協会の会社法部門委員会が統一州法委員全国会議に示唆したこと，③50法域によって採用されているUniform Commercial Code（統一商事法典）が，動産の譲渡を規制する諸規定を，Bulk Transfer（企業財産包括的譲渡）を有効ならしめる方向へと修正したこと，④BRA of 1978の下で開始された多くの破産手続の中で管財人が担保権の実行（forclosure of security）を詐害的譲渡として否認したこと，⑤アメリカ法曹協会が，法曹に対して，法曹が詐害的であると知っている行為について依頼人の相談に乗ることを禁じていること，が同教授の指摘する理由である。

---

16) この論点——エクィティの補充性——については，田中英夫・英米法総論（上）13頁（1980）を参照。
17) 251 N. Y. 1, 166 N. E. 783, 65 A. L. R. 244.
18) G. Glenn, 30 Colum. L. Rev. 404, 438 (1933).

(2) 制定過程

4回にわたる起草委員会による検討の後、最終草案は1984年8月3日に統一州法委員全国会議によって承認され、つづいて1985年2月13日にアメリカ法曹協会によって承認された。そして統一州法の名称は Uniform Fraudulent Conveyance Act から Uniform Fraudulent Transfer Act へと変更された。変更の目的は、Conveyance という術語が不動産の譲渡だけを意味するかのような印象を与えるおそれがあるので、Transfer という術語を用いることによって、本法が動産の譲渡にも適用可能なことを明示することにあると説明されている[19]。また、UFCA の基本構造は UFTA の中に維持されていることも同教授は指摘している[20]。

4 UFTA の重要な新規定について

(1) UFTA §4 (b) について

本項において actual intent（現実の詐害的意図）の存否を決定するために考慮されるべきファクターが精密に規定されている[21]。そのファクターは、Twyne's Case で判示された Badges of Fraud を構成する6因子のうちの4因子を含む11パラグラフの中に規定されている[22]。このような精密な規定の仕方については、オブザーバから、§4 (b) に挙げられているある要素の存否に関する証拠に対して過度の重要性が陪審員によって与えられるおそれがある、との異議が申し立てられた。しかし、この異議に対しては、§4 (b) に関する注釈[23]が、§4 (b) に列挙されているファクターの存在に関する証拠はあくまでも債務者の現実の詐害的意図に関するものであって、その存在は債務者の詐害的意図の存在を推定せしめる作用を有するものではないという趣旨を述べて反論している。さらに注釈は、(i) §4 (b) に列挙されている Badges of Fraud

---

19) 18 U. C. C. L. J. 199.
20) Id. at 200.
21) UFCA §7 では、単に、債権者を「妨げ、手間どらせ、欺く現実の意図」と規定されているだけであった。
22) 原註25を参照。ただし、UFTA の原文には接し得なかったため、紹介者はその具体的内容を紹介できないことをお断りしておく。
23) 起草委員によって付された注釈と思われる。

はエリザベス法およびUFCA§7の解釈および適用において承認されてきた要素であること，(ii)制定法でBadges of Fraudを構成する要素を精密に特定することは，裁判所にとっては証拠調べの際に大きな助力となること，(iii)§4(b)の要素は詐害的意図を認定する方向だけでなく否定する方向にも作用すること，の3点を挙げて§4(b)の妥当性を弁明している。以上がUFCA§7を修正したUFTA§4(b)についての同教授の解説のあらましである。

(2) UFTA§5(b)＝Insider Preferenceについて

§5(b)は詐害的譲渡の新しいカテゴリーとして次のような取引類型を規定した。すなわち，支払不能 (insolvent) である債務者が，その債務者が支払不能であると信ずるについて合理的理由を有する債権者に対して，偏頗的譲渡 (preferential transfer) を行う場合である。そして，内部者 (insider) というテクニカル・タームはUFTA§1に定義されており，債務者の管理下にある親類，取締役 (director)，役員 (officer)，パートナーなどを指すものとされる。このInsider Preferenceの典型的な設例は次のようなものである。すなわち，支払不能の法人＝債務者が，内部者である取締役に対して負っている債務のために，その取締役に対してだけ担保権を与えるというような場合である[24]。このような設例において，UFCAは担保権の付与をそれが善意 (good faith) でなされるかぎり有効なものとして扱っていた。しかし，UFTAは一定の要件[25]の下に取り消し得るものとした。しかし，その要件が厳しいために，取り消されにくい取引類型であると同教授は指摘している。

(3) Involuntary Transfer (強制的譲渡)

UFTA§3(b)が強制的譲渡についての規定である。そして同教授によれば，この§3(b)が本法を時宜にかなった立法たらしめ，かつ，最も魅力的な立法たらしめている条項だと説明されている。その理由は次に示すごとくである。すなわち，1980年に下されたDurret v. Washington National Insurance Co.判決[26]が，テキサス州法に則っており，かつ，債権者・債務者間の共謀のない

---

[24]　cf. 18 U. C. C. L J. 205.

[25]　その成立要件はUFTA§5が，それに対する抗弁は§8が各々規定している (See id. at 204).

[26]　621 F. 2d 201 (5th Cir. 1980).

モーゲージの実行さえも改正前連邦破産法§67(d)に照らして法定詐害行為に該当するとして、モーゲージの実行を否認したのである。その結果、この判決は立法によってこの判決のルールを覆すべきだという運動を生ぜしめてしまった。このような動きに対応して、§3(b)は、規則に従っており、かつ、債権者・債務者間の共謀のない担保権の実行は、合理的に等価の対価をもって行われた譲渡である旨を明文で宣言してDurret判決のルールを覆したのである。より詳しく説明するならば、§3(b)は債務不履行を原因とする担保権の実行から生ずる(強制的な)取引の効力を——州法のレベルに限って——保護する規定なのである[27]。

5 債権者を救済するための規定

UFTAの効果——債権者を救済するための諸規定(Remedial Provisions)——についての紹介も行いたかったが、与えられた紙数を超えそうなので詳しい紹介は控えることにしたい。ただ、効果については、要件と比較するとそれほど重要な変更はない。したがってUFCA§9, 10と同様に、(i)取消判決(ii)その他の仮の救済という2つのカテゴリーの救済が存在するわけである。

最後に、紹介者の未熟さえゆえに要領を得ず、バランスを失した紹介となってしまったことをお詫びして本章を終えることにしたい。

〔後記〕

本紹介のUFTAの訳語は「(アメリカにおける)統一詐欺的譲渡防止法」であったが、その後「詐欺的譲渡」という訳語について私自身の考えが変わり、「詐害的譲渡」という訳語の方がこの統一州法およびFraudulent conveyance, Fraudulent transferというテクニカル・タームの内容をより正確に表現することができるのではないかと思うに至った。そのため標題および本文中の訳語を「詐害的譲渡」に改めた。以上の点をここに注記して、読者諸氏のお許しを請うことにしたい。

---

[27] BRA of 1978 §548は、本法とは反対に、強制的取引を否認する方向へと修正された(See supra note 1, at 207)。

事項・人名・条文索引

〔あ 行〕

アエリア・センチア法　41
アクチオ・パウリアナ（actio Pauliana）　41
按分額の支払を拒むこと　298
飯原一乗　109, 219, 253, 291, 292
幾代通　195
池田辰夫　68
池田真朗　221
石坂音四郎　153, 293
　——博士の形成権説　46, 293
板木郁夫　289
異時配当　281
意思表示
　BGB（ドイツ民法典）の——　156
　——の取消し（121条）　153, 162
　——の取消権　126
　——の取消権（形成権）の対象　156
一時しのぎの手段　61
一部現物返還　268
「一部取消（し）」　143, 260, 262, 271
　——＝価格賠償　288
　——＝価格賠償のケース　146, 270
　——に基づく現物返還　272
　——による価格賠償　265
　——を巡る判例理論　150
一部の債権者に対する物的担保の供与　238
逸出財産　44
　——の現実の取戻し（請求権）　289, 292
　——の価格の算定の基準時　315
逸出した共同担保の範囲　280
一種の「仮象問題」　162
一種の公示機能　221
「委任」という観念の存在の否定　67
一般債権者　4, 19
一般私人の破産能力　111
一般的直接請求権　81
移転登記請求権の代位行使　38
岩城謙二　302
ヴァンサン　88, 90
ヴィントシャイト　92
迂遠な方法　294

訴えの棄却　212
梅謙次郎　126, 159
　——の独自の見解　126
F. W. メイトランド　325
エクィティ上の救済手段　331
エクィティの補充性　331
エリザベス法（イギリス）　325
大口債権者　112
大口債権に基づく配当請求　297
大久保泰甫　128
岡松参太郎　126, 132
奥田昌道　85, 219
　——『請求権概念の生成と展開』　87
於保不二雄　85, 292, 314

〔か 行〕

会社更生法上の否認権　27
会社の新設分割　181
買主の地位の財産性　251
価格賠償　6, 247, 252, 260, 261, 271, 285, 313, 315
　——の重要性　265
　——の場合　141
価格賠償金の独占　142
価格賠償請求権（Wertersatzanspruch）　157, 165
価額評価の基準時　316
加賀山茂　82
画一的, 統一的な処理　200
学説の比較・検討一覧表　52
賀集唱　303
仮装行為宣告訴権（l'action en déclaration de simulation）　107
片面的拡張（の理）論　171, 303
片山直也　237
カタラ草案　179
「火中の栗を拾う」者　5, 81
確固とした判例の準則　45
カードウゾウ裁判官　332
川井健　85, 302
川島武宜　49, 56, 142, 295, 320

簡易破産的機能　302
間接訴権（action indirecte）　33, 34, 71
「間接訴権から債権者代位権」へという変化　75
元本債権の拡張　314
期限の到来　82
　——した債務　97
期限前の弁済　105
期限未到来の非保全債権に基づく代位権の行使　76
起算日と終期　315
雉本朗造博士の請求権説　46, 293
既判力の相対性の原則（フ民1351条）　323
義務が未履行の場合　249
客観的要件　43
旧民法　114
旧民法債権担保編1条　25, 278
旧民法財産編
　339条1項・2項　73
　　3項　74
　340条1項・2項　120
　341条　121
　342条　121, 124
　343条　121, 130
　343条ノ一部　131
　344条1項　133
　340条〜344条　42
旧和議法　209
　33条　209, 210
強固な判例の準則　153
強制参加（intervention forcée）　118
強制執行
　——の受容（忍容）　50
　——の方法　19
強制執行拡張説　155
強制執行説　300
強制執行法における平等主義　22
共同差押　226
共同担保（le gage commun）　3, 21
　——の回復の実効性　249
　——の定義　288
　——の範囲　145, 263, 269
共同担保概念
　——に関する判例・学説　276
　——に関する判例理論　277

共同抵当の同時配当　147
共同根抵当　260
金額の確定・条件の成就　82
金　銭　299
　——の直接引渡し請求権　36
　——の直接引渡しに関する判例　35
「勤勉な債権者」論　113
倉吉敬　263
形成権概念　166
形成権説　43, 153, 183, 319
形成的効力　157
形成の意思表示（Gestaltungserklärung）　163
形成判決の対世効　222
形成力ある私法上の意思表示　163
契約上の買主たる地位の譲渡　247
契約当事者の承継人　65
現行民法草案
　418条1項　74
　418条2項　74, 77
　419条　121
　419条2項但書　123
　420条　124
　421条　130
　422条　134
現行民法典の代位権制度　73
原告債権者以外の債権者に対する取消判決の効力（民法425条の意味）　51
原告（取消）債権者と被告たる受益者との間の法律関係　50, 178
現状回復　248
現状回復義務　314
原状回復方法　228
　——に関する判例　135
現物として想定されている状態　273
現物返還　6, 260, 284, 285
　不動産の——　313, 315
　——の意味　225
　——の可否が問題とされた事例　283
　——の原則　265, 272
　——の場合　139
　——の方法　165
権利の消滅により直接利益を受ける者　305
権利保護請求権（ドイツ）　93
権利濫用　191, 195

――という一般法理 196
国家の設営する民事訴訟制度 93
コモン・ロー上の救済 331
コルメ・ド・サンテール 30, 67, 303
　――の学説 51, 127
　――の学説の特色 70
混合説 127

〔さ　行〕
債　権
　――の譲受人又は転得者が第三債務者から譲受債権の弁済を受けてこれを回収済みのとき 214
　――の譲受人又は転得者が第三債務者から譲受債権の弁済を受けていないとき 215
　――の消滅によって直接利益を受ける者 305
　――の信託的譲渡 189
債権移転の効果 235
債権回収
　迅速な――の方法 255
　――の実効性 223
債権者
　――間の公平 200
　――の共同担保の維持・保全 30
　――の合式の催告 78
　――を救済するための規定 335
債権者代位権（action oblique） 4
　――の沿革 55
　――の効果 4
債権者代位権（間接訴権，民法423条） 20, 29, 225, 294
　――の存在理由 27
　――の「転用」現象 38
債権者代位権制度
　――起源に関する学説 58
　――の存在理由 57
債権者代位訴訟の既判力の拡張 34
債権者同志の争い 149
債権者取消権（ドイツ：Gläbigeranfechtungsrecht） 41, 156, 323
　――による「取消し」 158
　――の行使方法 163, 324
債権者平等の原則 21, 103, 195
　――を侵害する通謀 111

債権譲渡
　確定日付のある――の通知 231
　――の詐害性 195
　――の通知 181, 231
　――の取消し 213
　――についての判例理論 252
　――を詐害行為として取り消した場合の原状回復方法 216
債権譲渡禁止特約 214, 216
　――の存在につき善意無重過失 218
債権譲渡兼譲受通知書 230, 242
債権譲渡行為自体 232
債権法改正作業 162
債権法改正要綱案（仮案） 166
　第16（詐害行為取消権） 167
　第16-1（受益者に対する詐害行為取消権の要件） 154, 167
　第16-7（詐害行為取消権の行使の方法） 168, 169
　第16-7 (4) 170
　第16-10 168, 170, 172
財産売却手続（venditio bonorum） 62
財団管理人（crateur） 61
裁判所の許可（l'autorisation judiciaire） 32
裁判上代位法（明治23年10月3日公布） 34, 68, 76
裁判上で行使しなければならない形成権 169
裁判上の代位（subrogation judiciare） 32, 33, 67, 70, 78
　――の手続の具体的内容 72
債　務
　――と責任（Schuld und Haftung） 20
　――内容の強制的実現の仕組み 19
　――の強制的弁済 7
債務者
　――が一債権者と通謀し，他の債権者を害する意思 100
　――と受益者との関係 51
　――と特定の一債権者との共謀 97
　――に対する差押えの効果 78
　――の共同担保中 44
　――の承継人 66
　――の代理人（représentants） 67
　――の単なる受任者（mandataire） 66
　――の任意整理を委任された弁護士 190

――の被告適格　51
　　　　　――の否定　137, 292
　　　――の包括承継人の一種　32
　　　――（加害者）の無資力要件　39
　　　――への判決効拡張の有無　76
「債務者カ特ニ或債権者ト共謀」　98
債務者財産
　　　――の管理処分権の帰属形態　191
　　　――の占有の引渡し（la missio in bona）
　　　　60
　　　――の「不完全な集団的清算手続」　62
「債務者ノ法律行為」　160
債務の本旨に従い履行をすべき義務　102
債務不履行を原因とする担保権実行　335
債務法説（Schuldrechtliche Theorie）　155,
　　157, 165, 176
　　　通説たる――（ドイツ）　324
　　　――の定着　181
債務法的効力　255
債務名義を必要としない転付命令　37
債務免除の取消し　293
サヴィニー　92
詐害行為
　　　――として取り消された旨第三債務者に通知
　　　　すること　215
　　　――の一部取消し　287
　　　――の受益者　304
　　　――の取消し（形成権）　292
　　　――の成否　237
　　　――の成立要件　120
詐害行為概念　154
詐害行為後
　　　――に抵当権の登記が抹消された場合　288
　　　――に発生した遅延損害金　311, 312
　　　――に不可分物たる目的不動産に附着してい
　　　　た抵当権等が代物弁済等により消滅した場
　　　　合　269
　　　――に弁済等によって抵当権設定登記等が抹
　　　　消された場合　286
詐害行為取消権（action paulienne）　4
詐害行為取消（424～426条）　20, 41, 326
　　　債権譲渡の対抗要件具備と――　230
　　　――に関する一試論　319
　　　――に関する「端初的問題」　142
　　　――によって保全される債権の消滅時効の援

　　　　用権者　304
　　　――によって保全される債権の範囲　311
　　　――による債権回収　182
　　　――の沿革　41
　　　――の客観的要件・主観的要件　250
　　　――の効果論　176
　　　――の行使の対象　235
　　　――の性質　291
　　　――の訴権としての性質　326
　　　――の存在理由　27
　　　――の対象　153, 231
　　　――の「取消し」　184
　　　――の法的性質　290
「詐害行為取消権に関する一試論」　280
『詐害行為取消権の理論』　327
詐害行為取消訴訟
　　　――＝執行忍容訴訟　226
　　　――の原告適格　211
　　　――の手続の中断　199
　　　――の内容　320
　　　――の被告適格　125, 291
詐害行為取消判決
　　　――の既判力　26
　　　――の効力の拡張　303
　　　――の主観的効力の拡張　86
詐害行為の目的物
　　　――が金銭・動産の場合　140
　　　――に共同抵当が附着している場合　257
　　　――を現実に債務者の資産中に返還すること
　　　　224
詐害行為前の債権者　130
詐害の通謀（un concert frauduleux）　106,
　　108
坂原正夫　68
山林の売却　290
時効中断の効力の相対性　310
「時効ニ因リ直接ニ利益ヲ受クヘキ者」　307
時効により直接利益を取得し，義務を免れる者
　　309
時効の援用権者の範囲　307
「自己ノ債権ヲ保護スル為メ」　75
事実行為　176
事実審口頭弁論終結時　315
下森定　47, 85, 110, 164, 262, 289, 292
「執行受忍説」的考え方　122

事項・人名・条文索引　341

執行対象としての適格　47
執行忍容請求権（Der Ansspruch auf Duldung der Zwangsvollstreckung）　157
執行忍容訴訟（Klage auf Duldungder Zwangs-vollstreckung）　6, 47, 164, 225, 280, 289, 322, 324
　——そのもの　49
　——による現状回復　255
　——の可能性　181
　——の合理性　295
　——の将来性　182
　——の判決効　282
執行忍容判決　47, 295
私的整理信託法理論　193
篠田省二　266
四宮和夫　193, 308, 309
支配的学説　176
事務管理人　128
指名債権の譲渡　235
19世紀フランス民法学の債権者代位権に関する学説　64
集合債権
　——の譲渡担保の公示方法　238
　——の停止条件付譲渡担保設定契約　237
修正連邦破産法（1978年）　329
受益者　190, 192
　勤勉な——　301
　詐害行為の——　305
　被告たる——　307, 308
　——の弁済金の支払の拒絶　148
　——への強制執行　256
　——を被告とする給付訴訟　256
受益者たる債権者　300
　——をも含めた総債権者　298
受益（配当要求）の意思表示　298, 301
主観的権利（droit subjectif）　88, 90
主観的要件　43
受託者　192
　——の善管注意義務　194
準公的業務の遂行　190
譲渡担保
　——の詐害性　239
　——の設定についての対抗要件　237
譲渡担保契約　284
商人の資産の集団的清算手続　62

商人破産主義　57, 73, 108, 109
消滅時効
　——の援用権者の範囲　306
　——を援用し得る立場　304
　——を援用し得る者　305
除斥期間　134
所有権移転登記の抹消　259
信義誠実の原則を理由とする否定説　309
信義則にもとるような債権回収　302
新形成権説　166, 183
信託的債権譲渡契約　189
信託法理　192
新堂幸司　92, 222
末弘厳太郎　308
杉田洋一　109, 303
鈴木忠一　227
鈴木禄弥　103
請求権説　43, 183, 319
精算型任意整理　187
　——の委任　193
清算金債権　246
瀬川信久　160
責任契約　20
責任財産　20
責任説　43, 47, 263, 289, 294, 319, 325
　——からの批判　275
　——の立場　275
責任的取消し　278
責任法的無効（haftungsrechtlicher Unwirk-samkeit）　47, 166, 295, 325
　——という効果　276
　——の反射効　279
責任法（的無効）説　155, 183
絶対的効力説　127, 303, 323
「絶対的取消し」　166
「絶対的取消し」理論　136, 152, 183, 222
　——の検討　162
　——への回帰　154
折衷説　43, 45, 169, 183, 292, 319
折衷説＋「相対的取消し」理論　135, 293, 319
善管注意義務　192
全部取消（し）＝現物返還のケース　146, 270
全部取消し＝登記名義の回復　288
全部取消しによる現物返還　265
占有取得命令（la missio in possessionem）

60
相関的判断　43
草茎（フェストゥーカ）の儀式　60
総債権者　130
　　――の利益　298
「総債権者ノ共同担保」　131
相対的効力説　6, 127, 128, 180
「相対的取消し」　166
　　――という効果論　154
「相対的取消し」概念　46
　　――の重大な理論的欠陥　294
「相対的取消し」理論　44, 45, 136, 153, 183, 220, 292
　　――の欠陥　47
相当価格による不動産の売却　98
相当に強固な判例法　294
訴権（アクチオ：actio）　49, 91, 177, 211, 295, 320
　　――としての性質　170
　　――の一種である詐害行為取消権　95
訴権（action en justice）　88
　　――という概念　87
　　――の権利性　90
　　――の体系　322
　　――の定義規定　89
訴権説　43, 49, 226, 264, 280, 289, 295
　　――からの批判　275
訴権法的思考様式　228
訴権法的な構成　49
「訴権（Klagrecht）論争」　92
訴訟行為　176
訴訟告知　170
訴訟法上の効力　172
訴訟法上の問題意識　76
訴訟法的思考　83
訴訟法的視点　84
その価格による賠償　286
その全ての債権者　171
損害賠償訴権　321

〔た　行〕

代位権行使
　　――に対する事前の裁判所の許可　69
　　――の本来的用法　80
代位債権者への金銭の直接引渡し　80

代位訴訟
　　――に訴訟参加（mise en cause）　68
　　――の判決効　33
代位の告知における差押え的効力　69
代位判決の効力　70
第一次請求権　165
対抗不可性（l'inopposabilité）　177
対抗不可性訴権　6, 168
　　――の中核的効力　12
対抗要件
　　――である登記　233
　　――の具備手続　231
　　――の具備を遅らせるという通謀的害意　242
　　――の否認　240
第五九回法典調査会議事速記録　125
第三債務者に対する直接請求　227
第三者異議（tierce-opposition）　117
第三者の訴訟引き込み　117
大審院明治38年判決への後退　172
第二義的な利益　308
第二次請求権　165
第二類型　266
代表訴訟性　327
代物弁済　213, 302
　　――として為された債権譲渡　215
　　――の詐害性　217
　　――の予約　284
高木多喜男　85, 237, 292
担保責任訴権（action en garantie）　322
担保（gage）の性質　65
担保不動産の第三取得者　306
遅延損害金
　　元本完済時までの――　315
　　――の算定　315
　　――の算定の基準時　316
忠実義務　192
中世イタリア都市法の破産制度　56
長期時効期間　134
直接請求　223
直接訴権（action directe）　4, 5, 13
　　委任契約に関する――　14
　　――という制度の役割　5
　　――の根拠規定　15
　　――の事例　40

事項・人名・条文索引　343

──の存在に関する一般的根拠規定　16
直接訴権制度の拡充　40
「珍奇」性　183
通説の基盤　291
通謀的害意　99, 103, 110, 206
　　──の構成要件　208
抵当権
　　──が詐害行為後に弁済等により消滅　271
　　──が詐害行為後も存続　268
　　──の譲渡　266
　　──の登記が詐害行為以後に抹消　288
　　──の売却　262
　　──の附着していない不動産　260
抵当権は依然として存続　267
手続主宰者の地位　191
テレ　61
転得者　293
　　被告となった──　308
転用事例における無資力要件の要否　39
ドイツ倒産外取消法（1994 年改正）　50, 51, 176
　　1 条（原則〔Grundsatz〕）　155
　　1 条 2 項　161
　　11 条（法律効果〔Rechtsfolgen〕）　164
　　──の改正　167
ドイツ倒産法（Insolvenzordnung）　154
　　129 条（原則〔Grundsatz〕）　155
　　──の否認権　174
ドイツ破産外取消法　154, 323, 324
　　1 条（原則）　156
　　7 条（返還請求権〔Rückgewäranspuruch〕）　164
　　9 条　324
　　──の対象　154
ドイツの通説・判例　157
ドイツ法の訴権論争　94
ドイツ民法（BGB）
　　──の制定　324
　　135 条　163
統一詐害行為防止法（Uniform Fraudulent Conveyance Act：アメリカ）　325, 328
　　──の概略　330
統一詐害的譲渡防止法（Uniform Fraudulent Transfer Act：アメリカ）　328, 333
　　──の立法小史　332

道垣内弘人　237
登記　235
登記・登録を伴う目的物　139
登記・登録を伴わない動産の場合　299
倒産債権　201
当事者適格　203
同時配当　281
ドゥモロンブ（Demolombe）の学説　64, 68, 128
ドノー（Doneau）　61
富井政章　122
取消し
　　──という文言　46, 168
　　──の効果　42, 291
　　──の効果に関する判例・学説　248
　　──の上限　264, 279
　　──の絶対的効力　136, 292
　　──の絶対的効力説　162
　　──の相対的効力　136
　　──の対象　296
　　──の対象の法的性質　171
　　──の方法の区別に関するメルクマール　288
　　──の範囲　138, 264, 279
取消権
　　──のアクチオ的性質　295
　　──の意味の区別　174
　　──の法的性質　42
取消債権者
　　──の被保全債権額　264, 279
　　──への金銭の直接引渡　302
　　──への直接の引渡請求　299
　　──への直接引渡　141
　　──への動産の直接引渡　140
取消通知　219, 221
取消しのみの訴求　46, 138, 291
取消判決
　　──の既判力の主観的範囲　43
　　──の効力の総債権者に対する拡張　224
取立完了のケース　216
取立未了のケース（場合）　216, 219, 249

〔な　行〕
中井美雄　109, 289, 303
中田淳一　210

中野貞一郎　47, 164, 227, 294
　　——博士の名言　182
馴れ合い訴訟　181
2015年2月25日公布のオルドナンスによるフランス債権法改正案　5, 6
　1331条　7, 8
　1331の1条（債権者代位権）　7, 10
　1331の2条（詐害行為取消権）　7, 11
　1331の3条（直接訴権）　7, 12
　　——の理論的意義　15
2016年改正フランス債務法の英訳文　17
　　第IV部「債務の一般的制度」第III章「債権者に利用可能な諸訴権」（仮訳）　18
　1341条（債務の履行に対する権利）　18
　1341-1条（債権者代位権）　18
　1341-2条（詐害行為取消権）　18
　1341-3条（直接訴権）　18
日本債権法の一展望　180
日本の解釈論　183
日本法の遅れ　182
任意整理（私的整理）
　　——と詐害行為取消権　187
　　——の委任を受けた弁護士　187
　　——の配当財源　190
任意整理手続　190
任意保険金請求権
　　——の代位行使　39
　　——の直接請求　40
根抵当権の負担のない不動産　285
能見善久　309

〔は　行〕

配当要求の意思表示　148, 297
売買契約上の買主の地位　245, 246
売買契約の買主たる地位が有する財産的価値　250
売買予約の仮登記のある不動産の第三取得者　306
廃罷訴権（action révocatoire）　6, 41, 116
　　——の効力　178
破産の基本原則　130
破産法上の否認権　27
破産法に近い「平等弁済」　86
発想法の逆転　320
鳩山秀夫　277, 294

判決効の拡張　128, 132
　　——という法技術的意義　150
　　——の理論　73, 326
判決効の片面的拡張　128, 323
判決効は，債務者および他の総債権者に双面的に拡張　70
判決手続上の技術的意義　49
判決による抵当権の復活の宣告　276
「判決ノ効力」　131
判例の築き上げた確固たるメルクマール　274
判例の準則　291
　　——における致命的な理論的欠陥　48
判例理論　319
　　——における価格賠償の比重　281
「反論可能性」が小さい規定　170
反論可能性テーゼ　170
比較法の支持　165
被告の選択　137, 291
非訟事件手続法　78
　　——第2編第4章「裁判上ノ代位ニ関スル件」　77
　　——の制定過程　77
　72条　78
　72～79条　35
非商人たる一般債権者の破産　108
一足遅れた取消債権者　301
必要的共同訴訟　135
　　——の共同被告　172
必要的共同被告　292
否認権　156
　　——や債権者取消権の対象となる債務者の行為　173
否認権限　199
否認訴訟手続の中断　199
被保全債権額　312
　　——の全額　138
被保全債権それ自体の消滅について直接利益を受ける者　308
平等主義　23
平井宜雄　56, 111, 162, 228, 291, 295, 308
広中俊雄　293
フェストゥーカ（festucatio）　59
福永有利　302
不作為　161, 176
不足分を価格賠償で補う必要　274

事項・人名・条文索引　345

物権移転行為自体　234
物権的相対的無効説　153, 155, 163
不動産
　——に抵当権が付着している場合　143
　——の詐害行為取消しにおける現物返還の妥当性　275
　——の所有権それ自体　253
不当な経済的利益を得る目的　112
不当な利益　288
船田享二　87
プラニオル＝リペール　106
フランス
　——における商人破産主義　63
　——の絶対的効力説　127
　——の「相対的効力説」　132
　——の代位権の起源　61
　——の「直接訴権（action directe）」概念　79
　——の通説・判例　12, 323
フランス古慣習法　61
　——で発達した制度　64
フランス私法における訴権＝action 概念　86
フランス新民事訴訟法
　30条　89
　30条〜32条　88
フランス註釈学派　31
フランス破棄院判決（Civ. ler, 30 mai 2006）　12
フランス法の「訴権＝action」概念　87
フランス民法（2006年改正前）
　旧1753条　13
　旧1798条　13
　旧1994条2項　14
　旧2092条　9, 23, 65
　旧2093条　9, 23, 65, 263
　　——にいう共同担保（le gage commun）　66
　旧2092条〜2094条　277
　　——の「共同担保」概念　24
フランス民法
　1166条　59
　1167条　50, 115, 127, 321
　1167条1項　168
　1351条　128, 323
　2284条　9

　2285条　9, 263
フランソワ・テレ　88
分譲マンションの買主の地位の譲渡　244
分水嶺の如き要件　270
分析視角　16
別除権　197
　——を有する債権者　203
別除権不足額　198, 203
別訴での価格賠償金の分配請求　147
弁済　297
弁済型行為　302
弁済期の到来した債務の弁済　102
弁済期の翌日から元本完済時までの遅延利息　313
弁済期の翌日から事実審口頭弁論終結前の特定期日までの遅延利息　313
弁済行為についての詐害行為取消訴訟　298
弁済（paiement）の詐害性　84, 205
　——に関する考察　95
　——によって抵当権が消滅したとき　261
　——の基準　104, 109
　——の取消しという問題　302
　——は競争の報酬である　107
ボアソナード　30
ボアソナード財産差押法草案　50
　104条　50
ボアソナード民法草案　83, 114, 325
　359条　33
　　1項　71
　　2項　71
　360条　115
　361条　116
　　1項（廃罷訴権）　116, 159
　　2項（第三者異議）　117
　　3項（債務者の訴訟参加）　118
　　4項（価格賠償）　118
　362条　119
　　1項（提出すべき証拠）　119
　　2項（転得者の場合）　120
　363条　129, 323, 326
　　——の特殊性　127
　364条　133
　1001条　25
　　——の債権者代位権制度の構想　58, 71
　1001条1項・2項　278

妨害排除請求権の代位行使　38
包括承継人（les ayants cause àtitre universal）　31
包括的債務　59
包括的担保権　23
　一種の――　40
　――の行使　37
「包括的担保権」説　79, 82, 83
「包括的担保権」的な権利　57
包括的担保法　3
　第三者に対する――　7
　――の法技術的意義　3
法定果実に類する性質　314
法定訴訟担当（民訴201条2項）　53
法的行為（Rechtshandlung）　156, 296, 324
　――の取消し　152
法的行為概念　154
　――と法律行為概念の峻別　175
　――の活用　181
　――の再定式化　175
　――の定義　173
　――の定着　181
　――の特色　173
　――の法的機能　174
法的義務の履行　99, 112
法典調査会
　――の議事　75
　――の議論　130
法典調査会民法議事速記録　325
『法典調査会　民法議事速記録三第五十六回～第八十四回』　121
法律行為（Rechtsgeschäft）　296
　――と法的行為の概念的峻別　158
　――の取消し　122, 152, 158
法律効果を伴う行為　176
「法律上ノ手続」　142
法律取調委員会民法草案財産編人権ノ部議事速記（一）　121
法律取調委員会民法草案再調査案議事速記　121
暴力的債権取立　103
他の債権者
　――の債権者を害する意図　99
　――への判決効拡張の有無　76
星野英一　104, 113, 265

保存行為　82
ポチエ（Pothier）　61
穂積陳重　75, 121
本件事案の特殊性　254
本旨弁済　85
　――等の詐害性の有無　43
　――の詐害性の基準　85
本旨弁済（未払いの請負代金の弁済）　203

〔ま　行〕
マゾー＝シャバス　63
マックス・ウェーバー　325
マックス・カーザー＝柴田光蔵訳『ローマ私法概説』　87
松阪佐一　55, 152, 292, 314
松久三四彦　309
マルティ＝レイノー　62
三ヶ月章　50, 56, 92, 227
三つの訴権の有する固有の役割　168
宮脇幸彦　226
民事再生手続
　――と詐害行為取消権　197
　――の開始決定　197
民事再生法
　40条の2　199, 202
　54条　197
　135条1項　199, 208
　160条1項　198
民事上の破産（faillite civile）の集団的〔清算〕手続　63
　――という役割　73
民事訴訟制度の目的論　93
民法
　121条
　　――の取消し　222, 293
　145条　305
　392条の趣旨　261, 280
　423条2項　78
　423条2項但書き　82
　423条に基づく「直接請求権」　80
　424条「詐害行為取消権」　114, 291
　　1項本文　42
　　――の成立　125
　　――の取消しという文言　294
　424条＝執行忍容訴訟　326

事項・人名・条文索引　347

424〜426 条　42
425 条「詐害行為取消しの効果」　43, 86, 111, 116, 127, 147, 279, 291, 323
　　　——＝判決効の拡張　326
　　　——にいう総債権者　300
　　　——による取消判決の総債権者への拡張　54
　　　——の沿革的・比較法的意義　303
　　　——の解釈　220
　　　——の空文化　280
　　　——の趣旨　299
426 条（詐害行為取消権の消滅時効）　116, 133, 149
426 条後段　134
466 条 2 項　214
467 条
　1 項　220, 236
　2 項　236
　　　——の基準　240
644 条　194
民法修正案理由書　125
無償行為　120
無資力の債務者　223
無資力要件　82
目的物
　　　——が登記・登録を伴う場合　299
　　　——が不可分の場合（もの）　143, 265
モーゲージの実行　335
モテュルスキ　89
森田宏樹　264

〔や　行〕

安永正昭　289
山本豊　309
UFCA の概略　30
有償行為　120
優先主義　24
柚木馨　85
要件論と効果論との交錯　95
四つの法律関係（本研究の分析枠組）　320
米倉明　219
ヨーロッパ法の伝統的かつ通説的見解　255

〔ら　行〕

ライヒ司法法　323

ラテン系の商人破産主義　55
ラベ　67
ラロンビエル　66
リーディング・ケース　291
　　　——としての重要性　138
ルネ・ドゥモーグ（René Demogue）　60
例外的に価格賠償が許される新しいケース　254
ローラン　127

〔わ　行〕

わが国特有の債権者代位権制度　78
和議債権者による否認　210
我妻栄　85, 161, 263, 292, 314
我妻説　272
　　　——を採らない理由　272
割り付け額　261, 281

a〜z

action oblique（斜行訴権）　11
action Pauliana（ローマ法）　11, 321, 324
action paulienne（フランス法）　11, 42, 321
actual intent（現実の詐害的意図）　331
Alexandre Grouber　180
American Surety Co. of New York v. Conner et al.　332
Badges of Fraud（詐害性の証拠）　331
Bankruptcy Reform Act of 1978　329
Claude Colombet　107
Colmet de Santerre　323
constructive fraud（法定詐害）　331
Debtor-Creditor Law（債権回収法）　329
Demolombe　12, 323
F. Terré　178
Forms of action　325
Frank R. Kennedy　328
Fraudulent conveyance　335
Fraudulent transfer　335
G. Paulus　325
Hans-Peter Kirchhof　165
Hellwig　153, 324
　　　——の物権説　324
Helmut Köhler　163
Insider Preference　334
Involuntary Yransfer（強制的譲渡）　334

Jean Domat　　12, 323
Karsten Schmidt　　174
Klagrecht　　91
Laurent　　323
le droit de gage générale　　4
Mannocke's Case (1571)　　330
Mazeaud et Chabas　　107
Michael Huber　　155
Rémy Carblic　　4
Statute of 13 Elizabeth. C.5　　330
Theophile Huc　　59
Twyne's Case (1601)　　330
Uniform Fraudulent Transfer Act（統一詐害的譲渡防止法：UFTA）　　328
§3 (b)　　334
§4 (b)　　333
§5　　334
§7　　334
§9　　325, 332, 335
§10　　325, 335
venditio bonorum　　62
Weill et Terré　　107, 322
Wolf/Neuner　　163
Writ system　　325

判 例 索 引

〔大審院〕

大判明 36・11・27 民録 9-1320 ……… 251
大判明 36・12・11 民録 9-1388 ………… 35
大判明 38・2・10 民録 11-150
　　　　　　　……… 45, 135, 160, 162, 291, 292
大判明 38・10・7 民録 11-1300 ……… 235
大判明 39・3・23 民録 12-441 ………… 36
大判明 39・9・28 民録 12-1154
　　　　　　　…………… 135, 253, 292, 299
大判明 40・9・21 民録 13-877 ………… 238
大判明 41・11・14 民録 14-1171 …… 135, 292
大判明 43・1・25 民録 16-22 ………… 306
大判明 43・7・6 民録 16-537 ………… 38
大連判明 44・3・24 民録 17-117
　　　　……… 45, 135, 153, 220, 253, 290, 307, 314, 319
大判明 44・3・24 民録 17-593 ………… 293
大判大 4・12・10 民録 21-2039 ……… 149
大判大 5・11・22 民録 22-2281
　　　　　　　……… 84, 95, 108, 205, 302
大判大 5・12・6 民録 22-2370 ……… 139
大判大 6・1・22 民録 23-8 …………… 313
大判大 6・3・31 民録 23-596
　　　　　　　…………… 47, 139, 253, 293, 299
大判大 6・10・30 民録 23-1624 ……… 232
大判大 6・11・17 民録 23-1987 ………… 99
大判大 7・4・17 民録 24-703 …… 312, 313
大判大 8・5・5 民録 25-839 ………… 238
大判大 8・7・11 民録 25-1305 ……… 217
大判大 9・6・3 民録 26-808 ………… 293
大判大 9・12・24 民録 26-2024
　　　　　　　……… 138, 264, 273, 279, 300
大判大 10・6・18 民録 27-1168
　　　　　　　…………… 4, 140, 210, 299
大判大 13・4・25 民集 3-157 ……… 98, 206
大判大 14・4・20 民集 4-4-178 ……… 277
大判昭 3・11・8 民集 7-980 ………… 305
大判昭 4・10・23 民集 8-787 …… 199, 204, 211
大判昭 4・12・1 民集 8-944 ………… 38
大判昭 7・8・9 民集 11-1707 …… 139, 299
大判昭 7・9・15 民集 11-1842 ……… 253
大判昭 8・2・3 民集 12-175

　　　　　　　……… 138, 210, 264, 273, 279
大判昭 9・5・2 民集 13-670 ………… 306
大判昭 9・11・30 民集 13-2191 …… 265, 272, 293
大判昭 10・3・12 民集 14-482 …… 36, 54, 80
大判昭 15・3・15 民集 19-586 ………… 53
大判昭 16・2・10 民集 20-79 …… 215, 217, 248

〔最高裁判所〕

最判昭 29・4・2 民集 8-4-745 …… 215, 224, 251
最判昭 29・9・24 民集 8-9-1658 ………… 38
最判昭 30・10・11 民集 9-11-1626 …… 143, 265
最判昭 32・11・1 民集 11-12-1832 ……… 238
最判昭 33・2・21 民集 12-2-341 ……… 233
最判昭 33・9・26 民集 12-13-3022
　　　　　　　……………… 85, 99, 206, 302
最判昭 35・4・26 民集 14-6-1046 …… 238, 312
最大判昭 36・7・19 民集 15-7-1875
　　　　　　　……… 43, 144, 261, 262, 266, 286
最判昭 37・3・6 民集 16-3-436 ……… 238
最判昭 37・10・9 民集 16-10-2070
　　　　　　　…………… 141, 147, 194, 301
最判昭 39・1・23 民集 18-1-76 …… 140, 210, 299
最判昭 42・6・29 判時 492-55 ………… 190
最判昭 42・10・27 民集 21-8-2110 ……… 306
最判昭 42・11・9 民集 21-9-2323 ……… 238
最判昭 43・9・26 民集 22-9-2002 ……… 306
最判昭 44・12・19 民集 23-12-2518 …… 239
最判昭 45・1・23 判時 588-71 ………… 304
最判昭 46・11・19 民集 25-8-1321
　　　　……… 54, 84, 103, 109, 143, 148, 194, 206, 297
最判昭 48・7・19 民集 27-7-823 ……… 218
最判昭 48・11・30 民集 27-10-1491 …… 190, 215
最判昭 48・12・14 民集 27-11-1586 ……… 306
最判昭 49・3・7 民集 28-2-174 …… 221, 235
最判昭 49・11・29 民集 28-8-1670 …… 39, 53, 82
最判昭 50・3・6 民集 29-3-203 ………… 39
最判昭 50・7・17 民集 29-6-1119
　　　　　　　…………… 194, 215, 251
最判昭 50・12・1 民集 29-11-1847 ……… 313
最判昭 52・7・12 判時 867-58 ………… 101
最判昭 54・1・25 民集 33-1-12 …… 144, 266, 287

最判昭 55・1・24 民集 34-1-110 ……… 231, 232
最判昭 60・11・26 民集 39-7-1701 ………… 306
最判昭 62・4・7 金法 1185-27 ………… 144, 266
最判昭 63・7・19 集民 154-363
　　　　…………………… 144, 260, 262, 266, 283
最判平元・4・13 金法 1228-35 ……………… 315
最判平 4・2・27 民集 46-2-112 …… 144, 257, 306
最判平 4・3・19 民集 46-3-222 ……………… 305
最判平 7・3・10 判時 1525-59 ……………… 310
最判平 8・2・8 判時 1563-112 ……………… 311
最判平 10・6・12 民集 52-4-1121 …………… 230
最判平 10・6・22 民集 52-4-1195 …………… 304
最判平 11・6・11 民集 53-5-898 …………… 160
最判平 24・10・12 民集 66-10-3311 ………… 160

〔高等裁判所〕
名古屋高判昭 31・2・7 ……………………… 100
仙台高判昭 34・7・8 民集 16-10-2083 ……… 300
広島高判昭 45・3・2 高民集 23-1-53 ……84, 207

〔地方裁判所〕
大阪地判昭 31・9・28 判タ 66-79 …… 219, 248
東京地判昭 60・9・19 金商 751-30 …… 217, 220
東京地判昭 61・11・18 判時 650-185 ……… 195
東京地判昭 61・11・27 金商 768-14 … 217, 219
東京地判平元・3・28 判時 1325-73 ………… 244
東京地判平元・5・24 判時 1351-74 ………… 213
東京地判平 9・10・29 判時 1686-59 ………… 187
東京地判平 19・3・26 判時 1967-10 ………… 197

〔フランス破毀（棄）院〕
民事部 1869・3・3 Civ. 3 mars 1869, D.69.
　1. 200：S. 69. 1. 149 ……………………… 104
民事部 1896・7・7 Cass. civ. 7 juill. 1896,
　D. 1896.1. 519 …………………………… 107
民事部 1945・7・17 Civ. 17. juill. 1945, Gaz.
　Pal. 2. 143 ………………………………… 105
民事部 2006・5・30 Civ. 1er, 30 mai 2006
　………………………………………… 12, 177

● 著者紹介

佐藤 岩昭（さとう・いわあき）

〔略　歴〕
　1955 年　新潟市生まれ
　1979 年　東京大学法学部卒業
　1985 年　東京大学大学院法学政治学研究科博士課程修了
　1986 年　新潟大学法学部助教授，上智大学助教授を経て
　現　在　上智大学法学部教授

〔主要著作〕
　『詐害行為取消権の理論』東京大学出版会，2001 年
　共著『民法 4 債権総論〔有斐閣アルマ〕』有斐閣，2004 年
　共著『論点体系 判例民法 4 債権総論（第 2 版）』第一法規，2013 年

包括的担保法の諸問題

2017 年 5 月 25 日　初版第 1 刷発行

著　者	佐 藤 岩 昭	
発 行 者	江 草 貞 治	
発 行 所	株式会社　有 斐 閣	

郵便番号　101-0051
東京都千代田区神田神保町 2-17
電　話　(03)3264-1314〔編集〕
　　　　(03)3265-6811〔営業〕
http://www.yuhikaku.co.jp/

制作・株式会社有斐閣学術センター
印刷・株式会社三陽社／製本・牧製本印刷株式会社
© 2017, Iwaaki Sato. Printed in Japan
落丁・乱丁本はお取替えいたします。
★定価はカバーに表示してあります。
ISBN 978-4-641-13767-7

［JCOPY］　本書の無断複写（コピー）は，著作権法上での例外を除き，禁じられています。複写される場合は，そのつど事前に，(社)出版者著作権管理機構（電話03-3513-6969, FAX03-3513-6979, e-mail:info@jcopy.or.jp）の許諾を得てください。

上智大学法学叢書

〔1〕 村松　俊夫　境界確定の訴
〔2〕 内田　文昭　刑法における過失共働の理論
〔3〕 松下　満雄　独占禁止法と経済統制
〔4〕 ホセ・ヨンパルト　実定法に内在する自然法
〔5〕 青柳　文雄　刑事裁判と国民性〔総括篇〕
〔6〕 槇　　重博　現代行政法の諸問題
〔7〕 菊井　康郎　行政行為の存在法
〔8〕 伊藤　　勲　明治政党史の研究
〔9〕 滝沢　　正　フランス行政法の理論
〔10〕 相沢　好則　法律学と政治学
〔11〕 小林　秀之　民事裁判の審理
〔12〕 粕谷　友介　憲法の解釈と憲法変動
〔13〕 町野　　朔　犯罪論の展開Ⅰ
〔14〕 林　　幹人　刑法の現代的課題
〔15〕 大木　雅夫　資本主義法と社会主義法
〔16〕 田村諄之輔　会社の基礎的変更の法理
〔17〕 石田　　満　保険契約法の論理と現実
〔18〕 山本　　豊　不当条項規制と自己責任・契約正義
〔19〕 飯塚　重男　契約的仲裁の諸問題
〔20〕 江口　公典　経済法研究序説
〔21〕 石川　　稔　子ども法の課題と展開
〔22〕 大河内繁男　現代官僚制と人事行政
〔23〕 村瀬　信也　国際法の経済的基礎
〔24〕 山口浩一郎　労災補償の諸問題
〔25〕 辻　　伸行　所有の意思と取得時効
〔26〕 田頭　章一　企業倒産処理法の理論的課題
〔27〕 吉川　栄一　企業環境法の基礎
〔28〕 小塚荘一郎　フランチャイズ契約論
〔29〕 甘利　公人　生命保険契約法の基礎理論
〔30〕 北村　喜宣　行政法の実効性確保
〔31〕 奥富　　晃　受領遅滞責任論の再考と整序
〔32〕 福田　誠治　保証委託の法律関係
〔33〕 江藤　淳一　国際法における欠缺補充の法理
〔34〕 桑原　勇進　環境法の基礎理論
〔35〕 矢島　基美　現代人権論の起点
〔36〕 松本　尚子　ホイマン『ドイツ・ポリツァイ法
　　　　　　　　事始』と近世末期ドイツの諸国家学
〔37〕 安西　明子　民事訴訟における争点形成
〔38〕 佐藤　岩昭　包括的担保法の諸問題